新文科建设年度发展报告（2021）

全国新文科教育研究中心　编

山东大学出版社
·济南·

图书在版编目(CIP)数据

新文科建设年度发展报告.2021/全国新文科教育研究中心编.—济南:山东大学出版社,2021.12
ISBN 978-7-5607-7297-4

Ⅰ.①新… Ⅱ.①全… Ⅲ.①高等学校-文科(教育)-课程建设-研究报告 Ⅳ.①G642.4

中国版本图书馆 CIP 数据核字(2021)第 267509 号

责任编辑 李 淼 肖淑辉
封面设计 午 云

出版发行 山东大学出版社
社 址 山东省济南市山大南路 20 号
邮政编码 250100
发行热线 (0531)88363008
经 销 新华书店
印 刷 山东新华印务有限公司
规 格 787 毫米×1092 毫米 1/16
26.25 印张 413 千字
版 次 2021 年 12 月第 1 版
印 次 2021 年 12 月第 1 次印刷
定 价 78.00 元

《新文科建设年度发展报告(2021)》
编委会

前言

习近平总书记在哲学社会科学工作座谈会上指出，哲学社会科学是人们认识世界、改造世界的重要工具，是推动历史发展和社会进步的重要力量，其发展水平反映了一个民族的思维能力、精神品格、文明素质，体现了一个国家的综合国力和国际竞争力。2021 年 4 月 19 日，习近平总书记在清华大学考察时强调，要用好学科交叉融合的“催化剂”，加强基础学科培养能力，打破学科专业壁垒，对现有学科专业体系进行调整升级，瞄准科技前沿和关键领域，推进新工科、新医科、新农科、新文科建设，加快培养紧缺人才。5 月 9 日，习近平总书记在给《文史哲》编辑部全体编辑人员的回信中指出，要深入理解中华文明，从历史和现实、理论和实践相结合的角度深入阐释如何更好坚持中国道路、弘扬中国精神、凝聚中国力量，在新的时代条件下推动中华优秀传统文化创造性转化、创新性发展。为深入贯彻落实习近平总书记的重要指示精神，在教育部高教司的指导下，全国新文科教育研究中心大力推进新文科建设，努力构建以育人育才为中心的哲学社会科学发展新格局，推动文科教育高质量发展。

《新文科建设年度发展报告（2021）》是由全国新文科教育研究中心持续推出的关于新文科建设的年度发展报告。报告内容涉及 2021 年全国新文科建设情况和发展方向，诸多知名专家学者的观点以及省级教育行政部门、高校、教指委开展新文科建设的典型案例。我们希望本报告对文科领域的教育工作者、研究者以及感兴趣的读者提供有价值的参考和借鉴，对全国高校文科教育的创新发展发挥启示作用。

全国新文科教育研究中心

2021 年 12 月 31 日

目录

专题报告

领航之声

专家观点

| 典型案例 |

专题报告

2021年新文科建设年度进展报告

引　言

2021年是“十四五”开局之年，是新文科建设扬帆起航的关键之年，习近平总书记的系列重要讲话和给《文史哲》编辑部全体编辑人员回信精神，为新文科建设指明了发展方向、提供了根本遵循。一年来，全国各领域专家学者、教育工作者持续深化思想认识、扎实开展理论研究、积极探索实践路径，走出了一条中国特色的文科教育创新发展之路，新文科建设星火燎原已然成势。

新文科建设呼应了新时代的需求。2021年3月4日，习近平总书记看望参加全国政协十三届二次会议的文化艺术界、社会科学界委员时指出：“文化文艺工作者、哲学社会科学工作者都肩负着启迪思想、陶冶情操、温润心灵的重要职责，承担着以文化人、以文育人、以文培元的使命。”习近平总书记强调，一个国家、一个民族不能没有灵魂。文化文艺工作、哲学社会科学工作就属于培根铸魂的工作。对马克思主义的信仰和对中国特色社会主义的信念，是我们国家和民族的灵魂，是指引和支撑中国人民站起来、富起来、强起来的强大精神力量。文化文艺工作、哲学社会科学工作是做人的工作，是“培根铸魂”的工作，是关乎人类灵魂的工程，在党和国家全局工作中居于十分重要的地位，在新时代坚持和发展中国特色社会主义中具有十分重要的作用。

因此，文化文艺工作者、哲学社会科学工作者在中国特色社会主义事业中责任重大、使命光荣。当前我国正经历着最为广泛而深刻的社会变革，也进行着人类历史上最为宏大而独特的实践创新。立足中国立场、结合中国实际，需要打造有中国特色的新文科，新文科建设是时代的呼唤和要求。回顾我国文科发展的历程不难发现，我国人文社会科学的基本概念和研究范式对西方学术体系和话语体系的依赖性较强，服务我国经济社会发展的作用发挥仍不够，迫切需要从西方化的文科体系向中国特色文科体系转型，迫切需要建构中国理论体系来阐释中国经验和中国规律，让人文社会科学成为引领经济社会发展的重要力量，为推进国家治理体系和治理能力现代化提供人才和智力支持。新文科是哲学社会科学面对新时代发展要求而进行的质量变革，是走进新时代的新教改、赢得新时代的新质量。

新文科建设适应了知识生产交叉融合的趋势。2021 年 4 月 19 日，习近平总书记在考察清华大学时指出："要用好学科交叉融合的'催化剂'，加强基础学科培养能力，打破学科专业壁垒，对现有学科专业体系进行调整升级，瞄准科技前沿和关键领域，推进新工科、新医科、新农科、新文科建设，加快培养紧缺人才。"

面对新科技革命和产业革命的浪潮，传统文科只有积极求变，主动应变，才能跟上时代前进的步伐。长期以来，传统文科的学科分类过于细化，造成学科视野狭窄、研究范式固化、学科之间壁垒森严，导致在培养人的批判思维和创新能力上出现问题，严重限制了人文社会科学自身的发展。新文科之"新"在于强调学科交叉融合发展，一方面强调在人才培养中注重大类培养，秉持以通识教育为基础、通专融合的育人理念，大力推动传统文科专业优化、人才培养模式创新，培养具有国际视野的复合型创新型人才；另一方面积极构建学科建设新生态，从分科治学走向学科交叉，从分科治学走向科技融合，促进各个学科之间交叉融合，寻找新的学科生长点。

新文科建设是解决日益复杂的现实问题的需要。习近平总书记在经济社会领域专家座谈会上指出："要辩证认识和把握国内外大势，统筹中华民族伟大复兴战略全局和世界百年未有之大变局，深刻认识我国社会主要矛盾发展变化带来的新特征新要求，深刻认识错综复杂的国际环境带来的新矛盾新挑战，增强机遇意识和风险意识，准确识变、科学应变、主动求变，勇于开顶风船，善于转危为机，努力实现更高质量、更有效率、更加公平、更可持续、更为安全的发展。"

当今世界正处于百年未有之大变局，新一代科技革命和产业变革加速演进，政治经济文化与社会发展日益复杂，诸多现实问题需要多学科协同攻关，仅仅依靠单一学科或者传统文科专业难以解决。应该说，依靠个人才智解决问题的时代已经一去不复返，群体集约式协同发展的时代已来临。只有打破学科界限，整合多学科知识，促进学科融合、科技融合，才能更好地服务经济社会发展，更好地解决现实问题。新文科建设是解决人类社会发展复杂问题的现实需求，更为重要的是，新文科建设还能为人类发展的可持续性找到新的灵感。

新文科建设是传承创新中华优秀传统文化的需要。2021 年 5 月 9 日，习近平总书记在给《文史哲》编辑部全体编辑人员的回信中指出，“要在新的时代条件下推动中华优秀传统文化创造性转化、创新性发展”，“深入理解中华文明，从历史和现实、理论和实践相结合的角度深入阐释如何更好坚持中国道路、弘扬中国精神、凝聚中国力量”。2021 年 9 月 28 日，习近平总书记在中央政治局第二十三次集体学习时强调：“在历史长河中，中华民族形成了伟大民族精神和优秀传统文化，这是中华民族生生不息、长盛不衰的文化基因，也是实现中华民族伟大复兴的精神力量，要结合新的实际发扬光大。”

新文科建设应致力于传承、弘扬和创新中华优秀传统文化，主动承担起推动中华优秀传统文化创造性转化和创新性发展的重任，提高中华优秀传统文化的利用水平。一方面按照时代要求对中华优秀传统文化的内涵进行进一步的阐述、拓展和完善，赋予其新的时代内涵，增强文化的生命力、感召力和说服力。另一方面要适应时代特点，继承和创新传统的表现形式和传播方式，探索形成现代的、多元的、开放的表达形式和传播方式，增强文化的传播力、感染力和影响力。与此同时，要善于把弘扬优秀传统文化和发展现实文化有机统一起来，坚持古为今用，以古鉴今，在继承中发展，在发展中继承，共同服务以文化人的时代任务。

2021 年，教育部出台了一系列推动新文科建设的举措，如在全国立项首批新文科研究与改革实践项目、招标教育部哲学社会科学研究重大课题攻关项目“新时代推进新文科建设的理论与实践研究”、实施哲学社会科学实验室试点建设等。国务院学位委员会还专门印发了《交叉学科设置与管理办法（试行）》，推动构建规范有序、相互衔接的交叉学科发展制度体系。教育部新文科建设工作组和各省级教育行政部门、文科教指委、高校等积极开展新文科建设理论研究和实践探索，在新文科建设的理论与政策研究、教育教学改革、体制机制建设等方面采取了一系列有力举措，取得了显著成效，形成了中国特色的文科教育新模式。

一、新文科建设理论研究进展

认识引领行动，方向决定出路。越是在新文科蓬勃发展的新阶段，越是要不断反思、不断研究、不断加深对新文科内涵的理解。要从国际、国内发展形势出发，深刻理解中国高等教育发展的新形势和文科教育创新的新要求。①

自新文科的概念提出以来，跨学科、跨专业的交叉融合理念受到众多学者和科研机构的高度重视，借助科学技术手段、以学科内的相互融通和学科间的交叉融合来解决社会中的复杂问题，已成为人们的普遍共识。② 但整体来看，过去对新文科的研究主要集中在新文科内涵特征、建设必要性和实现路径等方面，例如对新文科概念内涵的解读、宏观层面的顶层设计和某一具体专业的人才培养③，研究结论缺乏普遍性和可复制性，未能充分观照理论层面新文科建设的实质和人文社会科学的发展规律④；同时围绕新文科展开的学术研究主要集中在各高校的优势学科和优势专业上，学科专业间分布不均衡。需要承认的是，新文科自 2018 年提出以来建设时间不长，深层次、高水平的研究成果难以在短时间内落地；面对这一新鲜名词，需要资深的专家学者以不同视角的解读指导相关学者进行下一步的科学研究，因此过去的研究大多都聚焦在“面”上。在新的时代背景下，新文科相关理论需要不断更新以解释新问题，新文科建设实践需要不断落实以实现新突破。2021 年，越来越多的学者把研究重点由“面”转向“里”，新文科研究热度持续高涨的同时也在不断拓宽研究领域、挖掘研究深度。这体现了在新文科的新阶段，新文科

---

① 参见樊丽明：《新文科建设：走深走实　行稳致远》，《中国教育报》2021 年 5 月 10 日。

② 参见魏志鹏、杨克虎：《循证社会科学视角下的新文科建设路径研究》，《兰州大学学报》（社会科学版）2021 年第 1 期。

③ 参见权培培、段禹、崔延强：《文科之“新”与文科之“道”——关于新文科建设的思考》，《重庆大学学报》（社会科学版）2021 年第 1 期。

④ 参见崔延强、段禹：《新文科究竟“新”在何处——基于对人文社会科学发展史的考察》，《大学教育科学》2021 年第 1 期。

内涵理解的不断反思、不断研究和不断加深。①

本部分运用文献计量学的方法对新文科研究的进展进行分析，在对总体文献进行简要分析的基础上，主要针对2019到2021年中国知网（CNKI）收录的以"新文科"为主题的CSSCI文献为研究对象，对文献的高频关键词、共词和关键词聚类进行定量分析，探讨新文科建设的研究热点。在此基础上，进一步对发文作者、发文机构和发文期刊进行分析，并展示了部分代表性成果，较为系统地展现新文科研究进展。

（一）新文科研究的总体情况

通过对中国知网（CNKI）总库进行文献检索②，设置"新文科"为检索主题，时间范围为2021年1月1日至2021年12月31日，共检索到1183篇文献，其中包括学术期刊1001篇、学位论文5篇、会议8篇和报纸11篇。截至2021年12月31日，中国知网（CNKI）共检索到以"新文科"主题的文献1667篇，其中2020年和2021年的发文量占比分别为22%和71%。与去年相比，2021年新文科研究成果数量激增，表明新文科建设取得重大进展。各年份发文量占比如图1所示。

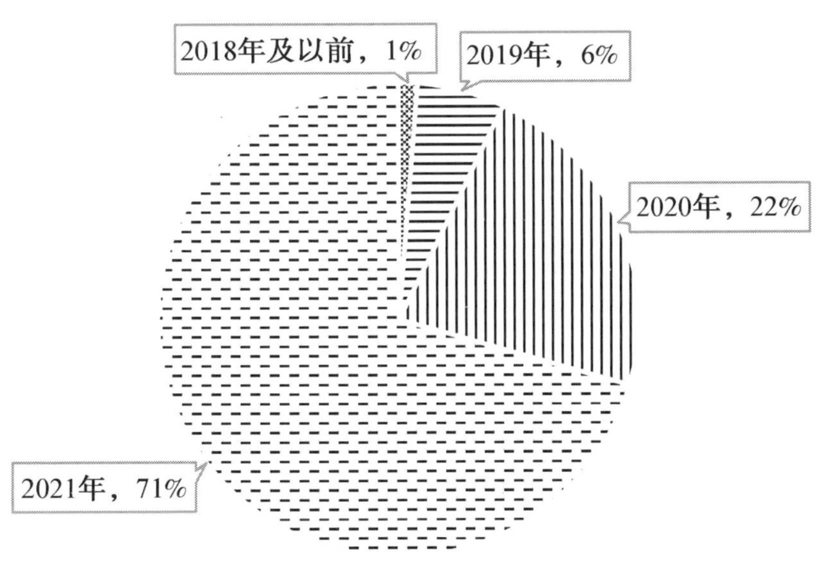

图1　各年份发文量占比

① 参见樊丽明：《新文科建设：走深走实　行稳致远》，《中国教育报》2021年5月10日。

② 检索日期：2022年1月20日。

从图1中我们可以看到，在中国知网（CNKI）检索到的新文科相关文献中，有99%的文献是在2019年及其以后的年份发表。这说明在2018年教育部提出“四新”学科建设之前，“新文科”并不是学术界的重点关注对象；随着“六卓越一拔尖”计划2.0的实施和全国新文科建设工作会议的召开，各高校迅速反应并积极行动，创造性地开展了一系列新文科建设相关研究。①

从文献来源看，截至2021年12月31日，发文量最高的是《艺术教育》（29篇）和《校园英语》（29篇）。其中《艺术教育》是由中华人民共和国文化和旅游部主管、中国文化传媒集团有限公司主办，致力于促进艺术教育事业持续繁荣发展的综合艺术教育类学术性期刊。发文量3到5名的依次是《设计》（24篇）、《中国高等教育》（20篇）、《中国大学教学》（19篇），其余期刊（或报纸）的发文量均小于19篇。发文量前9的文献来源具体如表1所示。

表1 发文量前9的文献来源

排序	文献数（篇）	文献来源	排序	文献数（篇）	文献来源
1	29	《艺术教育》	6	18	《教育教学论坛》
1	29	《校园英语》	7	17	《青年记者》
3	24	《设计》	8	16	《探索与争鸣》
4	20	《中国高等教育》	9	14	《教育观察》
5	19	《中国大学教学》	9	14	《英语广角》

资料来源：中国知网。

从学科分布上来看，高等教育在新文科研究中具有绝对优势，达到1072篇，表明新文科建设主要通过高等教育改革来推进；新文科相关研究在外国语言文字、中国语言文字、新闻与传媒、计算机软件及计算机应用等学科上分布也较为广泛。总体来看，新文科建设不仅实现了教育学、文学、新闻学、

① 参见黄凯南、苗滋坤：《新文科研究进展的文献计量学分析》，《山东大学学报》（哲学社会科学版）2021年第6期。

艺术学和经济学等传统文科领域内部的交叉融合，更是推动了以计算机软件和应用为代表的文理、文工跨学科研究，不断凸显新文科跨学科跨领域的交叉融合作用。发文量前10的学科分布情况见表2。

表2 发文量前10的学科分布

排序	文献数（篇）	学科来源	排序	文献数（篇）	学科来源
1	1072	高等教育	6	83	教育理论与教育管理
2	181	外国语言文字	7	82	文艺理论
3	151	中国语言文字	8	77	美术书法雕塑与摄影
4	145	新闻与传媒	9	73	贸易经济
5	97	计算机软件及计算机应用	10	59	图书情报与数字图书馆

资料来源：中国知网。

从作者分布上来看，截至2021年12月31日，北京师范大学的周星教授以23篇的发文量遥遥领先，华东交通大学的唐衍军副教授以9篇的发文量位居第二，教育部高等教育司的吴岩司长以6篇的发文量位列第三。从机构分布上来看，北京师范大学以44篇的发文量位列第一，紧随其后的是发文量为27篇的中国传媒大学，中国人民大学、山东大学和上海外国语大学分别以26篇、23篇和22篇的发文量位居第三至第五。

（二）新文科研究热点

1. 分析工具和数据来源

为更好地反映新文科的研究进展和研究热点，本部分以中国知网（CNKI）收录的、CSSCI来源的期刊文献为研究对象，利用CiteSpace应用软件进行相关分析。之所以把CSSCI来源期刊的文献作为研究对象，是因为此类学术期刊的文献质量更高，学术性、专业性更强。以主题“新文科”作为检索条件，共检索到369篇发表在2019到2021年期间的CSSCI来源期刊文献。[①] 通过对检索结果进行清洗整理，删去编者按、选题指南、导读、学术研讨会和学术热点等作者缺失的文献，最终得到350篇相关文献。

① 检索日期：2022年1月20日。

2. 高频关键词和共词分析

（1）高频关键词。关键词①一般是一篇文章中出现频率较高的词语，这些词语反映了文章的研究对象，是对文章的高度概括和凝练。关键词出现的频率和关联程度在一定程度上可以揭示该领域的研究热点与内在关系。② 通过对样本文献中关键词的分析，可以展现该领域的热点话题。本报告通过对2019至2021年350篇CSSCI来源文献的关键词进行研究分析，最终得到的高频关键词如表3所示。

表3 新文科相关文献的高频关键词

排序	频数（次）	关键词	排序	频数（次）	关键词
1	181	新文科	9	9	戏剧与影视学
2	37	文科建设	10	8	专业建设
3	36	人才培养	10	8	外语学科
4	35	新文科建设	11	7	人工智能
5	21	学科建设	11	7	学科发展
6	11	新时代	11	7	历史学
7	10	数字人文	11	7	高等教育
7	10	学科交叉	11	7	新闻传播教育

资料来源：中国知网。

从表3中我们可以看到，“新文科”作为关键词出现的频数（181次）最高，有一半以上的样本文献将其作为关键词来使用，远远超出其他关键词出现的频率。将“文科建设”“人才培养”和“新文科建设”作为关键词来使用的文章分别达到了37篇、36篇和35篇，在样本文献中占比分别为10.57%、10.29%和10%。此外，“学科建设”“新时代”“数字人文”和“学科交叉”这几个关键词出现的频数也相对较高。以上高频关键词在一定程度

① 本报告对部分关键词进行了修正，如把“戏剧与影视学”“戏剧影视文学”戏剧影视学“戏剧与影视”学科修正为戏剧与影视学等。

② 参见余构雄、戴光全：《基于〈旅游学刊〉关键词计量分析的旅游学科创新力及知识体系构建》，《旅游学刊》2017年第1期。

上反映了 2019 至 2021 年新文科相关研究的热点领域。

通过应用 CiteSpace 软件对检索到的 350 篇文献进行关键词分析，设置时间跨度从 2019 年 1 月至 2021 年 12 月，我们最终得到了 189 个节点和 400 条连接，网络密度为 0.0225。通过 CiteSpace 应用软件得到的关键词可视化图谱如图 2 所示。

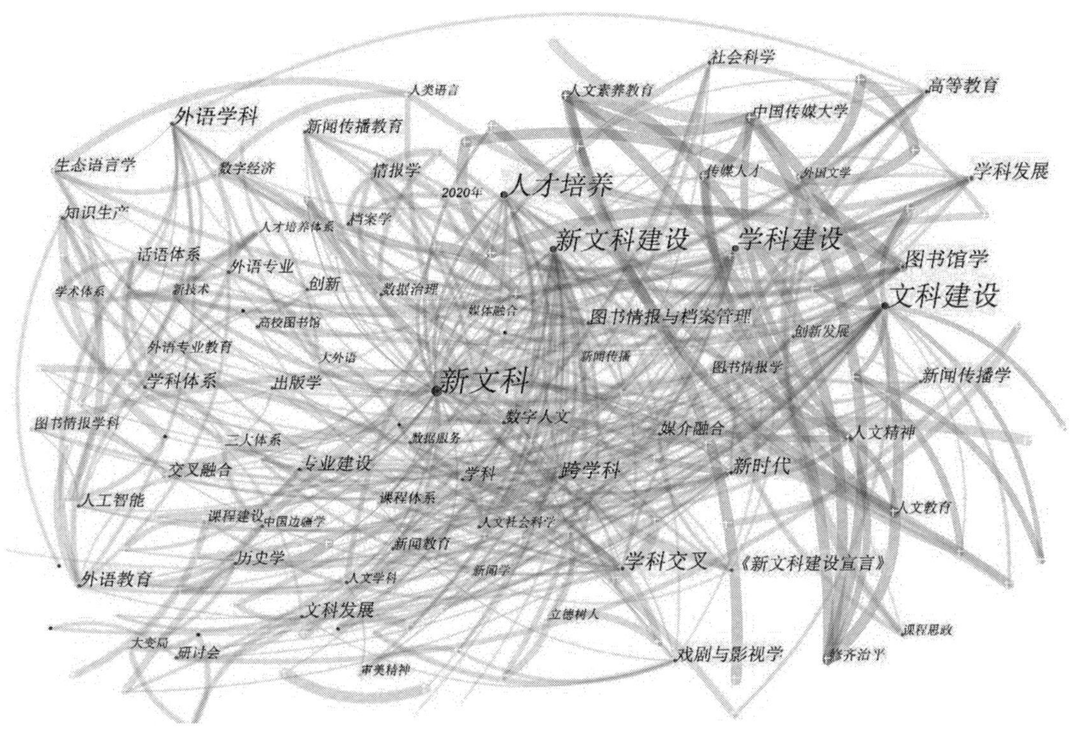

图 2　新文科相关文献的关键词可视化图谱

从图 2 中我们可以看到，最大的节点对应关键词“新文科”，表明新文科是样本文献中最重要的关键词，这也对应了表 3 中“新文科”关键词的最高出现频次。从这一节点散发出许多连线，表明样本中的大部分文献对“新文科”展开了相关研究，例如人才培养、学科建设等。同时，“文科建设”“人才培养”“新文科建设”和“学科建设”的节点也较大。节点越大说明该关键词在样本文献中出现的频次越高，其研究热度也越高①，因此这些领域也是

① 参见陈玉梅、付欢：《中国非传统安全研究的知识图谱分析——基于 CiteSpace 的可视化方法》，《浙江大学学报》（人文社会科学版）2021 年第 3 期。

新文科研究的重点，这与上文的分析相一致。

（2）共词分析。共词分析是典型的文献计量方法，它通过分析某篇文献中几个关键词的共现关系，分析关键词之间的联系，是对文献内容的分析①，用以展现某一研究领域的研究热点与前沿趋势。

对350篇文献中出现的高频关键词构造共词矩阵，具体如表4所示。从表中可以看到，由8个高频关键词构造的共词矩阵是一个对称矩阵，“新文科”“人才培养”“学科建设”这几个关键词同时出现的频次较高，表明2019至2021年新文科相关研究主要围绕人才培养、学科建设等领域展开。

表4　新文科相关文献的高频关键词的共词矩阵（部分）　单位：次

	新文科	文科建设	人才培养	新文科建设	学科建设	新时代	数字人文	学科交叉
新文科	181	1	31	2	12	8	4	5
文科建设	1	37	2	0	2	0	0	0
人才培养	31	2	36	1	2	0	1	0
新文科建设	2	0	1	35	4	0	2	1
学科建设	12	2	2	4	21	0	0	0
新时代	8	0	0	0	0	11	0	0
数字人文	4	0	1	2	0	0	10	0
学科交叉	5	0	0	1	0	0	0	10

资料来源：作者整理。

3. 研究热点：关键词聚类分析

聚类分析是文献计量另一种常用的方法，这种方法根据关键词之间的共线关系，把共线强度大的关键词归为一类，从而把不同文献的全部关键词划分为几大类。根据样本文献的实际情况，分析出现频次大于等于4的关键词（44个），聚类方法参考Callon等（1991）、罗润东和李超（2016）、黄凯南和苗滋坤（2021）的研究，首先根据共现矩阵得到余弦指数，然后根据余弦指数得到每个聚类所包含的关键词，最终归纳总结得到聚类名称。

① 参见罗润东、徐丹丹：《我国政治经济学研究领域前沿动态追踪——对2000年以来CNKI数据库的文献计量分析》，《经济学动态》2015年第1期。

通过对350篇CSSCI来源期刊文献进行分析，最终把44个关键词划分为9个聚类，具体见表5。

表5 新文科相关文献的高频关键词聚类表

编号	聚类名称	关键词
1	新文科的概念阐释与人才培养	新文科、人才培养、课程体系、课程思政、哲学社会科学、价值引领、英语专业、外国文学
2	人文社会科学的跨学科发展	文科建设、跨学科、文科发展、人文学科、社会科学、外国语言文学
3	新文科的学科建设	学科建设、新闻传播教育、《新文科建设宣言》
4	新文科的专业课程建设	新文科建设、学科交叉、戏剧与影视学、专业建设、学科发展、课程建设
5	传统文科与科学技术相结合	数字人文、高校图书馆、数据服务
6	新时代背景下外语学科的发展	新时代、外语学科、外语教育、外语专业
7	以新闻传播学和出版学为代表的知识生产体系	新闻传播学、知识生产、出版学
8	新文科背景下艺术学科的发展	艺术学理论、学科
9	新文科强调创新在高等教育中的重要性	人工智能、高等教育、创新、通识教育、新工科

资料来源：作者整理。

（1）新文科的概念阐释与人才培养。“新文科”的概念一经提出，就受到了学术界的广泛关注。2017年美国西拉姆学院最早提出“新文科”的概念，强调学科专业重组，鼓励进行跨学科的综合学习。中国的新文科始于2018年教育部决定实施的“六卓越一拔尖”计划2.0，是在新形势下对传统文科学科建设和人才培养模式进行反思的结果①；重在构建中国特色高等文科人才培养体系、全面提高文科人才培养质量，也是对建设高等教育强国的一种积极探索②。新文科源于新国情、适应新国情，从而具有区别于其他国家

① 参见宁琦：《社会需求与新文科建设的核心任务》，《上海交通大学学报》（哲学社会科学版）2020年第2期。

② 参见樊丽明、杨灿明、马骁、刘小兵、杜泽逊：《新文科建设的内涵与发展路径（笔谈）》，《中国高教研究》2019年第10期。

“自上而下、政府主导”和“坚守传承中华优秀传统文化”的两大特征。[①] 新文科不是对传统文科的颠覆和否定，而是在传统文科基础上进行的拓展和深化[②]；也是对文科学科内涵定位及人才培养模式的全新设想[③]。新文科之“新”并不是新旧的“新”，而是创新的“新”。[④] 新文科的“新”主要表现在新的研究对象、新的研究范式和新的社会需求上[⑤]；也表现在新的学科交叉、新的文化功能、新的研究范式和新的文科发展路径上[⑥]；还表现在新科技革命、历史新节点、进入新时代和全球新格局上[⑦]；与新技术推动、新需求产生和新国情要求密切相关[⑧]。新文科知识生产的起点和终点都是培育高洁人性，肩负了求知、育人和服务的学科功能[⑨]；新文科建设的最终落脚点在人才培养上[⑩]。新文科在人才培养模式上强调突破现有学科专业的限制，力求在跨学科跨专业上实现新突破[⑪]；鼓励由单一专业培养走向多学科、模块化、产学研一体化培养[⑫]；主张建立健全国内外跨学科联合学位培养模式，探索以多学科集群为基础的现代书院制度，践行以“新文科素养”为核心的“传统文科+”模式[⑬]。开设跨学科专业的交叉课程，完善主修专业与辅修专业相结

---

① 参见黄启兵、田晓明：《“新文科”的来源、特性及建设路径》，《苏州大学学报》（教育科学版）2020 年第 2 期。

② 参见张俊宗：《新文科：四个维度的解读》，《西北师大学报》（社会科学版）2019 年第 5 期。

③ 参见安丰存、王铭玉：《新文科建设的本质、地位及体系》，《学术交流》2019 年第 11 期。

④ 参见蔚海燕、李旺：《图书馆数据服务助力新文科建设之路径》，《图书与情报》2020 年第 6 期。

⑤ 参见王铭玉：《新文科——一场文科教育的革命》，《上海交通大学学报》（哲学社会科学版）2020 年第 1 期。

⑥ 参见周毅、李卓卓：《新文科建设的理路与设计》，《中国大学教学》2019 年第 6 期。

⑦ 参见樊丽明：《“新文科”：时代需求与建设重点》，《中国大学教学》2020 年第 5 期。

⑧ 参见黄启兵、田晓明：《“新文科”的来源、特性及建设路径》，《苏州大学学报》（教育科学版）2020 年第 2 期。

⑨ 参见龙宝新：《中国新文科的时代内涵与建设路向》，《南京社会科学》2021 年第 1 期。

⑩ 参见崔延强、段禹：《新文科究竟“新”在何处——基于对人文社会科学发展史的考察》，《大学教育科学》2021 年第 1 期。

⑪ 参见周毅、李卓卓：《新文科建设的理路与设计》，《中国大学教学》2019 年第 6 期。

⑫ 参见段禹、崔延强：《新文科建设的理论内涵与实践路向》，《云南师范大学学报》（哲学社会科学版）2020 年第 2 期。

⑬ 参见崔延强、段禹：《新文科究竟“新”在何处——基于对人文社会科学发展史的考察》，《大学教育科学》2021 年第 1 期。

合的培养模式，探索建立跨院系、跨学科、跨专业交叉培养创新创业人才的新机制。[①] 在建设原则上坚持人才培养与科学研究、本科教育与研究生教育、理论研究与实践探索紧密结合[②]，充分认识到新科技革命和产业革命对文科人才培养的新要求，发挥引领人文社科新发展和服务人的现代化新目标[③]。

（2）人文社会科学的跨学科发展。传统的文理分科和文科各专业之间的划分限制了学科间的交流与沟通，这种单打独斗型的学术研究不符合时代发展的新要求。[④] 伴随着新的知识生产方式的出现，不同专业领域之间的知识开始走向融合，出现了学科整合的趋势。[⑤] 新文科建设的核心是坚持问题导向、开展跨学科研究[⑥]，进而达到掌握不同领域知识体系的能力和操作技能[⑦]。以交叉前沿、战略需求、现代技术和区域优势为动力来源[⑧]；既具备战略性、创新性、开放性、系统性和针对性的特征[⑨]；也具有学科交叉、知识应用和适应国情的新特征[⑩]。在跨学科发展上，新文科一方面倡导学科间的交流与合作，通过主动创造跨学科的共生空间来强调学科之间的共生互动，运用跨学科思维和多学科融通协作彻底打破学科壁垒，致力于建成既有广度又有深度的“超学科”，推动文科的全面复习和发展[⑪]；另一方面，新文科建设不仅涉及

---

① 参见白贵、杨强：《“新文科”背景下新闻传播教育的新形势与新进路》，《出版广角》2019年第9期。

② 参见樊丽明：《新文科建设：走深走实　行稳致远》，《中国教育报》2021年5月10日。

③ 参见樊丽明：《“新文科”：时代需求与建设重点》，《中国大学教学》2020年第5期。

④ 参见黄启兵、田晓明：《“新文科”的来源、特性及建设路径》，《苏州大学学报》（教育科学版）2020年第2期。

⑤ 参见段禹、崔延强：《新文科建设的理论内涵与实践路向》，《云南师范大学学报》（哲学社会科学版）2020年第2期。

⑥ 参见樊丽明、杨灿明、马骁、刘小兵、杜泽逊：《新文科建设的内涵与发展路径（笔谈）》，《中国高教研究》2019年第10期。

⑦ 参见安丰存、王铭玉：《新文科建设的本质、地位及体系》，《学术交流》2019年第11期。

⑧ 参见权培培、段禹、崔延强：《文科之“新”与文科之“道”——关于新文科建设的思考》，《重庆大学学报》（社会科学版）2021年第1期。

⑨ 参见安丰存、王铭玉：《新文科建设的本质、地位及体系》，《学术交流》2019年第11期。

⑩ 参见黄启兵、田晓明：《“新文科”的来源、特性及建设路径》，《苏州大学学报》（教育科学版）2020年第2期。

⑪ 参见宁琦：《社会需求与新文科建设的核心任务》，《上海交通大学学报》（哲学社会科学版）2020年第2期。

学科与学科之间交叉融合，还致力于打通学科与“非学科”之间的跨越交融，加强科际联合、联动与联盟①，以模糊学科界限、建设跨学科平台的形式加强文科管理制度②，鼓励跨学科团队研究合作。在人才培养上也要强调跨专业跨学科，为社会各界培养具备创新能力、批判精神和国际化视野的复合型、应用型、创新型专业人才。③ 必须承认的是，随着知识生产方式的革新，学科整合的趋势愈加明显，但跨学科并不是不同学科之间知识的简单加总，必须要瞄准科技前沿、战略前沿，强化需求导向，打破秩序化的知识体系所造成的学科隔阂④；以新专业、新模式、新课程和新理论细化跨学科建设路径⑤；实现人文科学与社会科学、自然科学之间更为深广的交融，从而形成文理交叉、文工交叉、文医交叉等新兴领域⑥。

（3）新文科的学科建设。传统文科在当代遭遇危机是不争的事实，这既有学科内部发展的侵蚀，也有不断被边缘化的处境。⑦ 新文科深植于传统文科的发展脉络之中，是传统文科发展到某一阶段的自我更新与自我调整。⑧ 新文科作为构建“大文科”系统的一种积极行动，其科学方位是坚守文科的人文性、价值性和意义性属性，以中国价值作为新文科的枢纽链环。⑨ 文科的中国化，关键在于建设好中国特色哲学社会科学的四大体系。⑩ 文科在构建学科体系上首先要探索文科新专业和新方向，紧扣国家战略需求、紧跟科技革命和

---

① 参见龙宝新：《中国新文科的时代内涵与建设路向》，《南京社会科学》2021 年第 1 期。

② 参见黄启兵、田晓明：《“新文科”的来源、特性及建设路径》，《苏州大学学报》（教育科学版）2020 年第 2 期。

③ 参见何培育、杨虹、李祥：《新文科建设背景下知识产权管理交叉学科研究生培养模式探析》，《研究生教育研究》2021 年第 1 期。

④ 参见权培培、段禹、崔延强：《文科之“新”与文科之“道”——关于新文科建设的思考》，《重庆大学学报》（社会科学版）2021 年第 1 期。

⑤ 参见樊丽明：《新文科建设：走深走实　行稳致远》，《中国教育报》2021 年 5 月 10 日。

⑥ 参见马世年：《新文科视野下中文学科的重构与革新》，《西北师大学报》（社会科学版）2019 年第 5 期。

⑦ 参见崔延强、段禹：《新文科究竟“新”在何处——基于对人文社会科学发展史的考察》，《大学教育科学》2021 年第 1 期。

⑧ 参见权培培、段禹、崔延强：《文科之“新”与文科之“道”——关于新文科建设的思考》，《重庆大学学报》（社会科学版）2021 年第 1 期。

⑨ 参见龙宝新：《中国新文科的时代内涵与建设路向》，《南京社会科学》2021 年第 1 期。

⑩ 参见樊丽明：《新文科建设：走深走实　行稳致远》，《中国教育报》2021 年 5 月 10 日。

产业变革的新趋势，积极发展文科类新兴专业。① 其次要推进文科课程体系的深度改革，在整合传统文科先进理论与思想精髓的基础上，借鉴吸收其他学科领域的优势，围绕国家战略和自身优势特色，坚持问题导向和需求导向，践行“传统文科+”的发展模式，重构知识生产与再生产方式，助力传统文科转型升级②；积极淘汰与社会发展脱节的落后学科专业，实现新文科“增量”与旧文科“减负”的同步推进③；打造博通与专精、科学与人文相统一的课程体系④。在新的时代语境下，要坚持专业优化、课程提质和模式创新的路径，加强分类推进，用好“四大讲堂”，夯实基础学科、拓展新兴学科、推动交叉融合。⑤ 此外，在师资队伍建设上，以设置激励措施和组建联合体的形式，鼓励教师进行跨学科跨专业的教学和学术研究，强化校内教师与校外专业人才之间的交流合作⑥；构建多元化的教学质量评价体系，包括但不限于扩充评价指标数量、组建多主体评价主体、建立主客观相结合的评价方法等措施⑦。

（4）新文科的专业课程建设。新产业新业态的迅速发展产生了对知识复合、学科融合的强烈需求，催生交叉新专业、促进开设新课程。⑧ 在专业设置上，既要对已有文科专业进行改造升级，加快专业布局优化调整；也要探索设置文科新专业与微专业，积极培育文科战略新兴专业，打造一批适应时代

---

① 参见崔延强、段禹：《新文科究竟“新”在何处——基于对人文社会科学发展史的考察》，《大学教育科学》2021 年第 1 期。

② 参见权培培、段禹、崔延强：《文科之“新”与文科之“道”——关于新文科建设的思考》，《重庆大学学报》（社会科学版）2021 年第 1 期。

③ 参见崔延强、段禹：《新文科究竟“新”在何处——基于对人文社会科学发展史的考察》，《大学教育科学》2021 年第 1 期。

④ 参见王仕勇：《新文科背景下新闻传播人才培养的新理念与新进路》，《中国编辑》2021 年第 2 期。

⑤ 参见童兵：《新文科建设和新闻教育改革路径的拓展》，《中国编辑》2021 年第 2 期；吴岩：《积势蓄势谋势　识变应变求变》，《中国高等教育》2021 年第 1 期。

⑥ 参见崔延强、段禹：《新文科究竟“新”在何处——基于对人文社会科学发展史的考察》，《大学教育科学》2021 年第 1 期。

⑦ 参见何培育、杨虹、李祥：《新文科建设背景下知识产权管理交叉学科研究生培养模式探析》，《研究生教育研究》2021 年第 1 期。

⑧ 参见樊丽明：《新文科建设：走深走实　行稳致远》，《中国教育报》2021 年 5 月 10 日。

发展需求的新专业和新方向，满足学生多元化和个性化的成长需求①；以微专业、辅修或双学位等形式培养高素质的国际化复合型人才②。在专业设置上坚持需求导向、目标导向、特色导向，抓好质量标准，强化示范引领。③ 同时专业优化要遵循自身发展的小逻辑，服从并服务于社会发展的大逻辑，注重提升专业内涵。④ 需要强调的是，新文科专业并不等于传统专业之间的简单叠加，更多的是问题导向、需求导向下知识生产与再生产的重组与重构。⑤ 在课程安排上，各高校要抓好“双万计划”机遇，打造一流“金课”课程群⑥，强化“金课”的互补性，提升“金课”的整体性，突出“金课”的跨界性，展现“金课”的创新性⑦；积极组建跨学科的复合课程群，超越学科中心，培养学生跨界知识视野和思维方式⑧；以新的现代信息技术手段，打造混合式的课程学习环境⑨；也要加强教材建设，突出中国特色，推动优秀研究成果向教学资源的转化⑩；坚持以学生为中心的课程建设思想，突出学生的学习主体地位，科学设定课程目标，推动多元课堂协同⑪；高度重视文科实践课程，把培养学生的实践与创新能力作为文科课程建设的重点⑫。

---

① 参见樊丽明：《“新文科”：时代需求与建设重点》，《中国大学教学》2020 年第 5 期；樊丽明：《新文科建设：走深走实　行稳致远》，《中国教育报》2021 年 5 月 10 日。

② 参见刘洪东：《新文科理念下高校国际组织人才培养的思考》，《中国大学教学》2020 年第 9 期。

③ 参见吴岩：《抓好教学“新基建”培养高质量外语人才》，《外语教育研究前沿》2021 年第 2 期。

④ 参见吴岩：《积势蓄势谋势　识变应变求变》，《中国高等教育》2021 年第 1 期。

⑤ 参见崔延强、段禹：《新文科究竟“新”在何处——基于对人文社会科学发展史的考察》，《大学教育科学》2021 年第 1 期。

⑥ 参见袁凯、姜兆亮、刘传勇：《新时代　新需求　新文科——山东大学新文科建设探索与实践》，《中国大学教学》2020 年第 7 期。

⑦ 参见李凤亮、陈泳桦：《新文科视野下的大学通识教育》，《山东大学学报》（哲学社会科学版）2021 年第 4 期。

⑧ 参见王铭玉：《新文科——一场文科教育的革命》，《上海交通大学学报》（哲学社会科学版）2020 年第 1 期。

⑨ 参见刘洪东：《新文科理念下高校国际组织人才培养的思考》，《中国大学教学》2020 年第 9 期。

⑩ 参见袁凯、姜兆亮、刘传勇：《新时代　新需求　新文科——山东大学新文科建设探索与实践》，《中国大学教学》2020 年第 7 期。

⑪ 参见黄震方、黄睿、侯国林：《新文科背景下旅游管理类专业本科课程改革与“金课”建设》，《旅游学刊》2020 年第 10 期。

⑫ 参见樊丽明：《新文科建设：走深走实　行稳致远》，《中国教育报》2021 年 5 月 10 日。

（5）传统文科与科学技术相结合。人文社会科学与科学技术相互融合已经成为不可阻挡的国际趋势，新文科建设是哲学社会科学和现代科学技术在高等教育领域交叉融合的实践。[①]《新文科建设宣言》也明确指出，要积极推动人工智能、大数据等现代信息技术与文科专业深入融合。新文科格外强调新技术和新科技的融入，具有鲜明的时代性和前沿性特征。[②] 随着现代科学技术的突飞猛进，新科技催生了以跨界融合为特征的新产业新业态，创造了研究学习的新方法和新手段。[③] 传统文科要充分利用科技实践的工具属性，积极适应新一轮产业技术革命的新变化。[④] 积极推动人工智能、大数据等现代信息技术与文科专业深度融合，致力于新科技发展与文科融合引致文科新的增长点[⑤]；促进人文社会科学成果得到更大范围和更强穿透力的传播和共享，发挥更大的经济效益和社会效益[⑥]。在新一轮科技革命和产业变革的浪潮中，科学技术大有作为。传统文科要主动拥抱现代技术，借助大数据、机器学习等方式提升文科学术研究的科学性与准确性。[⑦] 数字人文就是一种利用数字技术研究人文学科问题的新兴学科，适应了整个社会数字化转型和变革的趋势，是传统学科的增长点和新方向。[⑧] 数据密集型的第四科研范式给文科研究带来了新的突破，图书馆数据服务助力新文科建设。[⑨] 将传统文科与新兴技术深度融合，实现理论创新、机制创新和模式创新，推动新文科智能建设。[⑩] 需要牢记的是，科学技术永远是为创造人类社会的美好生活而服务，绝不可能成为支配人类的力量。因此人文社会科学在利用现代科技手段时不能过分强调工具

---

① 参见周毅、李卓卓：《新文科建设的理路与设计》，《中国大学教学》2019 年第 6 期。

② 参见何培育、杨虹、李祥：《新文科建设背景下知识产权管理交叉学科研究生培养模式探析》，《研究生教育研究》2021 年第 1 期。

③ 参见樊丽明：《“新文科”：时代需求与建设重点》，《中国大学教学》2020 年第 5 期。

④ 参见龙宝新：《中国新文科的时代内涵与建设路向》，《南京社会科学》2021 年第 1 期。

⑤ 参见樊丽明：《新文科建设：走深走实　行稳致远》，《中国教育报》，2021 年 5 月 10 日。

⑥ 参见周毅、李卓卓：《新文科建设的理路与设计》，《中国大学教学》2019 年第 6 期。

⑦ 参见权培培、段禹、崔延强：《文科之“新”与文科之“道”——关于新文科建设的思考》，《重庆大学学报》（社会科学版）2021 年第 1 期。

⑧ 参见蔡迎春：《数字人文评价：学科性、专业性、技术性》，《中国图书馆学报》2021 年第 4 期。王丽华、刘炜：《助力与借力：数字人文与新文科建设》，《南京社会科学》2021 年第 7 期。

⑨ 参见蔚海燕、李旺：《图书馆数据服务助力新文科建设之路径》，《图书与情报》2020 年第 6 期。

⑩ 参见李凤林：《加快建设“新文科”　主动引领新时代》，《中国高等教育》2020 年第 1 期。

化、技术化和应用化[①]；要强化学科自身问题意识，以实际行动强化科技服务于人类的工具属性，并对现代科学技术给予人文评价。[②] 在人工智能时代，让人文素养与科学素养并驾齐驱，需要人工智能与教育的深度融合，发挥新技术提升研究成果实际效能的作用，并以此解决现实社会中的实际问题[③]；实现新文科在工具性与人文性上的辩证统一[④]。

（6）新时代背景下外语学科的发展。外语学科作为文科的重要组成部分，具有覆盖全、规模大、责任重的特点，关系到人才培养的质量、中国同世界各国的交流互鉴和参与全球治理体系的改革建设。[⑤] 我国的外语教育教学主要存在外语语种数量有限、外语学科重复和盲目建设、高端和稀有外语人才不足的问题。[⑥] 新文科建设在对外语教育改革发展提出新目标、新要求的同时，也为外语学科发展创造了新条件和新机遇。[⑦] 对外语学科而言，新文科首先“新”在外语专业的新定位、新变革和新突破上，应当坚持学科本色与专业特色，积极顺应跨语种、跨学科和跨专业的发展之路。[⑧] 外语教育的核心任务是外语人才培养和知识体系的改革与创新[⑨]，所以在人才培养上要强调分类推进与特色发展，开放外语教育资源，加强区域国别研究，创新知识体系[⑩]；完善“语言+”的培养模式，扶持国别与区域专业[⑪]，以培养“一精多会”和“一专多能”的国际化复合型人才为目标[⑫]；把立德树人作为外语人才培养的首要

---

① 参见陶东风：《新文科新在何处》，《探索与争鸣》2020 年第 1 期。

② 参见王永：《新文科建设的三个理论前提》，《现代传播》2020 年第 5 期。

③ 参见王兆璟：《新文科建设与教育学的时代变革》，《西北师大学报》（社会科学版）2019 年第 5 期。王丹：《新文科背景下人工智能与教育深度融合发展研究》，《河南社会科学》2021 年第 6 期。

④ 参见刘利：《新文科专业建设的思考与实践：以北京语言大学为例》，《云南师范大学学报》（哲学社会科学版）2020 年第 2 期。

⑤ 参见吴岩：《新使命　大格局　新文科　大外语》，《外语教育研究前沿》2019 年第 2 期。

⑥ 参见张天伟：《我国外语教育政策的主要问题和思考》，《外语与外语教学》2021 年第 1 期。

⑦ 参见郭英剑：《对“新文科、大外语”时代外语教育几个重大问题的思考》，《中国外语》2020 年第 1 期。王俊菊：《新文科建设对外语专业意味着什么?》，《中国外语》2021 年第 1 期。

⑧ 参见王俊菊：《新文科建设对外语专业意味着什么?》，《中国外语》2021 年第 1 期。

⑨ 参见宁琦：《新时期外语教育的定位与任务》，《中国外语》2021 年第 1 期。

⑩ 参见宁琦：《新时期外语教育的定位与任务》，《中国外语》2021 年第 1 期。

⑪ 参见刘利：《新文科专业建设的思考与实践：以北京语言大学为例》，《云南师范大学学报》（哲学社会科学版）2020 年第 2 期。

⑫ 参见吴岩：《新使命　大格局　新文科　大外语》，《外语教育研究前沿》2019 年第 2 期。

坚持和战略核心[①]；也要发挥外语学科与其他学科的联接作用，推动本国学术成果走向世界中心[②]。在外语人才的培养上，以抓专业质量、课程质量、教材质量和技术水平的方式来提高培养质量[③]；落实“5 语+多语+通识+专业+实操”的“育人 5 模块”培养模式[④]；在人才培养方案上充分体现知识、能力和素质要求[⑤]。在教学管理上，主动革除刚性守旧、工业化教育的传统思维习惯，树立分工合作、开放共享的互联网思维。[⑥] 在课程设置上，引入专门用途外语，落实真正的学科交叉，推动外语教学从学科发展导向到市场、社会需求导向的转变，打造具有新理念、新结构和新体系的新外语。[⑦] 此外，要积极顺应科技发展大势，制定出台信息化发展框架，加强信息化水平建设，大力培养文化自信心，创造具有中国特色的外语教育理论[⑧]；坚持“多语种+”人文素养、“区域国别+”综合能力、“交叉复合+”专业能力的三大战略支柱[⑨]。

（7）以新闻传播学和出版学为代表的知识生产体系。新文科通过新技术和多学科交融等手段促进知识生产，强调知识在不同情境中的应用。[⑩] 新闻传播学和出版学作为人文社会科学的重要组成部分，是新文科建设的重要承担者。当前，新闻传播教育与社会需求之间的脱节不断加深，与中国地位相匹

---

① 参见姜智彬、王会花：《新文科背景下中国外语人才培养的战略创新——基于上海外国语大学的实践探索》，《外语电化教学》2019 年第 5 期。

② 参见刘宏：《外语院校新文科建设理论与实践》，《中国外语》2021 年第 1 期。

③ 参见吴岩：《抓好教学“新基建” 培养高质量外语人才》，《外语教育研究前沿》2021 年第 2 期。

④ 参见向明友：《新学科背景下大学外语教育改革刍议》，《中国外语》2020 年第 1 期。

⑤ 参见石琳霏、姜亚军：《中国英语教育四十年反思及其对新文科背景下英语专业建设的启示》，《外语教学》2020 年第 3 期。

⑥ 参见胡安江：《翻译专业教学管理与人才培养：新趋势、新变局与新思路》，《中国翻译》2021 年第 1 期。

⑦ 参见蔡基刚：《学科交叉：新文科背景下的新外语构建和学科体系探索》，《东北师大学报》（哲学社会科学版）2021 年第 3 期。

⑧ 参见张天伟：《我国外语教育政策的主要问题和思考》，《外语与外语教学》2021 年第 1 期。

⑨ 参见姜智彬、王会花：《新文科背景下中国外语人才培养的战略创新——基于上海外国语大学的实践探索》，《外语电化教学》2019 年第 5 期。

⑩ 参见操太圣：《知识、生活与教育的辩证：关于新文科建设之内在逻辑的思考》，《南京社会科学》2020 年第 2 期。

配的新闻传播话语权尚有较大提升空间[①]；同时日益增长的新闻传播专业化人才需求与相对滞后的新闻传播教育之间的隔阂不断扩大[②]。事实上，新闻传播学本身就是一个跨学科的产物，它通过借鉴文学、社会学等学科的内容和方法，最终发展成了一个独立的学科体系，并与现代科学技术有着密切关系，但其跨学科主要局限在传统文科体系的内部，进而面临创新匮乏、解释力有限的发展瓶颈。[③] 在新的时代形势下，新闻传播人才培养要立足时代发展，服务于国家软实力的提升[④]；以中国特色为建设目标，高举人文精神和科学精神两面旗帜[⑤]；坚持“固本”优先、守正创新，从内部壮大学术与知识体系[⑥]。在人才培养上深化培养路径、教学模式、逻辑理念的交叉融通，建立技术思维、接轨实践需求[⑦]；在育人理念上坚持“博专”的培养理念，打造内外融通的培养体系，聚焦“全人”的培养[⑧]。出版学作为研究人类出版活动及其规律的学科，是精神文化产品的生产者和传播者。伴随着技术进步和互联网的发展，出版行业面临着信息技术鸿沟、学科教育滞后、专业与技术本末倒置的挑战。[⑨] 出版学较强的应用性和较高程度的职业化特点，使得出版学与编辑出版业态和其他相关学科有着紧密的相互关联性[⑩]，这种学科间交叉融合的发展特点高度契合新文科建设需求[⑪]。在新文科背景下，编辑出版教育必须具

---

① 参见白贵、杨强：《新文科与新闻传播教育生态的调整》，《中国编辑》2021 年第 2 期。

② 参见强月新、孔钰钦：《新文科视野下的新闻传播人才培养》，《中国编辑》2020 年第 10 期。

③ 参见廖祥忠：《媒介与社会同构时代国际传播人才培养必须着力解决的三大问题》，《现代传播》2021 年第 1 期。

④ 参见张书玉、王雪梅：《“新文科建设”中应用型传媒人才培养的再定位》，《传媒》2021 年第 3 期。

⑤ 参见童兵：《新文科建设和新闻教育改革路径的拓展》，《中国编辑》2021 年第 2 期。

⑥ 参见王润泽、徐诚：《守正创新：新文科建设背景下的新闻教育变革方向》，《出版广角》2021 年第 7 期。

⑦ 参见强月新、孔钰钦：《新文科视野下的新闻传播人才培养》，《中国编辑》2020 年第 10 期。

⑧ 参见王仕勇：《新文科背景下新闻传播人才培养的新理念与新进路》，《中国编辑》2021 年第 2 期。

⑨ 参见王关义、万安伦、宋嘉庚：《新文科背景下加强出版学科建设的思考》，《出版发行研究》2021 年第 2 期。

⑩ 参见李建伟、董彦君：《“新文科”框架下编辑出版学专业发展指向》，《出版广角》2020 年第 16 期。

⑪ 参见王关义、万安伦、宋嘉庚：《新文科背景下加强出版学科建设的思考》，《出版发行研究》2021 年第 2 期。

备“大教育观”格局、树立终身学习理念，实行学生主体性教育模式，合理安排专业课程体系，探索组建复合型师资队伍。① 出版学要抓住新文科建设的契机，立足我国实践，以创新引领推动出版业转型升级和国际化水平走向纵深。②

（8）新文科背景下艺术学科的发展。艺术是新文科中人文学科板块非常重要的组成部分，是整个文科中对“人的要素”最为坚守的学科，肩负着创造想象、满足人类心理情感需求的责任。③ 艺术自身的相互参照融合和综合性扩展，以及对文科审美情感的濡染外化都展现了新文科建设的应有之意。④ 当前，我国艺术类学科在学科主体性、课程设置、命名与边界、精英教育与大众普及上存在一些问题和争议，暴露出深层次上专业布局、发展思路、学科特色等方面的问题。⑤ 就艺术学科而言，新文科所倡导的融合性不仅体现在学科跨越和学科交叉上，也是对当前技术、文化、媒介等环境融合趋势的一种回应。⑥ 针对当下的新文科建设，艺术类学科要把有所聚合、彼此借鉴、敢于突破和继承创新作为突围路径，做好“内补”与“外输”的两大关键任务。⑦ 艺术类学科要抓住新文科建设的契机，在坚守艺术独特性的同时，增强与多学科之间的相互借鉴与相互组合，打破“高高在上”的艺术家形象。⑧ 在制定学科发展规划上，艺术类学科要重视理论视阈和前沿话题，拓展学术

---

① 参见张文晋：《新文科建设背景下编辑出版学专业人才的培养》，《山西财经大学学报》2019 年第 z2 期。

② 参见李永强：《新时代出版学升级的时代之需、学理之问、行业之要》，《出版科学》2021 年第 1 期。

③ 参见周星、任晟姝：《新文科建设背景下艺术学科综合性发展的思考》，《南京师大学报》（社会科学版）2020 年第 3 期。

④ 参见周星、董阳：《艺术学科与新文科建设关系的观念思考》，《艺术设计研究》2020 年第 3 期。

⑤ 参见董占军、张运春：《新文科背景下艺术学理论的学科建设发展问题》，《民族艺术研究》2021 年第 1 期。

⑥ 参见胡智锋：《新文科建设背景下戏剧与影视学科创新发展的若干思考》，《现代传播》2021 年第 2 期。

⑦ 参见周星、任晟姝：《新文科建设背景下艺术学科综合性发展的思考》，《南京师大学报》（社会科学版）2020 年第 3 期。

⑧ 参见周星、董阳：《艺术学科与新文科建设关系的观念思考》，《艺术设计研究》2020 年第 3 期。

平台[①]；基于协同创新模式，扎实基础学科、突出优势学科、发展新兴学科、创新交叉学科、传承冷门学科，以学科交融和多学科聚合为发展方向[②]。在新文科建设背景下，艺术类学科要强化审美信仰[③]，坚持中国特色，秉承自主创新、融合创新和延伸创新的理念[④]；以大艺术观为基础，推动学科门类之间的"知识大融通"，重塑真、善、美统一的人文主义精神，推动艺术学科高质量发展[⑤]。

（9）新文科强调创新在高等教育中的重要性。创新是高等教育的生命线[⑥]，新时代、新形势呼唤高等文科教育创新式发展[⑦]，这与《新文科建设宣言》中所提及的"新时代新使命要求文科教育必须加快创新发展"的共识相一致。新时代社会变革对人文社会科学发展提出新要求，新文科建设就是人文社会科学创新发展的题中应有之义。[⑧] 新文科是立足于新科技时代、为培养创新型人才而对文科提出的新要求[⑨]，是融入新科技、新理念、协同解决时代发展迫切问题的创新之举[⑩]。这场由内涵创新驱动的文科教育改革，体现了文科教育的新理念、新定位、新结构和新模式，反映了创新作为哲学社会科学发展的永恒主题。[⑪] 一方面，新文科致力于中华优秀传统文化的创新性发展，以培养高质量创新型人才为目标，强调文科研究内容与研究方法的融合创

---

① 参见董占军、张运春：《新文科背景下艺术学理论的学科建设发展问题》，《民族艺术研究》2021 年第 1 期。

② 参见夏燕靖：《重新认识艺术学理论学科十年发展的现实路径》，《艺术百家》2020 年第 4 期。

③ 参见周星、曹岩：《审美信仰与理论思辨：新文科建设背景下的艺术学理论学科建设思考》，《艺术百家》2020 年第 4 期。

④ 参见胡智锋：《新文科建设背景下戏剧与影视学科创新发展的若干思考》，《现代传播》2021 年第 2 期。

⑤ 参见周计武：《新文科的使命与艺术学理论的跨学科定位》，《民族艺术研究》2021 年第 1 期。

⑥ 参见吴岩：《新使命　大格局　新文科　大外语》，《外语教育研究前沿》2019 年第 2 期。

⑦ 参见樊丽明：《"新文科"：时代需求与建设重点》，《中国大学教学》2020 年第 5 期。

⑧ 参见武宝瑞：《新文科建设需要解决好的三个前置性问题》，《上海交通大学学报》（哲学社会科学版）2020 年第 2 期。

⑨ 参见陈跃红：《新文科：智能时代的人文处境与历史机遇》，《探索与争鸣》2020 年第 1 期。

⑩ 参见宁琦：《社会需求与新文科建设的核心任务》，《上海交通大学学报》（哲学社会科学版）2020 年第 2 期。

⑪ 参见周毅、李卓卓：《新文科建设的理路与设计》，《中国大学教学》2019 年第 6 期。

新[①]；突出新技术在传统文科研究范式、研究路径和研究工具上的创新[②]。另一方面，新文科强调文科教育从传统的以继承为主转向以创新为主[③]，坚持以知识整体性体系性为基础的学科创新和“从自然科学奔向社会科学潮流”的学术创新[④]，包括课程内容创新、培养方式创新、评价体系创新、研究范式创新和学生创新能力的培养[⑤]；坚持问题驱动式的创新本质[⑥]。为此，高校要通过发挥自身优势，推动人才培养模式创新[⑦]，以遵循规律、协同育人、模式多元来培养适应新时代要求的应用型复合型文科人才[⑧]，完善学科协同创新体制机制[⑨]。把创新作为新文科建设的根本导向，突出知识生产的原创性、强化对“人”认识的深刻性、体现对中华文化的兼容性。[⑩] 值得注意的是，创新必须是真正有效的知识创新[⑪]，新文科建设不能为了创新而创新，必须处理好创新和质量的关系，坚持高质量的创新[⑫]。

4. 关键词时序变化

把350篇样本文献的关键词按首次出现的年份分类，分析新文科相关研究的关键词时序变化（见图3）。结果发现：2019年新文科相关研究首次出现

---

① 参见樊丽明：《“新文科”：时代需求与建设重点》，《中国大学教学》2020年第5期。

② 参见何培育、杨虹、李祥：《新文科建设背景下知识产权管理交叉学科研究生培养模式探析》，《研究生教育研究》2021年第1期。

③ 参见黄启兵、田晓明：《“新文科”的来源、特性及建设路径》，《苏州大学学报》（教育科学版）2020年第2期。

④ 参见刘曙光：《新文科与思维方式、学术创新》，《上海交通大学学报》（哲学社会科学版）2020年第2期。

⑤ 参见马世年：《新文科视野下中文学科的重构与革新》，《西北师大学报》（社会科学版）2019年第5期。

⑥ 参见宁琦：《社会需求与新文科建设的核心任务》，《上海交通大学学报》（哲学社会科学版）2020年第2期。

⑦ 参见樊丽明：《“新文科”：时代需求与建设重点》，《中国大学教学》2020年第5期。

⑧ 参见吴岩：《积势蓄势谋势　识变应变求变》，《中国高等教育》2021年第1期。

⑨ 参见马骁、李雪、孙晓东：《新文科建设：瓶颈问题与破解之策》，《中国大学教学》2021年第z1期。

⑩ 参见马骁、李雪：《创新与融合：学科视野中的“新文科”建设》，《中国大学教学》2020年第6期。

⑪ 参见武宝瑞：《新文科建设需要解决好的三个前置性问题》，《上海交通大学学报》（哲学社会科学版）2020年第2期。

⑫ 参见刘利：《新文科专业建设的思考与实践：以北京语言大学为例》，《云南师范大学学报》（哲学社会科学版）2020年第2期。

的关键词主要包括“新文科”“人才培养”“新时代”“文科建设”等，表明2019年的相关研究集中在新文科的概念阐释、人才培养和时代背景上。到2020年，新文科相关研究首次出现的关键词主要包括“新文科建设”“学科建设”“数字人文”“学科交叉”“专业建设”等，表明2020年的研究重点从新文科的概念阐释转移到实践路径上来，更加突出新文科的跨学科跨专业交叉融合特性；同时关键词中出现了一些学科专业名称，表明新文科建设已经细化到学科专业中去。到2021年，新文科相关研究首次出现的关键词以学科专业名称为主，也有“创新”“创新发展”“中国特色”等文字，表明2021年新文科建设正走深走实、行稳致远，强调创新精神与中国特色。新文科建设从最初的内涵外延解读和人才培养，延伸到强调交叉融合，再到重视学科发展，成为加快构建中国特色哲学社会科学体系的重要力量。①

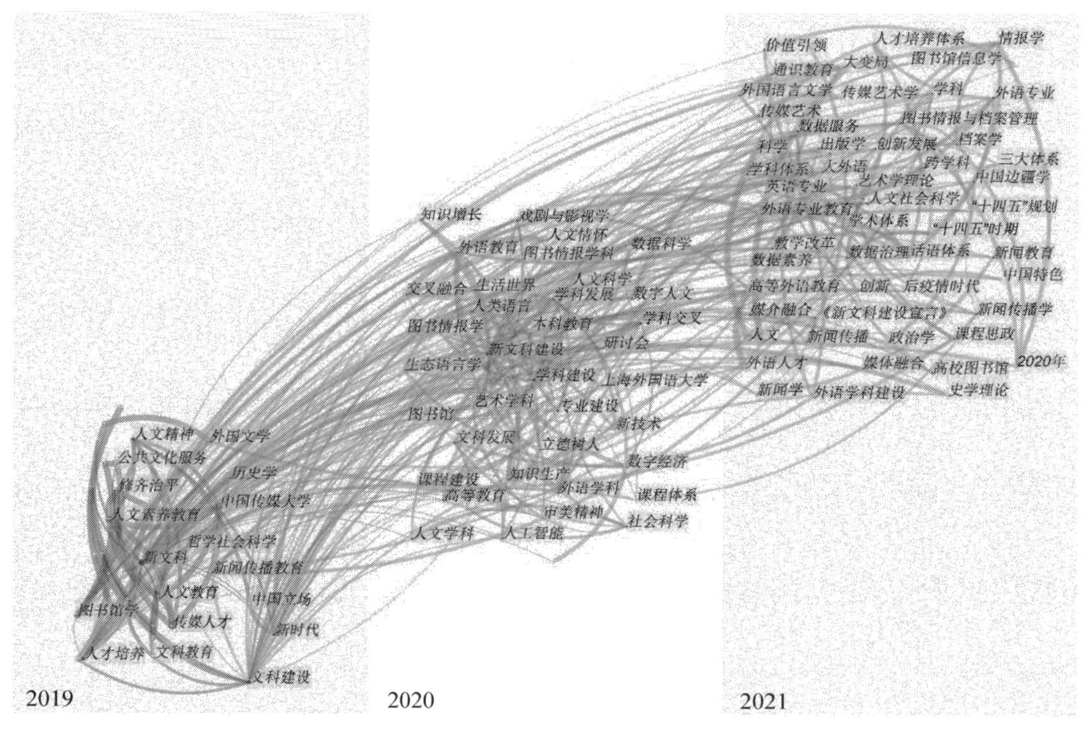

图3　新文科相关文献的关键词时序变化图

① 参见黄凯南、苗滋坤：《新文科研究进展的文献计量学分析》，《山东大学学报》（哲学社会科学版）2021年第6期。

（三）发文作者、发文机构和发文期刊分析

1. 发文作者分析

通过对350篇样本文献的作者分析，识别出2019至2021年新文科相关研究作者和作者之间的合作关系，最终得到105个节点和45条连接，网络密度为0.0082，表明作者之间的合作还不够密切。部分高发文量的作者见表6，具体的作者可视化图谱如图4所示。

表6 发文量多的作者及代表性文献

序号	发文量（篇）	作者	代表性文献
1	12	周星	《新文科建设背景下艺术学科综合性发展的思考》
2	6	吴岩	《新使命 大格局 新文科 大外语》
3	4	刘宏	《外语院校新文科建设理论与实践》
3	4	胡智锋	《新文科背景下“戏剧与影视学”专业建设的理念与路径》
3	4	蔡迎春	《学术训练营：新文科背景下图书馆数据素养培训新模式》
3	4	王宁	《新文科视野下的外语学科建设》
7	3	樊丽明	《新文科建设的内涵与发展路径（笔谈）》

资料来源：中国知网。

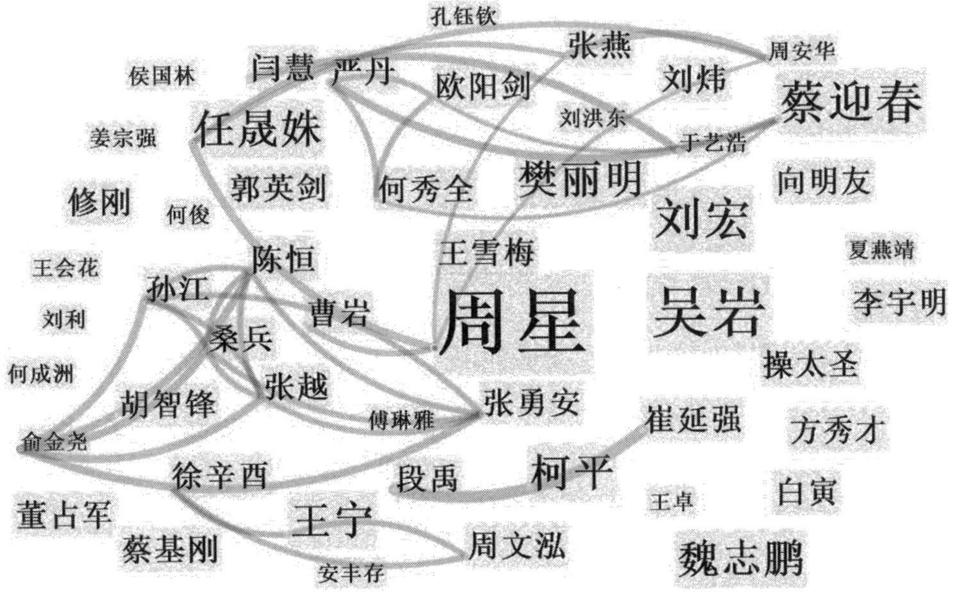

图4 新文科相关文献的作者可视化图谱（以发文数量统计）

总体来看，2019至2021年有较多的学者进入了新文科相关研究领域，350篇样本文献中共出现了494位作者。从发文量来看，最多的是北京师范大学的周星（12篇），其次是教育部高等教育司的吴岩（6篇），刘宏、胡智锋、蔡迎春、王宁均以4篇的发文量并列第三，樊丽明、崔延强等10位专家学者的发文量均为3篇。但从每个作者单独来看，研究成果十分有限：发文量大于等于3篇的作者共有16位，发文量为2篇的作者共有44位，其余434位作者仅有一篇学术论文研究成果。之所以出现这种情况，可能是由于新文科相关研究已经从单纯的概念和特点阐述转向更深层次的细致研究，研究深度的增加带来研究难度的上升，短时间内无法出现大量高质量的研究成果。此外，从作者之间的合作强度来看，有206篇论文是由作者独立发表，占比58.86%，表明相关作者在新文科研究领域的合作还不够密切。这可能是由于新文科涉及跨学科、跨领域的交叉融合，不同学科领域之间的研究成果需要时间来积淀。

从文献引用量①上来看（见表7），吴岩发表在《外语教育研究前沿》2019年第2期的《新使命　大格局　新文科　大外语》以172次的引用量位居榜首，樊丽明等发表在《中国高教研究》2019年第10期的《新文科建设的内涵与发展路径（笔谈）》以96次的引用量位居第二，周毅和李卓卓发表在《中国大学教学》2019年第6期的《新文科建设的理路与设计》以82次的引用量位列第三。

表7　新文科领域的高引用文献　　单位：次

序号	作者	文献名称	引用量	下载量
1	吴岩	《新使命　大格局　新文科　大外语》	172	4873
2	樊丽明等	《新文科建设的内涵与发展路径（笔谈）》	96	6249
3	周毅、李卓卓	《新文科建设的理路与设计》	82	5653
4	吴岩	《加强新文科建设　培养新时代新闻传播人才》	79	3632
5	张俊宗	《新文科：四个维度的解读》	79	5037

资料来源：中国知网。

① 引用量数据来自中国知网（CNKI）2022年1月20日实时数据。

从文献下载量①上来看（见表 8），戴炜栋等发表在《外语界》2020 年第 4 期的《新文科背景下的语言学跨学科发展》以 7363 次的下载量位居文献下载量榜首，樊丽明等发表在《中国高教研究》2019 年第 10 期的《新文科建设的内涵与发展路径（笔谈）》以 6249 次的下载量位居第二，周毅和李卓卓发表在《中国大学教学》2019 年第 6 期的《新文科建设的理路与设计》以 5653 次的下载量位列第三。

表 8 新文科领域的高下载文献

单位：次

序号	作者	文献名称	引用量	下载量
1	戴炜栋等	《新文科背景下的语言学跨学科发展》	21	7363
2	樊丽明等	《新文科建设的内涵与发展路径（笔谈）》	96	6249
3	周毅、李卓卓	《新文科建设的理路与设计》	82	5653
4	张俊宗	《新文科：四个维度的解读》	79	5037
5	吴岩	《新使命 大格局 新文科 大外语》	172	4873

资料来源：中国知网。

2. 发文机构分析

通过对 350 篇样本文献的发文机构分析，识别出新文科领域的发文机构之间的合作关系，最终得到 116 个节点和 135 条连接，网络密度为 0.0202，表明发文机构之间的联系有限。发文量大于等于 10 篇的机构见表 9，发文机构的可视化图谱见图 5。

表 9 新文科相关文献的高发文机构

排序	发文量（篇）	发文机构	排序	发文量（篇）	发文机构
1	20	北京师范大学	6	12	山东大学
2	18	南京大学	6	12	中国传媒大学
3	16	中国人民大学	8	11	北京大学
3	16	上海外国语大学	9	10	复旦大学
5	14	上海交通大学	9	10	武汉大学

① 下载量数据来自中国知网（CNKI）2022 年 1 月 20 日实时数据。

从表 9 中可以看到，2019 至 2021 年北京师范大学的发文量最高，达到了 20 篇，是目前新文科建设的领先者，表明北京师范大学大学在新文科建设活动中有更强的积极性和主动性。通过进一步研究发现，北京师范大学的发文主要来自艺术与传媒学院，这说明艺术与传媒类学科具有较强的时代性和较快的发展性，能够顺应时代潮流及时调整跟进，迅速与其他学科结合，在面对新鲜事物时更加勇于尝试。南京大学以 18 篇的发文量位列第二，表明综合类高校在新文科建设中迸发出强劲活力。中国人民大学和上海外国语大学均以 16 篇的发文量并列第三，上海交通大学以 14 篇的发文量并列第五，前 5 名发文机构的发文量共计 78 篇（存在合作），占样本文献的比例为 22. 29%。此外，山东大学（12 篇）、中国传媒大学（12 篇）和北京大学（11 篇）也相对较高。以上高发文机构都有一个显著的特点，即文科类专业实力较强，且发展历史悠久、优势学科突出，这表明传统的文科类强校在新文科建设上更具有先发优势。但也要看到理工科见长的院校，例如上海交通大学，其较高的发文量释放了理工强校在新文科建设中发挥重要作用的积极信号，这正响应新文科建设所倡导的跨学科交叉融合。

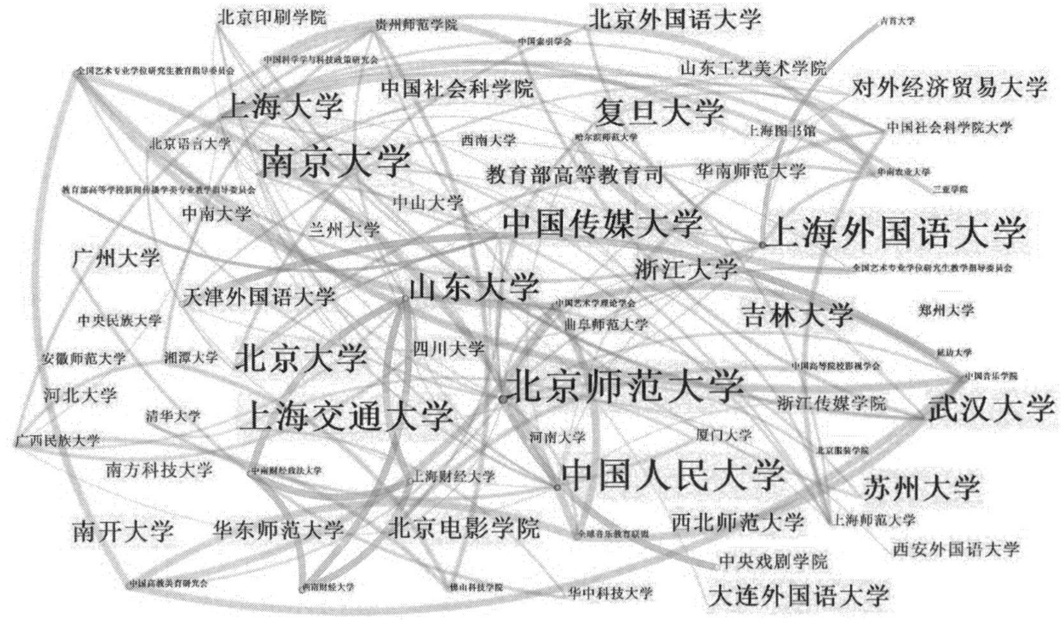

图 5　新文科相关文献的发文机构可视化图谱

从图 5 中可以看到，北京师范大学不仅节点较大，而且在其节点上出现了许多连接，如南京大学、复旦大学、上海师范大学、北京电影学院、北京服装学院等高校，表明北京师范大学与以上几所高校有较强的合作关系。山东大学与中国人民大学、四川大学、上海大学、上海财经大学和中南财经政法大学等高校具有较强的合作关系。

3. 发文期刊分析

通过对 350 篇文献组成的样本数据进行分类汇总，2019 年至 2021 年总发文量在 10 篇及以上的 CSSCI 期刊见表 10。从该表中可以看到：《中国大学教学》的发文量最多，达到 19 篇，该刊倡导先进教育教学理念，长期服务于高等学校教学改革。《中国高等教育》以 18 篇的发文量位列第二，该刊长期关注高教重点、难点与热点问题。《探索与争鸣》以 16 篇的发文量位列第三。除此之外，《上海交通大学学报》（哲学社会科学版）和《图书与情报》的发文量也相对较高。

表 10　发文量在 10 篇及以上的期刊

排序	发文量（篇）	期刊名	排序	发文量（篇）	期刊名
1	19	《中国大学教学》	4	12	《图书与情报》
2	18	《中国高等教育》	6	11	《当代外语研究》
3	16	《探索与争鸣》	6	11	《中国编辑》
4	12	《上海交通大学学报》（哲学社会科学版）	8	10	《中国外语》

资料来源：作者整理。

（四）代表性理论研究成果

樊丽明、杨灿明、马骁、刘小兵、杜泽逊：《新文科建设的内涵与发展路径（笔谈）》，《中国高教研究》2019 年第 10 期。

2019 年 8 月 20 日，由山东大学主办的高等学校新文科建设座谈会在山东大学威海校区举行。文章通过对部分发言人的观点进行整理，聚焦于新文科之“新”的概念阐释，从新科技革命、历史新节点、进入新时代和全球新格局等多角度深入理解；并进一步从时间维度、空间维度、世界观价值观维度和认识论方法论的维度来看待新文科之“新”。文章指出新文科建设的核心应是坚持问题导向、开展跨学科研究，明确新文科建设的根本是优化课程设置体系、培养复合型人才；深入剖析对新文科建设的思考和看法。并以山东大学尼山学堂与国学人才培养为例，贡献培养跨学科创新型文科人才的“山大智慧”，为开展新文科建设提供参考和借鉴。

吴岩：《新使命　大格局　新文科　大外语》，《外语教育研究前沿》2019 年第 2 期。

高等外语教育作为高等教育的重要组成部分，具有覆盖全、规模大、责任重的特点。文章从新使命大格局和新文科大外语出发，提出了新时代高等外语教育要“以超前识变把握高等教育发展大势”“以积极应变加快推进新文科建设”和“以主动求变培育高素质外语人才”的总体要求，指明了新时代高等外语教育和人才培养的总体思路、总体措施和总体目标，对加快新文科建设、推动一流本科教育具有重大现实意义。

周毅、李卓卓：《新文科建设的理路与设计》，《中国大学教学》2019 年第 6 期。

新文科作为国家“四新”战略的重要组成部分之一，对提升哲学社会科学高等教育质量和培养创新型文科人才具有重要意义。文章从国家整体出发论证了新文科建设的战略意义：新文科建设是建设现代化大国和科教强国的需要，是彰显文化自信和培育新文化的需要，是参与并融入国际交流语境的需要，是应对科技革命和产业革命的需要，也是高校结构优化调整和培育模式改革的需要。并进一步对新文科建设的内涵和特征进行了阐释和梳理，明确了新文科人才培养改革的基本要求。最后文章以数字人文专业为例，重点研究了新文科建设的实施路径和推进策略，为新文科实践提供参考和借鉴。

樊丽明：《“新文科”：时代需求与建设重点》，《中国大学教学》2020 年第 5 期。

社会大变革的时代，一定是哲学社会科学大发展的时代。文章指出，新时代、新使命呼唤高等文科教育创新发展。“新文科”建设的核心要义是要立足新时代，顺应新科技革命和产业变革的大趋势，着眼实现传统文化的创造性转化创新性发展的新任务，基于坚持推动构建人类命运共同体的新主张，回应新需求，促进文科融合化、时代性、中国化、国际化，引领人文社科新发展，服务人的现代化新目标。“新文科”建设的重点任务在于新专业或新方向、新模式、新课程、新理论等方面的探索与实践。“新文科”建设要通过引领学科方向，回应社会关切；以解决新时代提出的新问题为指归，坚持问题导向，打破学科壁垒；正视“新文科”建设难点，破除障碍。

黄启兵、田晓明：《“新文科”的来源、特性及建设路径》，《苏州大学学报》（教育科学版）2020 年第 2 期。

文章指出，我国新文科源于新国情、适应新国情，因此具有区别于其他国家的两大本质特征：一种自上而下、政府主导的国家工程和强调坚守传承中国优秀传统文化。并在新技术、新需求和新国情等背景下产生了学科交叉、知识应用和适应国情的新特性。“新文科”建设在人才培养上应注重创新、适应与卓越；在课程教学设置上考虑时代发展的特征；在学术研究上强调技术化、跨学科性及应用性；在社会服务上要主动顺应国家和社会需求；在管理上要模糊学科界限，搭建跨学科平台，大力发展特色学科和优势学科。文章从人才培养模式、学术研究范式、社会需求标准和文科管理方法等多个方面指明了新文科建设的实践路径。

樊丽明：《新文科建设：走深走实　行稳致远》，《中国教育报》2021 年 5 月 10 日第 5 版。

文章指出，在新文科建设的新阶段，要不断反思、不断研究，不断加深对新文科内涵的理解；从国际形势和国内大势出发，明确中国高等教育发展的新形势和文科教育创新的新要求。具体来说，要以文科的融合化、时代性、中国化和国际化来深化新文科内涵认识，以人才培养与科学研究、本科教育与研究生教育、理论研究与实践探索紧密结合来实化新文科建设原则，以新专业（方向）、新模式、新课程和新理论来细化新文科建设路径。坚持统筹谋划，协调推进；发挥新文科建设引领人文社科新发展，服务人的现代化新目标。

权培培、段禹、崔延强：《文科之“新”与文科之“道”——关于新文科建设的思考》，《重庆大学学报》（社会科学版）2021 年第 1 期。

文章阐述了国内新文科建设既有研究存在的不足之处，在此基础上梳理了人文社会科学的发展脉络，认为新文科是后工业时代基于知识高度综合化、信息化和数字化的一种文科知识生产与再生产形态，以交叉前沿、战略需求、现代技术和区域优势为新文科的动力来源，把新文科专业及课程体系、跨学科师资队伍、教研评价标准和运行模式作为新文科建设的核心要素；并提出了新文科建设的四条发展之“道”——建立健全国内外跨学科联合学位培养模式、探索以多学科集群为基础的现代书院制度、推动“新文科实验室”建设和践行“传统文科+”，在更深层次上对新文科建设做出研究分析。

龙宝新：《中国新文科的时代内涵与建设路向》，《南京社会科学》2021年第1期。

文章聚焦于新文科的时代内涵与建设路向。在当代中国背景下，新文科的时代内涵表现为文科集群化丛生的学科共生体、中国价值内联而成的学科集成体和全面释放文科内能的学科功能体；新文科建设的精神要义是塑造时代精神、凸显中国价值、迎接世界挑战和回应科技发展。面向未来，新文科建设的路向在于回植人文灵魂、复兴中国文化、推进学科耦合和提振文科教育。

吴岩：《积势蓄势谋势　识变应变求变》，《中国高等教育》2021年第1期。

文章指出，文科专业种类多、在校学生规模大，文科教育关乎高等教育振兴。面对高等教育的新形势，新时代新使命要求加快推进文科教育创新发展、构建以育人育才为中心的哲学社会科学发展新格局，加快培养新时代文科人才，全面提升国家文化软实力；进一步明确指出新文科建设的时代使命、必由之路、基本方略等关键问题。

崔延强、段禹：《新文科究竟“新”在何处——基于对人文社会科学发展史的考察》，《大学教育科学》2021年第1期。

文章立足于对人文社会科学史的考察，指出人文社会科学的当代危机，明晰新文科建设既是人文社会科学脉络的自然延续，也是应对自身危机的应然之举；新文科建设的实质是对现代社会科学之现代性的克服与超越，新文科“新”在突破以物理学为构建标准和以民族国家为分析框架的唯一性，“新”在超越自我设限的古典主义色彩和跨学科、超学科转型；新文科建设的最终落脚点在人才培养上，未来要从探索文科专业新方向、创新人才培养新模式、凝练人文学科的核心功能与核心素养等方面持续推进新文科实践。

马骁、李雪、孙晓东：《新文科建设：瓶颈问题与破解之策》，《中国大学教学》2021 年第 z1 期。

文章首先从新文科的内涵特征出发，深入分析了新文科建设的瓶颈及原因，认为当前阻碍新文科建设的瓶颈性问题在于：学科分类体系难以适应知识创新的现实要求及未来趋势，基层学术组织形态在一定程度上制约了学科的交叉融合创新，人才培养体系难以有效实现新文科要求的人才培养目标、评价体系对建设新文科发挥的支撑引领作用明显不够。建设新文科必须直面这些瓶颈性问题，文章提出了把准文科发展的客观规律、重塑基层学术组织形态、完善学科协同创新机制、深化文科人才培养改革、构建与新文科建设相适应的评价体系等推进新文科建设的思路举措。

魏志鹏、杨克虎：《循证社会科学视角下的新文科建设路径研究》，《兰州大学学报》（社会科学版）2021 年第 1 期。

文章指出，目前学界对新文科的认知与阐释并不聚焦，缺乏实践操作价值和复制性。循证社会科学为新文科建设提供了一个新的理论认知和阐释视角，认为循证理念是新文科建设的最大公约数、循证社会科学可为新文科建设提供基础支撑。在建设路径上，强调以循证实践理念为参照，回应国家重大需求；以循证社会科学为选择，重视学科交叉建设；以循证学术研究为补充，加强科学理论创新。这篇基于循证社会科学的文章，对新文科建设既有重大现实意义，也有重要学理意义。

（五）研究结论与研究展望

通过对新文科研究进展的文献计量学分析，得出如下结论：（1）从对所有文献分析来看，新文科相关研究的发文量逐年递增，且增长速度快，表明新文科的研究成果在数量上正实现巨大突破。从学科分布来看，高等教育占有绝对优势，发文量达到 1072 篇，在全部文献中占比 64. 31%，展现了高等教育在新文科建设中的强劲动力。值得关注的是，计算机软件及计算机应用学科的发文量达到 97 篇，位列第五，充分表明新文科正加速从传统文科内部的跨学科研究向文理、文工跨学科交叉融合转变。发文量最高的期刊是《艺术教育》和《校园英语》，均达到了29篇；发文量最高的作者是北京师范大学的周星教授，达到了23篇；北京师范大学、中国传媒大学、中国人民大学、山东大学等高校的发文量相对较高。（2）通过对2019—2021年CSSCI来源期刊文献进行高频关键词分析、共词分析和关键词聚类分析，总结了新文科研究的9个研究热点，即新文科的概念阐释与人才培养、人文社会科学的跨学科发展、新文科的学科建设、新文科的专业课程建设、传统文科与科学技术相结合、新时代背景下外语学科的发展、以新闻传播学和出版学为代表的知识生产体系、新文科背景下艺术学科的发展、新文科强调创新在高等教育中的重要性。（3）通过对CSSCI来源期刊文献的作者分析发现，共有494位学者发表了新文科相关研究成果，但单独来看每个作者的研究成果数量十分有限；从作者之间的合作强度来看，论文独立发表占比58.86%，表明作者间的合作还有待提高；发文量较多的作者有周星、吴岩、刘宏等；引用量较高的作者有吴岩、樊丽明、周毅等；下载量较高的作者有戴炜栋、樊丽明、周毅等。（4）通过对CSSCI来源期刊文献的发文机构分析发现，北京师范大学的发文量最高，达到了20篇；其次是南京大学（18篇）、中国人民大学（16篇）和上海外国语大学（16篇）。这表明传统文科强校在新文科建设中仍具优势，但以上海交通大学（14篇）为代表的理工见长高校也表现突出，交叉融合是新文科建设的重要特征。（5）通过对CSSCI期刊文献的来源期刊分析发现，《中国大学教学》的发文量最多，达到19篇；其次是《中国高等教育》（18篇）、《探索与争鸣》（16篇）。表明传统文科类期刊对新文科建设有更强的积极性和主动性。

在未来，新文科建设进一步探讨的空间主要有：（1）深入拓展和探索符合时代特征、契合中国实际、具有中国特色的新文科建设理论体系。围绕新文科建设的内涵与外延、建设目标，新文科建设的价值论、本体论、认识论和方法论等进行系统深入研究，进一步探讨新文科建设在我国高等教育发展的定位与作用，以及新文科对学科评估、双一流建设的影响；深入分析新文科建设所面临的机遇和挑战，把握高等教育和经济社会未来发展趋势，深入研究新文科建设背景下的文科专业变革、课程体系建设、人才培养模式创新等问题；深入研究新文科建设如何推动中华优秀传统文化创造性转化和创新性发展，探讨二者之间的内在理论逻辑关联，通过新文科建设从中华优秀传统文化中归纳、整理出一套系统的一般理论原则，进而重新诠释、挖掘、表达、呈现与传统相延续的治国理政思想，加快传统文化的现代化进程。（2）探寻新文科建设与中国特色哲学社会科学体系之间的关联，理清二者之间的影响机制，构建协同发展路径。深入研究新文科建设与构建中国特色哲学社会科学体系之间的关联，明确新文科建设在构建中国特色哲学社会科学体系中的功能和作用，理清中国特色哲学社会科学体系建构目标下新文科建设的重点任务和实施路径，探寻新文科建设与中国特色哲学社会科学体系的协同发展路径，发挥新文科建设对中国特色哲学社会科学体系的重要推动力作用，自觉把新文科建设纳入构建中国特色哲学社会科学体系的统一框架中。（3）系统深入地研究新时代新文科建设的实践逻辑、发展路径和实现模式，加强案例分析和量化研究。对新文科建设怎样分层次、分类别推进还需更加细致的研究，进一步理清是在学科门类层次还是一级学科层次或是专业层次上进行分类推进，以及不同新文科专业建设的共性和个性关系；进一步推动文理、文工、文农、文医等学科专业的深度交融，发挥文科强校新文科建设“领头羊”作用的同时，积极带动其他院校的新文科建设活动，主动拓宽与理工科、医科和农科院校的合作领域，推动新文科建设在高校间、学科专业间均衡发展；深入研究新文科建设与科技革命、产业变革之间的内在逻辑关系，进一步拓展新文科建设与科技数智化相互支撑、融合发展关系的研究；深入剖析、总结和提炼现有的、较为成功的新文科建设实践案例，加强实证分析等量化研究，对新文科建设的各种影响因素和研究成果进行量化评估分析。

二、新文科建设实践探索概况

（一）省（自治区、直辖市）篇

全国各省（自治区、直辖市）全面落实习近平总书记的指示批示精神、全国教育大会精神和全国新文科建设工作会议精神，把握新发展阶段，贯彻新发展理念，构建新发展格局，围绕立德树人根本任务，积极推进新文科实践探索，构建扎根中国、融通中外、立足时代、面向未来的新文科教育体系，推动高等教育高质量发展，全面提升国家文化软实力。

1. 建设进展

（1）发展规划情况

各省（自治区、直辖市）系统谋篇布局，出台新文科建设政策和实施方案，统筹协调指导高校开展新文科建设，提升人才培养质量，构建以育人、育才为中心的哲学社会科学发展新格局。甘肃、江西、浙江、福建、重庆、黑龙江均出台了新文科建设方案，构建跨院校、跨专业、跨行业协同育人机制，推动高等教育服务国家重大战略和地方经济社会发展新需求，培养能担当民族复兴大任的新时代文科人才。河北、上海、浙江、安徽、山东、广西、陕西、宁夏相应出台支持新文科建设的各项政策，形成了省（自治区、直辖市）委省（自治区、直辖市）政府、省级教育行政部门、各高校联动的新文科建设机制。

（2）教育教学改革推进情况

思政育人方面。深入推进习近平新时代中国特色社会主义思想进课堂、进教材、进头脑。北京、江苏、浙江、福建、陕西、甘肃等坚持以立德树人为根本任务，强化价值引导，创新高校课程思政建设，推出了一系列育人效果显著的课程思政优秀案例和示范课程，培养了一批优秀课程思政教师。辽宁、江西、湖北、云南等营造浓厚的新文科大思政育人氛围，将新文科建设与课程思政建设结合，着力形成“大思政”育人格局。浙江省推出省高校课程思政教学系列活动，包括课程思政大讨论、课程思政现场交流会、“优秀教师说课程思政”微视频征选、课程思政典型案例征集、“浙派名家”课程思政精彩一课、“红船精神+”课程思政系列活动等六大专项活动，召开浙江省高校“红船精神+”课程思政教学研讨会，深入学习习近平总书记关于“红船精神”的重要论述。福建省推动形成以树人为核心、以立德为根本的“新文科+思想政治教育”新模式，成立全国首个课程思政教育联盟，融入新文科建设元素，立项建设43个省级课程思政示范项目、6个省级课程思政教学研究示范中心，8所高校的9门课程入选国家级课程思政示范项目。广东省以文科专业课程思政改革建设为切入点，构建中国特色的文化素质教育课程体系，推动建设文科专业课程思政建设案例及案例库；在省级“质量工程”项目中设立课程思政教学改革项目，开展课程思政改革“四个一”试点。

专业建设方面。瞄准“一带一路”、健康中国、乡村振兴战略等国家战略和区域经济社会发展重大需求，依托国家“双万”计划一流专业建设规划，引导高校优化调整学科专业布局，深化文科专业供给侧结构性改革，引领带动文科专业建设整体水平提升；推进学科专业交叉融合，打破学科专业壁垒，推动文科专业之间深度融通，促进文科与理工农医的交叉融合以及现代信息技术与文科专业之间的融合创新，增设文科与其他学科交叉复合的新兴专业，努力构建以育人育才为中心的文科发展新格局。黑龙江省对省内所有高校和专业点开展人才培养战略定位和专业结构优化调整“双论证”工作，明确各文科高校人才培养定位和专业发展规划，为文科专业转型和结构调整优化奠定基础；开展省级特色应用型本科专业集群建设，立项培育建设 4 个文科专业集群（对俄跨境新商业专业集群、冰雪体育专业集群、融媒体专业集群、音乐专业集群），推动专业结构与区域需求紧密结合。安徽省每年定期编制发布《安徽普通高校本科专业布局和需求分析报告》，建立专业动态调整机制，对服务支撑地方支柱产业和战略新兴产业的文科新专业予以资金支持，同时对停招停办不适应经济社会发展需求的文科专业进行奖补。浙江省鼓励高校增设与数字经济和战略性新兴特色产业相关专业，如数据科学与大数据技术、跨境电子商务、互联网金融、数字媒体艺术等新专业，推进文科专业结构优化。截至目前，浙江省共有文科类国家一流专业建设点 139 个、省级一流专业建设点 326 个。

课程建设方面。依托一流课程建设“双万计划”，深入推进信息技术与教育教学深度融合的课程内容、教学模式与教学方法改革，推进新文科“金课”建设。上海市紧抓课程这一教学基础和关键要素，印发《上海高等学校一流本科课程建设实施方案》，启动一流本科课程建设。在市级一流课程中，优先认定聚焦“四新”建设，体现多学科思维融合、产业技术与学科理论融合、跨专业能力融合、多学科项目实践融合的课程等。重庆市支持高校开设学科交叉融合课程和理实一体化文科课程，大力建设具有重庆和校本特色文科通识课程体系。全市高校共计开设跨学科、跨专业、新兴交叉文科类课程近 1000 门，建有 68 个新文科实验实训中心，开设市级以上虚拟仿真实验教学课程 220 余门。推进教材建设，近三年鼓励各高校共编写文科新形态教材 210 余本。推动提升文科课程质量，推广“智能+教学”模式，建设一批充分体现“两性一度”、高质量的新文科“金课”。在文科领域建设了50余门国家级一流课程，近260门市级一流课程。新疆生产建设兵团主动适应新技术革命和区域社会经济发展需求，以“价值塑造、知识传授、能力培养”为导向，构建“知识-能力-素养”培养架构，鼓励高校开设跨学科跨专业的新兴交叉课程。推动高校深化通识教育改革，通过发掘新疆史、兵团屯垦戍边史、兵团精神、胡杨精神等红色文化资源进一步开发红色课程；积极打造文学经典导读和中华优秀传统文化跨专业通识课程。推动高校协同打造新文科精品教学资源库、优秀教学案例库、优质教师培训资源库等。

模式创新方面。鼓励高校打破学科专业壁垒、推动学科交叉融通，积极探索多元人才培养模式，推动与科研院所、行业产业、政府部门横向协同育人，探索本硕博纵向贯通式培养，培养复合型、创新型时代新人。湖北省教育厅、湖北省文化与旅游厅、武汉大学、在鄂相关高校及部分考古文博单位共同组建湖北省新时代考古学建设共同体，协作搭建高水平科研平台和实践教学基地，深化校内外协作和校际合作，探索协同育人新模式，为推进考古学中国学派的建设贡献湖北力量。西藏自治区推动高校利用好对口支援政策，建设一批文科基础学科拔尖人才培养高地，推动受援高校与北京大学、复旦大学等文科实力较强的对口支援高校采取联合培养模式，鼓励学生跨校跨学科跨专业交流学习，培养一批卓越的文科复合型人才。聚焦“一带一路”倡议，加强涉外文科人才培养，支持西藏民族大学成立南亚研究所，作为中国智库，累计培养数十名涉外文科应用型人才。支持西藏民族大学开设小语种专业，该校目前开设尼泊尔语、印地语专业，每2年招生一次，累计培养小语种专业90人，为深化中国与南亚国家的交流做出重要贡献。陕西省立项建设西安交通大学计算机科学与技术学院等8个学院为首批省级示范性现代产业学院，创新文工交叉人才培养新模式，探索产业链、创新链、教育链有效衔接机制，打造一批融人才培养、科学研究、技术创新、企业服务、学生创业等功能于一体的示范性人才培养实体，培养适应时代发展的复合型人才。甘肃省聚焦模式创新，以内外协同为抓手建立全链条育人育才机制。依托甘肃省“丝绸之路文明基础学科拔尖学生培养基地”和卓越金融、卓越会计、卓越税收、卓越法律等人才实验班，按照导师制、小班化、个性化、国际化的要求，实行本硕一体化培养，由多个二级学院共同制定培养方案，培养具备较强研究能力和科学精神的优秀新文科人才。实施新文科协同育人创新行动，加强高校与实务部门协同，如成立联合培养卓越法治人才基地、地方立法研究咨询基地和企业联合实训基地，与“一带一路”高校签订联合培养人才协议等。基于甘肃省藏区审判实践需要，开创性实施汉藏双语法治人才“一院两校”协同培养模式。甘肃政法大学与武威市政府签订法治建设战略合作框架协议，与甘肃省司法厅合建监狱学专业，吸收实务部门专家参与法学类人才培养方案制定、课程体系设计、教材编写、专业教学等。

立项研究方面。依托新文科研究与改革实践项目、省级教学质量与教学改革项目等教学研究项目，鼓励高校开展新文科建设理论研究和实践探索，推动文科教育创新发展。北京市依托北京高等教育本科教学改革创新项目，支持高校开展新文科相关教育教学改革研究实践，打破学科专业壁垒、推动学科交叉融通，建立跨院系培养机制、加强复合型人才培养，推动形成有利于创新人才成长的新文科育人模式。天津市教委指导高校依托市级新文科改革与实践项目和教学质量与教学改革项目，探索新文科建设的新思路、新理念、新途径、新方法。2020 年，在市教委公布的 184 项天津市普通高等学校本科教学质量与教学改革研究计划项目中，文科领域项目共 57 项，占所有教改项目的 30.9%。山东省将推荐教育部的 20 项新文科研究与改革实践项目全部纳入省级本科教学改革研究项目统一管理。在省级本科教学改革研究项目中，设立“山东省高校专业建设与结构优化研究”重大专项，对“新文科专业建设研究”作为子课题进行深入研究，立项支持 14 个新文科相关的面上项目和重点项目。修订省级本科教学改革研究项目选题指南，将“新文科专业建设研究”列入立项选题内容，持续推进新文科建设。

师资队伍建设方面。鼓励高校聘请实务界、行业产业界导师，建设校内外“双导师”队伍，形成专兼结合、结构合理、交叉融通的教师队伍。加强教师培训，提升教师专业能力，建设适应新文科发展的教师队伍。山东省实施 3 期高等学校与法律实务部门人员互聘“双百计划”，省内设法学院系的高校与法律实务部门互聘210人，其中112名法律实务部门专家到高校法学院系兼职或挂职任教，承担法学专业课程教学任务，实现专业教师与行业专家优势互补，提升人才培养能力。重庆市开展新文科建设专题培训近300场，参训教师达8400余人次，广大教师通过系统学习新文科建设相关文件和先进经验，深化了对新文科建设的认识，明确了建设任务和重点，提升了教育教学水平和科学研究能力。同时，鼓励高校引入相关行业产业领域师资，据统计，重庆市在本科课堂教学中引入近1000名业界领军人物，参与360余门相关文科课程教学与建设。陕西省立项试点建设7个省级文科类虚拟教研室，充分运用信息技术，探索突破时空限制、高效便捷、形式多样、“线上+线下”结合的教师教研模式，加强跨专业、跨校、跨地域的教研交流，推动高校协同打造精品教学资源库、优秀教学案例库、优质教师培训资源库等，推动互联互通、共建共享，形成基层教学组织建设管理的新思路、新方法、新范式，充分调动教师的教学活力，增强教师将现代信息技术与教育教学深度融合的能力，为提高人才培养质量筑牢基础。

实践教学改革方面。鼓励高校深化文科实践教学改革，创新文科实践教学形式，拓展校外实习实践基地，搭建实践育人平台，提升学生的实践能力、创新精神、综合素质，加快培养创新型应用型人才。江苏、安徽、湖北、广西等把培养学生实践与创新能力作为文科课程建设的重点，突出实践教学对复合型人才培养的重要作用。安徽省在全国率先把社会责任教育融入人才培养全过程，扎实推进“三起来、一出去”教育教学改革（通过创新创业训练项目和学科技能竞赛，让学生学起来；通过公共体育俱乐部制教学改革，让学生壮起来；通过艺术教育俱乐部制教学改革，让学生乐起来；通过广泛参加社会志愿者活动，让学生走出去），形成了“实践能力培养、创新创业教育、社会责任教育”三位一体育人模式。省教育厅每年牵头举办100余项大学生学科技能竞赛项目，其中涉文类相关竞赛项目占比近50%。湖北省引导高校积极推动实践教学改革，要求增加人才培养方案中实践教学比重，课程中增加实践教学环节和案例，注重实操训练和实景教学。持续深化高校创新创业教育改革，组织举办中国国际“互联网+”大学生创新创业大赛，围绕精准扶贫、乡村振兴战略等组织全省高校深入开展“青年红色筑梦之旅”活动，每年实施5000项左右的国家级和省级大学生创新创业训练计划项目，不断提高文科类大学生的参与度，提升大学生创新创业实践训练和动手能力，增强文科人才培养的市场适应力、就业竞争力。

（3）服务经济社会发展情况

紧紧围绕国家重大战略需求，立足区域经济社会发展需要，鼓励高校从“被动适应”转向“主动服务”，调整优化学科专业结构，深化政教、产教、科教融合，为经济社会发展提供智力支持和人才保障。鼓励高校面向传统、面向当下、面向未来，立足地方特色，挖掘地方文化，推动中华优秀传统文化创造性转化和创新性发展。安徽、福建、云南等聚焦国家重大战略需求和区域经济建设主战场，科学培养应用型人才。天津市与南开大学合作，建成党内法规研究中心，发挥学校马克思主义理论、法学、政治学、哲学、经济学等优势学科的作用，积极开展党内法规理论研究，推动党内法规制度建设和社会主义法治发展。天津市人民政府新闻办公室与天津外国语大学协办第七届全国对外传播理论研讨会，来自国际传播领域的近400位专家学者共商国际传播新理念、新任务、新举措，推进新时代国际传播工作。四川省教育厅鼓励和支持高校围绕四川“一干多支、五区协同”的战略部署，设置新兴文科专业，推动文工融合、文理融合以及文科内部各学科之间的交叉融合，深化文科教育教学改革，培养创新型复合型文科人才，提升服务区域经济社会发展能力。云南省引导高校对标云南省“三个定位”、世界一流“三张牌”实施要求，制定学科专业建设规划，进一步明晰高校办学定位和目标，凝练学科专业特色，建设符合学校定位和服务地方经济社会发展的合理学科专业结构。甘肃省印发《甘肃省教育科技赋能文旅产业实施方案》，成立甘肃文旅科教创新联盟，深化产教融合，着力构建政府、高校、科研院所、行业企业“产教命运共同体”，在服务中促进新文科建设，在新文科建设中促进地方发展。举办全省首届文旅IP大赛，通过搭建教育赋能文旅交流平台，激发高校广大师生创作优秀作品、传播甘肃声音、讲述甘肃故事的热情。鼓励高校充分发挥文科人才和智力优势，依托兰州大学敦煌与西域文明研究院、西北师范大学丝绸之路文明复兴与中国向西开放协同创新中心、“一带一路”汉语普通话推广培训基地（西北中心）等平台，充分利用13个国别与区域研究中心、7 所孔子学院等资源，为沿线各国学术界的深层次研究提供智力产品，为“一带一路”建设贡献甘肃智慧。福建省鼓励高校推进文化创新创造和闽台融合发展，大力弘扬朱子文化、妈祖文化、闽南文化、客家文化，产出了一批具有理论价值、时代价值、实践价值的研究成果。突出以情促融，加强闽台高校文化交流，推动祖地精品文化走进台湾，增进台湾同胞祖地情感文化认同，两岸合编高中语文教材得到中央领导肯定。2018 年以来，3 所高校获批中华优秀传统文化传承基地。

（4）国际化建设情况

引导高校制定国际化发展规划，加强外语人才培养，尤其是涉外法治、国际传播、国别与区域研究、国际组织与全球治理等领域急需人才的培养，推动高水平中外合作办学，培养一精多会、一专多能的高素质国际化人才。鼓励高校积极开展中外合作交流，开展各种形式的人文交流活动，向世界讲好中国故事，传递中国声音。贵州省围绕“一带一路”需求，支持高校增设缅甸语、老挝语、朝鲜语、葡萄牙语、越南语等 RCEP 国家外语本科专业，推动实施《贵州省加强外语非通用语种人才培养和学科专业建设服务“一带一路”建设实施方案》，统筹规划全省高校非通用语专业设置，适应新时期对外语专业人才的需求，培养更多具有国际视野、通晓国际规则、代表中国立场、富有家国情怀的国家急需人才。广西壮族自治区以推进中国—东盟教育交流合作改革试验区项目为抓手，与国外高水平大学开展人才联合培养，推进非通用语种人才、区域与国别研究人才等国家急需人才的培养模式改革，提高国际人才培养质量。2020 年赴桂留学生在校规模达到 1.1 万人，其中东盟国家学生 6580 人。先后组织开展“东盟留学生文化节暨东盟留学生百名家长看广西”“中国—东盟高校青年领袖峰会”等丰富多彩的人文交流活动，以人文交流促进民心相通。

（5）支撑保障情况

组织保障方面。各省（自治区、直辖市）加强领导，成立新文科建设工作领导小组、咨询委员会、教学指导委员会等，系统设计、统筹协调，定期研究新文科建设重大问题、重要事项，加强督导督促，推进责任落实落细。安徽省、海南省均成立新文科工作领导小组，顶层设计，系统谋划，整体部署新文科建设任务，协调和动员各方面力量推动新文科建设。吉林省、河南省、贵州省等成立新文科类教学指导委员会，充分发挥教指委的研究、咨询和指导作用，汇聚文科教育创新发展合力。福建省成立新文科教育研究中心，组建含厦门大学、福建师范大学、福州大学等14所高校专家在内的新文科建设专家工作组，开展新文科建设的理论与政策研究、项目研究、咨询指导、培训服务等。江西省成立新文科教育研究中心，积极开展新文科教育的理论创新、思想创新、模式创新和方法创新。建立新文科建设专家委员会，按思政、文史哲、经管法、教育、艺术五大领域设立小组，分类推进专业融合创新。

指导培训方面。各省（自治区、直辖市）积极搭建新文科建设交流研讨平台，通过专家报告、经验介绍和现场交流等形式，宣传建设理念，交流建设经验，展示建设成果。江西省召开新文科建设启动大会，聘请新文科建设专家，开展新文科建设经验交流，江西省本科院校数十万名师生在线上收看。贵州省聘请新文科建设领域的知名专家，通过召开座谈会、学术会议、工作坊等形式对高校给予指导，推动新文科建设。

经费投入方面。各省（自治区、直辖市）统筹省级资金为高校新文科建设研究提供经费支持，加大新文科建设研究的投入力度，保障新文科建设工作。福建省把福建师范大学和闽南师范大学列为新文科建设试点院校，每年给予400万专项经费支持。重庆市投入新文科建设专项经费，市级财政拨款近2亿元，立项支持西南政法大学、四川外国语大学等6所高校建设高水平新文科高校，全面实施新文科专业群建设、师资队伍建设、课程与教材资源建设、实践创新平台建设、新文科教育教学改革、创新创业教育以及教育信息化建设。陕西省将新文科建设情况、教学改革研究立项数量、教学成果奖获奖情况等指标纳入高校绩效奖考核，统筹省级资金700余万元，为高校新文科建设提供经费支持。同时，要求各高校要根据建设计划，统筹各类资源，加大对新文科建设的投入力度，为新文科建设提供专项经费支持。宁夏回族自治区教育厅实施了自治区级“卓越拔尖人才培养班”建设项目，投入专项经费300万元，建设了3个卓越法治人才培养班、4个卓越教师培养班和3个卓越新闻传播人才培养班。

2. 建设特点

（1）强化引领，体现政策导向性

坚持以习近平新时代中国特色社会主义思想为指导，落实立德树人根本任务，准确把握文科教育在新时代高等教育中的新定位新功能，系统谋划新文科建设规划方案，指导高校开展新文科建设工作，鼓励高校将新时代中国特色社会主义建设的最新理论成果和实践经验引入课堂、写入教材，牢牢把握文科教育的价值导向性，发挥文科培根铸魂作用，全面推进高校课程思政建设，系统推进教育教学改革，夯实教育教学“新基建”，推进文科教育创新发展。

（2）深化改革，凸显创新融合性

推动高校加强顶层设计，制定建设方案，抓好教育教学“新基建”，落实教育部“双万计划”，加强一流本科专业建设和课程建设，推进高校加强模式创新、教材规划、质量文化建设、师资队伍建设、实践教学等方面改革。坚持融合发展，打破学科专业壁垒，推动数智赋能，促进人文社科融合及文理、文工、文医、文农交叉融合。推动立项研究，以项目牵引高校开展新文科建设理论研究和实践探索，推动文科教育创新发展。

（3）服务发展，凸显需求指引性

坚持服务面向，聚焦国家重大战略需求、区域经济建设需要和文化软实力提升，积极推动高校新文科建设与国情、社情、民情相融合，服务区域传统产业改造升级和新兴产业培育发展，提升文科教育服务经济社会发展能力，挖掘弘扬地方特色文化，推动优秀传统文化创造性转化、创新性发展，着力培养各类创新型复合型应用型人才，为区域经济社会文化发展提供强有力的人才、智力和科技支撑，在推动高质量发展中展现教育作为。

（4）加强合作，彰显开放共享性

立足新发展阶段，贯彻新发展理念，在国内国际双循环相互促进的新发展格局下，推动高校建立省内、省际和国际交流合作发展新机制，大力加强国际化建设和国际传播能力建设，深入推进科教融合、政教融合、产教融合，打造资源共建共享新平台，为文科教育创新发展注入新活力，为构建人类命运共同体做出新贡献。

3. 未来发展方向

（1）强化政策引导

坚持立德树人根本任务，准确把握“三新一高”要求，立足区域发展战略和经济社会发展需求，聚焦新文科建设中的重点难点问题，系统谋划推进新文科建设2.0，推出系列支撑教育教学改革的举措、政策，助力新文科建设高质量发展。强化价值引领，准确把握价值导向，深入推进习近平新时代中国特色社会主义思想进课堂、进教材、进头脑，实现全员育人、全过程育人、全方位育人。引导高校推进思想政治教育，鼓励高校充分挖掘地方文化所蕴含的思想观念、人文精神、道德规范，推出“国际一流，地方特色”的新文科大讲堂，培养具有家国情怀、国际视野、堪当民族复兴大任的新时代文科人才。

（2）推动深化改革

以创新引领改革，持续抓好教育教学“新基建”，即加强文科专业现代化建设，打造文科系列“金课”，建设一批文科精品教材，推动信息技术与教育教学深度融合，产出一批体现中国文化、中国智慧、中国经验的标志性成果，建设新文科特色质量文化，做好规划布局，选树典型案例，总结凝练经验，加强宣传推广。此外，要重点抓好教师队伍建设，有力推动一线教师深度参与新文科建设，不断提升教师专业素质能力，汇聚培养一大批哲学社会科学名家名师，建设一支高素质创新型的教师队伍。通过系列改革，推动文科教育“真改、深改、实改、新改”。

（3）推进协同育人

鼓励高校坚持“四个面向”，聚焦国家战略，瞄准区域经济社会发展需求，通过联合培养、互聘导师、协同科研、共建基地等方式，以继承与创新、交叉与融合、协同与共享为途径，加强校校合作、校政合作、校事合作、校企合作，努力构建具有中国特色的文科协同育人体系。

（4）优化公共服务

面向“十四五”，充分利用各省（自治区、直辖市）的优质资源和现有平台，积极搭建服务新文科建设的公共服务平台，加强组织保障和经费投入，汇聚人文社科领域知名专家，通过专题培训、会议研讨等形式为高校推进新文科建设提供培训指导、咨询服务。推进分类建设，注重特色发展、差异发展，构建分类管理、分类发展、分类评价机制，制定高水平大学建设标准，健全考核激励办法，建设特色质量文化，支撑服务国家与省份发展。

（二）高校篇

1. 建设进展

（1）发展规划情况

深化管理机制创新，加强体制机制建设，促进新文科建设科学化、规范化、制度化，营造良好育人环境。使新文科发展更加遵循教育规律，更加符合人才成长规律，更能促进人的全面发展。大连理工大学紧跟新一轮科技革命和产业变革新趋势，提出“智能+X”新文科建设方案，在校内成立了跨学院新文科建设联盟，积极推动人工智能、大数据等现代信息技术与原有文科专业深度融合，构建工文渗透、工艺联合、工管协同等多学科交叉融合的专业建设新机制。中南财经政法大学出台《新文科本科人才培养行动方案》，以“中国化、数字化、国际化”为主要目标，围绕突显中国特色的学科、学术、话语体系，融通大数据和人工智能的专业、课程、教材建设，通过价值引领强化、专业优化促进、课程体系提质、教学方法增效、培养模式创新、师资队伍协作、教学研究聚焦、校园文化助力、社会实践同向九大行动，构建新时代一流文科人才培养体系。西南大学发布《新文科本科教育建设行动计划》，为新文科本科人才培养提供行动指南，全面推进新文科教育教学改革。东莞理工学院发布《东莞理工学院新文科建设实施意见》，提出新文科建设十条举措，形成“六加强六引导”的新文科建设模式。青海师范大学制定《青海师范大学新文科建设实施方案》，从指导思想、总体目标、基本原则、主要举措、保障措施等方面对学校新文科建设进行规划和设计。

（2）思政育人情况

强化价值引领。新文科建设顺应时代发展要求，重塑“新人文精神”，促进人的完善与提升。高校始终坚持立德树人根本任务，尊重教育特点和人才成长规律，把握文科教育的价值导向性，将思想政治教育的育人功能贯穿教育全过程。清华大学构建了“价值塑造、能力培养、知识传授”三位一体的人才培养理念，提出一流人才不仅需要掌握一流的知识和技术，还必须有崇高的理想和正确的价值观。北京交通大学以“价值引领、机制引领、特色引领、名师引领、示范引领”为建设理念，构建课程思政“全员、全域、全程”育人体系。

加强课程思政建设。各高校全面落实“以本为本、四个回归”，加强思政教育与专业教育的深度融合，将党史学习教育有机融入立德树人大课堂，形成思想政治教育新格局。北京大学印发《北京大学推动“四史”学习教育工作方案》，在思政课程和课程思政中融入“四史”学习，投入经费专项资助建设“四史”类课程，在本科思政课中加入选择性必修课。中国传媒大学以“红色文物，青春讲述”为主题联合央视网制作并推出百集视频“微党课”《红色文物青年说》，邀请全国百所高校的大学生，讲述百个有代表性的红色文物故事，以文物为载体、从青年人的视角生动展现党的百年历史，引导广大青年赓续共产党人的精神血脉，视频于 7 月 1 日上线央视网，当日累计观看人次突破千万。南昌大学充分利用“中国战疫大思政”课程平台，开设“疫情无情党有情，强起来的中国是靠山”主题思政课，5 万多名师生同上一堂思政大课。华东政法大学全面实施课程思政领航计划，以 4 个重点领航学院和 13 支特色领航团队建设为改革抓手，以百门精品领航课程建设为重点任务，以校课程思政研究中心为平台，推动课程思政教育教学改革向纵深发展。安徽农业大学立足农林特色，面向“三农”现代化发展，借助学科交叉融通创新，实现课程思政全覆盖，培养“懂农业、爱农村、爱农民”的新文科人才。江西师范大学实施课程思政“333”工程（3 个示范专业，30 门示范课程，300 名示范教师），构建“思政课程—课程思政—专业思政—学科思政”四位一体的思想政治教育总体格局。

（3）四大讲堂推进情况

中国政法实务大讲堂、中国新闻传播大讲堂、中国经济大讲堂、中国艺术大讲堂是新文科建设人才培养体制机制改革创新的重要工程。2019 年 10 月 18 日，中央政法委、教育部、中央政法各单位共同创办的中国政法实务大讲堂首场专题讲座在北京大学开讲，最高人民检察院检察长张军以“中国特色社会主义司法制度的优越性”为题作专题授课，一批知名政法实务专家走上高校讲台，将全面依法治国的实践经验带进学校课堂，是协同培养卓越法治人才的一项重大工程。2020 年 11 月 28 日，中国经济大讲堂启动，邀请林毅夫、刘伟等经济学领域的理论大家、行业部门的实务专家共同打造 50 讲推动中国经济理论构建的“金课”。2021 年 6 月 18 日，“中国艺术大讲堂”启动仪式在中国美术学院举办，大讲堂作为艺术学科的专业课、素质教育的通选课、有温度的课程思政课，以美育人、以文化人，引领广大青年学子用心用情去抒写人民、描绘人民、歌唱人民，是高校美育工作的重要抓手。10 月 27 日，2021 年“中国新闻传播大讲堂”在中国传媒大学启动，以“践行四力，与时代同行”为主题，邀请了 18 家媒体单位的 32 名优秀新闻工作者担任主讲人，共录制了 32 集课程视频。实现所有开设新闻传播类专业 719 所高校的 1391 个专业点、29 万余名学生的全覆盖。全国高校围绕四大讲堂纷纷展开探索，将大讲堂作为专业必修课或其他专业选修课，并纳入学分管理。湖南大学启动中国新闻传播大讲堂学习研讨和实践创新活动，形成了线上与线下、集中与分散、理论与实践相结合的学习方式。中华女子学院将“中国新闻传播大讲堂”纳入必修学分。深圳大学以“短课”形式开展中国新闻传播大讲堂学习。

（4）教育教学改革推进情况

改进培养方案。坚持面向时代需求，紧跟产业发展趋势和行业人才需求，践行以学生为中心的理念，修订人才培养方案，改革传统文科的学业评价方式，注重过程性评价和形成性评价，培养德智体美劳全面发展的时代新人。山东大学修订本科人才培养方案，将拓展培养计划纳入学生学业考核，新增重点提升计划、创新创业计划、拓展培养计划等模块，提升学生美育、体育、劳动教育等方面能力，引导学生提高思想品德，树立家国情怀，养成创新思维，实现个人德智体美劳全面发展。江西财经大学践行“以学生为中心、成果导向、持续改进”培养理念，全面修订人才培养方案，构建了“以德立人、以智慧人、以体健人、以美化人、以劳塑人”的五育并举人才培养体系，按照“完善德育评价、严格学业标准、强化体育评价、改进美育评价、加强劳动教育评价”要求对学生进行综合素质评价。西北大学构建完全学分制培养体系，坚持“压缩总修学分、开放课程体系、加强实践教学、丰富选课资源”

原则，将所有教学环节均纳入学分制管理体系，建立健全完全学分制管理制度。

优化专业设置。以新文科建设为契机，抓住国家一流本科专业建设的重大机遇，通过“关转并停”升级或缩减不适应社会发展需求的专业，不断优化专业结构，建设理念先进、定位明确、适应需求、保障有力、面向未来、引领发展的一流本科专业体系，积极推动优势专业建设。浙江大学推进“学科—专业”协同发展，以“宽口径、模块化”的思路，优化专业设置，文科类专业从49个调整到33个，22个专业入选教育部一流本科专业建设点。武汉大学申报新增大数据管理与应用本科专业，培养具有扎实的管理学、信息科学、经济学、法学知识，熟练掌握大数据管理与应用的技术与工具，懂技术、精业务、善管理的创新型人才；申报新增政治学、经济学与哲学（Philosophy，Politics and Economics，PPE）本科专业，推动哲学、政治学、经济学学科纵深发展，促进社会科学与人文科学相融合。河北经贸大学建立专业动态调整机制，采取“存量升级、增量优化、余量消减”的方式，发挥“经、管、法、马、信”学科优势，主动布局战略性新兴产业发展和民生急需相关学科专业。南京审计大学以审计品牌为核心、以高素质经济监督人才培养为内在逻辑构建“三圈层”专业生态体系，内层是审计学专业，培养审计人才；中层是会计、统计、监察、金融、财务、经济、贸易、财政、税收、计算机科学与技术等专业，培养经济监督类人才；外层是法学、工商管理、行政管理、PPE、保险、投资、英语、文学等专业，培养国家治理类人才。

促进学科交叉融合。打破专业、院系边界，整合优质资源，打造优质资源共建共享平台，组建跨学科研究团队，促进文科之间、文科与其他学科的交叉融合。加强“外语+”“大数据+”“人工智能+”等交叉学科建设，培养具备创新精神、交叉学科知识和跨文化交际能力的高素质复合型人才。北京大学建立环境与健康研究中心、区域和国别研究院，清华大学建立社会与金融研究中心，中国人民大学建立哲学与认知科学跨学科平台，浙江大学建立跨学科社会科学研究中心等，凝聚整合优质资源，促进学科交叉融合发展。哈尔滨工业大学推动文工深度交叉融合，依托机械专业优势在国内率先探索“英语—机械设计制造及其自动化”主辅修学位建设；积极推进数字技术与外语学科融合，申报“英语语言与智能科学”新专业，利用人工智能辅助语言学、文学、文化和翻译研究，将情感因素与虚拟技术相结合，形成学科协同创新机制。山西大学建设艺术设计专业，实现“艺术设计+文化”“艺术设计+营销”“艺术设计+科技”交叉融合，为山西省艺术设计领域培养大量高水平应用人才。江西财经大学出台《江西财经大学跨学科交叉专业建设方案》，建设跨学科交叉专业，2018年以来，立项建设金融科技、数据法学、智能商务、大数据社会统计、数字经济、智慧财税、智能会计、虚拟现实（VR）设计与管理等8个跨学科交叉专业。

深入开展课程建设。以学生为中心，持续推进课程内涵提升，加强教材和课程资源建设。中国人民大学贯彻“通专结合”“跨学科”“数据科学”等理念设计课程体系，“课程思政”“教学方法”“教学资源”改革等多位一体开展“金课建设”，实施“123”金课建设计划。设立国家经济学教材建设重点研究基地，组织研制《中国经济学教材建设工作方案》《中国经济学教材建设规划（2020—2023年）》《首批9种中国经济学教材建议目录与主要内容》等咨询报告，为中国经济学教材建设提供有力支撑。东北财经大学提出8个方面40项本科教学改革举措，将大数据、人工智能融入经管类专业课，跨专业共建交叉学科课程，并依托企业实际项目设计提升数智化能力的微课，实现交叉学科知识迁移。西南政法大学实施“金课建设”工程，建设集体系化全覆盖的法学专业必修课、特色化的法学专业选修课、重点专业必修课与选修课、精品通识选修课与必修课于一体的金课体系。四川师范大学全面实施交叉课程建设，不断完善以中文课程为核心，以理工课程为辅翼，以“人文情怀、艺术素养、科学思维”为驱动的“一体·两翼·三驱动”课程体系。贵州民族大学将新技术融入到传统文科专业的课堂教学和专业建设中，构建数字技术+（民族学、社会学、法学）+交叉模块+实践教学的“三位一体两翼”课程体系。

推动实践教学改革。创新实践教学体系，积极探索实践教学与理论教学、科学研究、社会服务、就业创业相结合的实践教学体系，增加文科实践教学比重。鼓励教师创新实践教学方法，利用现代教育技术手段，改革传统的实验教学模式。加强实践平台建设，整合优势学科和实验室资源，构建集约化、开放式的公共实验平台，探索文科教学、科研实验室一体化建设模式，让学生在实践中建构知识和能力，培养学生人文与科学素养，促进学生个性发展与全面成长。加强实习基地建设，不断拓展校外实践基地，创建课内课外相结合的实践育人品牌，增加学生实习实践经历，让学生在实践中了解社会、认识国情、培养人格、增长才干、奉献社会，切实提高文科学生的实践能力。南开大学致力于打造“五位一体”的教学生态，以师生共同体促进教学相长，以科研和创新解决实际问题，以“实践-服务”促进社会发展，以社会服务培养学生社会责任感，以总结反思促进学生成长。成立服务学习校级教研团队，建成了20个服务学习实践基地，课程领域涉及科技扶贫、文化传承、健康生活、社会公益、英语支教、物理科普、诗教传承、信息教育、非遗传承、影像与社会、公益与社会等。南京大学建设“南京大学人文社会科学大数据研究院”，大力支持政府治理实验中心、法学实验教学示范中心、数字人文与超媒体GIS实验室、艺术策展虚拟仿真实验室等文科实验室建设，推动智能化、数字化等科学技术融入文科教育。围绕文化产业创新、国家文化软实力提升和中国文化走出去战略，校企协同共建“文化创意产业平台”，建设5个文科创新产学研实践中心，为社会和行业培植、输送文创产业精英，培育孵化文创成果。

（5）服务国家发展情况

主动服务国家战略，面向地方产业需求，加强与政府部门、科研院所、行业企业的合作，建立协同创新机制，统筹聚合优质资源，产出创新成果，培养高端人才，服务社会发展。北京大学成立区域与国别研究院，服务国家重大战略，探索从中国视角观察世界的学术研究新模式，同时促进人文社会科学等学科之间的交叉与融合，带动学科结构和布局调整，提升学校整体学术水平。北京外国语大学以高端翻译实践服务国家战略，搭建了非通语种人才培养与能力研究平台，开展高端翻译人才联合培养，全校22个语种教师参与《习近平谈治国理政》翻译或审校工作，5个语种教师团队主持《习近平教育重要论述讲义》翻译。疫情期间组织各语种专业师生为世卫组织、国家卫健委等提供笔译和同传服务，同时为北京2022年冬奥会和冬残奥会提供高水平语言服务。海南大学根据海南自由贸易港建设战略需求，统筹人才培养、队伍建设、科学研究、资源配置与社会服务；探索“外语+公共外交”的人才培养模式，建设“公共外交+”课程群。山西省属文科类高校已全部转型为应用性本科高校，立足于培养山西高质量发展急需的人文类创新人才，聚焦平台经济、文旅康养、文博考古、山西优秀传统文化、太行精神、吕梁精神等方面，推动专业链、人才链、创新链与产业链的深度融合。黑河学院主动服务“一带一路”倡议和“龙江丝路带”建设战略，依托地缘区位和对俄特色办学优势，积极推进对俄教育合作，为培养对俄跨境电商高素质人才，与跨国型企业俄速通共建对俄跨境新商业产业学院，打造“俄语+专业+实践”“专业+俄语+实践”特色人才培养模式，组建了对俄贸易、对俄物流方向实验班，推动“俄语+跨境电商”应用型、复合型人才培养。云南艺术学院广泛开展校地合作，拓宽服务社会的路径，创办了形式多样的“行走课堂”，通过开展非遗进校园、举办艺术创新创意主题活动、申报项目、创作展演、打造民族文化特色课程等方式，推动民族文化创新发展。江苏师范大学组织学生赴“三区三州”地区参加“推普脱贫攻坚”和“推普助学”活动，助力西部乡村教育建设。

（6）协同育人情况

推动与行业企业、地方政府及行业协会的深入合作，共建协同育人基地，搭建多方协同育人平台，加强协同育人。中央戏剧学院积极探索协同育人机制，拓展基于专业优势特色的校企合作、校地合作，深入对接产业，与属地开展协同共建，与首都博物馆、中国数字文化集团、北京市西城区人民政府等单位签订了战略合作协议，与中国儿童艺术剧院和中国国家话剧院签署了“产教融合研究生联合培养基地”战略合作协议，探索艺术人才培养的育人新生态。贵州师范学院2021年先后出台《贵州师范学院实践教学“双导师制”工作规程（试行）》《贵州师范学院基础教育教师专家库管理办法（试行）》等系列文件。通过整合资源，将常规的校地合作基地、实践就业基地、教育实践基地统一设置为协同育人基地，搭建多方协同育人平台载体。西北政法大学突出科教融合，注重培养学生创新能力，打造“法学+”“+法学”特色育人模式，强化军民融合、科教融合、产教融合、校地融合，破除培养机制壁垒，整合教学资源，创新教学模式推进复合型人才培养。

2. 建设特点

（1）坚持育人为本，强调价值引导

始终坚持立德树人根本任务，以“人”的培养为核心，以学生人格塑造与素质提升为主要目标，以学生能力发展为导向，积极服务学生成长成才，促进学生的自由全面发展，培养具有家国情怀、适应社会发展需要的高水平创新人才。

（2）促进学科交叉，突出融合创新

积极推动多学科的交叉融合，推动传统文科与理、工、农、医的集成创新、融合发展，对传统单一的学科进行改造升级或催生新的学科专业，加强新兴学科和交叉学科建设，培养具有跨学科能力的复合型创新型人才。推动传统文科之间的交叉融合，通过寻找新的学科增长点，实现人文社会科学领域的新突破，实现新文科建设的路径创新、方法创新、理论创新、模式创新。

（3）推动数智赋能，体现科技驱动

持续推进信息技术与文科的深度融合，利用新技术为文科提供新范式、新技术、新工具，不断推进文科模式变革、路径创新。用数智赋能现代教学转型升级，将新技术融入到传统文科专业的课堂教学和专业建设中，依托智慧教室、数字场景等数字化教学空间，改变传统教学形式，满足多样化教学需求，探索新文科“智能+”教学模式，借助人工智能、区块链、移动学习、分析技术、混合现实等新技术，开展数字化、网络化、定制化、个性化的教育教学。

（4）创新培养模式，培养时代新人

积极构建“五育并举”的人才培养体系，打破学科专业壁垒，推进跨校跨院跨专业联合培养，积极推动双学位、辅修专业、微专业建设，探索复合型人才培养的新路径。推进本硕博贯通式培养，设立拔尖人才培养实验班等，培养基础学科拔尖人才和高精尖人才。推进创新创业教育，支持大学生投身创新创业实践。加强国际化能力建设，提升学生综合素养，开拓学生国际视野，提高跨文化能力，努力培养更多有家国情怀、有全球视野、有专业本领的复合型人才。

（5）加强协同育人，服务社会发展

高校推动新文科建设的重要目标还在于改变传统人文学科与经济社会发展相脱节的现状，精准对接国家重大发展战略和区域经济社会发展需求，推动中华优秀传统文化创造性转化和创新性发展，为社会发展提供人才保障和智力支撑。积极整合政府、科研院所、行业企业的优质资源，加强协同育人，不断拓展学生视野，激发学生创新思维，提高学生发现问题、研究问题、解决问题的能力，培养创新型应用型人才。

3. 未来发展方向

（1）强化价值引领

坚持立德树人根本任务，深入推进习近平新时代中国特色社会主义思想进课堂、进教材、进头脑，加强理想信念教育，充分发挥文科教育在培育和践行社会主义核心价值观中的重要作用，注重强化思想引领，将思想政治教育与文化育人紧密结合，将传统文化教育融入课堂，以文化人、以文育人，引导学生赓续红色血脉、砥砺家国情怀，在世界百年未有之大变局中把握历史大势，自觉投身中华民族复兴的伟大事业。

（2）优化育人体系

坚持面向未来、适应需求、引领发展，树立新发展理念，聚焦教育教学改革发展的突出问题，根据学校办学定位和办学特色，进一步深化供给侧结构性改革，不断优化高校专业布局，提升课程质量，创新培养模式，加强教材建设，强化师资队伍，建设质量文化，推进协同育人，实现人才培养结构与国家需求相匹配，专业体系建设与产业链创新链相衔接，建立符合文科教育规律、具有鲜明中国特色的人才培养体系，培养更多有情怀、有思想、有格局、有专长、有担当的人才，服务人的现代化发展。

（3）推动融合创新

主动适应和引领新技术、新产业、新业态、新模式，把握科技革命对人文社会科学带来的影响与挑战，以现代信息技术赋能文科教育，更新教学理念，创新教学范式，打破学科壁垒，创新研究方法，拓展研究领域，加强学科之间的互学互鉴，推动人文社会科学和自然科学的交叉融合和协同创新，以新科技激活思想力，开创人文社会科学发展新格局。

（4）服务国家发展

立足服务国家发展战略和区域经济社会发展，致力于推动人类命运共同体建设，重新缔结教育与现实、社会、政治、文化的紧密关系，优化教育资源配置，推动文化传承与创新相结合、科学精神与人文精神相结合、文化育人和文化引领相结合，追踪学科前沿，加强资政谏言，培养大批兼具人文思想、家国情怀与现代技术、前瞻视野的复合型人才，提升人文社会科学服务国家发展的支撑引领能力与水平。

三、新文科建设主要问题及未来发展方向

（一）主要问题

当前新文科建设理论研究还不够成熟，缺乏较为系统的理论体系，现有研究成果在学科分布上不均衡，主要集中在各高校的优势学科，高质量研究以艺术学、图书情报学、新闻传播学和外语学科的研究为主，其他学科相对较少，推动中华优秀传统文化创造性转化、创新性发展以及构建中国特色哲学社会科学需要各个学科的共同努力。新文科建设的实践逻辑、路径和模式还有待系统和深入研究，需要进一步拓展案例研究和量化分析。

（二）未来发展方向

面向“十四五”，要进一步贯彻落实习近平总书记的重要讲话和指示批示精神，特别是关于文科教育的最新指示要求，深入贯彻“三新一高”要求，心怀“国之大者”，聚焦文科教育高质量发展，进一步深化理论研究，优化育人体系，加强协同创新，着力推动新文科建设走深走实、行稳致远。

1. 不断深化理论研究

（1）深入研究新文科建设的内涵与外延、建设目标、价值论、本体论、认识论和方法论等，进一步探讨新文科建设在我国高等教育发展中的定位与作用，以及新文科对双一流建设的影响和作用等。

（2）深入研究新文科建设如何推动中国优秀传统文化创造性转化、创新性发展，探讨两者内在的理论逻辑关联，通过新文科建设深入挖掘中华优秀传统文化蕴含的丰富内容，重新诠释、挖掘、表达、呈现与传统相延续的治国理政思想。

（3）深入研究新文科建设与构建中国特色哲学社会科学体系的关联，拓展新文科建设在构建中国特色哲学社会科学体系中的功能和作用以及相互促进机制的研究等。

（4）深入研究新文科建设与科技革命、产业变革的内在逻辑关系，进一步拓展新文科建设与科技数智化间的相互支撑、融合发展关系研究。

2. 持续推动实践探索

（1）对新文科建设如何分层次、分类别推进还需做更加细致的研究，需要进一步理清是在学科门类层次还是一级学科层次或是专业层次上进行分类推进，以及不同新文科专业建设的共性和个性关系。

（2）对现有实践较为成功的案例还需进行深入剖析、总结和提炼，加强案例研究和量化分析，对各实践过程中的各种影响因素进行量化分析，对实践逻辑、路径和模式进行提炼。

（3）需要进一步深入研究新文科建设背景下的文科专业如何变革、课程体系如何建设、人才培养模式如何创新，拓展新文科建设与中国特色哲学社会科学体系构建的协同发展路径研究等。

唯有如此，才能不断拓宽新时代新文科建设理论与实践研究的广度和深度，为持续推动中华优秀传统文化创造性转化、创新性发展提供新思路，为加快构建中国特色哲学社会科学体系做出新贡献。

总审稿人：樊丽明

审 稿 人：吴臻、仝兴华、曹现强

执 笔 人：黄凯南、胡友峰、申树欣、张天舒、韩萌、张潇月

首批新文科研究与改革实践项目分析报告

为深入学习贯彻习近平新时代中国特色社会主义思想，贯彻落实全国教育大会精神，落实新文科建设工作会议要求，全面推进新文科建设，构建世界水平、中国特色的文科人才培养体系，2021 年 3 月，教育部印发《关于推荐新文科研究与改革实践项目的通知》，发布《新文科研究与改革实践项目指南》，启动首批新文科研究与改革实践项目申报工作。通过对项目申报和立项情况进行统计分析，形成《首批新文科研究与改革实践项目分析报告》。

一、项目申报与立项总体情况

根据《新文科研究与改革实践项目指南》，全国高校围绕新文科建设发展理念、专业优化、人才培养改革、分类推进重点领域、教师队伍建设、特色质量文化建设等 6 个选题领域、22 个选题方向，组织了新文科研究与改革实践项目申报。据统计，全国共有 257 个单位推荐了 517 所高校的 1395 个项目。其中，教育部直属高校项目 495 项，中央其他部委属高校项目 186 项，部省合建高校项目 73 项，地方高校项目 641 项（见图 1）。2021 年 10 月 28 日，教育部办公厅公布首批新文科研究与改革实践项目，决定立项 376 所高校的 1011 个新文科研究与改革实践项目。其中，教育部直属高校

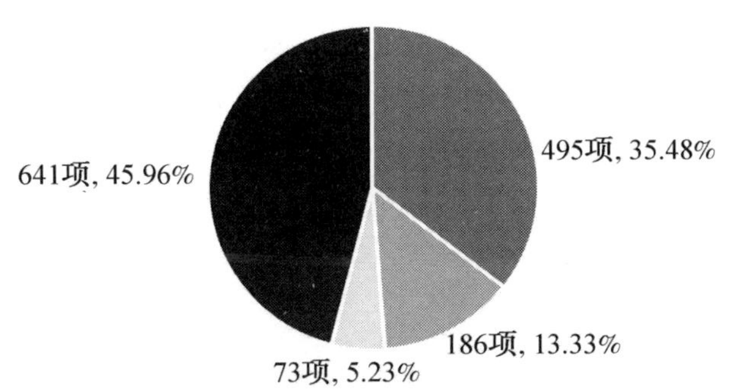

图 1　不同类型高校项目申报情况

项目 429 项，中央其他部委属高校项目 132 项，部省合建高校项目 47 项，地方高校项目 403 项（见图 2）。总体来看，教育部直属高校项目立项数量占比相对较高。

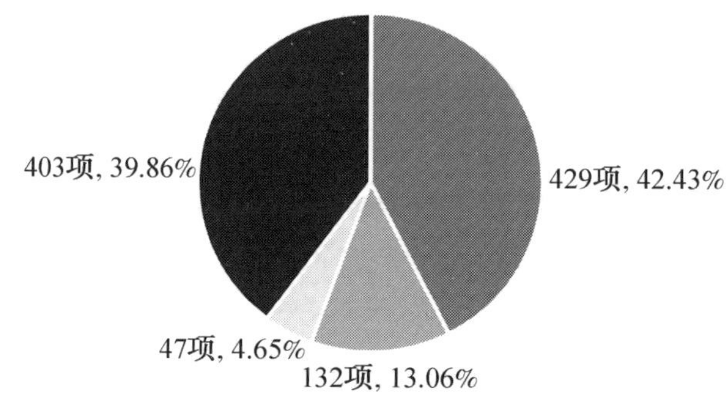

图 2　不同类型高校项目立项情况

二、项目申报与立项基本情况分析

（一）选题类别

根据《新文科研究与改革实践项目指南》，设置了新文科建设发展理念、专业优化、人才培养模式改革、重点领域分类推进、师资队伍建设、特色质量文化建设 6 个选题领域、22 个选题方向，引导高校探索文科教育改革的新理念、新路径、新范式。首批新文科研究与改革实践项目最终立项 1011 项，立项率为 72. 5%，各选题领域项目立项率均在 65%—75%之间（见表 1、表 2）。

表 1　各选题领域项目申报和立项情况

选题领域	项目申报数（项）	项目立项数（项）	立项率
1. 新文科建设发展理念研究与实践	96	71	73. 96%
2. 新文科专业优化研究与实践	374	254	67. 91%
3. 新文科人才培养模式改革研究与实践	475	356	74. 95%
4. 重点领域分类推进研究与实践	338	248	73. 37%
5. 新文科师资队伍建设研究与实践	90	67	74. 44%
6. 新文科特色质量文化建设研究与实践	22	15	68. 18%

表 2 各选题方向项目申报和立项情况

选题方向	项目申报数（项）	项目立项数（项）	立项率
1. 新文科建设发展理念研究	44	31	70.45%
2. 新文科建设改革与发展研究	38	30	78.95%
3. 新文科建设政策与支撑体系研究	14	10	71.43%
4. 新时代文科专业结构优化研究与实践	29	14	48.28%
5. 原有文科专业改造提升改革与实践	142	93	65.49%
6. 新兴文科专业建设探索与实践	96	73	76.04%
7. 新文科课程体系和教材体系建设实践	107	74	69.16%
8. 基础学科拔尖创新人才培养创新与实践	41	35	85.37%
9. 政产学研协同育人机制创新与实践	137	94	68.61%
10. 文科复合型人才培养创新与实践	111	89	80.18%
11. 高素质涉外人才培养创新与实践	119	90	75.63%
12. 新文科创新创业教育与实践	67	48	71.64%
13. 文史哲领域新文科建设实践	35	21	60.00%
14. 经管法领域新文科建设实践	172	132	76.74%
15. 教育学类专业新文科建设实践探索	41	31	75.61%
16. 艺术学领域新文科建设实践	90	64	71.11%
17. 新文科教师专业发展探索与实践	18	15	83.33%
18. 融合现代信息技术的教师教学方法创新与实践	56	38	67.86%
19. 教师教学发展示范中心建设	16	14	87.50%
20. 以质量提升为核心的管理体制机制建设	4	3	75.00%
21. 高校内部教育质量保障体系建设	15	9	60.00%
22. 面向新文科的文科专业三级认证体系构建	3	3	100.00%

通过对各选题领域项目申报数量统计分析，新文科建设发展理念、专业优化、人才培养模式改革、重点领域分类推进、师资队伍建设、特色质量文化建设 6 个选题领域的项目申报数量分别为 96、374、475、338、90、22，占比分别为 6.88%、26.81%、34.05%、24.23%、6.45%、1.58%（见图 3）。其中“新文科人才培养模式改革研究与实践”的项目申报数量最多，超过项目申报总数的 1/3；“新文科特色质量文化建设研究与实践”的项目数量最少。

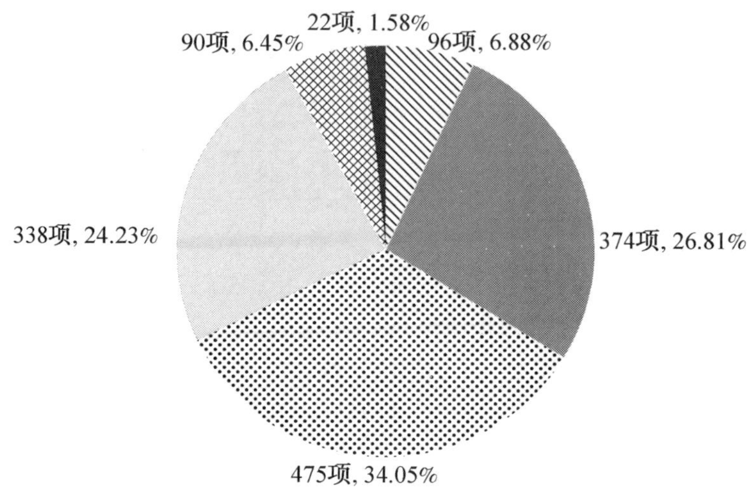

图3　申报项目选题领域分析

通过对各选题领域项目立项数量统计，首批立项的新文科研究与改革实践项目中，新文科建设发展理念、专业优化、人才培养模式改革、重点领域分类推进、师资队伍建设、特色质量文化建设研究与实践6个选题领域的项目申报数量分别为71、254、356、248、67、15，占比分别为7.02%、25.12%、35.22%、24.53%、6.63%、1.48%（见图4）。

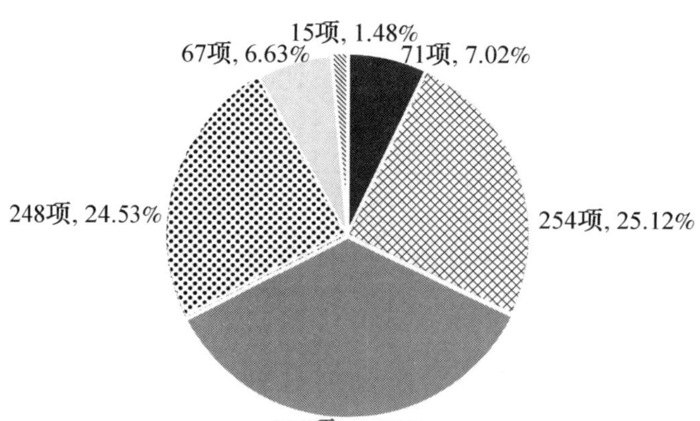

图4　立项项目选题领域分析

综上分析，目前新文科建设主要聚焦于人才培养模式改革、专业优化和重点领域分类推进等关键领域，这契合了《新文科建设宣言》提出的构建世界水平、中国特色的文科人才培养体系的根本任务。专业优化作为新文科建设的重要抓手，也是当前各高校新文科建设的重点，通过专业建设实现人才培养结构、培养模式与国家需求相匹配，实现高等文科教育高质量发展。同时，文科门类众多、学科各异的特点决定了各高校要根据办学定位和学科专业特点分类推进新文科建设，推动八大学科门类特色发展。新文科建设发展理念、师资队伍建设、特色质量文化建设项目数量相对较少，这也是新文科建设的重点难点问题。新文科是新时代高校文科教育的一次全方位教改，是文科教育理念和范式的一次重大转变。目前各高校已经积极开展人才培养实践探索，但在发展理念的系统研究与凝练方面、师资队伍建设、质量文化建设等方面关注不够、研究较少，对新文科建设的支撑不足。未来须坚持问题导向，从宏观、中观、微观不同角度，分析新文科建设面临的重点难点问题，汇聚力量、重点突破，加强新文科建设发展理念、师资队伍建设、特色质量文化建设等研究与实践，推动新文科建设走深走实。

（二）项目类别

项目申报按照文科八大学科门类设置项目类别，主要包括文学、历史、哲学、艺术、经济、管理、法学、教育。此外，还设置交叉类和综合类，交叉类主要包含文科专业之间的交叉融合项目以及文科与理工农医的交叉融合的项目，综合类主要包含除八大学科门类和交叉学科类别之外的研究项目。通过对项目类别统计分析，不同项目类别申报数量占总申报数量的比例与不同项目类别立项数量占总立项数量的比例基本一致。除历史、教育外，其他类别项目立项率均在 70%以上。

通过对项目类别统计，不同类别项目申报数量和占比分别为文学 167 项，占比 11.97%，历史 29 项，占比 2.08%，哲学 15 项，占比 1.08%，艺术 140 项，占比 10.04%，经济 103 项，占比 7.38%，管理 228 项，占比 16.34%，法学 148 项，占比 10.60%，教育 147 项，占比 10.54%，交叉 235 项，占比 16.85%，综合 183 项，占比 13.12%。其中在文科八大学科中，管理类项目申报数量最多，文学、法学、教育、艺术类项目申报数量较为接近，哲学、历史类项目申报数量最少。此外，交叉类项目申报数量最多，综合类项目申报数量位列第三。

不同类别项目立项数量和占比分别为文学 121 项，占比 11.97%，历史 20 项，占比 1.98%，哲学 13 项，占比 1.29%，艺术 104 项，占比 10.29%，经济 76 项，占比 7.52%，管理 172 项，占比 17.01%，法学 107 项，占比 10.58%，教育 97 项，占比 9.59%，交叉 165 项，占比 16.32%，综合 136 项，占比 13.45%（见表 3）。

表 3　各项目类别立项情况

项目类别	申报项目数（项）	占申报总数比重	项目立项数（项）	占立项总数比重	立项率
文学	167	11.97%	121	11.97%	72.46%
历史	29	2.08%	20	1.98%	68.97%
哲学	15	1.08%	13	1.29%	86.67%
艺术	140	10.04%	104	10.29%	74.29%
经济	103	7.38%	76	7.52%	73.79%
管理	228	16.34%	172	17.01%	75.44%
法学	148	10.60%	107	10.58%	72.30%
教育	147	10.54%	97	9.59%	65.99%
交叉	235	16.85%	165	16.32%	70.21%
综合	183	13.12%	136	13.45%	74.32%

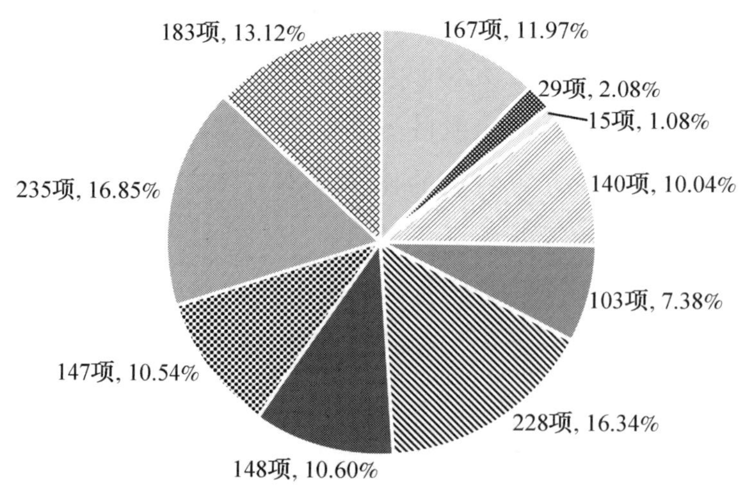

图 5　申报项目类别分析

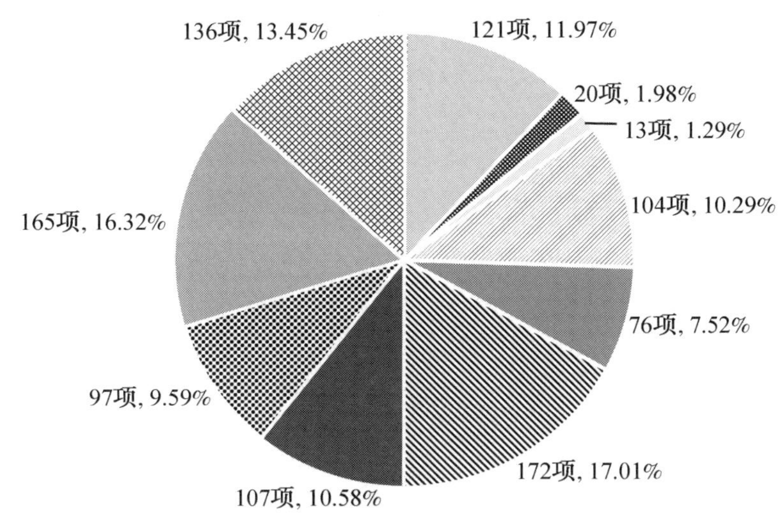

图 6 立项项目类别分析

综上分析，目前各学科之间的研究分布不平衡，项目主要集中在管理、文学、法学、教育、艺术等学科领域，历史、哲学等基础学科目前研究较少。新文科建设未来要瞄准国家战略发展需求，借鉴域外先进经验，从学科建设、人才培养、科学研究、国际合作与交流等方面加强历史、哲学等基础学科建设，加强马克思主义哲学研究，不断推进马克思主义中国化时代化，着力推动中华优秀传统文化创造性转化、创新性发展。

交叉类别项目申报数量最多，立项数量位列第二，契合了新文科建设所倡导的融合化发展要求。2021 年 4 月 19 日，习近平总书记在清华大学考察时强调："要用好学科交叉融合的'催化剂'，加强基础学科培养能力，打破学科专业壁垒，对现有学科专业体系进行调整升级，瞄准科技前沿和关键领域，推进新工科、新医科、新农科、新文科建设，加快培养紧缺人才。"当今世界科技革命迅猛发展，社会问题日益复杂，应对新变化、新问题，亟需以跨界思维打破学科和专业壁垒，融入现代信息技术，推动文科专业之间、文科与理工农医的深度融合创新，从而催生文科新增长点，实现传统文科专业、课程以及人才培养模式的更新换代，推动文科教育创新发展。

（三）项目实施单位区域分布

按照省级行政区和七大地理区域，分别统计了各省（自治区、直辖市）

项目申报情况以及华北、东北、华东、华中、华南、西南、西北七大区域项目申报情况（见图7）。

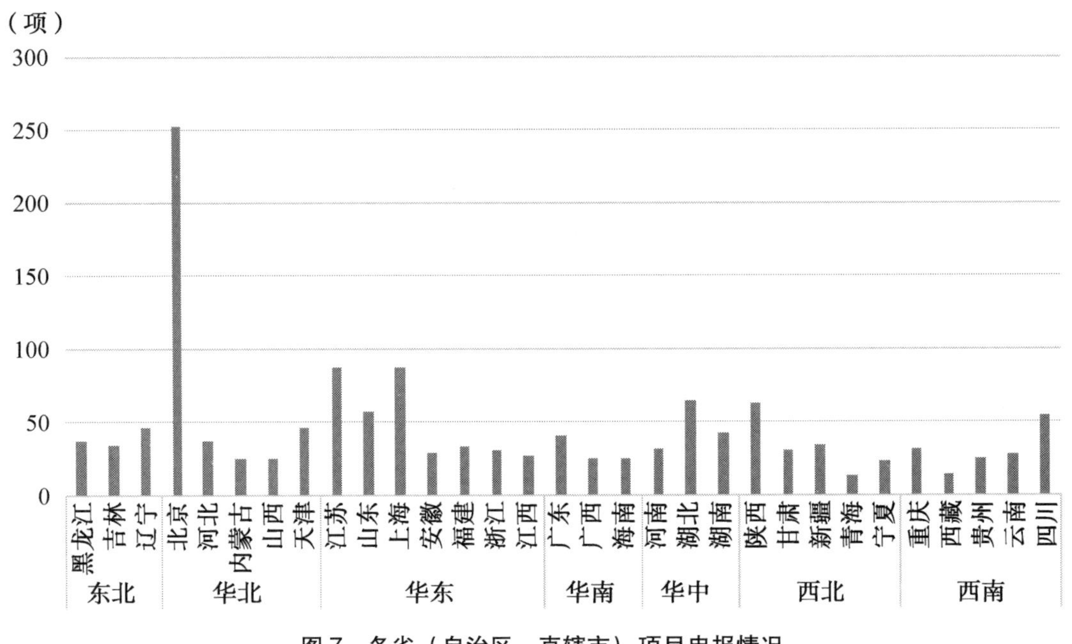

图7　各省（自治区、直辖市）项目申报情况

通过对各省（自治区、直辖市）项目申报情况统计，北京市项目申报数量最多，江苏、山东、上海、湖北、陕西、四川等省份项目申报数量略高于其他各省（自治区、直辖市），青海省、西藏自治区项目申报数量最低。

根据七大区域项目申报情况统计分析，华北、东北、华东、华中、华南、西南、西北地区项目申报数量分别为384、117、353、134、91、153、163项，分别占比项目申报总数的27.53%、8.39%、25.30%、9.61%、6.52%、10.97%、11.68%（见图8）。其中华北地区项目申报数量最多，华东地区项目申报数量次之，华北和华东地区项目申报数量之和超过项目申报总数的一半。华南地区项目申报数量最少，仅占项目申报总数的6.52%。

通过对七大区域项目立项情况统计，华东地区项目立项率最高，达到80.45%；西北地区项目立项率最低，仅为52.44%。其他区域项目立项率均在70%左右（见图9）。

综上分析，华北、华东地区高校项目申报数量最多且立项率最高，华南

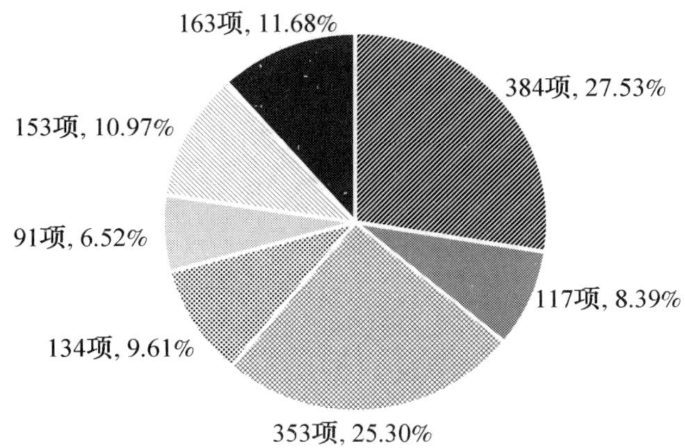

图8 七大区域项目申报情况

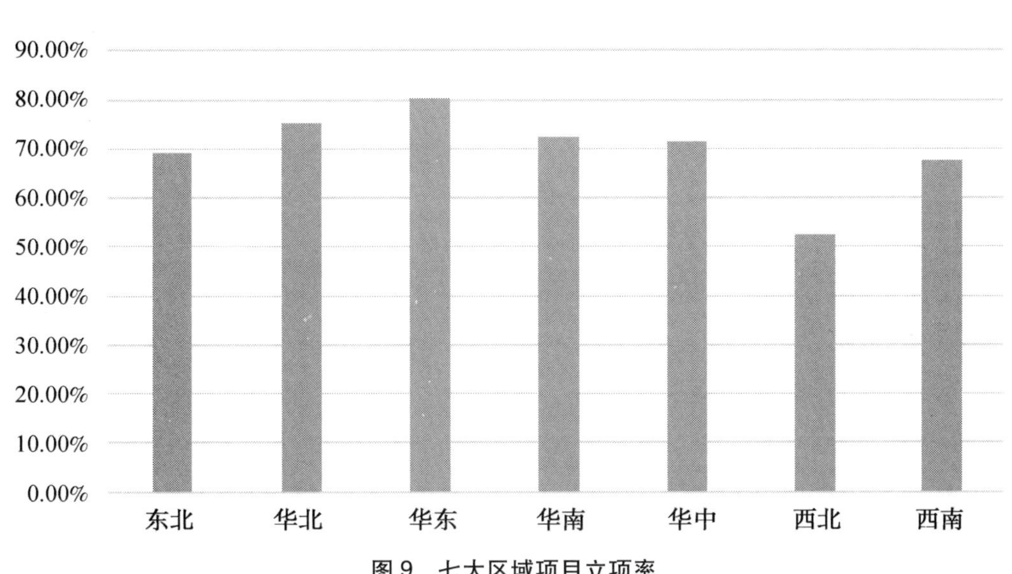

图9 七大区域项目立项率

地区高校项目申报数量较少，但立项率较高，西北地区高校立项率较低。由此可见，立项情况存在区域不平衡性，这与区域经济社会教育发展情况具有一定的相关性。下一步，要引导高校结合区域经济社会发展，加强省份、地区之间的交流与合作，通过选树典型案例，推广先进经验，推动全国新文科建设平衡发展、特色发展。

（四）关键词频统计

利用 TF-IDF（Term Frequency-Inverse Document Frequency）方法，根据计

算所得的 TF-IDF 值对项目题目中的关键词进行排序，评估每一个关键词在区域高校申请项目中的重要性。通过项目键词分析，“人才培养”“交叉”和“产学研”等关键词排序均处于前列，“人才培养”排名第一。由此可见，目前高校新文科建设主要聚焦于人才培养，突出交叉融合，注重产学研协同育人。此外，统计发现不同区域高校的项目都与区域经济社会发展紧密结合，呈现明显的区域经济文化特色。

华东地区高校申报的项目中涉及“创业”“科技”“金融”“涉外”“海关”等关键词较多（见图 10），体现了以上海、浙江、江苏为代表的华东地区经济繁荣活跃，科技创新强劲，国际交流频繁。同时“海关”“涉外”等关键词也体现了华东地区作为对外开放重要窗口的地域优势与特色。

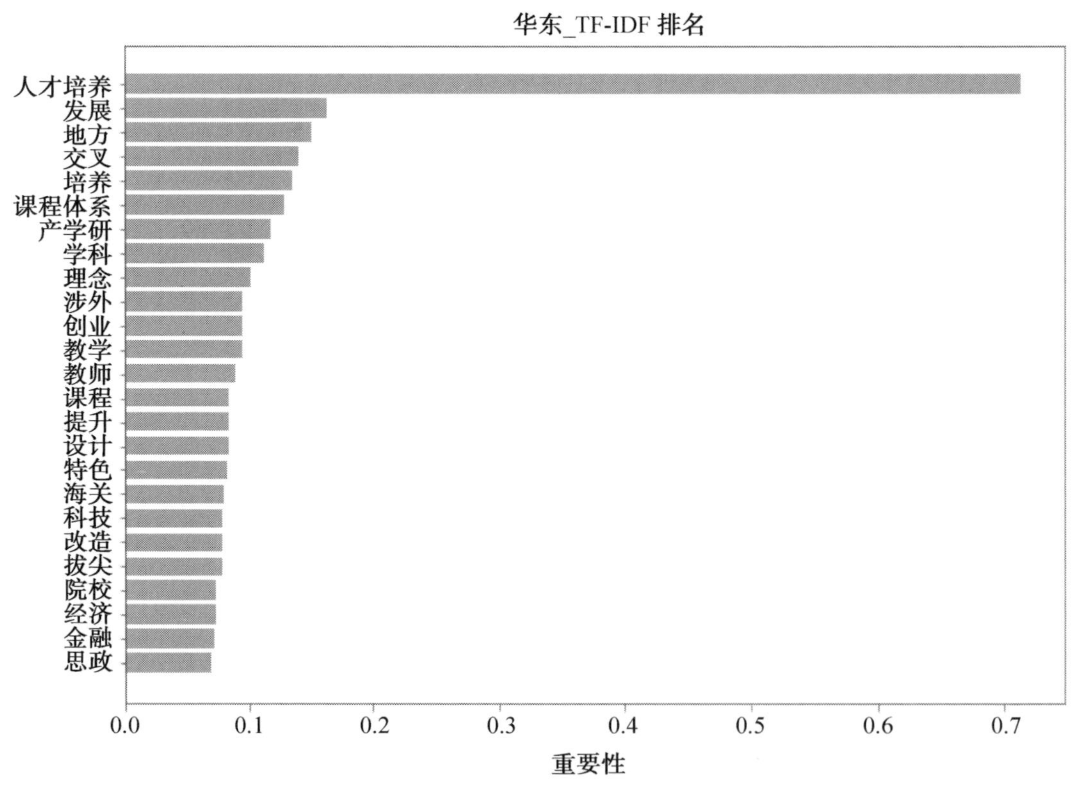

图 10 华东地区高校申报项目关键词重要性排序

华中地区高校申报的项目中涉及“创新型”“人工智能”“驱动”“数字”“创业”等关键词较多（见图 11），这印证了华中地区高校作为创新引领的主战场，紧密结合区域经济发展优势与需求，通过项目牵引，推动科技创新、数字驱动，推动区域产业转型升级，带动区域经济快速发展，培养“人工智能+”“数字+”等大批服务区域高质量发展的复合型创新型人才。

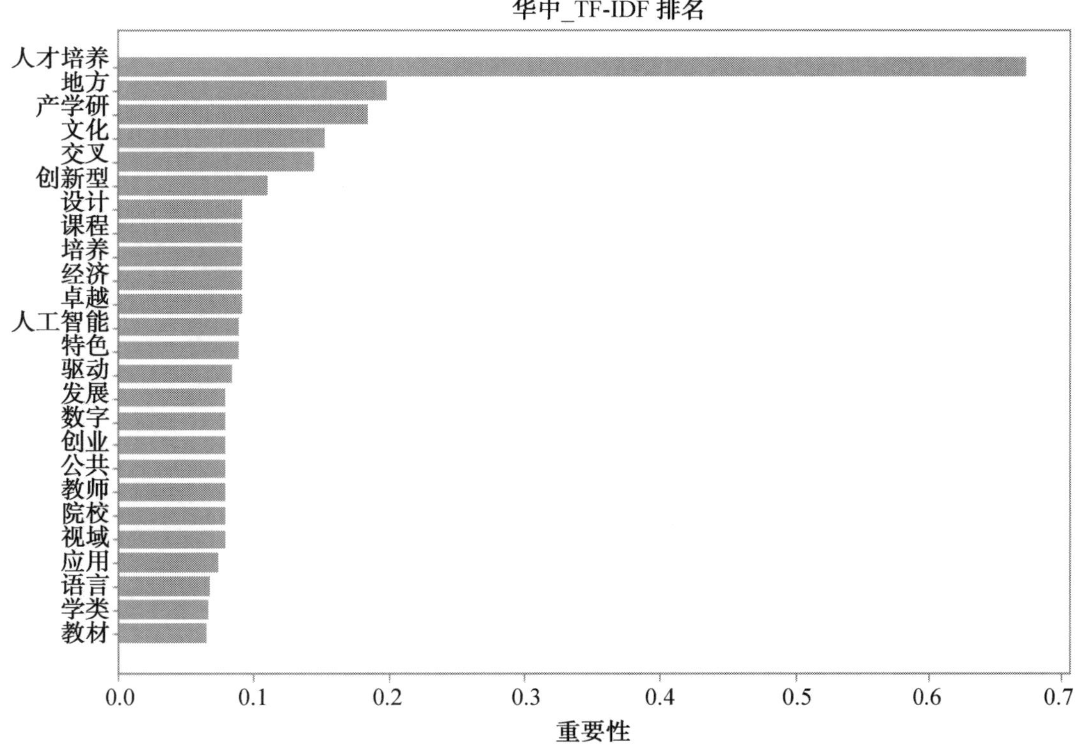

图 11　华中地区高校申报项目关键词重要性排序

华南地区高校申报的项目中涉及“自贸港”“东盟”“粤港澳”“大湾区”“应用型”“产教”等关键词较多（见图 12），这些关键词都与华南地区的区域发展战略紧密呼应，充分体现了华南地区高校立足区域发展战略，充分发挥地处开放前沿的区位优势，坚持创新驱动，开放合作，深化教育教学供给侧结构改革，推动产教深度融合，大力培养适应现代产业发展要求的高素质应用型人才。

西北地区高校申报的项目中涉及“丝绸之路”“西部”“文化”“民族”“经济带”等关键词较多（见图 13），这充分体现了西北地区的民族特色，西北地区高校汇聚特色文化资源，主动服务国家“一带一路”倡议，积极推动新文科建设理论研究与实践探索，培养服务国家战略、引领文明进步的卓越人才。

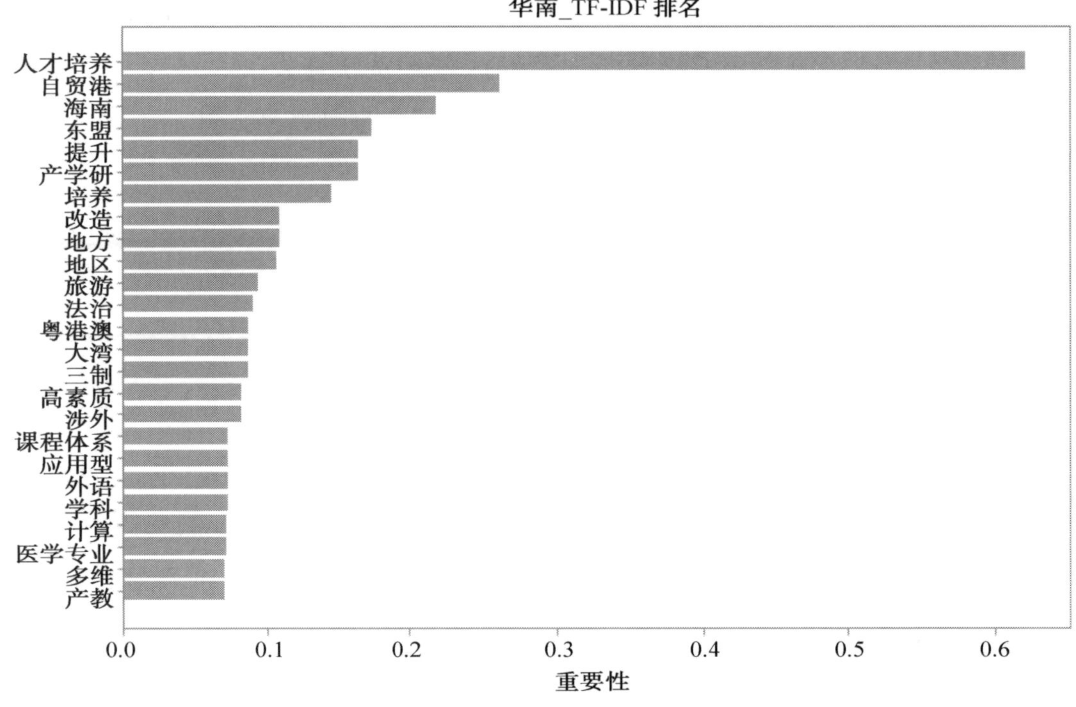

图 12　华南地区高校申报项目关键词重要性排序

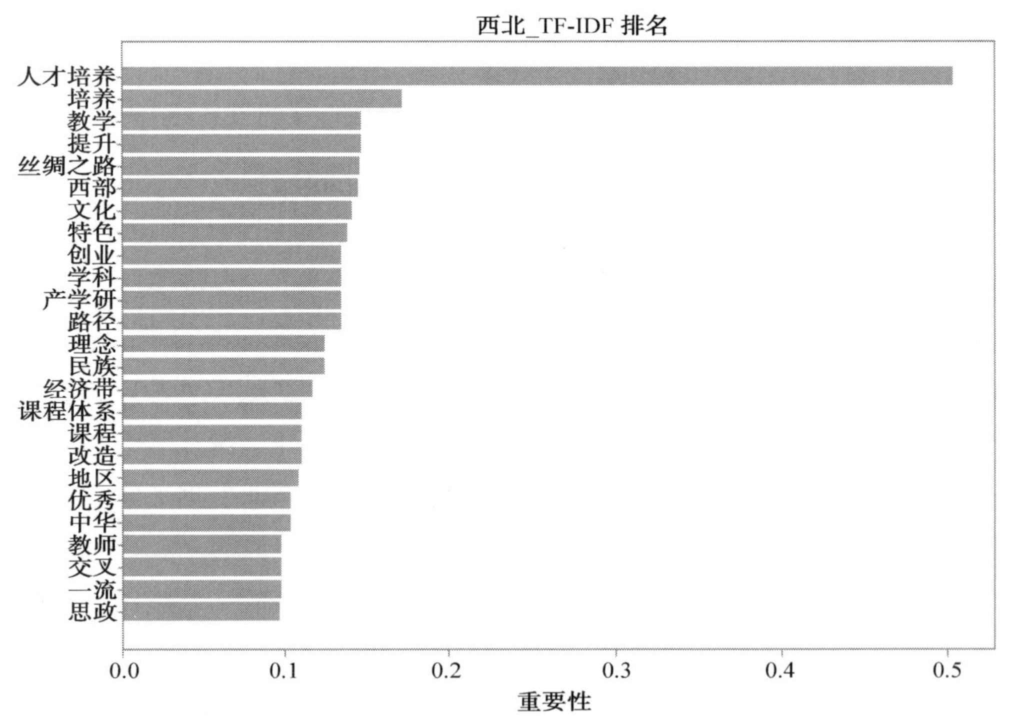

图 13　西北地区高校申请项目关键词重要性排序

（五）选题领域和项目类别综合分析

结合新文科建设发展理念、专业优化、人才培养模式改革、重点领域分类推进、师资队伍建设、特色质量文化建设六个选题领域和文学、历史、哲学、艺术、经济、管理、法学、教育、交叉、综合十个项目类别，分析不同项目类别在不同选题领域的项目申报情况。

不同项目类别在各选题领域的申报情况具有较强的一致性（见图 14）。各项目类别的选题大多集中在人才培养模式改革、专业优化、重点领域分类推进三个领域，与项目选题领域的整体分布情况基本一致。此外，不同项目类别选题领域分布还存在一定的差异性，如艺术类项目申报主要聚焦于重点领域分类推进，教育类在师资队伍建设和特色质量文化建设选题领域的项目申报数量明显多于其他项目类别，这体现了项目申报的学科特色。此外，在综合类中新文科建设发展理念选题领域项目申报数量明显多于学科类别和交叉类别项目申报数量。

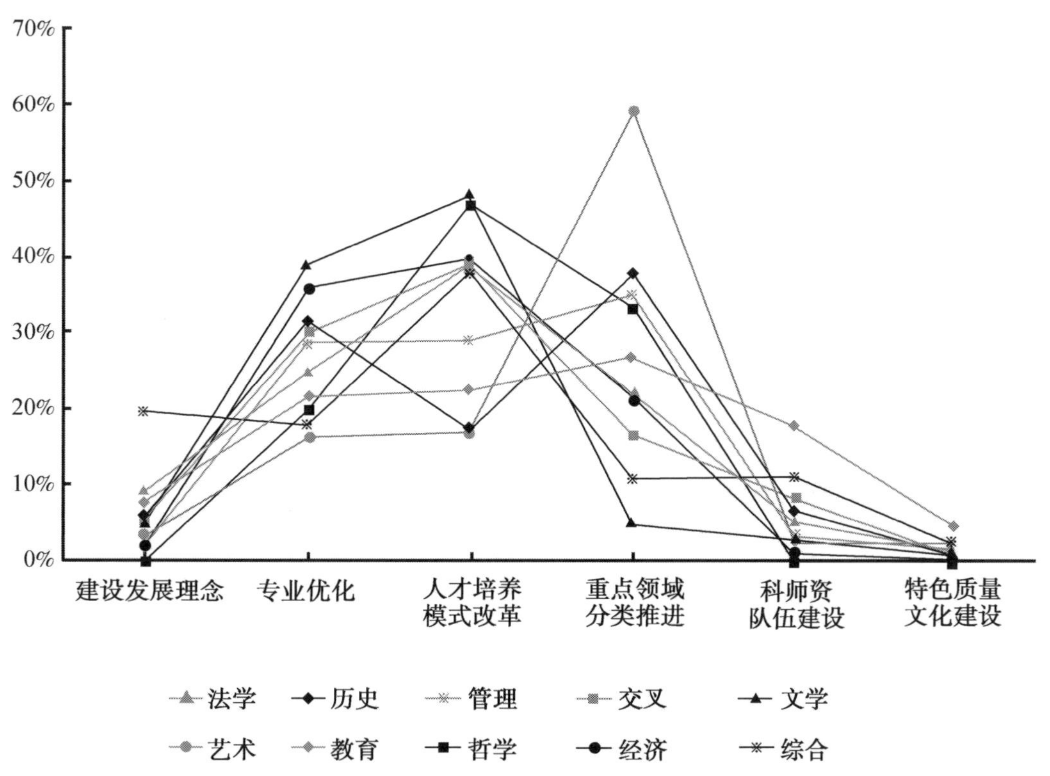

图 14 不同项目类别在不同选题领域项目申报情况

（六）项目联合申报情况

按照项目联合申报单位类型分为校内跨学院合作，与其他高校合作，与检察院、法院等政府机构合作，与社会企业合作，与科研院所、博物馆等事业单位合作五类。通过对校内合作、校校合作、校政合作、校企合作、校事合作等联合申报情况进行统计，在1395个项目中有848个项目（约61%）为多个单位联合申报，这表明融合、协同、开放、共享已成为新时代教育教学改革的重要特征。

据统计，艺术、经济、管理类项目校企合作的比例明显高于其他合作方式，哲学类项目中校校合作、校事合作比例最高，法学类项目中校政合作的比例最高（见图15）。由此可见，协同育人已成为新时代高校重要的育人方式，通过加强校校合作、校政合作、校事合作、校企合作，以继承与创新、交叉与融合、协同与共享为途径，充分发挥各主体和资源的集中优势，促进各要素深度融合，构建具有中国特色的文科协同育人体系。

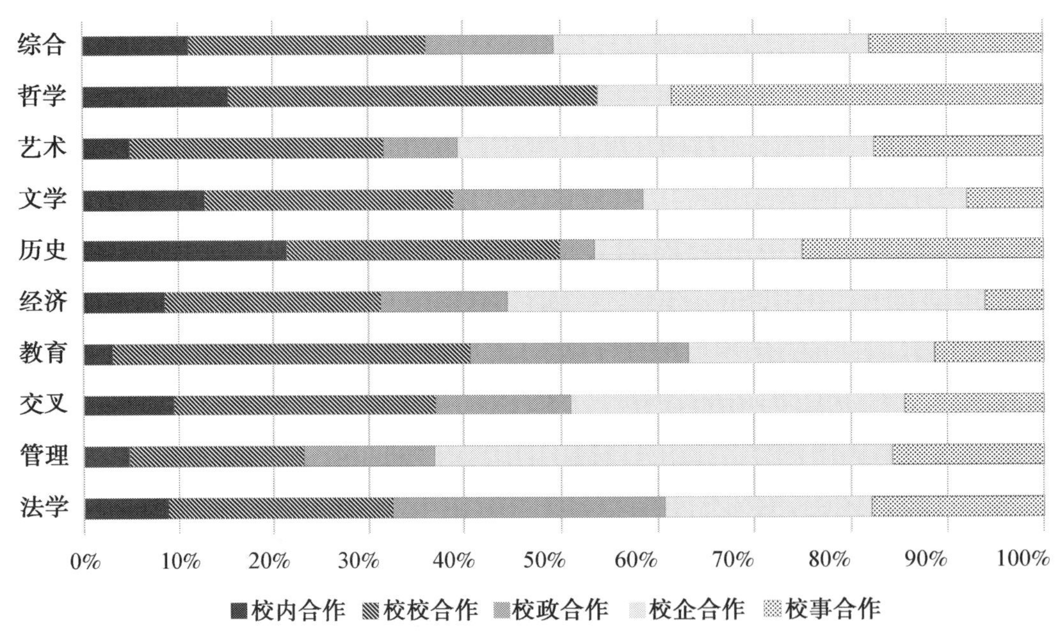

图15 各项目类别项目联合申报情况分布图

三、项目总结

新文科研究与改革实践项目坚持问题导向、质量优先、突出特色的原则，锚定新文科建设宣言的共识、遵循和任务，按照《新文科研究与改革实践项目指南》明确的选题领域和方向，以项目促进文科改革，以改革推动文科发展。

首批新文科研究与改革实践项目是以全球新科技革命、新经济发展、中国特色社会主义进入新时代为背景，聚焦国家重大发展战略和区域经济社会文化发展需要，突破传统文科的思维模式，以继承与创新、交叉与融合、协同与共享为主要途径，促进人工智能、大数据等现代信息技术与文科学科、文科之间以及文科与理工农医等多学科交叉和深度融合，推动传统文科升级迭代；推动专业优化、课程提质、模式创新，加强高校之间、高校与实务部门之间的合作，探索建立科教、产教、政教融合的协同育人模式，不断优化育人体系，培养担当民族复兴大任的时代新人，实现从以学科为导向转向以需求为导向，从专业分割转向交叉融合，从适应服务转向支撑引领，推动文科融合化、时代化、中国化和国际化。

新文科建设已经进入快车道，通过系列战略部署和研究探索正在逐步破题，首批新文科研究与改革实践项目进一步深化了新文科建设理论研究与实践探索。但目前还存在学科、领域、区域间研究与实践分布不平衡等问题，未来要聚焦问题，坚持以人为本，突出跨界融合、强化实践导向、探索范式创新，重点围绕新文科建设发展理念、师资队伍建设、特色质量文化建设等重点难点问题，汇聚众智，凝聚合力，持续推进新文科建设走深走实，行稳致远。

审稿人：樊丽明

执笔人：申树欣、于喜娜

参与人：张江华、包春兵、聂腾飞、郭伟

领航之声

培养卓越法治师资，推进习近平法治思想纳入高校法治理论教学体系

吴　岩*

习近平法治思想是继习近平强军思想、习近平新时代中国特色社会主义经济思想、习近平生态文明思想、习近平外交思想之后，明确提出的第五个分领域的重要思想。它系统阐述新时代中国特色社会主义法治思想，深刻回答了新时代为什么实行全面依法治国、怎样实行全面依法治国等一系列重大问题，是习近平新时代中国特色社会主义思想的重要组成部分，是全面依法治国的根本遵循和行动指南，也为推动法学教育高质量发展、培养德才兼备的高素质法治人才指明了前进方向，提供了根本遵循。学习宣传贯彻习近平法治思想是教育系统的重要政治任务，教育部党组高度重视，专门制定了《学习贯彻中央全面依法治国工作会议精神实施方案》，并做出统一部署。

作为法治人才培养主阵地和法学理论研究基本力量的法学院校，在学习宣传习近平法治思想、研究阐释习近平法治思想方面具有特殊的地位，发挥着特殊的作用。各法学院校要提高责任感、使命感，抓好习近平法治思想的学习贯彻落实工作。

2021 年 5 月 19 日，教育部专门印发了《关于推进习近平法治思想纳入高校法治理论教学体系的通知》，指导各地各高校全面推进习近平法治思想学习教育工作。一是贯彻落实到法治人才培养的全过程和各方面，推动法学教育、法学理论研究及法学学科改革创新，形成更加完善的法学学科体系、教学体系、教材体系、课程体系。二是抓好各门法学专业课程的有机融入，要将习近平法治思想进行科学有机的学理转化，贯穿于法学类各专业各课程中。三是抓好专门课程建设，根据新修订的《法学类教学质量国家标准（2021 年版）》，

---

* 吴岩，教育部高等教育司司长。

所有法学本科专业要于2021年秋季学期开设“习近平法治思想概论”专门课程。目前，由中央宣传部、中国法学会组织编写的马克思主义理论研究和建设工程重点教材《习近平法治思想概论》一书，已于2021年9月由高等教育出版社出版发行，是高校法学类专业学生系统学习掌握习近平法治思想的重点教材，供全国法学院校统一使用。四是开展好面向全体学生的习近平法治思想学习教育，支持有条件的高校开设相关公共选修课，建设一批优质学习资源。

为帮助广大法学教师全面系统准确把握习近平法治思想的核心要义、精神实质、丰富内涵和实践要求，教育部高等教育司整合了全国最优质的师资力量，利用全国高校教师网络培训平台，面向全国法学教师举办法治思想大讲堂，以此作为帮助教师做到全覆盖学习、开展原创性研究、抓好融入式教学的重要举措。各有关单位要做好法学教师参训的组织工作。

从2021年5月28日开始，“习近平法治思想大讲堂”陆续推出系列13讲，目的是要把法治思想大讲堂打造成为培养新时代法学师资的一堂有理论深度、有感染力、有影响力的中国法学“金课”。在此，我对参训老师们提几点希望和要求。

一是要努力成为习近平法治思想的深度学习者。习近平法治思想大讲堂选择的授课老师都是中国顶级的法学家、“大老师”，各位参训教师要跟随引领，在全面、系统、深入地学习领会习近平总书记相关论述、中央全面依法治国工作会议精神的基础上，准确把握习近平法治思想的历史逻辑、理论逻辑和实践逻辑。教育部高等学校法学类专业教学指导委员会已经收集整理了习近平总书记关于全面依法治国的系列重要论述原文，以及党中央出台的一系列法治中国建设重大决定、规划、实施纲要等，并以此作为大讲堂的教辅材料，帮助广大法学教师读原著、学原文、悟原理。

二是要努力成为习近平法治思想的专业解读者。2021年5月11日，教育部召开了直属高校工作咨询委员会第30次全体会议，孙春兰副总理在讲话中强调，“构建高质量教育体系、建设一流大学群体，关键是要培养一支高素质的教师队伍，教师要努力争做‘大先生’”。法治思想能不能入耳、入脑、入心，关键在老师。我们坚持教育者先受教育，让这些顶级的“大老师”“大先生”带领大家，深入解读习近平法治思想，把最新的理论讲鲜活，把深邃的思想讲透彻，帮助大家学深悟透，做好学理转化，进而联系工作实际，将习近平法治思想有机融入自己承担的专业课内容中，做好课程思政建设，润物无声地给学生以智慧启迪和精神力量。

三是要努力成为习近平法治思想的积极践行者。高校是法治人才培养的第一阵地，法学教师是培养德法兼修、明法笃行法治人才的第一责任人。广大法学教师要将习近平法治思想中的核心要义和工作要求落实到法治人才培养的全过程各环节，要注意将社会主义法治国家建设实践的最新经验和生动案例带进教学、带入课堂，将习近平法治思想、中国特色社会主义法治理论成果转化为学生喜闻乐见、具有吸引力和感召力的学习资源，引导学生进一步坚定中国特色社会主义法治的道路自信、理论自信、制度自信、文化自信。

四是要努力成为习近平法治思想的有力传播者。习近平法治思想深刻回答了新时代为什么实行全面依法治国、怎样实行全面依法治国等一系列重大问题，为发展中国特色社会主义法治理论做出了原创性贡献，开辟了当代中国马克思主义法学发展新境界。广大法学教师要在深入学习的基础上，科学阐述习近平法治思想的理论特征、体系构成、基本内涵和制度意义，推出一批原创性、高质量的研究成果，引领中国法学理论研究的发展和法治文化的繁荣，推动建设中国特色社会主义法学体系、学术体系和话语体系，以此来支撑和夯实法治人才培养体系。同时要充分利用学术会议、交流互访等各种有效途径和方式，广泛地向社会公众和国际社会全面、系统介绍习近平法治思想，展示中国特色社会主义法治建设的重大成就。

习近平总书记在考察清华大学的讲话中强调，要推进新文科建设。法治思想大讲堂也要办成一堂推进新文科建设的时代大课，成为一门理论的“金课”、实践的“金课”、培养卓越法治师资的“金课”，推进习近平法治思想纳入高校法治理论教学体系，为教育强国和法治中国建设贡献力量。

（原载《中国大学教学》2021 年第 6 期）

新文科建设：走深走实　行稳致远

樊丽明*

2018 年，党中央明确提出，“要推动高质量发展，进一步提升教育服务能力和贡献水平，发展新工科、新医科、新农科、新文科”。2019 年 4 月，“六卓越一拔尖”计划 2.0 启动大会在天津大学召开，启动全面振兴本科教育攻坚行动，大力推动新工科、新医科、新农科、新文科建设。2020 年 11 月 3 日，全国新文科建设工作会议在山东大学威海校区召开，教育部高等教育司司长吴岩做了题为“积势蓄势谋势识变应变求变全面推进新文科建设”的主题报告，新文科建设工作组发布《新文科建设宣言》，对新文科建设做出全面部署，描绘了新文科建设的“施工图”，为依托于山东大学的全国新文科教育研究中心正式揭牌。由此，新文科建设进入全面启动的新阶段。《新文科研究与改革实践项目指南》随后发布。各高校、各文科教指委乃至各地方教育主管部门迅速反应，积极行动，创造性地开展了一系列卓有成效的新文科建设理论研究和实践探索。

党的十九届五中全会对“十四五”时期乃至 2035 年教育发展做出了重大部署，提出了建设高质量教育体系的明确要求，并强调“要提高高等教育质量”，2035 年实现建成教育强国的宏伟目标。2021 年 4 月 19 日，习近平总书记在清华大学考察时强调，建设一流大学，关键是要不断提高人才培养质量。要用好学科交叉融合的“催化剂”，加强基础学科培养能力，打破学科专业壁垒，对现有学科专业体系进行调整升级，瞄准科技前沿和关键领域，推进新工科、新医科、新农科、新文科建设，加快培养紧缺人才。今年是国家“十四五”开局之年，也是全国新文科建设扬帆起航的关键之年。新文科建设的走向应当聚焦文科教育高质量发展，推动新文科建设走深走实、行稳致远。

---

* 樊丽明，教育部新文科建设工作组组长，山东大学校长。

一、认识引领行动，方向决定出路

“审其名实，慎其所谓”，越是在新文科蓬勃发展的新阶段，越是要不断反思、不断研究、不断加深对新文科内涵的理解。要从国际、国内发展形势出发，深刻理解中国高等教育发展的新形势和文科教育创新的新要求。

文科的融合化。新科技革命与文科的融合化发展已经达成初步共识。新科技催生了以跨界融合为特征的新产业新业态，新产业新业态的快速发展产生了对知识复合、学科融合、实践能力强的新型人才的迫切需求，催生交叉新专业，促进开设新课程，探索育人新模式，且推动现有专业升级改造。同时，科技进步不断创造着研究学习的新方法新手段，新科技发展和新产业新业态持续引发新的研究课题，不仅促进自然科学进步，也促进文科学术视野的拓展和思维范式的变化，推动文科研究内容与方法的融合创新。因此，新文科之“新”首先在于新科技发展与文科融合引致的文科新增长点，传统文科专业、课程以及人才培养模式的更新换代。

文科的时代化。从国内来看，中国正处于“两个一百年”的历史交汇点，中国特色社会主义进入了新时代，与中国文化直接相关的一些重要问题亟待突破，关键是如何实现“中华优秀传统文化的创新性发展和创造性转化”。这是近几年中央特别强调的一个时代命题，习近平总书记在山东、在曲阜视察每次都会谈到这个问题，这是新文科必须要解决的问题。文、史、哲、艺学科发展到今天，中华优秀传统文化应该如何创新性发展、创造性转化？我的理解是，创新性发展就是要按照时代要求，对中华优秀传统文化的内涵进一步加以阐释、拓展和完善，赋予其新的时代内涵，增强文化的生命力、感召力和说服力；创造性转化就是要适应时代特点，对那些传统的表现形式和传播方式进行继承与创新，探索形成现代的、多元的、开放的表达形式和传播方式，增强文化的传播力、感染力和影响力。新文科建设要致力于回应这一重大命题。文、史、哲、艺等学科的学者们应该以跨学科视野、跨文化视角加强研究教育创新，回应时代需求。

文科的中国化。关键是中国特色哲学社会科学的四大体系建设问题。对社会科学来讲，中国化尤其重要。社会科学本身与社会密不可分，社会科学的中国化目前矛盾突出。以经济学为例，现在从本科、研究生到博士生，只重“三高”，即从初级宏观经济学、微观经济学、计量经济学，到硕士中级宏观经济学、微观经济学、计量经济学，再到博士高级宏观经济学、微观经济学、计量经济学。马克思主义政治经济学正在淡化，中国经济思想史、世界经济思想史是否受到足够重视，中华人民共和国经济史、改革开放史以及我国两代经济学家的经济思想是否已经梳理，我们应该深刻反思。因此，基于中国文化根基的、立足于中国社会主义实践的中国特色哲学社会科学的学科体系、学术体系、话语体系、教材体系，需要我们去研究、去构建，这个任务远未完成，任重而道远。

从“五四”运动到现在 100 多年，新中国成立 70 多年，改革开放 40 多年，中国特色社会主义各项事业不断发展，势不可当，已经完成全面建成小康社会的历史使命，开启社会主义现代化强国建设的新时代。然而，我国社会科学理论落后于实践发展的问题尚未得到有效解决，中国特色哲学社会科学的学术体系、学科体系、话语体系、教材体系尚在建设之中，这也是一个重大的时代命题。如何构建中国特色哲学社会科学体系？针对不同学科专业、不同课程、不同学问，应该选择何种具体路径？是以马克思主义理论为框架，以总结提炼中国发展模式和道路为重点，实现充实提高？是以马克思主义为指导，兼收并蓄，另辟蹊径，以基础理论创新为重点，实现基底重构？还是以现代西方理论为框架，补充中国实践案例，实现改造应用？抑或是因无涉制度道路，应该共享人类文明成果，秉持“拿来主义”即可？这也是当下新文科建设必须回应和解决的课题。

文科的国际化。从国际来看，当今世界正处于百年未有之大变局，大国关系、国际秩序、地区安全、社会思潮、全球治理都在急剧重塑、重构。在这样一个大变革时代，我们应以双向全球思维来进行思考。一方面，随着经济实力快速增强，我国的资本、人员、文化不断走向世界，文科科研和教学对此起到了一定的服务支撑作用。另一方面，在国际地位逐步提高的进程中，我们也应该吸纳不同民族的智慧，在更广阔、更公平的平台上进行经济交往和文化的交流、交融、交锋，实现经济互通，文明互鉴，减少各种形式的冲突。

因此，我们需要以创新理念为引领，实现文科教育的超前识变、积极应变、主动求变，不断创新国际经济政治理论发展，培养更多具有国际视野、通晓国际规则、代表中国立场、富有家国情怀的国家急需人才，来应对各类社会思潮交汇激荡和贸易战金融战的挑战，服务中华民族伟大复兴。

改革开放40多年，在我看来，有几个领域的人才培养做得仍然不够。一是国际组织人才培养。我们现在的工作远远落后于需求。我国在国际组织的席位，尤其是中高层席位，仍有空缺。这说明我国高等教育的前瞻性问题没有解决得很好，理论研究的前瞻性问题也没有解决得很好。二是国家急需的国际化人才培养。譬如，服务国家全球化战略和“一带一路”倡议实施，如何在语言普及和教育上做好顶层设计；针对全球化信息化时代信息传播新特点，如何培养面向国际受众的全媒体新闻传播人才；随着我国科技创新能力逐步提升，如何培养和储备为国际专利服务的专业人才，等等。三是国际学生培养。如何培养亲华友华、利于和平发展的新一代国际学生，且不断提高生源质量和培养质量，这也是亟须解决的问题。

综上，如何理解新文科？我认为，新文科建设的核心要义是立足新时代，回应新需求，促进文科教育的融合化、时代化、中国化和国际化，引领人文社科新发展，服务人的现代化新目标。

二、新文科建设原则再实化

经过两年多的理论与实践探索，新文科建设的基本遵循已经形成，即坚持尊重规律，坚持立足国情，坚持守正创新，坚持分类推进。结合工作实践，我认为，新文科建设要进一步做到“三个结合”：

一是人才培养与科学研究紧密结合。只有强有力的科学研究，才能支撑富有成效的新文科人才培养。无论是认识新科技革命对文科知识体系发展的作用和人才培养的新要求，认识国际形势的新发展新特点对国际经济政治及文化教育的新影响，还是推动实现中华优秀传统文化的创造性转化与创新性发展，加快构建中国特色哲学社会科学学科体系、学术体系、话语体系和教材体系，科研的支撑引领作用不可替代，不仅不能缺席，而且最好先行。因此，新文科建设必须将人才培养与科学研究紧密结合，统筹谋划，协调推进。人才培养孤军作战，新文科建设就深不下去、实不起来，成效会大打折扣。

二是本科教育与研究生教育紧密结合。高校人才培养是一项系统性工作，各个学段相互衔接，紧密联系。新文科建设应遵循不同学科专业学生的培养规律，探索不同的人才培养模式，宜接则接，宜分则分。对于文、史、哲、理论经济学等基础学科人才培养，适宜专门选材，实行宽口径、厚基础、长学制贯通培养，尤其是实行滚动式可淘汰的本硕博贯通培养模式。对于应用性强、学思践悟的学科专业，大部分适宜“学习—实践—再学习—再实践”的发展路径。但无论哪种培养模式，都要求统筹本科教育与研究生教育，在培养模式、课程设置、引导研究、授课方式上进行针对性系统设计，而不是各学段教育教学彼此割裂、相互分离。因此，新文科建设一定要统筹本科生研究生教育，一体谋划，共同参与，协同实践。

三是理论研究与实践探索紧密结合。理论是行动的先导，没有正确的思想引领，就没有正确的实践方向。因此，注重加强理论研究，将理论研究与实践探索紧密结合起来，是符合认识论一般规律的要求，对于起步不久的新文科建设而言尤其重要。因此，有必要以研究项目的立项实施不断推进理论创新，带动改革实践发展，打造一批体现中国文化、中国智慧、中国经验的标志性成果，建设一批中国案例，助推新文科研究走深走实。

三、新文科建设路径再细化

两年来，在教育部高等教育司领导下，在教育部教指委指导下，国内高校在顶层设计、专业设置、培养模式、课程教育、实验平台等方面积极采取新举措，进行新探索，初步形成了可供参考借鉴的经验。

（一）新专业（方向）

要加快专业布局优化调整，以新的思路和跨界模式，探索建设适应引领时代发展的新专业（新方向），培养创新型专业人才。

加强专业学科交叉融合。按照交叉融合范围和程度，可分为以下几类：一是人文科学内部融合。比如说国学人才培养，山东大学尼山学堂的研究实践表明，文、史、哲专业不打通，优秀国学人才就很难培养出来。要培养未来的国学大家大师，深度融合文、史、哲专业值得探索。二是人文与社科融合。譬如，以外语+国际政治、外语+国际经济、外语+法学等模式培养复合型国际化人才，以及融哲学政治学经济学于一体的 PPE 项目以培养理论人才，都是有价值的改革探索。三是文理融合。譬如金融科技、科技考古、计算社会学等，将大数据、人工智能等新科技与传统文科相结合，旨在培养业界学界创新发展急需的新型人才。四是文工、文医融合。譬如，适应高层次专业化人才新需求，可探索文工交叉、本硕贯通的复合型甚至国际化知识产权管理人才培养，艺术设计与新媒体结合的现代艺术设计人才培养，医学与心理学、社会学结合的护理康复人才培养，等等。

积极培育文科战略新兴专业。新文科建设要始终坚持“四个面向”，在专业建设上也要主动适应国家和区域经济社会发展的需要，通过培养目标和课程结构的改革调整，实现人才培养质量提高和未来发展潜力提升。日前，教育部公布的2020 年度普通高等学校本科专业备案和审批结果中，有37 个新专业列入了《普通高等学校本科专业目录》。全国各高校专业结构优化、调整、转型、升级的速度和力度明显加快，新增专业跨学科特征明显，新工科、新医科、新农科、新文科成为专业建设重要方向。譬如，山西财经大学新增的应急管理专业，就是致力于培养全媒体时代擅长应急管理、舆情分析、风险评估的高素质专门人才。再如，在新的社会需求和教育背景下，文科专业如何与人工智能、大数据、云计算等新技术交叉融合，把现代科学与信息技术最新成果应用于新文科，为文科提供新命题、新方法、新范式，也是新文科建设的重要内容。

探索微专业建设。高校可根据需要和条件，重视探索微专业建设，以新的思路和跨界模式，围绕某个特定学术领域、研究方向或者核心素养，提炼开设一组核心课程，打造轻量型专业结构，辅助于学生主修专业学习或者满足学生多元化、个性化成长需要。2020 年山东大学推出首批 18 个微专业，作为轻量型、创新型学科融合培养，备受社会关注。

（二）新模式

不同类型的人才，其培养模式也不同，要积极探索文科人才培养的新模式。对于致力于培养学术型文科人才的学校，本硕博纵向贯通式培养的统筹至关重要。宽口径、厚基础、长学制的本硕博贯通培养模式，滚动式可淘汰的培养机制，是培养精英国学人才、经济学政治学理论人才的重要渠道。对于应用型人才，要加强横向合作式培养，整合人才培养的优质资源，通过国内外机构的学习和实习，开拓视野，增强能力。譬如，高校与境内外教学科研机构联合培养。上海财经大学的国际组织人才培养采取国内外高校、境内外机构学习实习的有机集成模式，培养效果良好。通过校政校企联合培养，提高文科学生培养质量。通过跨校跨院联合培养，探索双学位或主辅修、微专业的建设方法与实施策略。

（三）新课程

一是要抓好新文科课程建设，开发新课程，改造老课程，编写新教材，补充新内容，推动习近平新时代中国特色社会主义思想进教材、进课堂、进头脑。扎实推进课程思政建设，把握文科教育的价值引领性，充分体现新文科融合化时代性国际化特征。四川大学面向全体学生开设的“中华文化”必修课，推出的文科大师领衔的系列通识教育核心课程，彰显了文科独特的育人功能。

二是要高度重视文科实践课程建设，把深化实践教学改革、培养学生实践与创新能力作为文科课程建设的重点。完善实践教学体系，加强实践基地建设，建设实践教学平台，实现产教良性互促、校企协同推进，让学生真正深入基层、了解社会。譬如，中国人民大学中国调查与数据中心，以强大的人文与社会科学实力为依托，在整合各学科科研力量的基础上，组织实施了多项大型长期追踪调查项目，中国综合社会调查、中国教育追踪调查、中国老年社会追踪调查等，逐年编制发布中国发展指数（RCDI），并与日本、韩国等国家联合发起了东亚社会调查（EASS）计划。中国调查与数据中心坚持以数据为驱动、实证为引领、应用为导向，服务科研、服务教学、服务咨政和智库建设，是跨学科、跨院系的综合性科研教学基地。

三是要加强国际化课程建设，重点建设一批符合国际标准和质量要求，具有中国特色的国际化课程群。充分利用信息化手段，建设在线开放的国际化课程，推动国际化慕课上线。譬如，今年“中国新闻传播大讲堂”武汉抗“疫”主题的视频教学内容，生动讲述、立体展现了中国人民为坚决打赢疫情防控的人民战争、总体战、阻击战所展现的强大的民族精神和力量。再如，北京大学、四川大学、山东大学等高校开设的国学系列、艺术系列、人文系列大师级慕课，可以经过精研细磨后推向世界，通过国际化课程向世界讲好中国故事、传递中国声音。新理论。党的十九大后，中国特色社会主义进入了新时代，在新的历史方位，我们还面临着许多重要的问题。其中，建设中国特色哲学社会科学四大体系，即学科体系、学术体系、话语体系、教材体系，是一个重大的时代命题。对于中国的哲学社会科学学者来讲，回答这个时代命题至关重要，需要执着探索和长期积累。目前，国内某些领域已经取得了较好成绩。北京大学教授林毅夫多年致力于中国特色的发展经济学研究，创立了“新结构经济学”；外交学院教授秦亚青将“过程和关系”两个中国社会文化中的重要理念植入国际关系理论，提出了过程建构主义的理论模式，形成了具有中国特色中国风格的国际关系理论体系；山东大学资深教授曾繁仁一直致力于研究生态美学，深耕于基础理论领域，也形成了富有特色的新生态美学理论体系。这些都是值得学习的案例。另外，马克思主义与儒家文明、东西方跨文明对话交融、构建人类命运共同体等，都是新时代提出的需要新文科去探索解决的新课题，有待于有识之士去进一步完善而形成完备的理论体系。

如果说，“威海宣言”吹响新文科建设的号角，新文科指南绘就新文科建设的蓝图，那么我希望，“十四五”时期，文科同仁齐心协力，开拓进取，共同谱写文科教育创新发展的新篇章！

（原载《中国教育报》2021 年第 5 期）

新文科建设与卓越法治人才培养

徐显明*

新文科的概念最早由美国希莱姆大学率先提出。该校在美国以文科著称，全校有 40 多个文科专业，因感觉到培养的人才不能适应社会的需求，所以提出了新文科的概念。希莱姆大学改造了几个学科，这些学科的共同特点是把文科和理科结合起来，“文理交叉”成为希莱姆大学新文科的最重要特点。

一、新文科的核心在于创新

新文科与传统文科相较，它的精髓和灵魂就在于创新。它应秉持新理念，适应新时代，确立新使命，赋予新内容，运用新方法。其一，在话语体系上，应把西方话语体系主导下的文科转向中国话语体系主导下的文科，也就是形成中国学派，不完成这个转变就无所谓中国的新文科；其二，在内容上，应把纯文科转向文理交叉的学科，要使文科的学生具有理科的思维，具有把握时代科技发展方向的能力；其三，在功能上，应适应新时代的变化，从以探讨人文社科所涉对象的规律性为主转向对社会价值观的重塑和形成国家软实力为主，为理工科甚至为国家和社会提供指导思想和价值选择；其四，在方法论上，应适应从工业文明向信息文明的转型，从运用传统的人文社科工具转向运用现代科技、信息技术、人工智能，特别是要运用好算法，将文科的定性方法与定量方法相统一，彰显新文科的科学性，推动形成数字人文。新文科将是文理打通、人文与社科打通、中西打通、知行打通、古今打通的“五通文科”。

---

* 徐显明，教育部新文科建设工作组副组长，全国人大监察和司法委员会副主任委员，教育部法学类专业教学指导委员会主任委员。

二、新时代法学教育面临的新挑战

新文科建设中“法学”应起到引领和示范作用，这是由文科的历史所决定的。世界上第一所大学博洛尼亚大学是1088年建校，这个学校设立的第一个学科就是法学，第二个学科是医学，第三个学科是宗教。这三个学科后来形成了博洛尼亚知识体系。法学在西方人文社科当中始终被作为最高代表，医学是作为自然科学的最高代表，宗教学后来演变为哲学，也就是人文社会科学和自然科学共同使用的方法科学。这就是博洛尼亚学术传统。其后所建世界著名大学无不以法学、医学和哲学为学科基础。在博洛尼亚大学迎来建校九百周年时，世界四百多所有代表性的大学校长齐聚该校，共同发表宣言，承认博洛尼亚大学为世界大学之母，宣告继承博洛尼亚传统。由此可知，近代大学以法学学科为先，法学乃近代大学起源性学科。中国的人文学术分科实则同样是肇始于法科的独立设立。1895年北洋学堂首设法科，此时尚无文史哲经等科，北洋之后之京师大学堂、山东大学堂、山西大学堂等也都将法科单设。法学亦是中国高等教育起源性学科。新中国法学是在改造旧法学、引进苏联法学的基础上发展起来的。经过改革开放四十多年后，已形成了自己的道路、制度和理论，但进入新时代后，法学教育也面临着许多新挑战。

第一，以人民为中心的根本发展理念和以创新为引领的新发展理念对法学教育提出了更高要求。党的十九大报告指出：“人民美好生活需要日益广泛，不仅对物质文化生活提出了更高要求，而且在民主、法治、公平、正义、安全、环境等方面的要求日益增长。”这六个方面每一项都和法学、法治有关系。民主是法治的本质和基础；法治是治国理政的基本方式，社会越发展，越要靠法治；公平、正义是塑造国家和社会价值观的，人民对公平、正义的要求，正从对每一起诉讼案件中的感受转向对制度设计和执法活动的感受；人民对安全的新要求要做广义的理解，涵盖人身安全、财产安全、社会安全和国家安全；人民对环境的要求已经变成中国新的价值观，也已成为人民群众新的基本权利。怎样满足人民在新时代提出的这些新要求，是现在法学教育首先要思考的。

第二，迈入新阶段，中国法治建设的新目标对法学教育提出了新要求。

党的十九大报告和《中共中央关于制定国民经济和社会发展第十四个五年规划和二〇三五年远景目标的建议》都明确提出了与现代化国家目标相适应的法治时间表，即到2035年法治国家、法治政府、法治社会基本建成；到新中国成立100年的时候，也就是2050年前后，要建成社会主义现代化强国。我们正面临着“百年未有之大变局”，我们的法治是走向大国的法治，我们的目标是建设法治中国、法治强国。大国的法治应该有大国的样子。与大国、强国的目标相适应，法学教育也要成为世界一流法学教育，这是对我们法学教育提出的新定位。我们的大国法治要对世界做出哪些原创性的制度贡献，也是我们新法学要思考的。

第三，新格局中我国法治发展的内在矛盾对法学教育提出了新要求。这里的新矛盾集中表现在国家安全方面。党的十八大以来国家安全立法发生了重大变化，我们在补齐国家安全的法治短板。过去对于国家安全领域，法学教育基本不涉及，在立法方面也一直是空白。党的十八大以来，以习近平总书记提出的总体国家安全观为指导，我们加强这方面的立法工作，先后制定了《反间谍法》《国家安全法》《境外非政府组织境内活动管理法》《反恐怖主义法》《网络安全法》《国防交通法》《生物安全法》《香港特别行政区维护国家安全法》等。像这类法律在目前我们的法学教材当中很少涉及，这是我国法治发展的内在矛盾向法学教育提出的新挑战和新要求。将来的法治还会涉及太空安全、深海安全、极地安全等，这些也应当成为法学教育的重要内容。

第四，“一带一路”建设等海外利益保护对法学教育提出的新挑战。“一带一路”建设直接涉及64个国家，参与的国家超过百个，中国的利益已经延伸到海外。据有关部门统计，我国在“一带一路”相关国家投资已超过2000亿美元，要把外部利益维护好，就要贯彻好总体国家安全观，研究“一带一路”沿线国家的法律。总体国家安全观要求处理好发展与安全、传统安全与非传统安全、国土安全与国民安全、自身安全与共同安全以及内部安全与外部安全的关系。现在“走出去”的企业都已悟出一个道理，必须实行“一国一法”“一事一策”，针对涉及的具体国家拿出相应的法律方案。但目前法学教育在这方面能够提供的智慧远远不够。西部地区的一些院校开始注意到这些问题，但是东部地区的法学教育基本很少投入研究力量。我们的国家利益延伸到哪里，维护这些利益安全的研究就要延伸到哪里，法学教育、法学研究也要跟到哪里。

第五，“地球右转”带来的新风险给法学教育带来的挑战。世界范围内保守主义、孤立主义、民粹主义正在抬头，极端主义多点爆发，给我们的法学带来了新挑战。世界是瞬息万变的，但法学却应当始终是理性的。我们要构建人类命运共同体，共同体必须有共同的规则、共同的价值，而极端主义、民粹主义、反智主义这些都是反理性的。我们的法学教育要在世界范围内应对反智主义对世界治理体系带来的风险。法学教育要承担起为中国参与世界规则制定提供理论支持和人才供应的特殊责任。

第六，中美关系的变化对法学教育带来的新挑战。中美博弈的本质是扼制与反扼制的斗争，是控局与变局的斗争，也是中国人民要行使发展权而美国要剥夺我们的发展权的斗争。这场斗争将具有长期性、全面性、复杂性甚至极端性的特点。斗争的焦点将越来越多地集中于规则之争与制度之争。中美贸易摩擦中，我们的应对机制、阻断机制、合规性和人才培养这四个方面都需要加强。要培养涉外型的通晓国际规则的高水平、高素质的法治人才。法学教育要有能力向国际机构源源不断地输送高级专门人才。中美贸易谈判中，美方以法律专业出身的人员为主，我方则鲜有法律专业背景的人员参与。美国运用贸易的、国家安全的、数据的三方面长臂管辖，我们法律界、法学界却拿不出阻断的措施。我们的跨国企业每当遇到诉讼时，聘请的律师都是欧美国家的，且不谈支付的高昂服务贸易费用，更严重的是可能涉及国家安全的问题，可能出现外国律师损害中国利益的情况。面对挑战，如何补齐涉外法治短板，加大涉外法学教育改革力度是关键。

第七，现代信息技术的新期待对法学教育提出了新要求。人类文明已经经历从农业文明到工业文明，现在又到第三种文明即信息文明的转型。大数据、云计算、人工智能、区块链等信息化的科技手段都对法学教育提出了新要求，法治要和这些新技术融合在一起。这意味着法学教育所使用的理论工具，不应再局限于传统文科的手段，也要学会运用现代信息技术，让学生们懂得算法，学会编程，能够从容地应对新技术带来的新挑战。

三、新法学建设的路径探索

面对这七个方面的新挑战，我们的法学教育怎么办？这就是新法学需要应对的。笔者对新法学做了这样的几个思考。

第一，生源构成要更新。过去法学专业主要招收文科学生，现在应当鼓励有条件的法学院尽可能多地招收理科生，让文理科的学生形成合理的比例。法学教育从历史形成看，它应是精英教育和职业教育的结合，生源质量是法学教育质量的基础。

第二，培养目标要更新。要把高素质、高水平、国际化作为法学教育的基本目标，尤其那些具备条件的“双一流”建设高校的法学院，应自觉承担起加大力度、加快速度推进涉外法治人才培养模式改革的主力军责任，把培养能够自由行走在国际的法律人才作为主体责任，以满足我们走向大国的需要。

第三，培养体系要更新。课程体系、课程内容、培养模式、评价标准等都应更新，让更多的科学技术前沿知识进入课堂和教材，要让学生懂算法，会人工智能。综合性大学法学院应探索构建互联网法学、未来法学、算法法学和数字法学。

第四，师资队伍要更新。目前中国大学法学院的师资大部分都是从学校到学校的学院派教师，按照习近平总书记 2017 年在中国政法大学考察时的重要讲话要求，法学教育除了第一阵地之外，还有第二阵地，那就是法治的实务部门。法学教育要从师资中留出一定的比例，把高素质的法官检察官请到法学院，让更多既有较高的理论水平又有丰富实践经验的法官检察官成为学校的重要师资力量。

第五，培养模式要更新。实行协同育人模式。校内要协同，法学院应善于调动校内其他学科资源为新法学服务，校外要与司法机关、法律服务部门等形成协同机制，运用好法治人才培养的第二阵地、第三阵地，还应加大法学教育的国际交流合作力度，运用国际资源培养涉外法治人才。

（原载《中国高等教育》2021 年第 1 期）

媒介与社会同构时代国际传播人才培养必须着力解决的三大问题

廖祥忠*

移动互联网的快速普及正在加速全球化的历史进程。新冠肺炎疫情的蔓延虽然降低了现实社会中物理层面的人员流动，却快速提升了虚拟网络空间内的信息流动。政治上的孤立主义和经济上的保护主义虽然造就了“逆全球化”的时代症候，但却无法压抑人类社会文明互鉴和文化交融的内在需求。全球互联互通的高速移动互联网正在成为推动构建人类命运共同体的新平台和新机制。在这个前提下，推动基于文明互鉴和文化交融的新全球化，是大势所趋、人心所向，不是哪个国家、群体或者个体的退群主义可以阻挡的。

在媒介与社会一体同构、传播驱动全球秩序重构的背景下，中国作为新全球化进程的重要倡导者和新引擎，对国际传播人才的需求和培养，比以往任何时期都更加迫切和重要。以信息传播理论为引领、以跨文化传播能力为核心、以创新社会责任体系为保障的国际传播人才，是新全球化重要的推动性力量和传播使者。打造一支优秀的国际传播人才队伍将有力促进中国文化精神融入世界，驱动21世纪的新全球化行稳致远。基于此，本文认为，在媒介与社会同构时代背景下，国际传播人才培养必须着力解决信息传播理论的范式构建、跨文化传播能力的全面提升和社会责任体系的系统再造三大问题。

一、信息传播理论范式的系统构建

作为国际传播人才培养的基础理论之一，新闻传播理论正在经历着从概念到理论再到方法的全面转型。从历史上来看，新闻传播理论聚焦于传统媒

* 廖祥忠，教育部新文科建设工作组副组长，中国传媒大学党委副书记、校长。

体和新兴媒体的专业化实践，从而形成了比较垂直而系统的学科化理论体系。随着媒介与社会一体同构进程的深入，新闻传播在社会信息流量池中的比例逐渐缩小，内涵更广的信息传播兴起为新的理论范畴，基于信息传播的媒介化生存社会正在形成。与此同时，加速的信息技术革命正在创造着人类社会传播与交往的无限可能，为处于媒介化社会的人们提供了多元的生活空间和个性化的生存方式。在信息传播技术革命重构人类社会传播生态的背景下，在全球互联互通从线下向线上系统转移的过程中，传统新闻传播理论对当下和未来的信息传播和媒介生态提出的新问题、新挑战难以给予有效解释和回应。新闻传播理论转型为信息传播理论的必要性和迫切性正变得日益显著。面向未来社会的信息传播理论将成为媒介与社会同构时代背景下国际传播人才培养的新理论范式。笔者试图从本体论、认识论、价值论和方法论四个维度探索这一理论范式的构建路径。

（一）本体论

信息传播理论范式的构建聚焦从融合媒体到智能媒体再到媒介与社会一体同构的历史进程，其研究对象要超越传统媒体与新兴媒体的二元划分，关注人类社会传播从传播小众到传播大众，从大众传播再到如今个性化传播的大转型。信息传播理论不再以媒介作为学科边界，而是以媒介作为环境，以媒介化作为学科理论范式转型的切入点。在这个意义上，融合媒体以及未来的智能媒体不仅是传统新闻传播理论话语中的媒介或中介，而且是信息基础设施和社会的操作系统，技术融合、人人融合、媒介与社会融合是其本质特征。[①] 大数据、云计算和人工智能是这个操作系统的主要构成部分，可计算性或可编程性是这个基础设施的技术特征，从而驱动着一个个性化传播时代的到来。因此，信息传播理论范式的构建需要首先瞄准这一新技术生态，关注信息传播技术的迭代更新对媒介与社会一体同构的系统性影响，尤其是对传播内容边界的拓展。在这个新生态中，新闻仅仅是信息的一个构成部分，更泛化和更多元的信息将主宰人们的移动化、数字化和智能化生活。

（二）认识论

信息传播理论范式的构建需要立足科技思维，超越单一的技术工具主义，

① 参见廖祥忠：《从媒体融合到融合媒体：电视人的抉择与进路》，《现代传播》2020 年第 1 期。

将技术作为理论和环境。虽然早在大众媒体时代之初，技术的向度就以机械复制时代[①]的隐喻定义着人类历史上一个新的传播时代的到来，也以无远弗届的想象加持着一个全球化电子帝国的形成。然而，高速移动互联网在全球兴起却将人类社会的媒介化推向了一个新的阶段。作为新型基础设施的信息传播技术对社会信息系统的重构也在加速进行。第一，技术作为理论应成为信息传播理论范式搭建的重要支点。这并不仅是对技术重要性的认知，更是对以技术为核心研究对象的相关理论的全面融合。技术哲学、网络空间安全、基础设施和平台化研究等相关理论可以用来创新传统的新闻传播理论，为构建信息传播理论的新范式而服务。[②] 第二，技术作为环境是媒介化社会的主要表征。曾经内嵌在社会逻辑中的技术力量开始全面主导社会进程。在这个转化过程中，技术逻辑的中心化和弥散化是主要特征。社会正在被技术所重构，技术突破“迷思”[③]，开始全面渗透进日常生活。在过往的新闻传播理论中，技术往往被视为第二位的或者派生性的存在，也经常被放置于“技术决定论”的批判性话语中。然而，如今的信息传播技术已经超越了工具角色，成为社会的底层架构和操作系统。信息传播理论范式的构建必须充分认识到这一技术环境的基础性作用，将技术逻辑和技术文化内化到研究的设计中，融合到信息传播理论的创新话语里。

（三）价值论

信息传播理论范式的构建需要因应新的技术趋势和内容生态，确立新的价值基点，并积极回应以科技较量和文化比拼为主要内容的国际传播新问题。长期以来，面对以媒体融合和媒体走出去为特征的中国传媒变革，基于效果和媒介体制研究与判断而衍生的传统新闻传播理论，其服务面向和理论创新

---

① 参见［德］瓦尔特·本雅明：《机械复制时代的艺术作品》，王才勇译，中国城市出版社2002年版。

② 技术哲学，聚焦于对技术的社会进程的解构，分析技术本身的政治和文化倾向，将有助于新闻传播理论突破单一的技术客观性迷思，思考技术的生产性和建构性作用。网络空间安全，致力于研究网络空间内的信息安全问题、技术解决方案和治理体系创新，将有助于新闻传播理论进入更加复杂和跨学科的互联网研究场域，拓宽对技术问题的认知。基础设施和平台化研究，关注信息传播技术的基础设施化和大型互联网公司主导全球数字平台的趋势，致力于从文理结合的角度，研究以大数据、云计算和人工智能为代表的信息传播技术的新特征，以及相应的组织、制度和政策问题，将有助于信息传播理论更好地与传播生态的变革相绑定。

③ Vincent Mosco, *The Digital Sublime: Myth, Power, and Cyberspace*, The MIT Press, 2004.

的价值旨趣一直游离不定，没有有效聚焦。一方面，这源于引入的西方传播理论的非普适性，及其对丰富而多样的中国传播实践的解释力和引导力的匮乏；另一方面，则是理论研究对实践领域有意或无意的遮蔽，导致了理论话语与实践话语的严重脱钩，从而加剧了学界和业界的认知隔阂。因此，信息传播理论新范式的构建迫切需要确立三个新的价值基点：第一，全面把握全球范围内有关信息传播的基础理论脉络和前沿创新路径，找寻中外学界关于信息传播研究的对话合作基础，尤其是在信息传播科技领域达成更多共识，形成创新合力。第二，充分理解世界文化多样性及其在信息传播领域的具体体现，立足自身文化传统、话语体系和实践基础，推动信息传播理论的本土化创新，比如围绕中国传媒制度和传播实践，建设具有中国特色、世界一流的中国传媒学派。第三，深刻认识信息传播理论范式的构建不仅要服务于以媒体深度融合为核心的中国传媒改革和以提升国际传播能力为核心的文化软实力建设，而且要参与推动数字中国建设和构建国际国内双循环等国家战略，并最终服务于实现“两个一百年”的奋斗目标。总而言之，在价值论层面，构建信息传播理论新范式需要树立国家站位、拓宽全球视野、包容多元文化、扎根本土实践。

（四）方法论

信息传播理论范式的构建强调研究方法的融合创新，尤其是用自然科学方法研究人文社会科学的重大问题。面对庞大的社会数据集和以量子计算为代表的新科技，传统的人文社科研究方法正变得黯然失色，并尝试着进行自我革命。近几年来，曾经泾渭分明的社会科学方法论、解释学方法论和批判的方法论正在走向深度整合，质化研究和量化研究的独立性变得不再显著。基于样本的统计分析正在走向大数据方法，曾经活跃在线下的民族志方法正在走向线上和经历数据化，多种方法结合使用将成为信息传播理论研究的常态，借助技术的力量实现研究范围和研究深度的双重拓展。以计算传播学为代表的基于方法论创新驱动的理论创新正在呈现出爆发增长的趋势，传统新闻传播学走出长久以来的“内卷化”① 态势的历史机遇正摆在面前。然而，

① 参见李金铨：《关于传播学的新思考》，洪浚浩主编：《传播学新趋势》，清华大学出版社 2014 年版，第 14 页。

上述的局部性创新和拓展仍然无法回应一个媒介与社会加速一体同构时代的到来。信息传播理论范式的搭建亟需自然科学方法在人文社科领域的系统应用。

事实上，传统的新闻传播理论本身就是跨学科的产物，一个多世纪以来不断地从哲学、文学、历史学、艺术学、政治学、社会学、经济学、心理学、系统科学、通信科学等学科汲取养料，最终形成了建制化的学科体系。然而，随着信息传播技术革命和媒介与社会一体同构进程的加速，新闻传播理论面临创新乏力、解释力不足的发展瓶颈，更无法有效指导媒介与社会同构时代的国际传播人才培养。在新文科建设赋能学科融合的背景下，我们要意识到新闻传播学术史上的跨学科大多是在传统文科体系之内，而新文科建设则要求突破这一传统文科边界，将文科和工科的相关知识创新集纳在一起，系统回应媒介化社会的新问题和新挑战，也能够助力于搭建中西之间理论沟通的新桥梁。这是系统构建信息传播理论范式的时代背景和逻辑起点。

二、跨文化传播能力的全面提升

目前，我们正处在一个全球化危机频发和新全球化重启叠加的时代。在新冠肺炎疫情背景下，全球性或区域性文化冲突此起彼伏，民粹主义、种族歧视大行其道，传统媒体的国际传播被不断紧张的地缘政治关系所绑架，民族文化传承与世界文化交融面临前所未有的巨大挑战。以中国为例，抗击疫情的巨大成功和脱贫攻坚的伟大胜利仍然无法改变部分西方国家和媒体对中国的怀疑乃至敌视态度，根深蒂固的意识形态对立仍然主导着国际传播的认知框架，诸多的跨文化偏见和冲突亟待解决。与此同时，虽然仍然存在遍布全球的数字鸿沟，但基于移动互联网的全球互联互通已成定势，文化交往和文明互鉴需要超越威斯特伐利亚体系（Westphalia System）建立以来，以民族国家为主体的国际传播框架，进入多元主体和多维互动的立体式传播新阶段，全球传播业已成为一种全时全域的沉浸式存在，互联网上的每一个个体都将成为构建人类命运共同体的参与者。中共中央办公厅和国务院办公厅印发《关于加快推进媒体深度融合发展的意见》指出，要“逐步构建网上网下一体、内宣外宣联动的主流舆论格局”，传统上“内外有别”的对外传播准则必须要调整适应到“内外互动”或“内外融合”的新语境和新常态上来，如此才能真正“打造全媒体对外传播格局，讲好中国故事，传播中华文化”。[①]

媒介与社会同构时代，国际传播人才培养需要一方面传承传统优势内容，包括信息传播理论和多语言交际能力；另一方面拓展能力范畴，既要夯实民族文化认同感和理解力，扎牢文化之根，也要懂得文化共情，实现从新闻传播到信息传播再到情感传播的重要转向，全面提升跨文化传播能力。有学者提出跨文化能力包含知识、技能和态度三个要素[②]，而跨文化传播能力包含动机、自我和他者知识、对不确定性的忍耐力等三个关键要素[③]，也有学者认为优秀的跨文化传播者至少在认知上需要具备友好性、可信度和坚定性[④]。笔者认为，在推动构建人类命运共同体的全球传播大转型的语境下，国际传播人才的跨文化传播能力提升需要聚焦于认知、知识和技能三个层面。

（一）深刻认知民族文化和世界格局

国际传播人才的跨文化认知能力包含三个关键维度。第一个是文化自信维度，是基于扎实的文史功底从而对民族文化的深刻体认，目的是解决国际传播人才培养中的民族文化缺失问题，如此才有对世界史多样性的开放理解，以及对超越文化差异乃至文明等级论的创新思考。当然，文化自信不是自我中心，更不是文化自大，而是对自身文化传统及其多样性和延续性的高度认同与遵从，是“从文化自觉到文化自信、文化自强再到文化伟大”[⑤] 的精神轨迹。中国传统文化和传统思想价值体系对理解当今中国发展道路和全球化进程的启发性是跨文化传播的基础认知能力。第二个是百年未有之大变局的世界史维度。其中既包括对西方中心主义世界史叙事的持续反思，尤其是西

---

① 参见《中共中央办公厅、国务院办公厅关于加快推进媒体深度融合发展的意见》，中国政府网，2020-11-05。

② Sabine McKinnon, “What is Intercultural Competence?” https: / /www. gcu. ac. uk / media / gcalwebv2 / theuniversity / centresprojects / globalperspec - tives / Definition_ of_ Intercultural_ competence. pdf, 2020-11-03.

③ “Intercultural Communication Competence”, https: / / open. lib. umn. edu / communication / chapter /8-4-intercultural-communication-competence /, 2020-11-06.

④ Brain H. Spitzberg, “A Model of Intercultural Communication Competence”, in Larry A. Samovar & Richard E. Porter, *Intercultural Communication: A Reader*, Wadsworth, 1997, p. 388.

⑤ 姜飞、姬德强：《发展中的中国国际传播思想及其世界意义》，《出版发行研究》2019 年第 11 期。

方世界自工业革命以来，以殖民主义和帝国主义等不平等结构所搭建的世界体系在世界金融危机和新冠肺炎疫情的冲击下正在面临衰退，也涉及对以中国为代表的新兴经济体如何结合本土的政治智慧和悠久的文化传统，探索独立自主的可持续发展道路，并为处于危机中的全球化提供新的想象空间和政治经济动能。第三个是以“和而不同”为旨归的文明交流互鉴维度。长期以来，跨文化传播研究聚焦于文化价值导向或文化深层结构的比较，从而发展出“霍夫斯泰德六维度”等代表性的理论范式，将人类社会的多元文化放置在二元论的框架里，鲜有超越差异寻求大同的理论旨归。中国领导人提出的“人类命运共同体”理念恰恰是在整合中国传统天下观和西方现代化理念的基础上，希望超越差异和冲突，在一个互联互通的时代寻找命运共同的连接点。因此，优秀的国际传播人才需要在认识到不同文化差异的前提下，以真诚、包容和开放的心态理解世界文化多样性，尝试着促进文化间理解，共建新全球化时代的全球共同体。①

（二）系统学习域外知识和他者经验

国际传播人才的知识体系需要由丰富的域外知识和他者经验构成，同时也要充分吸纳以互联网思维为代表的技术文化知识，这是媒介与社会同构时代的国际传播对全知型人才的需求。第一，政治方面，要深入了解和充分学习不同国家和地区的政治文化与政治制度，以及历史视野中政治文化与政治制度的变迁轨迹，掌握世界政治文化的多样性；第二，经济方面，要熟悉市场制度诞生和发展的历史逻辑，了解不同国家和地区的经济政策与经济实践之间的互动关系，及时跟踪全球经济发展前沿问题，把握中国与世界在经济领域活动的核心问题；第三，文化方面，要敬畏多样性和差异性，用“文化间性”的视野吸纳“他者”的文明成果和文化经验，以“美人之美、美美与共”的精神与多元文化对话共生；第四，社会方面，要了解不同国家和地区的社会群体在民族、种族、性别、代际和日常生活方式等方面所展现出的独特性，深入理解其中的群体动力，深化对民心相通的重要性的认知；第五，媒介与社会同构时代的国际传播人才，还需要充分了解世界媒体制度的多样性，从传媒的规范理论到比较媒体制度研究，都应成为国际传播人才的必修

① 参见李怀亮：《从全球化时代到全球共同体时代》，《现代传播》2020 年第 6 期。

课。面对互联网重构全球传播生态的现实，国际传播人才培养也要跟上技术文化的转型步伐，尤其是最具代表性的参与文化、共享文化和圈层文化，高度关注网络虚拟社会的构建与二次元文化等文化新阵地。作为互联网原住民，未来的国际传播人才将是二次元文化的建构者和传播者，他们的行为方式、认知方式、情感方式、思维方式将决定着跨文化传播的方向，乃至构建人类命运共同体使命的成败。

（三）全面提升共情能力和沟通水平

媒介与社会同构时代的国际传播人才培养需要着力提升文化共情能力和二次元沟通水平。对外传播一方面是信息的传播与知识的分享，另一方面也是跨文化的情感互动或情感传播，后者反过来会加持前者的传播效果。因此，"讲好中国故事"一方面是知识型的讲"好的中国故事"，涉及如何结合中国文化立场和国际受众需求组合中国故事元素；另一方面是"讲好"中国故事，超越听懂和看懂的理性主义逻辑，实现跨文化的情感共鸣，从而传递一种温度，达成情感世界的愉悦。李子柒的短视频在海外社交媒体上的流行恰恰证明了充满人文温度和情感互动的视频作品更容易突破文化的边界，在最大化传播效果的同时也承载着跨文化共情的使命。

与此同时，随着以 TikTok 为代表的移动社交媒体在全球市场内的快速渗透，二次元文化在国际传播中所展现出的优秀的跨文化传播能力正在得到广泛关注。未来的国际传播人才本就是互联网时代的数字原住民，也是在二次元文化中成长起来的原生的跨文化传播者，更熟悉互联网思维和平台化思维①，更熟悉如何在文化脱域的背景下进行跨文化互动。随着互联网成为全球传播的新阵地和主阵地，国际传播人才培养要高度重视二次元文化在国际传播中的破界作用，着重培养以短视频、社交媒体、算法推荐新闻等为代表的新技术应用能力，拓展以共享、共情、共建为特征的跨文化传播沟通能力，用符合国际受众尤其是互联网原住民接收、转发和再创作喜好的方式，创新数字内容的设计、制作、宣发和营销能力。

2020 年新冠肺炎疫情全球大流行，将人类命运史无前例地绑定在一起。

---

① 参见史安斌、童桐：《世界主义视域下的平台化思维：后疫情时代外宣媒体的纾困与升维》，《对外传播》2020 年第 9 期。

以信息传播和文明交流为己任的国际传播人才需要具备开放和包容的全球视野，能够用全球思维解决本土问题，用全球共情理解他者视野。只有实现从新闻传播到信息传播再到情感传播的理念和实践转向，我们才能有效促进跨文化理解，共同构建跨文化共识。

三、社会责任体系的系统再造

在媒介与社会加速一体同构的进程中，虚拟社会与现实社会的边界正在进一步模糊，虚实社会同构将成为这一时代社会形态的重要特征。在这一新社会形态下，高速移动互联网是新型传输基础设施，大数据、云计算和人工智能是新的内容生产力。不断智能化的全媒体环境正在以强大的算力和复杂的算法主导着人类社会交往方式的变革。然而，缺乏系统管制、责任主体缺失的算法往往在流量逻辑的驱动下一味讨好用户，在不断生产和推荐同质化内容的同时塑造着用户对于平台的高度依赖关系，让互联网上的每一个个体都深陷在过滤泡和回声室里。除此之外，算法霸权使得人的因素在技术变革的过程中变得愈加渺小。自动化虽然大大提升了信息传播的生产力，但也异化了人机关系，使得人的主体性面临前所未有的危机。互联网是人类社会作茧自缚吗？这一伦理的追问正在驱动着对责任和规制问题的系统性思考。目前，全球社会正处在一个传播伦理危机和重构的历史转折点上，也正在经历信息传播向价值传播的重大转型。

这一新社会形态和大转型呼吁国际传播人才培养既要传承现实社会中的家国情怀和媒体责任，以坚强的政治定力和优秀的传播能力，在虚假信息、文化偏见、政治抹黑和极端情绪影响网络舆论主阵地的当下，引领夯实主旋律，积极维护国家形象和国际信息传播的良性秩序，为全球可持续发展提供可靠的信息来源和可信的传播平台；同时，也要求国际传播人才持续提升自身的数字素养，包括数据素养、算法素养和人机伦理等，以有效应对和主动把握虚实社会同构语境下，信息传播所带来的全球性的数字伦理危机。国际传播学会（International Communication Association）将2021年会议的主题确定为“社会关怀”（Care），也是希望在剧烈变迁的媒介环境中，确保传播促进社会公正。在这个意义上，国际传播人才的社会责任体系的系统再造已经迫在眉睫，也成为虚实社会同构语境下的前沿性问题。因应新社会形态和传播大转型，媒介与社会同构时代国际传播人才的社会责任体系至少应包含以下三个方面。

（一）专业精神

国际传播人才培养要高度重视如何在融合媒体和智能媒体的环境下弘扬从业者的专业精神，重组专业能力结构，重建从业者的专业权威，以确保被虚假信息和情绪聚集影响的社会大众能够重新回归到有正能量和有秩序的信息环境中。为了达到这一目的，国际传播人才培养需要树立两种专业精神：第一，面对以社交媒体、搜索引擎和算法推荐内容为代表的信息获取平台的崛起，专业从业者应具备更优秀的事实甄别力和信息生产力，以及长期以来形成的确保信息有序的职业操守。人人媒体时代释放了大众传播的巨大潜力，算法成为智能媒体时代的第一生产力，但两者均不能替代职业传播者为主体的媒体机构的真相和权威生产机制。伴随着新冠肺炎疫情而孪生的“信息疫情”（in-fodemic）危机恰恰正在呼吁真相的在场和专业权威的回归。只有接受过专业教育和严格培训的信息传播从业者或称“知识生产者”[①]，并与其他领域的专业工作者如公共卫生专家以及算法的生产者如科学家和工程师进行合作，才能共同成为信息秩序重建的支撑性力量。换句话说，让人控制算法，让算法传递正能量，让正面声音主导社会舆论是专业精神的核心内涵。第二，纵观历史，专业媒体人才本就具备优秀的多平台、多渠道和多终端的调整适应能力，如今在主要互联网平台上制作优质内容的人才和团队也大多来自传统专业媒体机构。这一事实表明，即便在众声喧哗和算法霸权的媒介与社会同构时代，专业媒体人才的专业能力仍然有着不可比拟的优势，只需要更好地认识新技术特征，更好地内化互联网思维，更迅速地调整应对策略，做好数字化、移动化和平台化转型，就可以推动主旋律主导算法，领衔守护一个良性的可持续发展的信息传播秩序。

（二）数据素养

虚实社会同构语境下，国际传播人才除了对传统专业能力的继承与发展，还需要持续提升以数据素养、算法素养和人机伦理等为核心要素的新技术素

① 龙小农：《知识生产者：记者社会角色的另一种想象》，《现代传播》2018 年第 8 期。

养水平。一个超越专业能力的数据素养概念理应成为国际传播人才社会责任感的重要组成部分。其中，数据素养指的是对大数据和云计算作为社会信息系统新基础设施的高度认知和应用能力。数据化确实可以解决人类社会转型的诸多理性和感性问题，在面对重大公共危机事件时也发挥了重要的监测、预警和服务功能，更极大地驱动着媒体融合的进程和舆论环境的转变。然而，大数据本身并非无所不能。如果没有法律和道德的规范，数据的收集和使用也会产生类似侵犯隐私等社会伦理问题。国际传播人才需要识别和理解大数据发展的阶段性，更懂得数据化的长处和短处，以更好地指导自身基于数据的信息传播工作。除此之外，算法正在以其空前的生产力驱动着人类信息传播和交往方式的变革，但算法本身并非十全十美，既有对人的主体性的驱离，从而进一步加剧人的异化，也有偏见性或者倾向性的内容生产，在增加用户黏性的同时消解了公共讨论空间。国际传播人才的算法素养要求深刻认识到上述问题，并尝试着进行干预，合适匹配人力和算法，在发挥算法生产力优势的同时，避免产生伦理危机。随着人工智能技术推动的“赛博格”时代的到来，人与机器的边界亦变得愈加模糊。更好地借助智能技术解放和发展生产力是第一准则，但也要提升人对自身主体性的清醒认识，从而在“科技向善”的前提下实现人机合力。未来的国际传播人才既要从政策层面积极推动相关规制体系的建立，也要从实践层面实现对人的主体性的张扬，避免成为算法的奴隶。

（三）家国情怀

在实现“两个一百年”奋斗目标和中华民族伟大复兴的宏大政策指引下，国际传播人才还应具备深厚的家国情怀。中国的崛起既是对新全球化的重要驱动，也是自身发展动力和文化传承使然。作为专业的信息传播者和具备高水平数字素养的全媒体人才，国际传播人才要深刻认识到，包括媒体融合在内的一系列变革都是达成上述历史宏愿的重要手段。全媒体建设和智能媒体发展本身很重要，但更重要的是参与国家的现代化建设和中华民族伟大复兴，乃至国际信息与传播新秩序的重建中来。在这个意义上，国际传播人才所承担的是向中国人民和世界人民讲好中国故事的历史责任。因此，既要超越单一的专业和行业身份，将自身定位在国家发展政策的大版图中，也要立足家国情怀这一民族文化之根和时代发展之魂，与国家共振、与时代共频、与人民共情。如此，媒介与社会同构时代的国际传播人才才能真正扮演起历史赋予的关键角色。

四、结束语

媒介与社会同构时代的国际传播人才培养是一个系统工程，不可能一蹴而就，但我们已经站在一个新的历史起点上，处在一个媒介与社会加速一体同构、跨学科知识创新的新时代，需要即刻出发。新文科建设恰恰兴起于这一学科边界消弭、技术再造传播的新语境中。新文科的本质内涵是高等教育在面对新科技、新媒介和新平台所引发的社会新现象、新问题和新变化时的一次认知重启，是为了进一步理解当下社会并把握人类发展趋势所进行的跨界思考与专业生态重构，要坚持“人文为体，科技为用，艺术为法”，推进交叉学科融合发展。就新闻传播学科而言，更深层次的变革在于技术强权对思维模式和教育方式的系统性革新，融合驱动与交叉创新是其动力特征，重大的知识创新将会更多出现在交叉学科领域。

新文科建设要求我们尽快实现新闻传播理论向信息传播理论的全面转型，为媒介与社会同构时代的国际传播人才培养创新话语体系和理论范式。推动构建人类命运共同体要求国际传播人才具备优秀的跨文化传播能力，以满足建设全媒体对外传播格局建设的需要。媒介与社会同构的趋势呼吁国际传播人才再造自身的社会责任感，从专业精神、数据素养、家国情怀等方面提升社会关怀水平。除此之外，国际传播人才培养也是一个社会工程，需要大学联合各类社会力量共同打造一个开放、立体、多元的创新教育和实践平台。

（原载《现代传播》2021 年第 1 期）

中国文化精神之征候

许　江*

2021 年，适逢伟大的中国共产党建党百年。在这个光辉节日即将到来之时，中国的文科教育界、艺科教育界聚会杭州，同商新文科的发展和建设，共谋新时代的新艺科的新变革，见证中国艺术大讲坛的开启，以中国艺术教育的崭新发展，来向党的百年华诞献礼。

今天，我讲说的题目是《中国文化精神之征候》。2014 年 10 月，在北京人民大会堂，我亲聆了习总书记在文艺座谈会上的讲话，讲话是一个饱含人民之心、深蓄中国精神的文化讲论。这个讲论纵横万里，吐纳古今，以磅礴的气势，展开一个广阔浩瀚的文化图卷，创造性地提出和回答了中国文艺创作的核心问题，既是人民文艺思想的历史性、纲领性文献，又是中国民族文化心灵教育和艺术教育的指南。

讲话又是一个兴艺术创作之盛，破时代精品之题的文化宣言。这个宣言顶天立地，情真意切，抒发一代共产党人的文化情怀，深情呼唤：实现中华民族伟大复兴需要中华文化繁荣兴盛，强力点亮创作无愧于时代的优秀作品的重要命题，针砭今日创作中的诸多弊端，在新世纪的高度上，吹响文艺发展的号角。

讲话还是一份艺术工作者立德铸魂、深扎生活、磨砺修辞的任务书。这个任务书既高屋建瓴，又脚踏实地，倡导以人民为中心的创作导向，揭示社会主义核心价值观的民族精神纽带的作用，对艺术家队伍提出殷殷希望，并强调了党对文艺创作的领导和支持的重要性。

总书记在讲话中高度强调：中国精神是社会主义文艺的灵魂，并生动展

* 许江，教育部新文科建设工作组副组长、美术学教育指导委员会主任委员，中国文学艺术界联合会副主席，曾任中国美术学院院长。

示了中国文化的宏大魅力。近几年，这一思想已经成为中国艺术教育和艺术创作的大吕黄钟，不仅直接地掀起了中国文化精神研究与弘扬的高潮，而且深刻地塑造着中国艺术创造及其传播的时代高度。我想借今天讲坛的机会，谈谈对中国文化精神特征性的几点认识。

一、中国文化精神是中国作为主体所生发出来的内生特点

东方和西方，原是地域上的差异，但在很长的一段时间里这个差异变成了一种关于传统与现代的文化差异性观念，这个观念中还包含了旧与新、保守与变革等等一系列价值判断的内容。地域的观念、时间的观念、价值的观念杂糅在一起，受着全球境遇中经济和技术强势的影响，形成了一种文化的线性结构。在这当中，东方往往倾向于传统、旧派、保守，西方则代表了现代、新锐、变革，这不仅带来东西方的双重的误读和遮蔽，而且带来严重的误判，认为东方的命运必须要由西方来点化和解放，东方的文化出路在于遵循和重现西方的规范和榜样。

显然，我们今天谈中国精神，已经摆脱了这种关于东西方的双向误读，突破了那个关于东西方想象的误区。中国精神不再仅仅是僵化的、历史的幻象，也不是西方简单臆断中的那个非西方的东方，中国精神既包括了源远流长的我们自身的伟大文化传统，也包括了今天仍然在本土生活中生长着的创生之力。这个本土生活的真实的生命主体，就是我们今天的中国人，脚踏中国现实沃土的中国人。

我们上承千载血脉，脚踏时代热土，组成既传承不怠又生生不息的生命共同体，形成自觉、自立、自新的主体力量。因此，我们今天讲的中国精神，应该活化在本土的日常生活中，活化在共同体的全体之中，以中国作为生命主体来生发出我们的本色力量和鲜明特征。

中国精神不能等同于中国的传统性，而应当把这个传统性的根源因素，重新置于生活和时代的场景里，扎根于生动的感性的大地上，进而在风起云涌的时代激浪中，磨砺先锋，汰洗浮尘，完成创造性的转换。这种感性的方式和过程非常重要，它一如我们的身体。这个身体是我们去感、去思、去触摸、去行动的真实的肉身，是沉默地处在我们言语和行动之下的、随时可能

跃起的生命哨兵。这就是我今天所讲的核心。

二、中国文化精神不仅活在传统中，更活在日常生活中

改革开放之初，冯骥才先生写过一篇小说《神鞭》，令人难忘。主人公傻二的一条长辫出神入化，指哪打哪，勇不可当。后来在义和团抵抗洋枪队的乱枪中，辫子不幸被断，他又练就了双枪功。追根究源，傻二的先祖原是光头功，清人入关练成辫子功。冯先生的神奇小说其实是一则文化寓言，揭示了中国人的特点在于其本根上的传承与修复的能力。

“周虽旧邦，其命惟新”，但中国文化的根性却从未稍衰。中国精神不仅活在传统之中，形成代代相传的特色，而且活在日常生活之中，伴随岁月的迁变，由生活而出，注目往还；又向生活而入，吐纳更新，跬积嬗变，悄然迹化为日常性的力量，以生的活的方式，润物无声，潜移默化，影响生民，进而塑造人心。

总书记在文艺讲话中重申核心价值观的建设。何谓“观”？“雚”是“觀”的本字，雚，甲骨文画的是一只大鸟，上部是夸张瞠目的“眉眼”，整个字就是一只大眼睛的猛禽，它翔于天，俯察天地，无所不见。这样的“观”字已然形象地表明了某种独特的洞察力。

这种洞察力不仅观看世界，而且代表了感知的经验和能力。它是化生在我们肉身之中的感受力和体验，是浸润在以茶米为食、麻丝为衣、竹陶为用、林泉为居的生活方式中的兴味与品性，是看好书画、吟好诗词，在湖畔烟雨中听芦荡笛声的快意感受和诗性境界。所以总书记说核心价值观是一个民族赖以维系的精神纽带，是一个国家共同的思想道德基础。

东方最早的思想家、美学家要算是孔子，他的文化影响广被后世。在研治学问之时，孔子有时在宽阔的学苑里聚集众弟子，问他们：“诸位，你们的理想是什么？”各位弟子自信地说出了自己治理国家的理想。孔子对他们的回答并未首肯。最后问正在弹琴的曾皙。曾皙断然停下手上的弹奏，铿止，答曰：“暮春者，春服既成，冠者五六人，童子六七人，浴乎沂，风乎舞雩，詠而归。”孔子听后说：“吾与点也。”孔子欣欣然赞成的正是曾皙的无名大志，而这种志向正是中国人与自然长相浸润的、与时同乐的生命艺术。

中国人的心灵始终带着一种根深蒂固的植物性的依恋：体认根源，依恋群体；深扎本根，含英咀华；四方生长，向心归簇。因此中国诗人们早在《诗经》中，就深情吟诵草木。千百年以来对草木的诗写、书写、画写从未停止过，中国人对竹子的喜爱便是一例。

早在春秋战国时代，孔子过卫，在淇园，有风动竹。孔子闻此萧瑟之声，欣然忘味，三月不肉，叹曰："人不肉则瘠，不竹则俗，汝知之乎？"千载流转，爱竹的传统始终未变，爱竹即成中国的百姓生活，文人气象。竹声竹影中既见栖居景色，又含某种东方静谧的心智方式；既见人格气质，又显艺术情趣。

东晋江逌《竹赋》有言："有嘉生之美竹，挺纯姿于自然；含虚中以象道，体圆质以仪天。"以"虚中"比德人的虚怀，以圆质兴发天性的圆满。一竿竹即一丛竹、一片竹，即竹的清风雅月，象道仪天。自唐王维始，中国绘画转为以水墨最为上。在他们眼中，墨色最微妙地呈现笔的变化，最可替代一种纯为神气的东西，于是墨竹由此诞生。

我们可以看看北宋大师文同的《倒垂竹图》。文同截取悬崖垂竹，以浓淡温润的墨色，撇写竹叶，揭开中国墨竹的优雅篇章。文同为什么有此磅礴气势？据说他当年在湖州的千亩竹园之上盖了间竹屋，他经常站在竹屋上俯望千亩竹园。所以，每当他画竹之时，"胸中有渭川千亩，气压十万丈夫。"苏东坡由衷地评价文同："其身与竹化，无穷出清新。"

元初的赵孟頫最早以书法入画。他的《秀出丛林图》，横斜取势，疏密得当，笔墨非常清秀。从这时候开始，中国有了文人画，墨竹逐渐成为文人们临风锻句时的一种潜心之为。

元代李衎的《四季平安图》画的是整竿修竹，如谦谦君子，心平气和，从容挥洒，长竿森森，烟气淼淼，"自信胸有成竹"。

但到了郑板桥，却说自己"胸无成竹"，他的墨竹出人意表。"衙斋卧听萧萧竹，疑是民间疾苦声。"郑板桥从萧萧的竹声中听出劳苦者的疾怨，赋予竹以一种同情、关怀的浓厚主题，让自己的墨笔在跳匿奇绝的生动中，布蓄疏野苦涩的神情。

金冬心年逾六十学画竹，每画毕，必有题。"秋声中，唯竹声为妙……非苦愁寒暄之声，而若空山绝粒人幽吟不辍也。”金冬心那直劈而下、郁郁累累的竹，倾出庄重不坠的心血，正若山中如禅的沉吟。

写竹如若写字，写字如若写心。墨竹成了一份纤远的缠绵，将人心与烟雨修竹维系在一起，通过一管软笔的意写，把传统与日常幽秘相连。中国的墨竹就这样被送上了以绘画说人心、以墨迹见境界的特殊的文化位置，那寥寥数笔守着单纯自发的天性流露，在百代千秋的浩瀚云烟之中，挥写无数放拓逍遥的胸廓，显露民族心灵的漂泊与安顿。在所有的墨竹的挥写的后面，在那翻飞无定的直写中，都似有累累风影，隐隐竹声，让人想见那曲而不绕的风节。

这种中国精神的独特景观，迥然相异于世界，一方面简练而自然，另一方面却又博大而精深；一方面标示着艺术的玄秘与层次，另一方面又见证着人格的品质与气度；一方面以寒林冷叶凝聚凛凛的生命之力，塑造怆然幽寂之境，另一方面又舞动如风雨江山外万不得已的飞矢，书写胸怀的宏调和精神的气节。那人与竹相望、相生、相守的境域，凝在腕指之间竹管软笔那随心所欲的运行之中，凝在墨竹意写挥洒的超然之上，凝成某种民族心智的隽远模式和民族气节的庄重界域，等待着一代代的人们重回日常生命的体验，去揭示只有中国人方才具有的秘而不发、天人相合的创生机契。

三、中国文化精神不仅活在可见的现象中，更活在不可见的深处

十多年前，我曾经做过一个观念性的拇指微电影：一个背立的身影在观看北宋范宽的《溪山行旅图》，镜头迫近，越过背影，逼入远山的局部，墨点隐约可辨，肌理依稀交织。接着，镜头渐退，“溪山”变作真山，最后回到背影先前的位置，但其所对的已成美院山门之外的青山。这个拇指电影以游戏的方式述说一个道理：我们要理解中国传统的山水眼光，进而用这种眼光观看我们周围的真山真水。

什么是山水的眼光呢？中国人看一座山，在山脚下住一段时间，在山腰又住一段时间，山前山后来回地跑，又无数次登上山岭远望。最后整座山了然于心，待要画时，和盘托出。一画之中，山脚与山体俱见，山前和山后齐

观，巅顶与群峦并立，所谓高远、深远、平远。不为透视所拘，不受视域所限，山水草木一例相看，烟云山壑腾挪反转。这种方法，古人叫饱游而沃看，游目而骋怀。山水眼光是一种不唯一时一侧的观看，更是将观看化入胸壑，化成天地综观的感性方式。这个戋戋小品意在呼吁将中国传统活化在日常观看中，将山水之观化作我们观察世界、理解自然的感性方式。

黄公望的《富春山居图》大家耳熟能详。黄公望先生身高不过几尺，却能将一条江的蜿蜒回转、山水情势画成山居一卷，能以一种天神的高度，俯览万里，掇拾山河，他所使用的恰是这种游目玄览的方法，所驰骋的正是这般山川映带的胸壑。

现在，让我们再来看看另一张画。这也是中国历史上的不朽名画。作于公元1072年，由当时承受皇帝宠重的宫廷画家郭熙所画。这张千古名画现藏于台北“故宫博物院”（见图1）。

图1　《早春图》，郭熙绘，藏于台北“故宫博物院”

第一眼看这张画，我们知道它是画在薄绢之上，它或者曾经拥有淡雅的颜色，近千年的历史岁月，把它煮成了今天的苍润的褐色。它是用中国的毛笔蘸着烟墨和自然材料的色彩绘成的。我们仿佛在这里看到一片奇幻的山壑，被一层层的烟云包裹着，宁静而悠远，峻拔而生机勃勃。这是早春即将来临之时的山中景象：冬去春来，大地苏醒，山间浮动着淡淡的雾气，传出春天的消息。所以这张画被叫作《早春图》。

如果我们再进一步细看，又看到什么呢？远山重峦叠嶂，气势雄拔；近岗怪石耸立，古木参差。那些古木，招展开它的枝条，显出它的傲然兀立的身姿。这可能是世界上最有神气的一片树林了。树木正在生长着新叶，一片春天的生机。在中央高耸的巨石两边，都有奇妙的山水。左边巨石的下方是迷蒙的水面，一家人正从船上蹒跚而下，顾盼有致。在盘桓的山腰处，有农人披着蓑衣，负担行走。而在右边，一个瀑布叠着一个瀑布，注入桃花潭水，流瀑之上是一片飞檐陡壁的建筑。这分明是一个隐身在群山中的屋宇。让我们再举目向上望，山壑翻转而上，烟云渺绕之间，层层峰峦隐隐出现，那峰上的树木迎风招展……

我们感到沿着这画，行游在山下山上、山前山后的风景之中，我们感到这山和树、水与烟都是春天里的活的景色，我们可以在这些景色中观赏、游玩、居住，与天地相往来。这就是中国绘画，这就是中国山水。我们在这里看到的不仅是一个风景，更是遭遇一片风景的世界。我们被打开的不是一个镜头，而是持续不断的、使我们的身体在这里穿梭往还、使我们的心在这里吐纳元气的观看与体验。这就是与西方绘画、与今天照相技术全然不同的中国绘画。

山抹微云，天连群峦。让我们再回到《早春图》这幅画上来。这幅画利用山水烟树营造了许多生意盎然的景象。它使用了哪些手法来营造这些景象并让我们得以收获诗意的体察呢？换句话说，这张画中具有怎样的精神品质吸引和感动着我们呢？

第一，如果我们用摄像机的镜头对准《早春图》的局部，每当镜头摇动，我们都看到不同的景色。有水景，有山色，有人物顾盼，有烟云摇曳。可远望、可近观、可俯览、可仰眺。这是一个移步异景的世界。一画之内，现出百千幅佳山秀水来。中国绘画，让我们超越影像，看到独特的世界。

第二，如果想象一下，我们幻变成画中的小人，在画中小径上行走，在山石上攀援，我们会在太多的地方四处瞭望，看到不尽好风景。山叠山，水连水，古木弄影，群峰叠映，中国人管这个叫借景。远借、近借、仰借、俯借，还有应时之借。风雨晦明，在不同的时节，我们还可以看到不同的风景。这叫巧于因借，景景相生。从这里，我们可以生发无数即兴的观看体验。中国绘画让我们拥有独特的观看体验。

第三，在这些生动苍润的描画之中，我们还感受到了笔和墨的美，这种美最能体现山水的形神，我们还能从这些活脱脱的笔墨中，感受到一种游戏的意味，见证一种人性的风貌。正是这种“戏墨”的方法，最自由也最有效地把我们带入那个“象”的体察之中。这个“象”既不是自然对象，亦非纯然意识里的心象，而是自然对象与纯然意识之间的辽阔无际的间性的世界。我们在这种“象”的体察中，走进了中国绘画的世界，走进了人的诗意地栖居的世界。中国绘画让我们获得体象的诗意，生命的诗意。我们正是沿着这张《早春图》的可见的观看，一步步地走入感知的深处，走入中国山水精神的不可见的深处。

四、中国文化精神不仅活在一己的感受中，更活在共同的集体经验与历史情怀中

前几年，国美国画系创作考试的命题是“江流有声”。“江流有声”是苏轼《后赤壁赋》中的佳句。原句是：“江流有声，断岸千尺，山高月小，水落石出。”我们今天的成语：水落石出，典正出于此。苏轼的前后“赤壁赋”是千古名赋。其时苏子贬谪黄州，月夜泛舟游赤壁。此赤壁非三国赤壁大战的那个赤壁，却也是大江之畔的峭崖峭壁。苏轼在此发怀古伤今的咏叹，抒天地精神的达观。前后两赋相隔三个月。前赋哲理，后赋描叙。

北宋画家乔仲常步苏子诗意作长卷《后赤壁赋图》（见图 2），画卷冷月浮影，朦胧拥塞，山水登高，涉水行远，以连环描叙的方式将赋的描写联成一幅长卷。既有“行歌相答”的快意，又有“划然长啸”的肃然，野逸而鸣高，揭示了苏轼的激情与悲愤。乔仲常用画卷，与苏轼，与千年后的我们，素墨写景，纵笔唱和，共赴千古邀约。

在尺幅之中，我们共同登临胜迹之境。孟浩然诗云：江山留胜迹，我辈复登临。乔仲常把苏子的赤壁画了下来，我们在画卷中登临。全画用山峦树

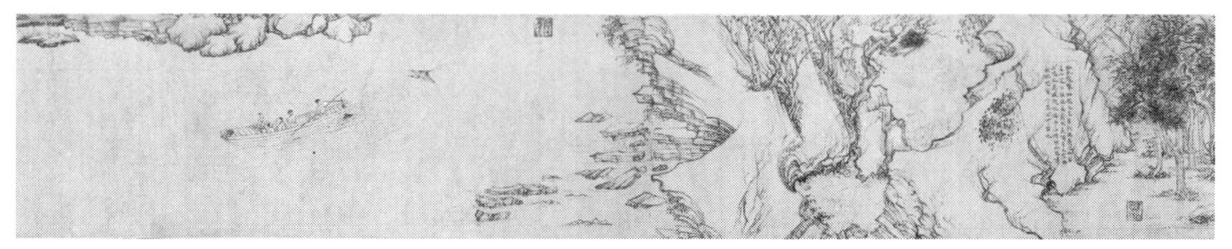

图2 《后赤壁赋图》，侨仲常绘，藏于美国纳尔逊·艾特金斯艺术博物馆

石，分成几阕，苏子数度显身。先是说苏子与两个朋友步行回家。此时已是冬季，“霜露既降，木叶尽脱，人影在地，仰对明月，顾而乐之，行歌相答”。请注意画首的两棵寒树，木叶尽脱，几个人的脚下拖着淡淡的影子，天上似有明月。这影子在中国绘画中是绝无仅有的，是与赋文相合的。路旁的小舟，交代了鱼的出处。然后归而谋诸妇，得不时之需的酒。携酒与鱼，复游于赤壁之下。

今天的赤壁怎样呢？“江流有声，断岸千尺；山高月小，水落石出。”请注意，这里山壑的描绘，俱是断崖，江中断石点点。在赋中这是绝唱，在长卷里，这是高潮，画面从此变得拥塞。而后是群峦叠嶂，“予摄衣而上，履巉岩，披蒙茸，踞虎豹，登虬龙”，攀上山巅。山高难画，以林深代之。这里林木充塞，悬崖上像一个洞，有栖鹘之危巢，有深不可测的幽宫。这是乔仲常的妙笔。

然后是在山上，划然长啸，山鸣谷应，却不期然地悄然而悲，肃然而恐，凛凛然觉得不可久留了。接着回到船上，放任中流。时已夜半，回顾寂寥。画面由拥塞变得简阔。此时，有孤鹤横江东来，双翅如轮，戛然长鸣，掠予舟而西也！

没多久，苏子回到家，睡梦中见两位道士羽衣翩翩，问：赤壁之游乐乎？高兴吗？苏子觉悟到你就是昨晚掠予舟飞鸣西去者也！道士顾笑，回首看着他笑。在画幅中，苏子既睡在床上，又坐在椅子上，梦境与现实同时呈现。苏子从梦中惊醒，追到门口，“不见其处”，月色空蒙，白茫茫一片真干净。

整张画翻转有序，陶然大气。我们随着苏子的身影，登高涉远，在山水中穿梭，在吟叹中相会。乔仲常的画卷令山川皆景，草木俱神，让生命的悲欢、流逝的嗟叹、山壑的深邃、云气的苍凉，俱在此时此地相聚，断石、深崖、虬木、孤院凝在一起，供吾辈远眺瞻望，并始终合为一体，蔽藏在山水幽茫的深处。

在此长卷的巡览中，我们又仿佛进入怀远之境。“今古一相接，长歌怀旧游。”我们已经读过苏子的前后赤壁赋，通过文本的阅读，有过自己的想象。现在，在乔仲常的笔迹中，我们依稀重访故地，由于心往神驰，而与古人在精神上契合，并由此完成与远方故人的怀念与兴答。

苏子复游于赤壁之下，与前赤壁赋的日子相距三个月。上一次是“白露横江，水光连天”，飘然欲仙。而这一次是“江流有声，断岸千尺，山高月小，水落石出”，故而发出“曾日月之几何，江山不可复识矣”的慨叹。才过去多长时间，这江这山已完全不一样了！这个感叹是《后赤壁赋》的文眼。所以，他登山，他放舟，他见故人，既僧道朋友。乔仲常特别理解苏子的放达与出世的心情，将画卷的后两阕画得邈远。

同时，这长卷又是一个悲慨之境。在《前赤壁赋》中，苏子放达豪迈，说：唯这江上清风和山间明月，耳得为声，目遇成色，取之不尽，用之不竭，是造物者之无尽藏也，吾与子所共适。在《后赤壁赋》这里，基调变得邈远而幽微。苏子摄衣登山，划然长啸，转而悄然而愁，肃然而恐。

自然本无情，宇宙了无时间伤害的痕迹。中国的诗人们总怀一种共通的时间感受的模式：将天地不变与人世无常锵然对照。季节有时，世事无端，正是这种基于“时”的感念，带来不尽的伤逝和追怀。随着长卷的横移，或登高追远，或临风怀远，现场和景色骤变，风情却总带萧然。悲秋、追寻、白鹤飞舟、断石横流、一波三折，残月流光中便是一份空寂。即目之所，处处泛起悲歌。

无论如何，这长卷还是御风陶醉之境。前后赤壁赋，从始至终，皆有酒。古今皆然，酒酣耳热之时，容易放任纵浪，直入陶然醉酡之境。乔仲常似无醉笔，却也提按风雨，使转烟云，全画分为四段，第一段是行歌相答的洒然，画面抒阔，笔墨简远。第二段江流有声、划然长啸，那是一种肃然，画面拥塞，笔墨锵然有力。第三段放任中流，那是一种飘然，画面格外简远而开阔。第四段是梦遇与惊寤，那是一种朦然，画面邈远。四段表情各有不同，但墨色素笔，天然地带有一种月夜情愫和朦胧想象。笔墨简淡素朴，尤见其变化。

中间肃然的一段，那皴法如龙如虬，点划如钉如豆，一林映带百千林木，一石翻卷百千山壑，掇集而成一种神秘风气。山水的吟诵和生命的洒然同时从四方涌来，又始终蔽藏在横卷叙事的深处。此所谓陶然御风。直若当年柳宗元登西山的陶然醉语，“悠悠乎与颢气俱，而莫得其涯；洋洋乎与造物者游，而不知其所穷”。

读乔仲常的长卷，我们如登如上四境。此四境，交糅叠错，彼此诱发。看似一己的感怀，却是千古的集体经验与情怀。起兴在展阅之间，唱答越今古千年。我们如踏先人与众人的踪迹，逐迹而行，将自己一次次地泊锚于这一片因文本阅读而“经历”过的历史现场，长相浸润，情似赠，兴如答。

最后，请允许我以画葵为例，说明一己的感受中，满蓄着的中国精神的集体记忆与诗性体验。十年磨一葵，我画葵塑葵已十八个年头。我画大葵、小葵、硕葵、残葵，画春葵、夏葵、秋葵、雪葵，对我而言，画葵是画一代人，画向阳花开一代的历史记忆和生命成长。

中国人有咏物的传统，在我看来，真正能代表20世纪中国人的只有葵。葵是我们这代人的肉身，最有我们这代人的生命况味，葵的热情、向往、燃烧、炽烈，葵的草根、坚忍、群体、忠诚，涵融着20世纪中国人的生命韧性，凝结着那种时代群体的血脉相连。

我画的葵都是群葵，是沿着地平线趋光蔓生的群葵，是荒寒大地上怀抱沧桑与希望的群葵，是如若狂飚似地风卷云起的群葵，是盛墟与废墟交叠如金塔耸立的群葵。葵越来越像人的广场，人民的广场，经磨历劫，蜕变重生，淬化骄阳，磨砺坚韧。

通过这样的葵，通过葵给予我们的肉身之感，来呼唤那些有着身体感受的人们，那些有过同样忧患并至今一道忧思着那个现场、进而真实地存在着的人们。在绘画的原初真挚的历史沟通中，我们的身体重访阳光，去感受那特殊的、青春成长的岁月；我们的情怀被重新点燃，汇成葵原史诗般的交响；我们的思想从那情往兴来的深处涌现出来，又返身蔽藏于葵原萧萧的整体之中。

我的演讲意在以中国绘画的传承与迁变来说明中国精神不唯源远流长的文化传统，而且更是在时代沃土中生生不息地生长着的文化现实。它是中国作为主体所生长出来的精神特点。所以，中国精神不仅活在传统中，更活在日常生活中；不仅活在可见的现象中，更活在不可见的深处；不仅活在一己的感受中，更活在共同的集体经验与历史记忆中。

正如习总书记在讲话中所指出的：中华文化既坚守本根又不断与时俱进，使中华民族保持了坚定的民族自信和强大的修复能力，培养了共同的情感和价值、共同的理想和精神。我们正是要珍视中国文化的固有精神，把握它的根源性力量和征候，并将这种根源精神还原到当代生活的沃土之中，去实现其创造性的转化。

石涛诗曰："试看笔从烟里过，波澜转处不须完。"今天，我们的画笔正从时代云烟中穿越，随着中国时代的来临与迅变，随着艺术主体的坚守与更新，中国精神的传承与拓新也正处在一个伟大的历史进程之中。

（选自《中国艺术大讲堂》第一讲）

专家观点

中国话语体系建设与新文科的使命

王学典*

2016 年 5 月 17 日，习近平总书记在哲学社会科学工作座谈会上，发出了构建中国特色哲学社会科学的号召。

近年来，我国开始推动“新文科”建设，即建设以中国特色哲学社会科学为核心内容，在一定程度上反映、呈现和包含中国经验中国材料中国数据的文科。

文科建设为何重要？新文科在新时代应该承担怎样的历史使命？

讲好中国故事，离不开文科建设

文科发展与中国话语体系建设密切相关。

目前，我国已成为世界第二大经济体，但我们在国际上的话语权与我们的经济地位并不完全匹配。如何破局？关键在话语体系建设上。

我们取得了辉煌的成就，但关于这些成就的故事，在国际上应该怎么讲，仍有待持续探索。如我们应该怎么把改革开放的故事、中国共产党百年艰苦奋斗的故事、五千年中华文明发展演进的故事，在世界范围内讲得精彩、讲得动人？如此，“构建当代中国的话语体系”的任务，就非常严峻地摆在了我们面前。

我认为，在构建中国话语体系方面，文史哲诸学科均承担着特殊的任务。换句话说，中国话语体系建设离不开这些学科，离不开与中国历史文化、中国文明发展道路息息相关的这些学科。

很久以来，学界始终有一个错觉，认为话语体系建设是一个从无到有的

---

* 王学典，第十三届全国政协常委、全国新文科教育研究中心副主任、山东大学儒学高等研究院执行院长、《文史哲》杂志主编。

过程。事实上我们有很多遗产有待继承。

像费孝通先生的《乡土中国》，就是用中国话语来讲述中国故事、中国社会和中国历史的一个典范之作。为了讲好中国故事，费孝通先生几乎独创了一套术语概念：乡土社会、差序格局、礼治秩序等。他最终想回答的是，中国社会与西方社会到底有哪些不同。如果说，费孝通先生想回答中西社会之间的差异，那么梁漱溟先生则想回答中西文化之间到底有什么差异。他也为此独创了一些概念术语：如西方是“团体本位”，中国是“家族本位”，西方是“宗教本位”，中国是“伦理本位”等。可以看出，中国话语体系建设在民国年间就已经达到了很高的水准。但是长期以来，在我们整个话语体系建设当中，并没有得到应有的、足够的重视。

事实上，锻铸哲学社会科学的中国范式、构建中国话语体系，早在20世纪30年代就提出来了，它实际上是一个未完成的“世纪任务”、未解决的“世纪难题”。30年代曾提出过两个非常著名的口号：一个是“中国学术化”，另一个是“学术中国化”。蒋廷黻提出我们不应该只为西方培养人才，张伯苓先生则提出，我们要办能解决中国问题的大学。30年代提出的“中国文化本位论”，与今天我们要确立中国历史的主体性地位、中国文化的主体性地位有什么差别？没有任何差别！中国社会、中国历史、中国文化在本体上就与西方不同，所以，中国社会、中国历史、中国文化必须也只能用另一套话语来讲述、来表达、来呈现。

摒弃“象牙塔化”的文科，发展“与时代同步伐”的新文科

影响和制约中国话语体系建设的有三个矛盾或三大冲突。

一是材料过剩和思想建构之间的冲突。中国材料、中国案例、中国数据已经足够，但是我们并没能同步对这些大量的中国数据、中国案例进行大规模的理论综合。中国的话语体系建设，材料积累已经足够多，建设条件也已经很成熟了，我们缺乏的是“提炼”，缺乏像习近平总书记所说的，提炼每个学科的标识性概念。

二是学科建设与学科转型之间的冲突。无论从哪个角度看，中国40多年

来的快速工业化进程都是惊人的，而且这种转型走的是条迥异于西方的独特的工业化道路。这条独特的工业化道路，给人类社会向工业社会转型提供了哪些西方没有的东西？这条道路颠覆了哪些基于西方经验的社会科学结论？中国成为世界第二大经济体，奥秘在哪里？准确回答和诠释这些问题，正是当下中国哲学社会科学各门类的广阔用武之地。

这也就意味着，经济学、政治学、法学等学科在强烈地面临本土化转型的问题，其本质是把中国经验升华为一般的理论原则，从而丰富、补充乃至部分修订被我们视为普遍规则的若干经济学预设、政治学预设、法学预设。因此，中国社会科学应把自己的主要精力和研究旨趣，转移到中国问题上来，转移到中国经验上来，转型到更加透彻地解读和说明中国道路上来，在中国本土上深耕细作，而不是在远离时代、远离沸腾的现实的学院里搞所谓的“学科建设”。

三是国家民族的重大需求与高校和科研机构“象牙塔化”的冲突。最近几十年来，一些高校越来越象牙塔化，越来越学院化。学校的院墙已经变成很多学者的精神活动的边界，相当一部分学者躺在越来越豪华的学科建设的安乐窝里，备享物质繁荣带来的好处而忘却了自己应该承担的社会责任。这无疑与习近平总书记强调的“坚持与时代同步伐、以人民为中心”是相悖的。

阐释中国发展道路，构建中国话语体系

在构建中国话语体系方面，文史哲诸学科均承担着特殊的任务。

第一个是中国哲学与中国话语体系的形成。在这个方面，必须使儒学走出中国哲学的范畴。我们长期以来把儒学挂在中国哲学之下，这实际上是遮蔽了儒学的本来面目。儒学是一种社会发展理论，包含着大量的政治学、经济学、法学、社会学、人类学的内容。还原儒学的本来面目，在社会科学的视野下重新诠释、挖掘、表达、呈现儒家思想，是这一方向的主要工作。

第二个是中国历史发展道路与中国话语体系的形成。几千年来，中国一直走着一条独特的发展道路。这方面我们需要探索怎样用新的话语去解读中国道路和亚细亚生产方式。亚细亚生产方式是马克思恩格斯提出来的，这说

明马克思早就看得非常清楚，中国和欧美道路不一样，中国历来是政府主导型的发展模式。在这个方面，历史学界有大量的工作待做。

第三个是文学与中国话语体系的形成。我认为要抓住核心概念，特别是抓住“温柔敦厚”这四个字来构建中国独特的审美话语，从文学的角度来说明中国文明的特点。中国古代全部文学活动都处在自由与礼制之间，既要展示自由奔放的天性，又不能不有所节制，这就是所谓“温柔敦厚”。这个特点蔓延到书法、美术各个方面，不单独表现在审美上。

第四个是民俗学与中国话语体系建设问题。传统中国是礼治社会。“礼治”是什么意思？就是化民成俗，让老百姓自觉自愿地遵守某种规范，而不是通过法律来强制。两千年来，中国形成了独特的基层社会治理体系，老百姓完全是在自觉自愿的基础上使基层社会有序运转。礼治社会的化民成俗与中国的社会治理、国家治理有着非常密切的关系。这个也是我们下一步要做的工作。

（原载《大众日报》2021 年 4 月 20 日）

高校哲学社会科学的时代担当

任少波*

2021年5月9日，习近平总书记在给《文史哲》编辑部全体编辑人员的回信中强调，“增强做中国人的骨气和底气，让世界更好认识中国、了解中国，需要深入理解中华文明，从历史和现实、理论和实践相结合的角度深入阐释如何更好坚持中国道路、弘扬中国精神、凝聚中国力量”。习近平总书记的重要指示，体现了党对哲学社会科学工作的高度重视和殷切期待。当代中国高校哲学社会科学应当认清新发展阶段的历史使命，在实现社会主义现代化过程中更加担当有为。

一、我国高校哲学社会科学面临自主建构的机遇与挑战

高校哲学社会科学承担着立德树人、培根铸魂的根本任务。在我国迈向社会主义现代化强国的新发展阶段，高校哲学社会科学肩负着新的历史使命和时代担当，迫切需要通过体系变革加快自主性建构，形成中国特色的学科体系、学术体系和话语体系。

（一）中国哲学社会科学的历史轨迹与时代方位

从历史的视角看，中西方的知识分类体系差异很大，并由此形成截然不同的学术传统。西方的学科体系是纵向层次结构，将宗教、政治与科学（包括自然科学、社会科学）、人文艺术完全分开；而中国传统的学术体系是横向综合结构，体现系统论、天人相应等思维模式。从现代学术角度看，中国传统学术基本是文史哲不分，之后随着中国传统学术门类的分化，由“通人之学”逐步转向“专门之学”，才发展成为近代意义上的人文与社会科学。清末民初时期，中国的知识系统受到西方分科观念和学术体系的严重冲击，开始

* 任少波，浙江大学党委书记。

引入西方学科和学术体系。在此大变局下，学术界纷纷向西方学术看齐，就此开启了知识系统的全面转型，而中体西用、西学中源等都是当时文化转型中的代表性观点和思想。

在近代中国，大学是学科和学术制度的核心载体。从 1906 年废除科举，建立现代学堂并开启长达 20 年的学制改革，中国大学制度终于迈上现代化的发展轨道。近现代学制与大学的变革，直接推动着学科制度的变迁。随着学制改革的启动，教育体系的变迁也带动了中国学术体系、学科体系的历史性转型，长期以来的“四部之学”开始实质性地向“七科之学”转变。自此，“分科治学”成为常态，而现代学科制度在中国也日趋成型并逐步完善。

新中国成立后，人文社会科学发展有过一段全方位学习苏联模式、否定西方模式的历程，并在“文革”中一度中断，但最终走上了兼容并包、开放自信的自主发展道路，中国特色哲学社会科学体系逐步构建并完善定型。在党的正确领导下，我国哲学社会科学经历了长足的发展，为促进马克思主义中国化、服务党和国家建设、推动社会文明进步等做出了重要贡献，取得了历史性的成就，也在世界舞台上展示了独特的中国学术魅力。

与此同时，我国哲学社会科学体系也面临着发展中的问题和挑战，主要集中在：一是原创能力不足，高水平原创思想和文化成果供给不足，全球议题设置和具有国际影响的重大理论和话语创新匮乏；二是实践互动不够，简单照搬西方理论无法真正解释中国丰富的实践和指导中国现代化发展，立足高校引领立德树人和塑造时代精神的原创性成果也偏少；三是学术生态有待优化，现行学科制度和学术分类体系不适应经济社会发展需求，学术评价的“指挥棒”不利于激发创新创造活力，良好自治的学术共同体尚未形成。长期以来，一些学科对西方概念、理论、逻辑和知识体系有路径依赖，缺乏能够为国际接受和理解的知识体系来阐发我们自己的历史文化与政治经济。知识体系的自主建构缺失使得中国在国际上的话语空间显得逼仄狭小，尽管强调要“走出去”，但理论落后于实践。

在当前的时代背景下，伴随着我国经济社会的加速转型发展，党和国家对哲学社会科学发展提出了更高的要求，期待其在理论引领、话语传播、智力支撑等方面发挥更大的作用，亟须加快我国哲学社会科学体系的自主性、引领性建构，建立起具有时代特征的学科体系、学术体系和话语体系，能够反映中国国情和历史深度，进而指导中国现实发展，并和西方知识体系进行平等对话。

（二）当代中国高校哲学社会科学发展迎来新机遇

当代中国正面对历史上最广泛深刻的社会变革，以及最气势恢宏的实践创新。中共中央关于加快构建中国特色哲学社会科学的重大决策部署，对当前高校提升哲学社会科学整体水平提出了更高要求，也提供了前所未有的发展机遇。

第一，马克思主义中国化的巩固提升为高校哲学社会科学发展提供新思想。作为马克思主义中国化的最新理论成果，习近平新时代中国特色社会主义思想应运而生，其指引哲学社会科学发展的思想，充分体现了党中央站在巩固马克思主义指导地位培养社会主义合格建设者和可靠接班人、践行社会主义核心价值观、巩固全党全国各族人民团结奋斗共同思想基础的高度，对高校改革发展提出了战略要求。在党中央高度重视和坚强领导下，党的思想理论建设不断推进，为高校哲学社会科学在新时代的繁荣发展提供了科学理论指导和坚强政治保证。

第二，第二个百年目标的实现亟须高校哲学社会科学提供理论与文化新动力。我国已经全面建成小康社会，顺利实现了第一个百年目标，正在向第二个百年目标迈进，进入又一个新的伟大征程。在“两个大局”交织激荡的时代背景下，世界进入动荡变革期，发展的外部环境日益复杂。我国更加坚定自立自强和自主创新的发展道路，创新作为“第一动力”的地位和作用更加明显，同时哲学社会科学作为综合国力特别是文化软实力重要组成部分的地位和作用也更加突出。我国不断推进经济、政治体制改革和社会转型发展，不断扩大对外开放，加快构建新发展格局，利益关系、经济体制、社会结构发生深刻变化，人民群众对高质量思想和文化的需要更加迫切也更加多样，这为哲学社会科学的繁荣发展拓展了空间、注入了活力。在启航建设社会主义现代化国家征途中，完成第二个百年目标任务，实现中华民族伟大复兴，需要推动高校哲学社会科学新的繁荣发展，在实践中坚持和发展中国特色社会主义，并不断丰富其实践特色、理论特色、民族特色、时代特色。

第三，人类命运共同体建设为高校哲学社会科学国际话语权提供新舞台。在当今世界舞台上，中国的形象基本上仍是“他塑”而非“自塑”，经常处于“有理说不出、说了传不开”的尴尬境地，议题的主动设置和引领能力偏弱，对外话语权及影响力有待提升。目前，我国高校哲学社会科学在学术命题、学术观点、学术话语、学术思想上的能力、水平同我国的综合国力和国际地位还不太相称。面对当前世界和中国政治、经济、社会、文化的深刻变革，我国哲学社会科学还没有给出一系列充分、有力、前瞻和广为接受的分析概念、价值命题和逻辑框架。面对全球各种思想和文化交流交融交锋的新形势，我国如何提高国际话语权、增强文化软实力、加快建设社会主义文化强国，迫切需要高校哲学社会科学更好地发挥作用。

（三）自主构建中国特色高校哲学社会科学体系面临新挑战

从当前我国高校哲学社会科学的现状看，与新时代对哲学社会科学的使命与责任相比，其自主建构基础不强，仍然面临困难和挑战。

第一，高校哲学社会科学理论创新落后于新时代的伟大实践，急需发挥引领经济社会发展功能。随着我国进入新时代，经济社会各个领域都迎来了新一轮的深化改革与扩大开放。同时，我国仍面临发展不平衡不充分的矛盾，面对国际国内新形势和新冠肺炎疫情等不确定因素，迫切需要高校哲学社会科学发挥思想引领和智库主力军作用。然而，目前我国高校哲学社会科学还是较多地延续西方国家的理论和方法，在理论创新、实践创造上面临时代急需变革的挑战，发现真问题、解决真问题的能力仍然较弱。我国正经历着需要思想、创造思想的伟大时代，但高校哲学社会科学促进理论诞生，助力生产发展的能力整体上落后于经济社会的变革实践与创新的需求。

第二，高校哲学社会科学的研究水平和影响力提升滞后于我国国际地位的提升，急需增强文化传承与创新能力。没有高度的文化自信和文化繁荣兴盛，就没有中华民族伟大复兴。中华民族在五千年文明历史中孕育出中华优秀传统文化，党领导人民通过革命、建设、改革不断创造出革命文化和社会主义先进文化，这些都需要哲学社会科学研究阐释其中丰富的内涵和深刻的机理。随着我国经济和科技实力的快速提升，我国的国际地位不断上升，而与此同时高校哲学社会科学的整体研究实力和影响力提升却相对滞后，无法满足党中央治国理政和参与全球治理的需要。

第三，高校哲学社会科学育人功能面临新的挑战，急需担当为党育人、为国育才使命。伴随“两个大局”交织演进，以美国为主的西方国家对我国进行遏制打压，同时也在意识形态领域加大对我国的围堵，给大学生群体思想带来了消极影响，甚至有少数学生不同程度地存在价值取向扭曲、社会责任感缺乏、艰苦奋斗精神淡化、心理素质欠佳等问题，对高校育人能力提出了更加严峻的挑战。以大学生为代表的青年肩负着中华民族伟大复兴的责任和使命，不仅要掌握强国的本领和技能，更要树立坚定的理想信念，这就需要高校哲学社会科学发挥育人优势，着力履行为党育人、为国育才的使命。

二、高校哲学社会科学要通过自主建构担当新时代的使命

当今世界百年未有之大变局加速演进，我国正处于中华民族伟大复兴的关键期。在世界格局深刻变化的背景下，面对坚持和发展中国特色社会主义的理论与实践需求，高校哲学社会科学需要自觉承担新的历史使命。

（一）在民族复兴中更加坚定“四个自信”，继续巩固发展当代中国马克思主义

当今世界和中国正在发生全方位的变革，但我国哲学社会科学还不具备前瞻性的理论诠释能力和引领能力，在议题设置、理论引领、话语创新、国际对话等方面还处于相对弱势地位。面对全球各种思想文化和价值观、话语权相互交融交锋的复杂形势，我国亟待在马克思主义指导下加快理论建构，从而进一步增强软实力，提高国际影响力和话语权。在此背景下，当前我国高校哲学社会科学研究者既要成为“四个自信”的筑基者，也要大力促进“四个自信”成为大众文化的坚实基础。

面对社会思潮纷纭激荡、思想观念和价值取向日趋活跃的新形势，高校哲学社会科学应主动担当新的历史使命，继续巩固和深入发展21世纪中国化的马克思主义，切实把马克思主义基本原理与中国特色社会主义伟大实践相融合，进一步聚焦习近平新时代中国特色社会主义思想，全方位服务党的全面领导和党中央治国理政。

（二）在全球化进程中强化铸魂育人，为中国特色社会主义全力培养时代新人

高校哲学社会科学的根本任务是铸魂育人，这也是高校在哲学社会科学“五路大军”中特色优势的重要体现。高校应切实担负起铸魂育人的历史使命，聚焦培育时代新人、武装人民的核心目标，进一步提升民众的道德水平、文化认同和理论素养，培养德智体美劳全面发展的社会主义建设者和接班人。

在当前的全球化进程中，包括国家在内的各种实体、组织变得越来越相互依存，同时也充斥着反全球化力量的阻抗与增生，新冠肺炎疫情则使全球化产生更大的不确定性。新一轮的全球化发展需要重建以人类命运共同体为内核的新型全球治理体系，以有效应对全球化和反全球化的激烈交锋，以及全球治理范式变革带来的全面挑战。面对不同价值观、不同思想文化、不同发展模式的冲突，高校哲学社会科学需坚持以习近平新时代中国特色社会主义思想为指引，从根本上解决好培养什么人、怎样培养人、为谁培养人的重大问题，引导学生自觉投身中国特色社会主义伟大事业，为实现中华民族伟大复兴的中国梦而不懈奋斗。

（三）应对世界百年未有之大变局，全面推出中国立场中国方案中国理论

当今世界伴随着国际秩序和国际体系深度调整，大国博弈呈现出愈加复杂多变的态势。新兴经济体的群体性崛起，深刻影响了全球经济格局和经济可持续发展，特别是中国的快速崛起对全球经济增长的贡献率不断攀升。全球治理、贸易规则、文明冲突、气候变化等全球性议题，决定了建立一种全球合作框架的重要性。当前的全球经济治理体系正在发生深刻变化，由西方国家主导的格局将逐步转向新兴经济体与西方发达国家的共同治理，基于人类命运共同体的共治模式将取得优势地位，并可能成为全球化时代的新治理架构。

面对大变局带来的各种挑战，当代中国高校哲学社会科学的任务，就是要从理论上对诸多百年未有的内生逻辑做出深刻回答，阐明中国特色社会主义道路的价值内涵和制度优势，并针对如何应对世界百年未有之大变局做出系统性、战略性的规划研究，为全世界的国家和民族发展提供中国方案、中

国理论、中国智慧。

（四）积极参与构建人类命运共同体，为创造新世界秩序提供建构性思想理论

习近平总书记倡导提出的人类命运共同体伟大构想，已经成为破解全球性治理难题的中国方案，这是中国创新发展21世纪马克思主义理论的重大原创性贡献。人类命运共同体理念，是对中华民族五千年文明传统的创造性转化和创新性发展，为克服少数西方发达国家主导的全球治理困境、建立更加公正合理的世界新秩序，提出了更具建设性、更有吸引力的系统解决方案。

构建人类命运共同体的思想，从更加长远的未来情景出发深入思考人类共存与发展的模式，提出解决人类所面临全球问题的新方案，这显然超越了西方资本主义的认知局限，具有重大理论和实践价值。作为人类命运共同体理念的首倡国，中国应当主动对此进行深入阐释和科学论证。我国高校哲学社会科学要善于利用话语领先优势积极布局研究，力争在新世界秩序、全球正义、全球治理等领域打造一批高水平原创研究成果，为促进文明交流互鉴、增进文化理解认同提供丰富的理论支撑，同时让世界更好认识中国、了解中国，为构建更美好的新世界秩序贡献中国力量。

三、自主构建中国特色高校哲学社会科学体系的路径思考

贯彻落实习近平总书记给《文史哲》编辑部全体编辑人员的回信精神，更好地坚持中国道路、弘扬中国精神、凝聚中国力量，需要通过扎根中国、铸魂育人、范式迭代、文明互鉴等路径，促进中国特色高校哲学社会科学体系自主构建。

（一）扎根中国的自主构建

一是发展21世纪中国马克思主义。坚持和发展马克思主义，用马克思主义中国化理论武装头脑、指导实践、推动工作，将马克思主义融入学术研究、人才培养、文化传播等各个领域，实现理论与实践的有机统一。坚持以马克思主义中国化的最新成果为指导，学懂、弄通、做实习近平新时代中国特色社会主义思想。

二是推动中华优秀传统文化传承发展和创新创造。坚持走中国特色社会

主义道路，进一步继承、弘扬和发展中华优秀传统文化。继承中华优秀传统文化，厘清中华文化发展的历史脉络，剖析中华文化组成的各个部分，找到联系中华文化各部分的肯綮枢纽，汲取其中的思想精华并做到推陈出新。弘扬中华优秀传统文化，加强传统文化经典文献研究和整理出版，把中华优秀传统文化全方位融入人才培养各环节，以中华传统文化中的思想精华及道德精髓滋润社会主义核心价值观。发展中华优秀传统文化，加快推进现代转型和创新创造，赋予新的时代内涵，服务于新时代的文化建设需求。

三是促进高校学术研究面向中国本土实践。塑造实践导向的观念体系，推动高校哲学社会科学研究始终坚持面向中国本土实践，与中国实践相结合设置研究命题和概念。加强调查研究，重视经验材料的作用，获取第一手资料，推动理论研究为实践发展发挥重要的指导作用。坚持人民至上，勇于回答时代课题，着眼群众需要的解疑释惑、阐明道理，把学问写进群众心坎里。顺应时代潮流，聚焦时代问题，洞悉时代精神，凝聚时代共识，引领人民前进。坚持立德树人，树立高远的理想追求和深沉的家国情怀，培养德才兼备的社会主义建设者和接班人。

四是加强高校新型智库建设与咨政建言。贯彻落实习近平总书记关于智库的重要论述和指示精神，加强高校智库建设，以服务党委政府决策为第一要务，以政策决策咨询为主攻方向，紧密对接党和国家需求，提升智库研究水平，发挥智库咨政建言、理论创新、舆论引导、社会服务、对外交流等重要功能，打造党和政府“信得过、用得上”的新型智库。

（二）铸魂育人的主动担当

一是加强高品质思想文化的源头供给。融通古今中外，利用好马克思主义、中华优秀传统文化和革命文化、国外哲学社会科学等三个方面的学术资源。坚持以马克思主义为指导，对习近平新时代中国特色社会主义思想等马克思主义最新成果加强学理化阐释和学术化表达，在马克思主义立场原理和马克思主义中国化理论成果的指导下加快构建中国哲学社会科学学术体系。创新性转化中华优秀传统文化，推动传统价值理念、传统治国之道、传统文明体系的创新性转化，赋予革命文化新的时代内涵，促进中国治理体系和治理能力的现代化，增强中国的文化软实力。批判吸收国外哲学社会科学的思想资源，同时保持坚定的文化立场，坚守中国哲学社会科学的主体性和独立性，自觉抵制文化殖民主义和文化霸权的侵蚀，发展具有民族性、开放精神、百家之长的新型现代中国文化。

二是推动教材体系的学术化和开放化建设。建设高质量的教材体系，推动教材的学术化发展，创造更多有价值的原创性学术成果，将学术成果及时融入教材。立足新时代要求，系统总结中国经验，提炼具有中国风格的新概念新表述，推动中国特色教材体系建设。加强政治指导，确保每一部教材都坚持正确的政治方向和价值取向，确保教材体系全面贯彻党的领导和治国理政要求。

三是发挥哲学社会科学育人功能。发挥思想引领功能，帮助学生树立科学思想，努力实现中国特色社会主义共同理想。发挥精神塑造功能，不断丰富学生的精神世界，培养学生良好的精神品质，为其全面发展提供必要的精神动力支撑。发挥行为规范功能，推动学生将理论成果转化为外在行为，用实践检验思想政治教育的成效。发挥人文关怀功能，促进学生综合能力素质的全面发展，引领学生健康成长。

四是构建“三学一体”综合发展体系。以学生成长为中心，深化教育教学改革，推进思政教育的现代化转型，将思想教育和价值引领融于知识传授过程，助推学生健康成长。以学术为基础，推进教学与科研的深度融合，自觉把马克思主义及党的理论创新成果充分体现在学生培养的各个环节，把学术成果转化为人才培养新引擎。以学科为支撑，打造学术创新和学生培养的平台，坚持以人为核心推进学科建设，确保学科资源和成果对人才培养的溢出。

（三）范式创新的战略迭代

一是遵循育人育才导向促进范式迭代。坚持以育人育才为中心构建新时代高校哲学社会科学高质量发展战略，加大力度推动哲学社会科学研究范式转型，促进“以解决现实问题为导向”向“以育人育才为中心”纵深发展。

二是推动新型交叉学科建设。加强学科交叉融合的顶层设计和系统谋划，促进“理-工-文-艺”多学科交叉和跨界整合，为跨学科专业定制知识图谱和能力图谱，构建包含建立元认知、训练跨学科元能力、掌握当代文明通识及跨学科领域知识、具备跨学科专业领域技能四个层次的交叉学科教育体系。面向国家战略急需和国际前沿领域，以重大理论和实践问题牵引哲学社会科学的交叉汇聚研究，凝练培育新的学科方向。

三是完成大数据时代的旨趣转换。适应大数据时代的思维转变和方法变革，推动大数据与哲学社会科学的交叉融合，运用先进的大数据处理和智能化方法，研究互联网空间和数字孪生世界的重大学术问题，发展“数字+”哲学社会科学新领域。借助大数据所掌握的“全”信息，有效打破学科研究获取信息的数量和覆盖面有限及研究方法单一的状况，为学科发展创造出更坚实的基础和更开阔的空间。构建大数据时代学术成果的多元化传播体系，提高学术成果传播的效率和趣味性。

（四）文明互鉴的动能激发

一是深化文明交流与互鉴。多措并举将文明交流互鉴落到实处，推动构建人类命运共同体。充分挖掘中华文明中蕴藏的丰富智慧，弘扬博大精深、灿烂悠久的中华文明，推动中华文明与其他文明的共同发展。深化新时代文明交流互鉴，倡导不同文明平等包容、和谐共处，探索多元文明长期共存的理想模式，让世界的文明花园更加多姿多彩。

二是不断提升文化软实力。坚定文明自信，向全世界主动传播中华优秀传统文化、弘扬时代精神的当代中国文化创新成果。坚持与时俱进，把握国际传播领域移动化、社交化、可视化趋势，加快构建全媒体传播新格局，努力以国外受众听得懂、听得进、听得明白且喜闻乐见的方式传播中华文明，为推动中外文明交流互鉴创造条件。

三是构建全球战略伙伴合作网络。积极探索我国哲学社会科学领域国际交流和教育合作的新形式、新方法，与国外高水平大学和科研机构开展深度合作，构建全球战略伙伴合作网络，在人才培养、科学研究、学术交流等领域开展实质性合作。推进高水平大学的国际化进程，坚持以引进优质教育资源为导向，以培养国际化人才为核心，提高中外合作办学的质量和水平。

（原载《国家教育行政学院学报》2021 年第 7 期）

新文科视野下的大学通识教育

李凤亮　陈泳桦*

2019 年 8 月 26 日，教育部倡导大力发展“新工科、新医科、新农科、新文科”。新文科是在新形势下对传统学科建设和人才培养模式的反思，是主动拥抱新科技革命和产业变革的机遇与挑战的“先手棋”①，更是构建人类命运共同体所体现的新使命、新担当。20 世纪，为应对新时代、新需求，改变当时分割式教学、条块化管理和碎片化思维的教育状况，西欧各国曾大力倡导和普及通识教育，变革人才培养的思维和模式。新文科在百年变局与全球化进程相互激荡的背景下产生，有着极不平凡的意义。随着我国经济社会进入新发展阶段，社会对人才的需求发生了巨大变化，厚基础、宽口径、专业化、创新型的复合型人才成为新的时代需求，“新工科、新医科、新农科、新文科”正是在这一新的历史语境中提出的人才和学科发展新方略。就新文科建设而言，未来可望在发展交叉学科、培养复合人才、创新话语体系、推动智库服务等方面积极探索。在此过程中，发展通识教育，不仅是新文科建设的题中之义，也是建设新文科的重要抓手。

一、大学通识之弊

通识教育（General Education）的概念起源于古希腊自由教育（Liberal Education，或译为“博雅教育”），在美国发扬光大。1945 年哈佛大学校长科南特（James Bryant Conant）推动本科生课程体系改革，发表了著名的红皮书《自由社会中的通识教育》（*General Education in a Free Society*）。中国近代，清华大学前校长梅贻琦也曾倡导过“通才教育”，他在《大学一解》中认为

---

* 李凤亮，南方科技大学党委书记；陈泳桦，深圳大学文化产业研究院博士研究生。

① 李凤亮：《新文科：定义·定位·定向》，《探索与争鸣》2020 年第 1 期。

大学教育“应在通而不在专”，应以“通识为本，而专识为末”[①]。学者张亚群认为梅贻琦所提“通才教育”与西方所提“通识教育”是同义的。[②] 高等教育发展至今，总的来说通识教育有三层内涵：一是旨在将学生教育成“社会公民”，二是相对于专业教育而言跨专业学科的教育，三是不以教育结果为目的、以人为本的全面教育。其与我国20世纪末兴起的文化素质教育一脉相承。虽然两者产生背景殊异，但两者的教育目的与途径一致。通识教育与文化素质教育均要求学生既能融会贯通，通达不同领域的知识，又能整合所学知识，注重内外兼修，提倡全面发展。通识教育在我国快速推广，不仅推动人才培养和学科建设发展，还成为大学教育改革的一个重要方向。但整体来看，通识教育仍然存在诸多值得警醒之处。

（一）认知偏差

对什么是通识教育、是否需要推进通识教育、如何推进通识教育，我国高等教育界还未达成完全共识。基于国内教育发展历史沿革，大学人才培养模式还带有工业化进程中培养分科人才的显著特征，即强调培养专业型人才，对于通识教育在层次和阶段上存在较大分歧。陈跃红教授2009年提出大学通识教育应放在初高中阶段完成，大学阶段着重培养学生的深度思维能力、批判能力和创新能力。[③] 马晓春教授针对陈跃红教授提出的通识教育阶段前移提出不同意见，指出通识教育应是全人教育。[④] 两位教授对通识教育的认识偏差反映了学界对通识教育之用的不同理解。前者认为当前大学通识教育流于表面，对学生创新能力培养和学术修养提升没有裨益，应将面向广度的知识构建放在初高中阶段完成；后者则认为通识教育理应成为贯穿现代人一生的教育。总体而言，学术界和教育界对大学通识教育产生的认识偏差有四：一是认为通识教育可有可无、可强可弱，部分学者基于大学通识教育良莠不齐的现状，对大学通识教育知识扩展和视野拓展存疑，认为通识教育只是大学教

① 梅贻琦：《大学一解》，1941年6月，转引自刘琅、桂苓主编：《大学的精神》，中国友谊出版公司2004年版，第37页。

② 张亚群：《中国近代大学通识教育与创新人才培养》，福建教育出版社2015年版，第136—137页。

③ 陈跃红：《大学通识教育面向广度还是面向深度》，《探索与争鸣》2009年第6期。

④ 马晓春：《通识教育应是全人教育——与陈跃红教授商榷》，《探索与争鸣》2009年第10期。

育的一种调剂，而非大学教育的关键环节；二是专业本位主义，强调学生应该深耕于专业领域，而不是各种知识都浅尝辄止；三是认为通识教育职责限于某些特定部门或学院，某些人认为大学通识教育仅仅是大学个别部门的事情，如文学院开设导读课、艺术学院赏读名画等，对于通识教育的认识还局限于知识普及阶段；四是认为通识教育只是知识的传授，老师与学生之间缺乏深入交流，学生与社会之间脱节，缺乏实践支撑。

（二）操作失误

大学通识教育本来肩负拓宽学生视野、培养学生批判性思维的重任。但是，在实际操作过程中，由于历史遗留导致的分科、分类积习，大学通识教育成为脱离于专业教育的一种可有可无的存在。一是教学模式单一。目前国内通识教育多采取大班教学的方式展开，教学模式固化，学生参与度不高，存在为了学分而选课的被动局面。二是课程设置受社会氛围影响。例如，一个时期大众对于国学的热情高涨，导致国内大学开设国学通识教育课程增多，但是这些国学通识课多置于大学语文公共课这个层面，学生上课体验感和获得感均与其预期相悖，导致多数学生视大学通识教育课为质量不高的“大课”。三是课程设置不合理。国内许多大学通识课缺乏系统性规划，课程设置上欠缺跨界融合意识，未能打通学科之间的壁垒，导致学生能选、想选的课程不多。四是监管缺位。大学通识教育课多数被置于公共选修课中，由于缺乏相应的制度保障和评估手段，导致大学通识课成为学生混学分的重灾区。

（三）多元之难

国内大学通识教育目前尚缺乏统一设计和整体规划，总体上处于各自探索的状态。例如，复旦大学建有“复旦学院”、南京大学设有“匡亚明学院”、北京大学推出“元培计划”等，各高校现有的通识教育呈现多向探索的发展态势。在新文科建设背景下，这种多元化的通识教育发展模式，不利于形成示范效应，同时各高校在通识教育的特色凝练上也尚未有显著成果。这种大学通识教育发展面临多元、复杂的格局，制约着我国新文科建设战略布局。一是难以满足不同类型大学的需求。我国高校的办学层次不同、办学方向不同，导致各个大学的学科设置不同，对通识教育的需求也应不一样，但目前却有“千校一面”之感。二是难以满足不同专业的需求。不同专业的培养方向不同，对通识教育的知识和技能要求也不尽一样。但目前大多数高校开设的却是“广谱型”通识课程，难以精准适应不同专业的知识结构要求。三是难以满足不同专业学生的需求。学生的家庭背景、个人兴趣和知识储备不同，加之目前高校开设的通识教育课程总量有限、品类不足，导致学生在按需择课时往往产生缺失感，其个性化需求未能得到有效满足。这种态势下，2015 年由北京大学、清华大学、复旦大学、中山大学四校共同发起成立了“大学通识教育联盟”，联盟旨在加强高校在通识教育方面的合作、促进大学人才培养模式创新、推动中国高校通识教育的发展。目前有 52 所高校加入该联盟，虽然联盟运行时间不算长，但是以联盟形式促进通识教育共同发展的效果令人期待。

（四）知行不一

国内通识教育整体呈现“通”之不畅、“识”之不足的状态。产生这种现象的原因有三：一是由于大学通识教育未能突破各自的学科壁垒，不能凸显跨界融合的倍增效果，高校在开设大学通识课的时候未能充分考虑学科之间的内在联系，造成大学通识教育与专业教育关联度不高，造成学生知识广度短板明显。二是由于大学通识教育课内容浅显，在专业深度上显示出不足。目前通识教育呈现出知识灌输的发展态势，未能和学生形成有效的课堂互动与知识探讨，有违通识教育“纵横贯通、内外兼修”的初衷。三是现行通识教育缺乏实践意识，学生对所学知识与社会需求方面认识模糊。学生初入社会对将要从事的工作适应能力不足，造成学生“学而不能用”“学而不会用”的尴尬局面。

二、提升通识之思

新文科建设为我国通识教育发展提供了契机，不仅能优化学科专业结构，解决学科细分问题，还为应对教育改革提出新要求，为新时代人才培养设置新规格。新文科建设是对大学教育体系的一种增补、转型和更新，是为解决当今世界共同面临的全球化问题所形成的新格局、新观念、新方法、新模式和新路径。大学通识教育是新文科发展的重要抓手和支撑。

（一）形成“跨界融合”的新格局

要以新的认识论、方法论和价值观去重新认识世界，关照现实问题。当前世界面临“日益突显出严重的‘文明病’症状：超级智能隐忧、基因技术隐患、生态危机、地缘政治与单边主义、文明割裂、思想隔绝、逻辑变异、秩序丧失、物奴现象与后物质主义并存，以及人性的退化、心智的弱化等”①，已经无法用单一学科或单一思维去解决，要以跨学科甚至是超学科去弥合生态和文明的割裂，构建人类命运共同体、人与自然共同体。大学通识教育能发挥出各个学科之间沟通的纽带和桥梁作用，能有效促进学科之间的跨越和融合，起到推动各个学科发展的提质增效作用。“跨学科”按照学科组织方式，从学科的概念、形式、特征、理论和方法出发，从分科治学到科际融合，重视学科间性，重组学科内部结构；“超学科”不仅指学科与学科之间的交叉融合，还包括学科与“非学科”之间的交叉、跨越和融合，还包括“专业内”学者与“专业外”的各行各业人士的跨界合作，因此它代表着更高等级或最高等级的“跨学科”。② “超学科”是为应对当前全球化、现代化、复杂化、个性化社会问题而提出的，需要用跨媒介的方法、跨文化的思维去重构教育方针和教育体系；“共同体”思维将世界作为一个难以分割的整体，将微观世界与宏观世界相结合，科学与人文相融合，以国际视野应对全球范畴出现的多样化、复杂化的局势，以减缓生态文明冲突、世界治理纷争和精神文明冲突等问题。

（二）强化“以人为本”的新观念

通识教育是一种全人教育，将人作为教育的主体，强调人的全面发展。“以人为本”是现代思想产物，但对人类本体性和主体性的关注及肯定，则从古希腊时期就已经开始。古希腊哲学家普罗泰戈拉（Protagoras）提出“人是万物的尺度”，肯定人的价值。在西方的历史中，人的主体意识又不断地将人从神学、宗教和世俗观念中解救出来。中国哲学主张天地人一体，人的主观意识不可或缺，成为推动万事万物和谐发展的力量。马克思在年轻的时候认识到，要达到“真正的人”，教育是最好的途径。在他的德语作文《青年在选择职业时的考虑》中，他也强调个人的全面发展和相互依赖的人群共同体的

① 刘洪一：《文明通鉴与普惠文明：人类命运共同体的文明路径》，《深圳大学学报》（人文社会科学版）2019 年第 5 期。

② 赵奎英：《“新文科”“超学科”与“共同体”——面向解决生活世界复杂问题的研究与教育》，《南京社会科学》2020 年第 7 期。

全面发展理念。[①] 在现代社会，对人类主体性的肯定更加重要，尤其是人工智能时代的到来，在后人类主义情境下探索人类的主体意识尤为重要。在现代生态网络中，人的主体性不仅体现在如何认识自我和重塑自我，还将社会作为有机整体，发挥人的协调和治理能力。首先要处理好人与自然的关系，不断观照人与自然的历史、当下和未来，以寻求两者发展的平衡点。其次要处理好人文与科技的关系，科技既作为一种手段和方法，推动人文发展，人文反思科学发展，科学向前观照前沿问题，人文往后诠释与重塑人的伦理、审美等经典化命题；科学又作为对象，与人文协同分工，两者相互促进、共同发展。学生主体性是人类主体性重要的组成部分，不仅强调提高学生主体获取知识和技能的能力，还要重视增强学生的主体情感、道德价值等主观能动性，重视不能因科技快速发展而忽略对学生美育和人文素养的培养。

（三）创生“资源整合”的新方法

一是要整合文化资源，文化资源是不可估量的生产要素，也是文化创新和文化自信不可或缺的文化因子。整合文化资源要从横向和纵向两方面共同着手。横向上，要以开放的心态看待和尊重不同国家和地域文化的差异性，以共同的文明通约打通不同文化之间的壁垒，并培养通晓国际文化和国际礼仪、具备跨文化视野的文化人才；纵向上，以文化为本位，以创新为导向，让中华优秀传统文化重新焕发出新的生机，构建中国特色的文化话语体系和学术体系，并培养热爱中华优秀传统文化、具有创新意识的文化人才。二是要整合社会资源，将社会作为一个有机整体，发挥社会的引领和整合作用。传统的教育观念是以教师为主体，以学校为教育发生场所，这就导致教育的单向性和局限性。在充分发挥学生自主性和能动性的同时，还应整合社会、学校和家庭等多方资源，探索范式创新，将社会、企业和政府等资源引入高校，探索产学研政一体的学习模式；充分发挥现代媒介和现代技术优势，搭建实验平台和学习平台，跨越时空的界限，实现“人人可参与，时时可参与，处处可参与”的无障碍式学习。通识教育是整合知识资源的一个重要抓手，其摒弃了以往以学科为导向的知识架构，转向以问题为导向的知识架构，创设师生共同探讨“问题解决式”新型课程，并培养知识复合型人才；整合理

① ［英］戴维·麦克莱伦：《马克思传》，王珍译，中国人民大学出版社 2016 年版，第 10 页。

论知识和实践知识，发挥理论的应用能力，深化实践的理论意义，运用交叉知识，积极探索知识创新和知识融合。

（四）建立“强化实践”的新模式

以人工智能、大数据、生命科学、量子力学和虚拟现实等新技术催生了新兴产业和新兴业态的发展，由新技术、新产业和新业态所引发的生活方式、思维范式和学习模式的转变呼唤学科的内在改造、升级和转型，以跨界融合为特征的新产业和新业态迫切需要跨学科和重实践的复合型人才。与此同时，外部世界风云巨变，全球气候变暖、生态环境破坏、国际事务失序等问题逐渐凸显并且愈演愈烈，脱离社会现实且视野局限的人已经无法解决此类问题，要以开放合作的心态和积极的行动能力参与到国际公共事务和社会服务之中，创设新时代、新生态、新语境。新文科建设背景下的通识教育发展，注重打破以往只关注自身学科内部发展的局限性，提倡与历史和世界同步，以跨界融合为定位，以实践为导向，与新科技相融合，探索创新范式，生成新文科的新内涵和新意义。

（五）构建“创新为体”的新路径

创新是新时代的内在呼唤，科技的发展催生了智能时代的来临，人工智能、生命科学、量子科学等新技术的快速发展，要求我们不能只做单线程思考，而要有一个多线程的思维模式，去重新看待世界的本质和文明的本质。文化产业化的趋势呼唤新业态的产生、提升对文化的重视和对经济消费的需求。科技创新、经济发展、产业变革等引起的社会和文化的变革，产生新的学科和新的生活形态。这些变革对我们提出新的要求和挑战，要求我们持续更新观念，用科技逻辑和人文逻辑共同思考，提供文化科技创新动能。大力发展通识教育就是注重培养年轻一代综合能力和创新思维能力。一是需要拓宽学生的知识广度，使学生不再囿于自己专业的窄小天地；二是需要提升学生的知识深度，使学生在了解其他学科的同时，对本学科产生新的认识、新的想法。

三、未来通识之路

当前，全球正经历百年未有之大变局，新技术、新业态不断涌现，各个领域之间沟通交流频繁，尤其在教育领域，各个学科之间交叉互融趋势明显。为适应新变局、新业态和新挑战，打造一支“面向现代化，面向世界，面向未来”的人才队伍已成为当前教育的重要使命。

（一）创新培养理念

大学通识教育本质上是贯通、通达、融汇各门类知识，着重培养学生各个学科之间的整合能力，提高学生处理复杂问题的能力，构建复合型人才、跨界型人才培养的新模式。一是要构建科学素养、人文素养兼备的人才培养机制。国内现有 14 个省份开启高考改革，大方向是打破文理分科。但是，学生进入高校后依然要面临选择专业方向的问题，部分高校试行大二再选专业的“大类招生”模式，但是文理科之间依然泾渭分明。如上海大学在 2011 年就推出了不按专业招生机制（艺术类/中外合作办学专业除外），招生只分文理科。新生大一期间将统一接受通识教育，一年后再根据高考成绩和综合情况，采取学院、学生双向选择的方式安排专业，那些难以吸引学生的院系，则会引入淘汰机制。这种机制虽然能在一定程度上满足学生需求，但是文科与理科之间的割裂依然存在。未来全球变局加剧，科技与文化之间融合发展趋势明显，专才培养模式已不能有效满足整体社会发展需求，科学素养与人文素养兼备的人才将是中国参与国际竞争的核心竞争力。二是要健全理论与实践相结合的人才培养机制。随着全球新技术变革加速推进，大数据、5G 等新一代信息技术不断嵌入日常生活，不断涌现的新产业、新业态对人才的适应性提出新挑战、新要求。现有大学教育模式依然存在重理论、轻实践的状况，培养出来的人才与社会需求严重脱节，学生进入社会之后再培训、再教育成本增加，造成社会资源浪费。注重理论与实践相结合，强化大学通识教育的通达效用，一方面使学生清楚学校教育与社会需求之间的距离，从而调整自己的知识结构，以备较好地适应社会生活；另一方面推动学校重构教学体系，提升学校教育与社会需求之间的接驳能力。三是要构建通识教育与专业知识教育整合机制。改变当前通识教育边缘化现状，将通识教育作为大学各个学科之间融合的催化剂，依托通识教育的纵横贯通优势，促进学生对自身专业的再认识、再思考，提升学生专业化水平。四是构建跨界人才供给机制。跨界融合能有效整合社会资源，“科技+人文”“科技+金融”等跨界融合发展已渐成趋势，但跨界融合面临复杂的内部、外部制约，需培养具备通晓多领域知识的复合型人才。据预测，2021 年中国 VR/AR 市场规模将达 544.5 亿元，年均增长率为 95.2%，但是高素质复合型人才短缺成为制约 VR 产业发展的主要瓶颈。[①] 现有的专才教育已经难以支撑跨界融合发展的需求，复合型人才紧缺难题已经成为产业发展的掣肘，因此培养跨界人才、复合型人才势在必行。

（二）改革教学内容

为应对全球百年未有之变局，需要贯彻落实教育部大力发展新工科、新医科、新农科、新文科，优化学科专业结构，推动形成覆盖全部学科门类的中国特色、世界水平的一流本科专业集群教育改革精神。一是要倡导全人教育。20 世纪，全人教育曾风行日本，日本著名教育家小原国芳从学问、道德、艺术、宗教、体育和生活六个方面构建了一个整体的全人教育培养模式，并将六个方面对应于真、善、美、圣、健、富的价值追求。这与东亚文化圈儒家所提倡君子“六艺”所追求的“全人教育”在思想维度上有着内在联系。君子“六艺”指礼（道德、宗教）、乐（艺术）、射（体育）、御（生活、体育）、书（学问）、数（学问）。全人教育可以看成是一个整体的教育体系，旨在实现人的全面发展。不仅东亚文化圈提倡全人教育，苏联著名教育家苏霍姆林斯基（Васлий Алексндрович Сухомлнский）也提倡“全面和谐教育发展观”，坚持德育、智育、体育、美育、劳动教育全面发展。可见，全人教育是人类发展的一个共同目标。二是健全批判思维教育。批判性思维是以问题为导向，注重问题从发现到解决的全过程思维培养。在此过程中，老师要注重“启”，注重问题设计，培养学生的问题意识，引导学生发现问题，解决问题，并在这个过程中培养具备思辨能力、独立思考能力的人；改变传统教育模式，更加重视对学术认知过程、情感动机、人格价值观等非量化因素的评价。三是提倡全球观教育。随着世界一体化进程的不断深化，各国交往紧密度进一步加强。中国新发展格局绝不是封闭的国内循环，而是更加开放的国内国际双循环，中国全面深化改革开放就是对全球化趋势的精准研判。在此

---

① 参见朱磊、戴林峰：《高素质复合型人才短缺成 VR 产业发展主要瓶颈》，《人民日报》2019 年 11 月 25 日。

背景下，加强通识教育有助于学生拓展国际视野，增强全球化观念，培养具有跨界思维、独立思考和共享精神的人才，有利于实现中华民族伟大复兴。四是强化实践教育。新文科背景下的通识教育有别于传统的通识教育，更加注重实践的作用。学生在实践中发现自身短板，重构自身知识结构，做到将知识融会贯通，并达到学以致用，努力实现自身全面发展。

（三）大力发展“金课”

2018 年，教育部印发了《关于狠抓新时代全国高等学校本科教育工作会议精神落实的通知》，在这份指导性文件中提出了对各高校课程内容的全面要求，做到“淘汰‘水课’、打造‘金课’”。高校的通识教育课程也必须大力打造“金课”，以学生需求为导向，注重师资知识结构的多元性，突出跨界融合的特征，强调学生自主性、能动性和实践能力，拓展学生全球化视野，提升学生知识整合水平。一是要强化“金课”的互补性。截至 2020 年 6 月 30 日，全国高等学校共计 3005 所，其中普通高等学校 2740 所，含本科院校 1272 所、高职（专科）院校 1468 所；成人高等学校 265 所（本数据未包含港澳台地区高等学校）。[①] 国内高校办学层次、办学历史等差异较大，为提升国内高校通识教育整体水平，提倡差异化“金课”，有助于激发高校创新活力。如医学院等高校可以多开设艺术和人文领域的“金课”，在拓宽学生视野的同时，还能促进学生对专业领域的深化理解。从医学与美术跨学科产生的“医学美术”这一新学科可以看出新时代对于新学科的诉求和内在呼唤，随着技术进步，医学美术与传媒专业相融合，用传统大美术创作手法与新传媒技术相结合，将医学的概念和内涵用生动直观的视觉语言表达出来，更能加强人们对医学的理解。二是要提升“金课”的整体性。雅斯贝尔斯认为，“专门的学科只有作为知识整体的一部分而存在的时候才是有意义的，而如果离开了科学的整体，孤立的学科也就成了无本之木、无源之水”[②]。高校开设“金课”，一定要强调“金课”的整体性思维。“金课”作为大学通识教育发展的抓手，着重培育学生的系统性思维。要改变以往通识课与专业课不相关、零

---

① 《全国高等学校名单》，http：//www. Moe. gov. cn/jyb_ xxgk/s5743/s5744/202007/t20200709_ 470937. html，2021-05-05。

② ［德］卡尔·雅思贝尔斯：《大学之理念》，邱立波译，上海人民出版社 2007 年版，第 86 页。

散碎片化的状态，加强专业课与大学“金课”之间的联系。如上所述医学院开设艺术类“金课”，有利于形成两者的融合发展，提升学生对专业知识的认知水平。以整体性为考量重构大学通识课程设置，将设置“金课”当成系统性工程来做，对培养复合型人才有极强的促进作用。三是要突出“金课”的跨界性。一方面，跨界思维有助于解决多领域协作问题；另一方面，跨界融合能产生新业态，提供发展新动能。如前所述，高素质复合型人才制约着中国 VR 产业发展，中国不仅面临技术“卡脖子”的问题，还面临人才短缺的窘境。面对新一代信息技术革命的冲击，人们的工作内容已经与传统工业化进程中的社会分工有了很大的区别，对人的综合素质要求越来越高。跨界融合将成为社会发展助推力，如随着 5G 技术的应用，人工智能与汽车跨界融合，催生出无人驾驶等智能驾驶辅助系统，这些融合能极大提高人驾驶汽车的舒适度和安全性。大力推广“金课”，突出“金课”的跨界性，加深学生对社会新业态的认识，将有助于学生培养跨界融合意识，从而提升学生的创新、创业能力。四是要体现“金课”的创新性。首先，在课程内容上侧重知识结构与内容的前沿性，瞄准高精尖前瞻性问题；其次，在课程形式上展现先进性，传统的线下课堂教学仍然是“金课”的主阵地，慕课（MOOC）、虚拟仿真教学（VR 教学）、社会实践等课程形式有机补充，形成线上线下一体式教学形式，真正以学生为中心，实现学生学习时间、学习空间、教师资源、课程资源的分配转变和有效整合。

（四）强化“硬核”能力

大学通识教育有利于优化学生的知识结构，拓宽学生视野。增强学生对跨界融合的认识，从而培养其自身的“硬核”能力。一是解决问题的能力。大学通识课程注重以问题为导向，转变以往以学科为导向的传统，注重以老师启发为主，培养学生发现问题、分析问题和解决问题的能力。二是知识整合能力。随着社会不断发展，新产业、新业态、新模式不断涌现，产业“链”式发展使得社会协同工作越来越受到重视，社会对未来人才的要求不再满足于习得一门知识，而对高素质的复合型人才需求旺盛。培养复合型人才就是培养人才的知识整合能力，培养能突破现有学科壁垒的“破壁者”。很多发明创造需要这种“破壁者”，如在抗生素还未普及的时候，1932 年德国病理学家格哈德·杜马克（Gerhard Domagk）在工业颜料中试出了首款商用抗菌药。与之相对应的是，2020年人工智能首次发现强效抗生素。据《自然》报道，一项开创性的机器学习方法从1亿多个分子中发现了强大的新型抗生素。[①] 由此可见，科技创新和文化创新离不开知识整合和知识创新。三是跨境交流能力。我们处于信息“爆炸”的时代，信息传播速率加快导致现代人对信息的共享需求增多。大学通识教育着重强调学生全球化视野的开拓，随着全球化进程加剧，没有哪个国家能关起门来发展，中国也在积极构建国际国内双循环发展新格局，提升跨境交流能力，为国际大循环格局发展形成有力支撑。中国在不断深化改革中，跨境交流人才紧缺，如在大湾区战略的背景下，粤港澳大湾区建设对具备跨境交流复合型人才需求加剧。区别于以往只关注自身领域发展的教学模式，大学通识教育能有效促进学生对全球化的认识，既有利于学生树立有针对性的个人理想和职业规划，又能帮助解决中国面临的技术“卡脖子”等问题。

新文科背景下的通识教育更加强调新时代、新机遇、新挑战和新需求，呼唤具有跨界融合思维和实践行动能力的创新型、复合型人才。新时代创新型人才要有新担当、新使命，以全球化视野和命运共同体思维深化新文科新内涵，构建新发展格局。

（原载《山东大学学报》［哲学社会科学版］2021年第4期）

① 文乐乐：《人工智能首次发现强效抗生素》，《中国科学报》2020年3月3日。

新文科建设的目标、内涵与路径

夏文斌*

当代中国新文科建设的提出，是基于国际国内形势深刻变化，面对人才培养所面临的新的背景和需求，而做出的一个重大学科调整、变革和优化。判断一个学科价值的标准是多维的，但把脉时代发展和社会进步的大势，把脉社会发展对学科建设和人才培养的新需求，不断改革创新，则是学科建设价值的核心要义。

新文科建设的基本目标

马克思主义认为，人的自由而全面发展是社会发展的根本目标。人是生产力的核心要素，是社会进步的动力源所在。在当今社会竞争日益激烈的大背景下，在百年未有之大变局的新的世界格局变化中，不断提升人的综合素质，打造一代又一代具有家国情怀、全球视野的青年英才，必将成为我们应对世界发展的挑战、提升综合国力的必然选择。

新文科建设正是在这样的一个新的社会和学术背景下产生的。目前，社会各界特别是教育界对新文科建设都特别关注，并提出了许多有价值的思考和设想，赋予新文科以许多新的功能和寄托。笔者认为，无论对新文科有多少设想，都不能忽略新文科的目标。从根本上来说，培养德、智、体、美、劳全面发展的高素质创新型人才就是新文科建设的根本目标。

回顾改革开放这段波澜壮阔的历程，可以总结的成功之道有很多，但其中一个十分关键的成果，就是我们培养了一批又一批高素质的人才，正是他们在各行各业的创造性劳动，才整体带动了国家经济社会的全面进步。但应当看到的是，随着科学技术突飞猛进的新发展，随着市场经济和全球化浪潮

---

* 夏文斌，对外经济贸易大学党委副书记、校长。

全方位地影响着世界发展的格局，随着中国改革进入深水区，我们的人才能力恐慌、创新恐慌和综合素质恐慌已经十分突出，“钱学森之问”给我们以极大的震动，引起社会各界的普遍反思，但我们尚未系统地拿出应对之策。从这个意义上说，新文科的提出，绝不是在文科学科建设上的技术性修补，而是要在人才培养目标上正本清源并创造性推进。习近平总书记在全国高校思想政治工作会议上指出：“高校立身之本在于立德树人。只有培养出一流人才的高校，才能够成为世界一流大学。”就新文科建设的根本目标来说，我们可以从以下三个层面来进行把握。

一是新文科建设要明确将理想信念作为人才培养的根本。无论国际风云如何激荡，无论中国经济社会发展到什么样的方位，只有夯实青年学生的理想信念基础，将爱党爱国爱社会主义植根于青年心中，使他们懂得如何运用所学知识报效祖国、报效社会，他们就一定会成为未来社会发展的中流砥柱。二是新文科建设需要在增强学生综合实力上下功夫。当今世界的诸多实践问题越来越呈现复杂性和系统性，解决这些需要的是综合素质和能力。因此，全方位培养学生的综合素质，以适应社会和市场的需要，正是新文科建设的目标导向之一。三是新文科建设需要持续增强学生的创新能力。创新是中华民族生生不息的动力。当今世界的竞争就是人才的竞争，人才竞争的背后就是创新的竞争，一个国家只有拥有创新的思想、能力和体制机制，才能于世界竞争的新格局中处于不败之地。为此，笔者认为，培养学生的创新能力是国之大计、党之大计，更是教育之大计。

新文科建设的内涵

新文科的新不是新旧的新，而是创新的新。面对当今世界创新之大势及对社会的影响，我们必须审时度势，及时把握学科创新规律和导向，不断丰富拓展新文科内涵、提升新文科建设的核心竞争力。

（一）构建资源共享、学科交叉的新文科建设格局

当今世界的发展实践既要求专业精准、精细分工，更要求各专业的相互交叉合作形成整体系统。当今世界和中国的任何一个重大实践问题，仅仅依靠一个学科和专业是难以解决的。例如，中国的脱贫攻坚工作，从学科导向

和应对来说，我们不仅需要经济学、人口学、社会学的支撑，还需要法学、教育学、政治学的支持，并且这些学科在解决上述问题中不可能单打独斗，需要的是各学科的知识共享、方法共享、数据共享等。需要指出的是，新文科建设倡导的跨学科的交流交融，并非简单地对各学科进行各种物理组合，而是要坚持问题导向，充分发挥各学科在应对实践问题中的优势，充分借鉴各学科的学术和实践方法，实现理论与实践、认识世界和改造世界的统一。近年来，对外经济贸易大学正是从社会需要出发，建设数字经济实验室、数字经济研究院、数字贸易、涉外法学等研究平台和专业，其目的正是通过跨学科的有机整合，以解决重要实际问题，进而构建系统化的新文科建设格局。

（二）增强服务国家战略的能力

恩格斯说："社会一旦有技术上的需要，则这种需要就会比十所大学更能把科学推向前进。"① 习近平总书记指出，只有一流的国家才有一流的大学。从世界与中国的社会发展走势来看，国家实力与大学实力是紧密相连的。一个国家的综合实力强、世界影响力大，这个国家的大学才有上升的空间。当然，大学对国家综合实力的提升也有非常大的推动作用，大学所培养的人才和所积累的知识创新成果也在源源不断地推进着国家的进步和发展。测量一个国家的综合实力，大学是一个权重很大的测评单位。具体来说，建好新文科必须在以下三个方面持续发力。

第一，提出重要的新理念、新思维、新方法推动国家经济社会发展。伟大的实践需要伟大的理论。当今中国的改革开放特别是进入新时代的伟大实践，正是由于我们高举中国特色社会主义伟大旗帜，正是由于我们坚持以习近平新时代中国特色社会主义思想为指导，才铸就了我们时代实践的新辉煌。我们的哲学社会科学工作者要在正确的理论引领下，聚焦现实问题，能于理论创新，敢于并善于提出新理念、新思维、新方法，为党中央治国理政提供更多的理论支撑，为社会主义现代化建设提供更多的理论解读和引领。

第二，培育更多能够适应社会和市场需要的人才。大学的核心任务是培养人才。新文科建设的根本目标任务就是培养能够适应社会需要的人才。我

① 参见《致瓦·博尔吉乌斯》（1894 年 1 月 25 日），《马克思恩格斯全集》第 39 卷，人民出版社 2006 年版，第 298 页。

们之所以强调新文科的新，新在何处？就是要面向实践需求进行学科布局和人才培养内容更新。应当承认，面对波澜壮阔的社会主义现代化伟大实践，我们人才培养的目标导向和内涵还不能完全适应需要。例如，一些学科内容和方法已经远远落后于现实实践，有些时候我们的教师在课堂上讲得头头是道，但学生进入社会时发现理论与实践并不完全是一回事。又如，学生考试分数很高、学历很高，但进入市场和社会时，因为实践能力缺乏而变得“水土不服”等。所有这些都需要我们加快学科建设与现实实践需求的对接，通过各种方式，统筹各类资源，以就业为导向，使学生在了解国情、提升解决实践问题能力方面有新的提高。

第三，在推进产学研政一体化进程中发挥更大作用。产学研政一体化是推进经济社会可持续发展的必由之路。对于“产”或者说大产业的布局与高质量发展而言，就必须打通生产、消费、分配、流通等各个环节，而这种打通仅靠产业部门自身是难以完成的；对于“学”或者说高校的人才培养大格局而言，不与产业挂钩、不吸取最新科研成果、不同国家和政府发展战略相对接是难以完成自身任务的；对于“研”或者说服务国家战略的整体系统研究对象和目标而言，如果不去研究消化产业发展中的问题，人才培养的内涵提升、国家和政府战略重心也不可能真正实现自身的目标任务；对于“政”或者说国家和政府的战略目标及功能定位而言，需要的是可持续产业支撑、高水平人才培养、能够解决现实问题的科研成果，在这个基础上，国家和政府的宏观协调作用才能真正发挥出来。从一流高校的发展历程来看，将产学研政打通和相互对接，是创建一流大学的前提和基础。例如，第一次蒸汽机革命不仅极大地推动了人类生产力发展，更给人才培养和科学研究带来新课题。当时英国的牛津大学、剑桥大学就高度关注新技术变化，积极关注国家和政府的战略导向，及时调整学校人才培养和科学研究的目标，由此奠定了世界高校竞争发展中的重要地位。第二次电气化革命发生在德国，这同样也给大学提出了新课题。柏林洪堡大学等有着高度的学术和社会敏锐性，关注并研究此次革命的核心需求，及时调整并深化研究型大学的定位，既注重基础学科的研究，也注重将理论知识转化为应用型新技术，从而为国家培养更多既具有创新能力又能够适应市场需求的高水平应用型人才。对于第三次信息化革命发起者美国而言，斯坦福大学、伯克利大学身在其中，并和这一新技术浪潮比肩同行，打开大门办大学，把大学办在产业中，把产业办在大学里，两者的深度融合使得学校的办学实力和影响力大大提升。目前，第四次工业革命的浪潮已滚滚而来，这个以人工智能、石墨烯、基因技术、虚拟现实、量子信息技术、清洁能源以及生物技术为突破口的工业革命，给世界和中国的发展带来前所未有的机遇，面对这些前沿领域，中国已经在高铁、核电、装备技术、共享经济、数字经济、新能源等领域有一席之地。对此，中国的高校需要抓住机遇，面向未来，通过产学研政一体化推进，不断提升学科特别是新文科的综合实力和影响力。

（三）基础理论与应用理论的有机结合

任何一门学科都是由基础理论与应用理论组成。对于新文科而言，强调这两者的有机结合，更有着其特殊的意义。应当承认，基础理论与应用理论有着不同的内涵和学术范式，尊重这两者的差异，特别是关注基础理论的历史价值和未来存在的意义，更是我们建设新文科必须要研究的重大问题。但必须看到的是，我们的新文科建设从根本上来说，就是要回应和解决人的存在与发展问题，就是要体现在助推德智体美劳全面发展人才的培养质量问题。从这个意义上说，如果我们的基础理论不能回应社会需要和时代关注，就难以得到青年学生和全社会的广泛认同。同时，我们的应用理论如果游离于基础理论之外，就事论事，就可能显出其短视和功利的色彩，青年学生也难以在这些具体实证的个案中得到深沉文化的提升。为此，我们要通过新文科建设，通过教育教学创新，进一步加强基础理论与应用理论的有机整合，并使两者整合的成果运用于人才培养的体系和格局中。

（四）人文精神的传承与弘扬

随着科学技术和市场经济的迅猛发展，许多依靠市场和技术而建的新平台，在经济社会发展中发挥着越来越大的作用。例如，目前的数字经济实验室、教育数据库、大型网络问卷平台等，都在按照市场化、项目化的经营策略，一改过去文科一支笔、一个本的个体研究方式，这种研究方式和发展方式的变迁，无疑给新文科建设赋予了许多新的动能。但一定要明确的是，无论我们给新文科建设赋予多少新的目标和光环，有一点是千万不能丢弃的，人文精神的传承与弘扬永远是新文科建设的题中之义。中华人文精神是一批批仁人贤达，从中国历史和国情出发，不断积累提炼而成的，它成为中国人的行为规范和价值追求，成为激励中华民族愈挫愈坚、奋斗担当的重要精神动力。同样，世界各国的人文精神都体现并印证着这个国家和民族的独特历史文化和精神风貌，都值得我们互学互鉴。

新文科建设的基本路径

（一）以人工智能和大数据为抓手，推进新文科学科集群和交叉联动

人工智能和大数据作为当代人类把握世界、改造世界的先进手段，已经深深影响着当代世界和中国的经济社会发展，影响着教育的改革创新。新文科建设要深入研究人工智能、大数据和各学科联通的路径和方法，注重在学科交叉中构建新的能够引领社会和市场需求的新学科、新专业。近年来，许多学校通过“数字+”所构建的新文科专业方向，包括数字法治、数字贸易、数字金融、数字安全等，深受学生和社会的认可。具体来说，一是通过人工智能和大数据提升学习效率。在传统的大学教育教学中，教师以统一的、系统的、标准的方式授课，没有充分考虑到学生的知识结构和学习兴趣，人工智能和大数据的出现，就可以全面精准地测试出每个学生的学习水平、兴趣以及个性秉赋，从而通过智能精准提升和信息对称式学习，强化场景式和体验式学习，使得学生的学习兴趣和效率都会明显提升。二是通过人工智能和大数据提升学科科研质量。人工智能和大数据通过智能问卷、大数据收集与分析，通过定量与定性的结合、理论分析和实证模型的结合，推进学科建设方式方法的创新，进一步提升新文科的科研能力和水平。

（二）以教育评价改革为动力，持续推进新文科建设的改革创新

对于新文科建设而言，教育评价是“指挥棒”，关乎到人才培养的标准、资源的配置、学科平台的建设和基础设施的保障。在学科建设包括文科建设中，有段时间我们过于注重分数、论文、“帽子”在评价体系中的作用，结果出现了教育评价本末倒置的现象。2018 年，习近平总书记在全国教育大会上深刻指出，要扭转不科学的教育评价导向，坚决克服“唯分数、唯升学、唯文凭、唯论文、唯帽子”的顽瘴痼疾。在新文科建设中推进教育评价制度改

革：一是要做到从单一性评价向多元评价转变。要改变仅靠分数评价学生、论文和项目评价教师的简单做法，坚持以德智体美劳的多元评价体系考评学生，坚持以教学、科研、社会服务多维指标评价教师。二是将等级评价改为绩效评价。要改变仅靠项目规格、刊物等级等作为考评唯一权重的现状，坚持以绩效为导向，以解决国家重大理论和实践问题为重要权重，使真正能够在解释世界和改造世界进程中发挥重大作用的人才脱颖而出，并得到应有的荣誉和奖励。三是从工具性评价向具有人文精神评价转变。要改变从工具性标准化评价出发，转向从人的存在、发展和价值出发，从对人的成长性评价入手，不断激励人的自我价值与社会价值同向同行。

（三）以协同联动为原则，推进新文科建设目标全面落实

新文科建设的新，意味着在更大格局中推进文科发展，使新文科的成果广泛造福于社会。为此，我们需要通过协同联动，不断提升新文科的影响力。一是校内协同联动。做到学校内各部门、各院系的联动。要从新文科整体目标出发，统筹校内的人才、资金、平台和制度建设，形成治理合力。二是校内外协同联动。学校与相关行业可以互聘导师、共建研究基地、共同开展学术交流活动等，特别是要注重从现实社会实践中寻求新课题，多方联手，形成高水平的研究成果，培养高素质人才。三是国内外联动。要加强国际学术文化交流，实行“走出去、请进来”策略，推进中西文化互学互鉴，从而不断提升中国文化国际传播力，进一步提升中国文化软实力。

（原载《北京教育》［高教］2021年第5期）

推进新文科建设　回应新时代需求

贺祖斌*

在传统的分科体系中，自然科学和人文社会科学界限分明，甚至壁垒森严。在知识更迭、学科交叉融合加速的今天，这种人才培养机制和学科发展模式的弊端日渐凸显。因此，建立一种具有全球视野与“中国作风和中国气派”的新文科教育体系，对于提高哲学社会科学发展水平、增强国家综合国力和中华文化影响力、培养担当民族复兴大任的新时代文科人才，具有重要意义。

深刻认识推进新文科建设的重大意义

2019 年，教育部等 13 个部门正式启动“六卓越一拔尖”计划 2.0，全面推进新工科、新医科、新农科、新文科建设。其中，新文科建设强调学科交叉、文理相融，旨在培养具有跨学科专业背景和创新合作能力的新时代卓越人才。

新文科是一种新思维。当前，社会问题日趋复杂多变，文科学科发展从分化走向综合，跨学科综合型高素质人才紧缺。新文科概念的提出，旨在寻求突破传统文科的思维模式，强调在学科发展中注重继承与创新、交叉与融合、协同与共享，不断促进多学科交叉与深度融合，推动传统文科更新升级，更好适应经济社会发展的需要。

新文科是一种新方法。随着新一轮科技革命和产业革命的深入开展，大数据、云计算、人工智能、5G 技术、区块链等新兴科技，深刻改变了人们的生产生活和学习方式。新科技的概念和方法，也全面融入人文社会学科的教学、研究之中。善于运用现代科技手段进行人文社科研究，是激发思想活力、

* 贺祖斌，广西师范大学党委副书记、校长。

开创人文社会科学发展新局面的重要方法。

新文科是一种新变革。一个时代有一个时代的学术。新文科的提出，是时代赋予的新使命。它并不是对传统文科的简单否定与替代，而是传承、发展、改革与纠弊，是传统文科的自我革新。较之于日新月异的技术进步等外部因素的推动，源于文科内在更生的要求更为急迫。只有这样，才能建成具有中国风格、中国气派的新文科体系。

总之，推进新文科建设，是提升国家文化软实力、坚定文化自信的重要手段，是促进文科教育高质量高水平发展的必然要求。高校作为人才培养和科学研究的重镇，只有与时俱进、积极求变、主动应变，发挥自身学科优势、深化学科专业改革，积极创新理论体系和学科话语体系，才能在推进新文科建设中展现更大作为。

牢牢把握新文科建设的着力点

遵循文科自身发展的内在逻辑和规律，牢牢把握新文科建设的重点方向，聚焦新领域、研究新范式、满足新需求，使高等文科教育更具时代性、科学性和创造性。

聚焦产业变革中的新领域。在新一轮科技革命和产业变革大潮中，出现了大数据、云计算、人工智能、区块链、基因工程、虚拟技术等大量新兴技术领域。面对这种颠覆性的科技进步，人文社会学科必须紧跟步伐，紧密对接国家发展战略，加大对未知空间的探索力度，强化与理学、工学新兴领域的交叉融合。

聚焦文科研究领域的新范式。新科技、新产业、新经济迅猛发展，新事物、新情况、新问题不断涌现，客观上正在促使传统人文社会学科的研究范式发生转变。新文科在科学研究上紧密依托大数据分析和处理、人工智能技术等，在解决经济社会发展面临的问题、服务党和政府决策上发挥着积极作用。同时，也催生了新的文科增长点，丰富了文科研究领域。

聚焦人们生产生活的新需求。随着我国社会主要矛盾发生变化，人们对美好生活的向往呈现多样化、多层次、多方面的特点，对新文科建设提出了新的需求。人文学科需要关注不同领域、不同行业的发展对人类社会和精神世界的新诉求，主动回应技术创新和社会变革，积极运用人工智能和大数据分析等新方法，推动政治学、法学、伦理学、社会学、新闻学、教育学等学科领域智能化建设。

创新文科专业发展和人才培养模式

推进新文科建设，既要紧密对接经济社会发展的新需要，紧跟科技革命和产业变革的新进展，又要尊重高等教育规律和学科知识发展规律，促进跨学科交叉、多学科协同、文理科融合，积极创新专业发展和人才培养模式。

坚持需求导向，推进新文科研究范式转型。服务经济社会高质量发展、提升国家文化软实力，是推进新文科建设的题中之义。只有关注社会需求、对接发展需求，推进学科耦合，强化开放与协作，才能引领带动文科专业建设整体水平提升。一方面，文科领域各学科专业之间要加强融合贯通；另一方面，文科要与理工农医等学科开展跨界合作，加强与不同学科的对话、交流、碰撞、耦合，推出具有新时代特色的文科知识创新成果，共同解决人类生存和社会发展所面临的各种问题。高校应基于自身学科优势，组建跨学科复合型的研究团队，开展政策研究、区域研究，培养专门人才，建立人文社会科学新型智库，服务经济社会发展和国家战略实施。

坚持问题导向，大力培育新型交叉学科。当下，自然科学与人文社会科学的结合日益紧密，培育新兴交叉学科成为现代科学技术发展新的生长点和增长点是形势所迫、发展所需。培育新型交叉学科，大力发展与大数据、人工智能、虚拟现实、基因工程等新技术结合的新兴文科专业，实现文科建设与新兴技术的深度融合，不仅有助于学科间的交流，也有利于思维的拓展。打破学科壁垒，既要打通人文学科内部、社会科学内部的壁垒，又要打通人文科学与社会科学之间的壁垒，更要打通人文社会科学与自然科学之间的壁垒，以此推进文科领域内不同学科之间的交叉、融合、渗透和拓展，推动文理交叉、文工交叉、文医交叉等新兴领域的发展。高校应坚持问题导向，积极改造和升级传统学科，大力培育新型交叉学科，倡导和推广交叉融合的理论研究范式，更好地认识和解决经济社会中出现的新矛盾、新问题。

坚持目标导向，创新文科人才培养模式。新文科建设应树立以学生为中心、以产出为导向的卓越人才培养理念，积极创新人才培养模式和实现路径，切实转变人才观和教育质量观、评价观，努力培养交叉融合的高素质创新型人才。一是以培养社会科学家为目标，打造一批文科基础学科拔尖人才高地和协同创新中心，以现代产业学院建设为抓手，积极推动人工智能、大数据等现代信息技术与文科专业深度融合，构建互融、互通、共学、共享的人才培养共同体，实现新文科、新工科协同发展。二是紧跟新一轮科技革命和产业变革趋势，优化专业结构布局，提升专业建设水平，做强做优传统专业，积极发展新兴专业，推动原有文科专业改造升级，实现文科与理工科的深度交叉融合，提升新文科专业建设整体水平。三是以学科质量为标准，抓住师范专业认证和工程专业认证的契机，加快构建“评价—反馈—改进”闭环式教育质量保障体系。作为省部共建高校，近年来，广西师范大学深入推进卓越人才培养机制改革和模式创新，启动实施独秀培养计划 2.0，立项建设包括创新创业精英班、卓越教师班、卓越法律人才精英班、卓越设计人才班、卓越职教师资班在内的 14 个独秀班，积极探索新文科卓越人才培养新模式。

（原载《广西日报》2021 年 3 月 30 日）

新文科建设："新"从何来，通往何方

徐　飞*

新文科是最近教育领域大家非常关心的话题。2020 年 11 月 3 日，由教育部新文科建设工作组主办的新文科建设工作会议在山东大学（威海）召开，会上发布了《新文科建设宣言》，并对新文科建设做出全面部署。

新文科新在哪里？又该如何建设？本文就此展开谈些相关思考。

一、新文科之"新"

新文科之"新"不仅是新旧、新老的"新"，更是创新的"新"。换言之，不仅是形容词的"新"，更是动词的"新"（创新）。唯如此理解，方能把握新文科的本质和核心要义。以下从论域拓展、价值重塑、话语主导、交叉融合和研究范式这五个维度，阐述新文科之"新"。

（一）新在"论域拓展"

新文科的论域包含内涵和外延。我国的学科门类现已拓展为 14 个，除了大家熟知的文学、历史学、哲学，经济学、管理学、法学，理学、工学、农学、医学，以及教育学、艺术学、军事学这 13 个学科门类外，近期又新设置了"交叉学科"门类。新工科、新医科、新农科分别属于工学、医学、农学中单一的某个学科门类，新文科则不然，包含 8 个学科门类，如文、史、哲、经、管、法、教、艺，其中，文、史、哲是基础文科，经、管、法和教、艺是应用文科。因此，新文科的外延和范围大大拓展了。

一般而言，所有学科可以分成三大类：自然科学、社会科学、人文科学。这三类学科分别以"物""事""人"为研究对象，追求物理要"对"、事理要"明"、人理要"通"。由上陈述可知，新文科涵盖人文科学和社会科学两

---

* 徐飞，上海财经大学党委常委、常务副校长，教育部高等学校创新创业教育指导委员会副主任。

大类，可谓三分天下有其二，再次说明新文科范围之博大。之所以强调“物”“事”“人”三类研究对象，就是要揭示新文科内涵的根本因素——人。人文科学直接研究“人”，社会科学虽然研究的是“事”，但事因人而起，天下无无关人之事，因此其本底还是“人”。

不过，现在除了“碳基”生命、“硅基”生命的代表之一智能机器人，正在对“人”的概念产生新的影响，人工智能亦大行其道。2011年，库兹韦尔（Ray Kurzweil）在《奇点临近》（*The Singularity is Near：When Humans Transcend Biology*）一书中，就把人工智能的发展历程分成“弱”人工智能、“强”人工智能和“超”人工智能三个阶段，他甚至大胆预测，到2045年机器人的智力将超过人类。2017年11月29日，名为“索菲娅”的机器人“公民”在沙特阿拉伯横空出世。索菲娅是人类历史上第一个成为一国公民的机器人，沙特还给“她”颁发了居民身份证。作为以研究“人”（及其相关的事）为对象的新文科，由于“人”的形态出现了新的变化，其内涵也将随之拓展并极大丰富。

（二）新在“价值重塑”

文科与自然科学都注重知识性、学理性和学术性，但文科还必须关切并体现价值性和思想性，价值性、思想性和知识性、学理性相统一是哲学社会科学的命脉。一般而言，自然科学注重工具理性，文科则注重价值理性。众所周知，工具理性具有客观性、普适性和普遍性；价值理性则具有主观性、民族性、历时性、理念性和意识形态性。新文科的着力点需从探讨人文社科所涉对象的规律性，转向对社会价值观的重塑；需注重揭示理性背后的正当性和正义性，弘扬知性美德和善意，为理工科乃至为国家和社会提供思想指引与价值选择。

价值重塑，需要重塑人和自然的关系。长期以来，人类不自觉地奉行“人类中心主义”，一味地向大自然索取，爱惜地球家园及与自然和谐共生的意识淡薄。殊不知伤害人类的，终究是人类自己。大自然对人类的馈赠再丰厚，也取之会竭、用之会尽，人类必须懂得尊重大自然，若索取无度，终将遭到大自然报复。因此，必须重塑人与自然相互依存的关系，以实现包容性发展、绿色发展和可持续发展。

价值重塑还需要实现人与技术的“和解”，找回人类的“意义世界”和“价值空间”。比如，当今物联网、人工智能、区块链等技术的飞速发展，虽迎来第四次工业革命的曙光，但也让一些人再次陷入（理性）自负。现实生活中理性退化为算法和计算，计算甚至蜕变成算计。个人的生活与行动也极可能被日益强大和精准的算法所主导甚或“绑架”。由此推论，当新科技革命和产业革命在大力推动社会发展的同时，附加带来的环境、生态、伦理等风险，以及个人精神迷失、信仰空缺和意义危机等问题，这些都亟待通过新文科实现价值重塑。

（三）新在“话语主导”

若用大时间尺度看世界历史，以中国为首的东方文明一直遥遥领先，在思想、科技、制度等方面均在西方之上。但是从 15 世纪开始，西方文明迅速发展并日益取得强势地位。

新文科应助力文科转向中国话语体系主导之下。改革开放四十多年来中国创造了举世瞩目的经济奇迹，也产生了与之相匹配的重大经济理论和具有世界影响力的重量级学者群。新文科要讲好国家经济社会发展奇迹背后的原理、道理、学理、哲理、法理和事理，为世界知识界、思想界、学术界贡献学术新知，为推动人类命运共同体的构建贡献中国智慧、中国方案和中国力量。

近些年来，中国经济管理学界逐步完成国际接轨，大批中国学者已经快速学习并掌握了西方规范化的研究方法。当下，本土学者最应该做的就是扎根中国经济管理实践，充分利用中国改革开放四十多年日新月异的管理变革和正在经历的“百年未有之大变局”，通过问题导向捕捉管理变革中涌现的新问题和新机会，深刻反思本土情境对于学术研究的意义和价值，揭示中国经济快速发展的理论逻辑和实践规律，进而兼收并蓄，构建具有原创性的经济管理新理论和新思想，创造具有中国特色、世界意义的新方法和新范式，这应是新文科的一个重大使命。

（四）新在“交叉融合”

学科交叉和科际整合，已经成为推动学科建设的重要手段。新文科的交叉融合主要体现在：传统文科自身交叉融合（文史哲不分家）；传统文科与社会科学交叉融合，其代表是 PPE，即哲学（Philosophy）、政治（Politics）、经济（Economics）“三位一体”；文科与工科交叉融合，如能源与气候经济、设计艺术哲学、新媒体；文科与医科交叉融合，如生命伦理学、医学信息学、健康管理；文科与农科交叉融合，如可持续发展与乡村建设、生态文明建设与管理、农业经济学；文科与理科交叉融合，如计算法学、大数据管理与应用、金融科技、商业智能；等等。新文科要突破“小文科”思维，构建“大文科”视野。

仅以财经为例，现在财经研究除了利用数学、系统科学、运筹学、数理统计学、计算机科学和数据科学之外，越来越多地综合利用经济学、管理学、法学、哲学、伦理学，以及社会学、行为科学、脑科学、神经科学、认知科学、心理学、认知心理学等学科。实际上，商业分析（BA）和商业智能（BI），就是集商业管理、统计学、计算机科学于一体的商科与理工科紧密交叉综合的产物。

美国国家科学基金会（NSF）的社会行为经济（SBE）学部，在2010—2020年学科发展战略报告 *Building the Mosaic* 指出，未来10年学术研究特点是：数据密集（data-intensive）、跨学科（transformative）、强合作（collaborative）、问题驱动（problem-driven）。这四大特点都指向SBE的交叉融合：数据密集（泛在）自不待言，跨学科和强合作几乎就是交叉融合的同义语，而问题驱动则是倒逼交叉融合，因为没有哪一个问题是某个单一学科的问题，必须打破学科壁垒，综合考量、协同施策，方能解决问题。

新文科的最大特点是文理交叉。在方法论上，传统的人文社科方法，应转向运用现代科技、信息技术和人工智能，特别是要运用算法，将文科的定性方法与定量方法相统一，彰显新文科的科学性。计算社会科学（Computational Social Science，CSS）就是用计算手段来研究社会科学的一门交叉学科，旨在打造“数智人文”。随着信息文明时代社会科学知识生产、知识创造与信息技术的深度融合，计算机科学、数据科学、信息科学与社会科学交叉融合的发展趋势愈发鲜明，将井喷式地出现计算传播学、计算新闻学、计算社会学、计算经济学、计算金融学、计算管理学、计算政治学、计算行为学、计算心理学、计算语言学、数字情报学、数字人类学和人工智能法学等新兴学科。

（五）新在“研究范式”

新文科研究范式将不断丰富。

以管理学为例，一是基于哲学、心理学、经济学、伦理学等学科，以概念抽象、学理思辨及逻辑演绎为主要特征的规范性研究；二是基于社会学、行为科学等学科，以实验研究、预测研究、案例研究、经验分析、田野调查、随机实地实验（random field experiment）等为主要特征的实证研究；三是基于系统科学、运筹学、数理统计学、数据科学和大数据技术、聚类分析、人工智能（AI）等学科，以数学建模、模拟仿真、数据挖掘为主要特征的量化研究。实际上，根据1998年图灵奖得主吉姆·格雷（Jim Gray）的观点，科学研究经历了从“实验归纳”到“模型推演”，再到“仿真模拟”的三次范式革命，现在方兴未艾的“数据密集型科学发现（Data-Intensive Scientific Discovery）”正是演进中的第四次范式革命。

得益于脑科学、认知科学、神经科学、认知心理学和认知神经学等学科的飞速进步，我们现在已知“前额叶”成熟需要大量复杂的学习与综合训练，这些学习和训练的程度、方式及强度对前额叶成熟程度有重大影响。而且，前额叶成熟指标（理性）涉及注意力集中程度、组织思想解决问题、思考与预期未来、战略与计划、平衡长短期目标为长期目标延迟短期享受、根据情景调整行为，以及管理情绪控制冲动、处理复杂信息同时执行多项任务、学习适当社会行为和抵制不适当社会行为等。这些认知对企业管理、战略管理和人力资源开发大有裨益。一般来说，综合应用上述多学科知识，无疑可以为新文科打开一片新天地。

二、如何建设新文科

新文科建设需要构建理论体系、学科体系、教学体系、评价体系这四大体系，并在强化价值引领、打造数智人文、彰显文科“质性”三个维度持续发力。

（一）建构四大体系

笔者认为，新文科需要明确新定位、新理念、新理论、新学科、新方向、新专业、新课程、新模式、新标准，构建体现中国特色、中国风格、中国气派的文科教育理论体系、学科体系、教学体系和评价体系。

建构新文科理论体系，应不忘本来，吸收外来；把握已来，面向未来。既要扎根中国大地，厚植华夏文明，坚定文化自信，着力阐释中国精神、中国价值、中国力量，提升中国学术话语权；又要借鉴汲取世界各民族一切有价值、有意义的优秀理论成果和最佳实践，坚持守正创新，贡献学术新知和学理创见，不断扩展人类的知识疆域和理论边界。既要观照现实生活，回应社会关切，反映时代巨变，描绘时代精神图谱，从当代创造中发现创作主题，捕捉创新灵感，深刻解读历史性变革中蕴藏的内在逻辑，更好用中国理论解读中国实践，解决当下问题；又要未雨绸缪，高瞻远瞩，为新时代理论创作和学术研究开辟道路，为新一轮改革开放提供强大精神动力和理论支撑。

建构新文科学科体系，一方面应遵循不同学科发展规律，坚持分类推进。文科门类众多特色各异，要根据各自学科专业特点，结合行业领域特定问题，促进文、史、哲、经、管、法、教、艺“八大”学科门类特色发展。另一方面要打破学科壁垒，积极审慎地推进文科内部以及文科与理工科等其他学科的交叉融合，搭建学科集群平台，打造学科群协同共育生态位。在此基础上培植新兴学科，传承和发展传统学科的知识体系。学科的本质是人类学习知识的一种制度安排，新学科要有明确的研究对象、独特的概念体系、清晰的知识规训，并遵从严格的研究方法和严谨的研究范式开展知识生产和学术创建活动。

建构新文科教学体系，其重点工作表现在三个方面：一是持续做好现有专业、方向、课程的更新、优化、改造、提升和赋能，同时加快新专业或新方向、新课程的探索与增设。鼓励跨学院联合建设新专业，激励教师开发新课程，新旧课程应形成相互衔接的课程体系和教材体系，覆盖并体现该专业（学科）既有和前沿的发展实践。二是推动培养模式创新。有效开展本硕博长学制贯通式培养，积极推进双学位、主辅修、微专业等复合型人才培养模式，构建跨院校、跨专业、跨行业、跨国界的协同育人机制。三是常态化制度化地开展经典“悦读”活动，使学生能从经典中邂逅高贵灵魂，感受非凡智慧，洞见深邃思想，进而品味科学之真、人文之善、艺术之美，以充分发挥文科经典独特的浸润、熏陶、感染、共情、唤醒、激发的教育作用。

建构新文科评价体系，教育行政管理部门和学校需切实落实中共中央、国务院颁发的《深化新时代教育评价改革总体方案》，改善制度供给，破除唯项目、唯经费、唯奖项等顽瘴痼疾，健全综合评价、分类评价、多元评价和同行评价，突出评价成果质量、原创价值，以及建言资政和人才培养贡献度，探索将学术会议、论坛报告、调研访谈、趋势研判、决策咨询、教学教研、课程思政、创作作品等方面的高品质成果，像高水平著作、论文一样作为新文科代表性成果。对通过交叉融合产生的“交叉（新）学科”，要突破传统的学科评价框架，全过程按照独立的交叉学科为单位进行管理，避免同行专家仍然用传统学科思维左右评价结果。

（二）强化价值引领

士以弘道，文以载道。如前所述，学术性、知识性与价值性、思想性相统一是哲学社会科学的命脉，强化价值引领是新文科建设的内在要求。

首先，从社会思潮看，新文科需要切实肩负“精神补钙”和匡正人心的重要职责，做社会的弘道者，承担用明德引领社会风尚的历史使命。从国际秩序看，现在世界各国各地区之间的竞争，不仅仅是经济、军事、科技的竞争，更是文化和制度的竞争。国家力量和有关各方的角逐，将越来越围绕真理道义和是非曲直标准的不同理解而展开，构建人类命运共同体任重道远。而新文科在推动建设更加公平、正义、开放、包容、普惠、平衡、多赢、共荣的国际秩序上大有可为。

从科技伦理看，科学道德和科技伦理问题一直与近现代科技进步形影相随。在科技史上，炸药、原子能、化工技术、造纸技术、纺织技术、基因工程、人工智能等，在给人类创造财富和物质文明的同时，也带来战争工具、环境污染、生态失衡，甚或生命尊严丧失和生活意义消解。历次工业革命的进程表明，每次科技革命和技术变革都带来生产力革命，生产力革命必然引发生产关系的重大变革，进而引发整个社会大变革，并带来法律、文化、观念、理念、秩序等精神和价值层面一系列深刻变化，这些也亟待新文科做出及时回应，以弘扬科技正面效益，扼制其负面影响，从而更好地造福人类，促进社会可持续发展。

（三）打造数智人文

当前，新文科建设中风头最强劲、发展最迅猛、成就最显著，也最被看好的当属数智人文（Digital-Intelligent Humanities，DIH）。数智人文从“数字”到“数智”，从简单的数据仓储建设和编辑，到开展统计处理（计算机语言学）、运用链接（超文本）、建模（包含结构构建与视觉呈现）、创造结构化数据（可扩展标记语言），再到新的整合性实践，一路走来风生水起，为新文科提供了跨学科交流平台和新的研究工具，激发了新的研究方法、研究范式和研究活力，推动学术机制的重组（构）和再造。

数智人文作为一种新的学术导向，其产生和推进都源于“数智”和“人文”的双向需求和动力。一方面，激励当代数智人文发展的核心信念，是坚定地相信数字化、智能化工具具有转变人文学探索内容、边界、研究方法和受众的巨大潜能。历史上笔、纸及印刷术的出现，都曾为知识和学术思想的生成和传播创造了新条件。如今信息数字技术和智能技术的出现，也促成了新的记载、阅读和研究方式，及时开启印刷时代向数据时代的转向正当其时。比如，针对当前国际关系研究中存在的依赖定性分析、数据重视程度不足等问题，利用谈判文本或政策文本进行聚类分析、知识图谱、情感分析等定量深层挖掘，可以显著提升研究水平。

另一方面，进入20世纪以后，文科学术界一直面临着学术创新的压力，作为特别需要积累和传承的人文学科，亟待拓宽学术空间，激活学术潜力，数智人文就成为重要的尝试路径。以历史研究为例，通过文本图像分析研究平台和结构化智慧数据（Smart Data），可以实现数智和人文的联系，量化研究和质性研究的交融，这不仅延展了观察历史的平台，深化了学术内涵，还能用“可视的”方式呈现历史时空和时空里活动的相互关联的人与事，使学术境界有可能获得根本性提升，进而激发出一些新的研究课题，形成新的研究契机。

未来数智人文可在以下方面展开深入研究，比如，数智人文的基础理论，信息科技与数智人文学科不同的知识结构和认识方式融合带来的认识论挑战；语义技术（包括但不限于链接数据）以及数智人文领域的相关技术应用；数智人文的研究方法和方法创新，数智工具和平台是如何塑造（有潜力影响）人文学者工作、进行研究和传播他们的作品及其相关含义，人文学术、传统和实践如何塑造或有潜力塑造数智工具、平台及其创新；数智人文教育模式、课程、方向、职业和能力的研究，以及多元化合作的方法；等等。

（四）彰显文科“质性”

众所周知，质性研究是相对于量化研究的一种方法，主要是通过对研究现象发展过程及其特征的穿透式分析和整体性探究，对其行为和意义建构获得解释性理解，以洞察研究对象的本质和演变规律。此处笔者借用“质性”这一术语，不仅是再次强调文科内在的、内涵的思想性和价值性，更意在提示和警醒新文科建设中不要追求“新”而忽视“文科”本身。

毕竟，新文科的根本是文科，“文科”是“道”“体”和“质”，“新”则是“术”“用”和“文”（纹）。彰显文科“质性”，就是要在新文科建设中突出文科自身的中心地位。近期我国新设置“交叉学科”门类，集成电路科学与工程和国家安全学是其下设的两个一级学科。在笔者看来，如果说“集成电路科学与工程”是地道的理工科，“国家安全学”则是新文科。国家安全固然要靠高科技和“撒手锏”等硬实力和锐实力，但也要具有集全球视野、全局观念、战略思维、政治意识、对策博弈、运筹帷幄于一体的“不战而屈人之兵”的软实力和巧实力。

如前所述，新文科最大的特点是文理交叉。然而，多年来重理轻文、重定量轻定性（质性）的情况尚未得到根本改观，在这样的背景下，若不注重文科质性，新文科中的文理交叉或将“喧宾夺主”导致文科愈发式微。因此，文科自身更要积极作为、主动作为、奋发有为。

（原载《光明日报》2021年3月20日）

与时俱进，开拓中国外语教育创新发展路径

——孙有中教授访谈录

孙有中　王　卓*

中国的外语教育与国家发展战略紧密对接，助力改革开放和人类命运共同体建设，架起了中外融通、文明互鉴的桥梁。作为我国外语教育创新发展的倡导者和引领者，孙有中教授积极探索新时期外语类专业的内涵和外延，推动中国外语教育的创新发展。他倡导的“人文英语教育”① 和“跨文化思辨育人”等外语教育理念以及对“外语教育与思辨能力培养”②“外语教育与跨文化能力培养”③ 等问题的思考和阐释，成为引领新时期我国外语教育研究和人才培养创新发展的重要理论框架和实践指南。日前，孙有中教授接受本刊的访谈邀请，围绕新时代我国外语发展的若干重要问题畅谈了自己的观点。

王卓（以下简称“王”）：孙教授好！首先感谢您百忙之中接受《山东外语教学》编辑部的访谈邀请。您是中国外语教育改革的积极倡导者，您所倡导的“人文英语教育”理念和范式已经在我国高等外语教育中产生了深远影响。《外国语言文学类教学质量国家标准（2018）》（以下简称《国标》）把外语类专业明确定位为人文性专业，从而解决了我国外语教育长期以来专业定位模糊的问题。您所倡导的语言与知识融合、构建合作探究学习共同体等理念也在我国高校的外语类专业教材编写、课程体系设置、课堂教学改革中得以实施、运用和体现。您能谈谈您提出“人文英语教育”的背景、初衷

---

* 孙有中，教育部新文科建设工作组成员，北京外国语大学党委常委、副校长，外国语言文学教指委主任；王卓，山东师范大学外国语学院院长。

① 参见孙有中：《人文英语教育论》，《外语教学与研究》2017 年第 6 期。

② 参见孙有中：《外语教育与思辨能力培养》，《中国外语》2015 年第 2 期。

③ 参见孙有中：《外语教育与跨文化能力培养》，《中国外语》2016 年第 3 期。

以及“人文英语教育”的核心观念吗?

孙有中（以下简称“孙”）：“人文英语教育”实际上是对英语教育的整体反思。总体上看，英语教育要作为人文教育的组成部分，要超越工具论的英语教育观。工具论的英语教育观不是全错，但是很长时间以来它在很大程度上限制了我们对英语教育的理解。我们当然承认英语是重要的交际沟通工具，但是英语教育必须给学生提供一种基于语言学习的人文教育。在人文教育的意义上理解英语教育，英语本身的学习才会更有效。王佐良先生说过一句话：“通过文化来学习语言，语言也会学得更好。”① 如果仅仅把语言当作语言学习，那么语言就无法学好。这是对“人文英语教育”的一种理解。

另外，“人文英语教育”强调的“人文”不是教给学生一些浅层的、零星的人文知识，而是有系统性、有深度的人文知识。在语言技能层面，人文英语倡导的是用一些经典人文社科文本作为学生的阅读输入材料，让学生把文学、历史、哲学、社会学等不同学科领域的经典文本按主题进行深度阅读，这样学生学到的人文知识就会有一定的系统性和深度。我们现在都主张实行通识教育，实际上英语专业学生在一定程度上是可以用英语完成通识教育的，这种条件是其他专业所不具备的。我们可以让学生阅读柏拉图（Plato，BC 427-BC 347）的《申辩篇》（*The Apology*）、阅读亚当·斯密（AdamSmith，1723-1790）的《国富论》（*An Inquiry into the Nature and Causes of the Wealth of Nations*）选篇，阅读杜威（John Dewey，1859-1952）论教育的篇章，这些都是真正意义上具有人文教育意义的经典选篇，把其中雅俗共赏的片段找出来，完全可以作为语言学习的材料。基于这样一种可能，我们认为英语专业的语言教学可以实现人文教育的目标，这样也可以让语言学习变得更加有效。而学生掌握的语言也超越了日常语言，进入学术思辨的语言。我们为英语专业学生编写《大学思辨英语教程》就是按照这个理念，两年精读，四册课本。第一册《语言与文化》包含语言学与文化的经典文本，第二册《文学与人生》是文学的经典文本，第三册《个人与社会》是社会学的经典文本，第四册《历史与哲学》包含历史与哲学的经典文本，很大程度上用英语完成

① 王佐良、祝珏、李品伟、高厚堃编：《欧洲文化入门·序》，外语教学与研究出版社 1992 年版，第 1 页。

文、史、哲经典阅读，这是能够做到的。这样阅读有深度的经典文本，不再是简单的语法分析就能解决问题的，要把文本放在历史背景中去理解，需要用思辨的技能解读文本，提高学生思辨能力。由此看来，这又是跨学科的教育，在语言学习阶段就可以实现文史哲贯通，人文和社科贯通，让英语专业实现跨学科教育。这样的知识准备为学生高年级进入不同知识领域做好了铺垫：语言经典文本的阅读导向语言学，文学经典篇章的阅读导向文学，历史哲学篇章的阅读导向社会文化研究、国际问题研究。如果让学生在大学一二年级就进行这样的训练，那么我们就为英语专业学生未来的发展奠定了一个宽广的人文基础，这是英语专业学生向高处发展的最好准备，不仅包括语言能力上的准备，还包括思辨能力、跨文化能力以及各学科核心知识方面的准备。

那么这和大学英语有什么关系呢？现在大学英语也在不同程度上向着这个方向演变，过去只强调工具性，现在强调兼具工具性和人文性。人文性是通过阅读有人文意义的文本、讨论有思辨价值的问题来实现的。现在对人文性的强调和今天强调的课程思政以及立德树人是可以完美结合的。课程思政是对学生的价值引领和人格养成，而人文教育可以潜移默化地实现这一目标。面向未来的大学英语同样应该而且有可能兼顾语言学习与人文教育，当然在广度和深度上应与英语专业有所区别。

目前，在全球英语教育的大背景中谈中国英语教育，我们应该思考中国特色和中国贡献。在全球高等英语教育中，非英语国家的高校英语专业都存在过于强调工具性这个问题，比如俄罗斯、日本和德国的英语专业都有过度进行语言技能训练的倾向，把语言技能的学习和知识内容的学习分离，基础阶段先进行语言技能训练，高年级才开始学习知识内容。所以才有后来欧洲学界提出的“内容与语言学习融合”这一概念。欧洲人谈此问题的语境和我们不完全一样，他们是基于中学阶段，比如法国中学生用英语学地理、历史，这种意义上的知识内容与语言结合来帮学生学语言是有效的。我们现在是在高等英语教育意义上谈这个问题，全球都有这个问题，我们所倡导的理念在国际同行中得到了热烈响应。今年的世界应用语言学大会将在线上举行，我们发起了一个以思辨英语教学为主题的分论坛，得到了全球许多国家学者的热烈响应。现在，伊朗和马来西亚都有类似的研究兴趣和改革走向，美国高校的外语类专业也有类似的转向，这就是更加强调不能割裂语言学习和知识学习的关系，在语言学习中融入知识，在英语专业中更重要的就是人文社科核心知识。我国英语专业的演变在朝这个方向走，这也是英语专业进行改革，适应时代发展，培养更高层次外语人才的需要。我们的学生在一二年级接触经典文本，跨文、史、哲的阅读，高年级再学语言学、文学、国别和区域研究或者翻译，后续发展就大不一样了，这个方向是对的。

王：现在英语专业每隔一段时间就被质疑一次，这正是问题所在，可能这也触发了您来思考人文教育，也是您谈“英语人文教育”的大背景。

孙：可以这样讲。英语专业过去若干年的改革，特别强调将自身化成工具，主张和其他专业，比如新闻、法律、外交复合，这样做只会让人们更加质疑专业的合理性和独立性。一个专业的人才培养要有特色，体现特殊知识能力和素养，如果失去了专业身份，这个专业就要关门了。多年的复合型英语人才培养在一定程度上满足了社会上对语言翻译工具人才的需要，但是社会继续发展，如果只培养会一点语言、做一点翻译的学生，那注定没有前途。即使是社会需要的主要从事语言服务的人才，也需要学生具有更宽广的知识面，具有跨学科的素养，尤其是更好的人文素养。在夯实语言能力、跨学科人文素养和英语专业知识的基础上再去复合才能行稳致远，我称之为“英语专业复合型人才 2.0”。

王：英语专业属性从工具性到人文性，经历了不断的调整和反思，日渐成熟、理性。我在一篇文章中曾提出，英语专业本身具有“内在跨学科性”和“外在跨学科性”。外语类专业的内在知识体系是以语言、文学、文化等交融交叉建构起来的，其本身就具有学科交叉性。外语类专业的外在知识体系架构在历史、哲学、心理、教育、音乐、美术、舞蹈等人文学科和生物、化学、计算机、数学、生命科学等自然科学之中。人文学科和自然科学不仅是外语学科和外语类专业的学习内容，也为其提供了方法论，从这个角度来看，外语学科和外语类专业又具有鲜明的外在跨学科性。[①]《国标》对此已经有明

① 参见王卓：《从简单复合到跨学科外语人才培养——谈新时代背景下英语专业人才培养》，《山东外语教学》2018 年第 3 期。

确的阐释。

孙：是的，外语类专业具有跨学科性。有些文学出身的院长倾向于强调文学，语言学出身的院长更倾向于语言学，这种倾向是有的，因为确实有人主张英语专业就是学文学，或者应该把它变成语言学，这些都是偏颇的。本科教育本身应该更加宽广、更加具有跨学科性，英语专业正好有这个特点，这是我们的优势，我们应该把自身的优势做足，而非把英语专业做成语言学习，再去外面找复合，英语专业内部就应该复合。

王：无论复合什么都应该以我为本，绝对不能复合之后成为其他专业，这样只会越来越被诟病，英语专业存在的依据就会被质疑。

孙：英语专业是天生的贵族，因为我们的本科教育就可以给学生提供人文教育和跨学科教育，我们允许学生文、史、哲跨学科学习，另外国别区域研究还可以渗透到社会科学的多个领域，把这些优势做足，语言再学到最高境界，这样再复合什么都可以，也很轻松。

王：是的，外语类专业培养出来的人才应该带有天然的宽阔视野和更全面、完整的知识体系。

孙：让英语专业的学生更加人文、更加具有跨学科素养，拥有更宽广的国际视野和跨文化能力、思辨能力，这就是最好的本科教育。英语界有争论：英语专业要学专门用途英语，学人文干什么？搞什么人文教育？让学生把语言学好，然后去做专业领域的翻译，做别人的工具，给别人做嫁衣，那是错误的导向。英语专业的人文教育是无用之用，是大厦之基，有了这种基础再复合技术性学科会很轻松，走得更远，后劲更足。比如亚洲基础设施投资银行行长金立群先生是学文学的，他至今没有放弃对诗歌的爱好，我请他到北京外国语大学做演讲，他主要讲的是文学。他在北京外国语大学接受的是典型的英语人文教育，之后去国外读了经济学，并没有把以前的人文教育扔掉。人文教育在事业发展中是一种软实力，而计算机、金融、新闻等可以说是硬实力，如果只有硬实力没有软实力是走不远的，软实力是更为持久的力量。

王：“人文英语教育”中涉及的跨文化能力培养是您多年来倡导的跨文化教育的重要理念。外语的跨文化教育随着我国“一带一路”建设和人类命运共同体建构更显意义重大。您在2016年就预见“‘跨文化能力’概念将成为新一轮外语教育改革的一个热门关键词”[①]。在教育全球化趋势日益明显的新形势下，您对跨文化教育有哪些新的思考和建议？

孙：这对英语教育，包括英语专业教育和大学英语教育来说确实是一个时代命题。现在全球化进一步深化，中国进一步走向世界舞台中央，这对外语类专业学生的跨文化能力提出了更高要求。今天外语类专业谈跨文化能力，不是传统意义上讲的简单的人际交流沟通技巧和风俗文化知识，而是高阶的跨文化能力，要超越日常交往，对不同民族文明、文化传统有深层次的理解。我们要能够把中国文化放在世界文化的大背景中，深刻反思自己的文化传统，在多元文化背景中对不同文化传统进行比较、鉴别、取舍和文明互鉴，在全球范围内真正具有跨文化沟通能力，讲好中国故事，促进国际理解，为构建人类命运共同体贡献力量。

外语类专业进行跨文化教育具有独特优势，因为我们可以对不同文化的经典文本包括思想文本、文学艺术文本、宗教文本等进行跨文化比较阅读、思辨，在此意义上培养出的是跨文化思辨能力。

20 世纪 80—90 年代，我们刚刚引入跨文化交际理念，当时聚焦跨文化交际中的礼貌、行为规范、肢体语言等，介绍西方的传统节日、生活习惯、风俗禁忌，这些都是技术层面的日常跨文化交际，在刚打开国门的当时，这样做很有必要。现在很多学校都开设“跨文化交际”这门课，很多就是在这个层面上简单讲解跨文化交际知识。这显然是不够的。不能仅仅抽象地讲一些概念，而应该结合文本阅读，语言、文化、哲学、历史文本都可以，要进行深度比较阅读思辨，培养学生批判性文化意识。还有，我们可以把跨文化交际和中外文化交流中的重要案例和历史事件拿出来分析，提高学生跨文化能力。现在也有学生出国短期交流，我们校园中也有留学生，这些都可以创造更多直接的跨文化体验，可以多渠道培养跨文化能力，但课堂教学始终是最重要的渠道，是不可取代的。

王：要想把这件事情做好，对老师的要求很高，比如您提到的跨文化思辨，在课堂中体现就很不容易，再如“美国文学”这门课的“课程思政”目标的实现也是一个比较大的挑战。中国传统文化融入是一个重要层面，另一

---

① 参见孙有中：《外语教育与跨文化能力培养》，《中国外语》2016 年第 3 期。

个层面就是思辨，是批判性思维的训练。比如美国前总统唐纳德·特朗普（Donald Trump）的很多观点和做法就是典型的“美国例外论”，他的这种思维模式在美国并不少见。他自认为是爱国主义，并拥有大批支持者。但在我们看来这是典型的“美国例外论”。那么“美国例外论”是怎么来的？“美国文学”中体现得非常清楚，在19世纪美国文学中就有“美国例外论”倾向，我们带学生挖掘文学文本中的“美国例外论”，找到其根源并批判这种思想，这就是文学课程中的批判性思维，也是一种深度跨文化思辨教学，这样才能让学生对美国文化有更深的理解。这是更高阶的跨文化，我们站在我们的角度批判地思考这个问题。

孙：这就是跨文化思辨意义上的外语教学了。这种教学能够真正让学生理解纷繁复杂的文化现象，真正读懂对象国人民的思维特点和对世界的感知方式。实际上，外语类专业无论什么课程，最终目的都是理解对象国，理解对象国人民的喜怒哀乐、思维方式、价值体系、政治制度和社会结构，等等。从这个意义上看，外语类专业是大有前途的，因为没有其他专业可以替代。在全球化时代，中国人必须和世界各国人民打交道，只有外语类专业能培养出真正理解对象国的人才。这就需要外语类专业走人文教育和跨学科教育的道路。

王：日前，教育部发布了《新文科研究与改革实践项目指南》，设立新文科建设发展理念、专业优化、人才培养模式改革、重点领域分类推进、师资队伍建设、特色质量文化研究与实践6个选题领域、22个选题方向。2020年3月，吴岩司长在第五届全国外语教育改革与发展高端论坛主旨发言中，也强调外语学科的新文科建设意义重大，并指出新文科建设要致力于打造问题导向的中国实践新形态。您对外语学科的新文科建设一直非常关注，并就“新文科视野下的外语类专业创新发展”等问题进行过深入思考。目前，我国的外语学科和外语类专业的新文科建设已经进入从理论建构到实践探索的新阶段，我想外语界同仁非常想听到您对外语类专业新文科建设的方向、路径等问题的见解和指导。

孙：新文科可以从两个方面理解，包括学科意义上的创新和专业意义上的创新。对于新文科，现在大家有越来越多的共识，我们可以引入新的研究方法，比如用大数据、数字人文的方法研究文学文本。外语学科事实上比其他学科更加开放、更加积极，因为之前很多外语学者已经运用语料库等工具进行相关研究。语言学和人工智能之间的关系是值得探索的新领域，人工智能特别活跃的领域是自然语言处理，计算机要学习人脑的语言处理方式。这就有必要通过实验的方式深入研究人脑的语言学习机理和认知模式。过去这两门学科关联很少，现在语言学家和计算机领域的专家可以一起进行探索，北京外国语大学在这方面已经成立了人工智能与人类语言实验室。话语分析过去只属于语言学范畴，现在被用于研究各种话语，比如新闻话语、广告话语、法庭辩论等。如今在政治话语中，存在中国形象被西方媒体妖魔化的问题，而解构妖魔化的逻辑需要把政治学和语言学相结合。现在我们看到外语学科知识的边界在拓展，不再局限于传统的语言学和文学研究，比如翻译研究借助语料库，国别和区域研究借助数据库，这些都是新文科的探索。

新文科的另一个方面是人才培养。传统专业的课程设置和培养模式如果不能满足社会经济的发展需要，就应该创新，这种创新也是新文科的含义。在这个意义上理解新文科，外语类专业其实也早有探索。比如翻译专业和商务英语专业本科的诞生，都是为了满足社会需要。这种创新也一直在持续，复合型人才培养模式首先是由外语类专业提出的。外语类专业对全球教育趋势比较了解，获得的信息更多，外语学科早已开始在学科意义和专业意义上探索新文科建设。

王：您非常重要的一个研究领域是跨文化传播和国家形象建构，您在多篇文章中都论及国外媒体对我国“一带一路”倡议的报道和国家形象的关系问题①、国家形象的内涵和外延问题②。在课程思政建设理念下，外语界已经充分认识到，外语教育中中国形象、中国内容、中国国家意识培养是需要进一步强化的问题。您对外语教育教学与学生的中国情怀、中国视野、中国国家意识的培养之间的关系有何看法？

孙：改革开放之初，无论是外语类专业还是大学英语教学，我们都强调

---

① 参见孙有中、江璐：《澳大利亚主流媒体中的“一带一路”》，《新闻学与传播学》2017 年第 4 期。

② 参见孙有中：《国家形象的内涵及其功能》，《国际论坛》2002 年第 3 期。

向国外学习，向西方学习，我们自认落后，甚至否认传统。中国发展到今天，我们通过自己的努力，已经成为世界强国，有观点认为我们已经站在了世界舞台中央，所以今天我们既要继续学习世界先进文化，同时还要坚定文化自信，重新审视文化传统，弘扬优秀文化，不仅包括传统文化，还包括革命文化、社会主义先进文化等。我们要让学生在学习外国文化的同时，对中国文化有更深刻的理解、更深切的关怀和更深厚的自信，既要有国际视野也要有中国情怀，这是培养新一代外语人才的要求。外语类专业可以在跨文化背景下引导学生对世界观、价值观、人生观问题进行反思，这是外语类专业的天然优势。因为外语类专业每一门课程都处于跨文化情境中，我们更有必要培养学生的中国情怀。我们有更丰富的教学资源对学生进行四个自信、文化自觉、价值观塑造方面的教育。在全球背景下进行课程思政，具有更广阔的文化视野和更丰富的思想资源，我们应该能够做得更好。

王：随着《高等学校课程思政建设指导纲要》等文件的印发，中国高校的课程思政开始进入深化和系统化的关键期。在您看来，课程思政对外语类专业课程建设会带来哪些变化，外语课程思政的特点和建设路径又是什么呢？

孙：今天谈课程思政，让我们对外语教育有了更深刻的认识：外语教育天然是一种跨文化教育，天然是一种价值观教育，天然具有立场，天然带有跨学科特点。所以，我们要更深刻地反思外语教育的属性。当我们进行外语教育的时候，如果忽略课程内容中内在的文化价值观和意识形态，就只能在很浅的层面上进行学习，学生不能深刻理解对象国，也不能更好理解自己。课程思政让我们认识到这样一种必要性和可能性，从而更加重视跨文化比较，深化对外语类专业育人功能的认识。

王：在深度上，课程思政一定会涉及价值层面，价值就是深度教学指向的最深层目标。

孙：是的，因为文科教育是无法和人生观脱离的，文科教育谈的都是人的问题，都是社会问题。如果我们不重视课程思政，就会助长学生崇洋媚外的意识，削弱文化自信，学生沉浸在西方的话语体系之中，认为自己一无是处，这是进行反向思政。这个问题比较严重，我们过去不够重视，教师主要关注如何把外国的知识、理念讲清楚。但是，我们的立场是什么？从不同视角讲是不一样的，比如美国例外论，美国人认为美国是“山巅之城”，是世界的榜样，我们必须引导学生认识到这种文化优越感的本质与危害，而不能让学生盲目崇拜它。

王：外语教师发展也是您一直非常关注的领域，您先后从英语专业的课程改革和教师发展的良性互动机制、外语教师如何实现教研相长，做学者型优秀教师等方面论及我国外语教师发展中存在的问题以及解决之道等。[①] 新时代我国高等教育的新发展对外语教师素养、能力等提出了新的要求，外语教师发展遇到新问题，面对新挑战。您对广大外语教师的发展有何建议和指导？

孙：刚才提到的多种理念要实现，的确从多方面对新时代外语教师提出了更高要求。即使在我们认为做得最好的传统语言教学方面，我们也需要提高对外语教学本身的认识，比如语言学习到底意味着什么？它是一种个性认知行为还是一种社会文化建构行为？它和课程思政有什么关系？和思辨能力的发展有什么关系？这就需要教师重新认识语言教育本身。其次是专业知识。教师必须有所专攻，成为研究型教师，不做研究、没有专业知识背景的教师也无法把语言课真正教好。教师普遍面临需要在专业知识上充电，应该通过提升学历，学习研究方法，成为教学+研究型教师。前面我们谈到，外语类专业要增强人文性与跨学科性，以培养学生能力为导向，这需要教师具有更好的专业素养，也包括技术素养，因为技术可以帮助我们把外语教学做得更有效，使学生学习更轻松愉快。目前，教师在新时代必须迎接新挑战，这需要学院的帮助，为教师发展提供机会与资源支持，让教师与学科同步发展。另外还有一种方法，就是通过引入新的教材，让教师接受教材所带来的新的教学理念，在这个过程中，教学观念自然更新换代，语言教学素养自然得到提高。

王：您对外语教材建设一直非常重视，主编了多部优秀的英语专业教材和大学外语教材。您新近主编的《新未来大学英语》就是一部高度契合时代发展、符合中国外语学习者需求的优秀教材。这部教材的理念是“价值引领，中外融通，落实立德树人；学用结合，能力导向，打开未来之门”，您能谈谈

① 参见孙有中等：《教研相长，做学者型优秀教师——“在教学中研究，在研究中发展”笔谈》，《外语电化教学》2017 年第 5 期。

这一教材编写理念的涵义以及这部教材的特点和创新之处吗？

孙：大学英语的现行教材有多种，那我们为什么还要编一套大学英语教程呢？最开始外语教学与研究出版社找我，我也很犹豫，后来考虑到能够和世界最高层次的外语教育专家合作，探索大学英语的新理念、新方法，推出面向未来、焕然一新的教材，这是很大的挑战，也令人向往。我和牛津大学的团队进行了多次研讨，我们主导提出教材理念，双方达成了共识，最终确定用“一棵树”来描述整套教材的基本理念：这棵树的“树根”是立德树人，“树干”是体验式学习、混合式教学，“树冠”分解为语言能力、跨文化能力、思辨能力、学习能力。这些理念在一套教材中得以生动体现，对大学英语教学是一个系统的创新。我们重视语言学习，重视学生语言能力的提高，但我们要超越语言能力。我们提出多元能力导向，大学英语可以让学生发展语言能力、思辨能力、跨文化能力、学习能力、合作能力、一定的研究能力和职场能力。这样，我们可以向学生、大学管理者证明自己不可替代的价值，因为我们不仅仅是培养语言能力，而且培养学生的多元能力和可迁移能力，其中思辨能力、跨文化能力、学习能力、合作能力都是可迁移的，是学生在未来职场中无论从事什么职业都需要的能力，是成功的关键。这也是大学英语的价值所在，不仅仅是学习语言。我们提升的是学生未来的就业能力、职场发展能力和终身发展能力，也可以对他们的专业学习起到促进作用。在这个意义上《新未来大学英语》实现了重要创新。我们把这些能力细化为子技能，设计到每一个单元的每一项任务中，充分实现多元能力培养。在教材编写的整个过程中，我们不断强调每一个理念都要实现。为了更好地实践这些理念，很多任务的设计都经过中外双方编辑团队反复打磨。

大学英语不仅仅培养学生的多元能力，还可以培养跨学科能力，因为大学英语阅读文本是跨学科的，包含人文社科各领域。学生在大学英语课堂可以打开视野。我们在世界范围内引入各学科的最新知识，引导学生开眼看世界，《新未来大学英语》在跨学科知识输入方面取得了新突破；大学英语在立德树人方面也可以做出独特贡献，从跨文化思辨角度，润物细无声地培养学生的道德推理能力和对不同价值观的辨别能力，在这个过程中坚定文化自信，拓展国际视野，体验文明互鉴，这是高层次的课程思政，是很多思政课达不到的境界。在国际话语中谈思政，学生能理解我们自己的话语也能理解对方。无论是企业还是政界抑或媒体，各行各业走向世界都需要具有全球胜任力的人才。这是《新未来大学英语》实现的另一个突破。

《新未来大学英语》在语言教学方法上也进行了大胆的探索和创新，比如体验式学习、项目学习、深度学习等。这套教材完美实现了以学生为中心、互动式学习、探究式学习以及产出导向等先进教学理念。部分教师很难实现教学创新是因为教材的限制，自己也不具备很强的能力来重构、超越教材，所以引入先进教材，对整个师资队伍的成长和课堂革命是很重要的。这是对教师的挑战，会推进教学改革，促进教师成长。《新未来大学英语》也不是完全否定传统，传统中有效的教学方法比如基于文本的针对字、词、句、篇的精细语言训练得到保留。但是现在课堂教学的重点不是放在对答案上，很多任务可以交给学生课后线上完成，而课堂集中于能力培养，在使用语言完成真实交际任务的过程中自然提高语言能力，而非把语言当作语言学习，这样多元能力也自然得到提高。《新未来大学英语》成功实现了这一目标。学生在课堂上通过听、说、读、写完成各种任务，在校园、社会、职场、学术等情景中探究真实问题，每一个小环节都有一个产出，一个产出导向另一个产出，最后完成一项复杂的真实任务。可以说，《新未来大学英语》开辟了体验式外语学习新范式。

最初，思辨能力是在英语专业倡导的，大家认为在大学英语教学中谈思辨太奢侈，然而现在这个目标已经实现了。《新未来大学英语》明确了每个单元的思辨子技能培养目标，设计了专门的思辨技巧知识框，基于课文设计了“Think · Pair · Share”等新颖的思辨任务，融合培养语言能力、思辨能力和跨文化能力。在这方面我们所达到的境界，可以说走在世界英语教育的前列。

王：最近，您提出了“跨文化思辨育人”外语教学新理念，请您最后就此阐释一下。

孙：“跨文化思辨育人”是我在总结《新未来大学英语》编写经验的基础上提炼出的外语教学新理念，包括三层含义：其一，在外语教学中，通过跨文化语言交际活动、思辨语言交际活动以及跨文化与思辨融合的语言交际活动，有效提高语言能力，融合培养以跨文化能力和思辨能力为核心的多元能力，促进立德树人。其二，在外语教学中，通过跨文化思辨活动，增强人文素养，塑造正确的世界观、人生观、价值观、文化观，拓展国际视野，厚植中国情怀，提高道德推理能力和批判性文化意识，实现培根铸魂，立德树人。其三，在外语教学中，思辨能力与跨文化能力相得益彰，相互促进。如果说思辨能力给跨文化能力增加深度，那么跨文化能力则是给思辨能力增加广度。语言能力则因同时具有跨文化能力和思辨能力而如虎添翼，立德树人便寓于其中。

蔡元培先生曾说过，“教育者，非为已往，非为现在，而专为将来”①。《新未来大学英语》为大学英语的创新发展开辟了前景广阔、潜力无限的新未来，致力于培养担当民族复兴大任的新一代，让我们一起拥抱新未来，创造新未来。

王：孙教授，再次感谢您百忙之中接受《山东外语教学》的采访。我相信今天的访谈会促发广大读者和外语学人对新时代外语人才培养、专业建设、学科建设等有更深刻的思考。

感谢山东师范大学英语语言文学方向研究生郭丹阳的文字整理。

（原载《山东外语教学》2021 年第 4 期）

① 《蔡元培全集》第二卷，中华书局 1959 年版，第 406 页。

技术主义道路与传统文科的发展路向

张福贵*

“新文科”已经成为当下学界和社会流行的热词，但如何理解和阐释“新文科”的概念和内涵并不轻松。近年关于“新文科”问题的讨论轰轰烈烈而日渐深入，虽说答案并不完全一致，但是仍有很多成果与创见。这种不确定和分歧，恰恰说明新文科建设有一个广阔的空间，是一个不断丰富完善的过程。对于“新文科”的讨论，在线性发展观下的探讨之外，也可以做一下非线性发展观性质的探讨。所谓的“新文科”建设应该包含两个思考路向：一个是“新的文科”，一个是“文科之新”。前者可以说是从“跨学科”或“交叉学科”的角度，创立和形成新的文科专业或者方向；后者则是从传统文科自身发展的角度，反思和调整现有文科的发展路向。

“新的文科”：人类思想与科学技术的融合与创新

与中国哲学社会科学“三大体系”建构相适应，“要着力建设交叉融合新专业（新方向）。要以新的思路和跨界模式，探索建设适应引领时代发展的新专业（新方向），培养创新型专业人才”①。这是当下对于“新文科”内涵的一种最为普遍和经典的理解，抓住了新文科建设的根本。新学科的创立来自于新技术、新产业的出现，也就是文科对于科技产业领域新动向的一种反应。说到底，这种反应是人类文化自身发展的必然过程。因此，“新的文科”的产生就是人类文化进程中的惯性反应和自然调整。随着互联网、大数据、人工智能、新能源、新材料、新思潮等技术与理论在人类社会的多层面渗透，“科学、艺术与人文之间不断呈现出集成创新、融合发展的交叉化发展态势，人

---

* 张福贵，教育部新文科建设工作组成员，吉林大学哲学社会科学资深教授，中国文化研究所所长，教育部中文专业类教学指导委员会主任委员。

① 樊丽明：《新文科：时代需求与建设重点》，《中国大学教育》2020 年第 5 期。

文学科正以新的视角，动态吸纳与整合着社会文化、科学技术与日常生活，展现出了全方位开放的胸襟与姿态，学科之间的边界日益模糊。”；“不断涌现的具有典型文、理、工、艺交叉属性的‘数据新闻’‘大数据与智能媒体’‘数字媒体艺术’‘动画艺术’‘游戏设计’等专业正呈现出典型的新文科专业特性，推动着学科知识之间、科学和技术之间、技术与艺术之间、自然科学和人文社会科学之间深度融合，并不断为社会新文化、新业态、新思想提供了创新源泉与动力”。[①] 所以，文科之新是势在必然。

科技与人文本质上都是人类文明的产物，二者的融合是自然而然的。但是由于人类社会的分工和学科的分野使二者越来越趋于分离乃至分裂，在某些方面甚至对立。任何一种新技术的出现都不是孤立和片段的文明事件，而是有着前因后果的连续过程。传统学科通过跨学科和融学科而产生新的学科专业或者方向，也不单纯是一种知识的扩展和结构的调整，而是如何通过这种扩展和调整来产生新的思想和新的观念，最终完成新的人才的培养。所以，新文科首先在于更新学科观念和创新学术思想。如果仅仅从知识层面对新文科进行结构性静态分析的话，就会导致新文科建设中的单纯知识化、技术化的倾向。正如有学者所说的那样：“当代的趋势是，‘知识分子’从一种人格主体承担的身份名词开始向一种活动机制和功能场域演化。知识分子变成一个动词，突出表现为一种活动的机制。这种机制在当代把传统知识分子原来承担的专业知识与道义良知等内涵，逐步变成了相应内涵的社会功能活动架构或平台。”[②]

中国当下的文科学科体系从横向结构来看，可以分为基础学科和应用学科；从纵向渊源流脉来看，又可以分为传统学科和现代学科。而基础学科与传统学科、应用学科与现代学科的内涵两两相互重叠，共同构成了当下中国文科学科体系的基本形态。当人们在讨论“新文科”问题时，往往更多的指向基础学科和传统学科。受西方现代学术体系的影响，中国的传统学科从观念到方法都已经发生了根本性的转换，相对于传统基础文科，现代应用文科

① 廖祥忠：《探索“文理工艺”交叉融合的新文科建设范式》，《中国高等教育》2020 年第 24 期。

② 尤西林：《“知识分子”：专业与超专业矛盾及其改善之道》，《探索与争鸣》2019 年第 1 期。

本身就具有“新的文科”的属性，但是在经历了几十年的发展历程之后，如何更新依然是一个具有实质性意义的话题。“交叉有三层意思。首先是知识交叉，它意味着学者们要有多学科的基础知识。一个人不可能对所有领域都很精通，样样是专家，但他要对多个领域有了解，可以进行多学科的思考。其次是思想交叉，即我们要确信在当今这个时代，交叉是方向，理工医农是这样，文科也是这样，各科学者都抱着交叉的理念，才能树立交叉的思想。第三是方法交叉，即借用其他学科的研究方法，事实上，现在有很多的文科研究，如果不采纳理工科的研究手段、思维方式和仪器设备，已经不容易深入了。”① 这是当下人们对于“新的文科”属性的普遍认识。

“新的文科”的出现，首先是打破固有的学科理念和学科边界，带来一种学科理念的创新，没有这种新的学科理念，也就不会有新的文科的出现。教育部《新文科建设宣言》中指出，“文科教育融合发展需要新文科”，“新科技和产业革命浪潮奔腾而至，社会问题日益综合化复杂化，应对新变化、解决复杂问题亟须跨学科专业的知识整合，推动融合发展是新文科建设的必然选择。进一步打破学科专业壁垒，推动文科专业之间深度融通、文科与理工农医交叉融合，融入现代信息技术赋能文科教育，实现自我的革故鼎新，新文科建设势在必行”。② 一些学术领域或学者受传统学科专业观念的制约，以所谓“术有专攻”为基本考量逻辑，对于学术研究中出现的跨学科专业的现象，常常以“越界”或者学科方向“不规范”来加以限制，甚至中断了某些有价值的学术探索。毋庸置疑，学术研究首先考量的应该是此研究是否在人类思想文化领域具有创新性价值，而不是研究者的专业归属和研究问题的学科领域。学科有边界，而学术是没有边界的。对于学者的研究行为首先要判断其研究成果的价值，而不是学者的学科身份和社会身份。这不只是人类思想文化创新和发展的需要，也是一个学者的话语权利。

其次，“新的文科”不同于其他新学科，其不只是文科与新技术、新方法的融合，而是最终目的是如何产生新的思想、新的成果和新的人才。所以，新文科本质上是思想的创新和人才养成。反映在文科教育环节就是培养具有

---

① 钱乘旦：《中国文科为什么交叉，且必须交叉？》，《文化纵横》2020 年第 5 期。

② 参见教育部：《〈新文科建设宣言〉正式发布》，中国教育在线，2020-11-17。

新理念、新思想新知识和新技术的现代文科人才。习近平在给《文史哲》编辑部的回信中指出，“需要深入理解中华文明，从历史和现实、理论和实践相结合的角度深入阐释如何更好坚持中国道路、弘扬中国精神、凝聚中国力量。回答好这一重大课题，需要广大哲学社会科学工作者共同努力，在新的时代条件下推动中华优秀传统文化创造性转化、创新性发展”①。传统性与时代性是相连的，连接点是思想文化的创新。有了思想文化的创新，学科融合或者学科交叉最后的结果才可能不是1+1=2，而是1+1=N或者1+1=1，这是“新的文科”的产生效应。学科交叉、学科融合既是新知识、新思想产生的前提，也是新知识、新思想产生的目的。作为知识与思想的关系来说，是一个互为促进的过程。“新的文科”最显眼的是知识结构的扩大和融汇，这对于新的思想的产生提供了一个必要的前提。思想的土壤是知识，一个知识点可能产生一种思想，两个以上知识点可能就会产生两个、三个以上的思想。知识是一种网络结构，思想存在于每个网格的结点上。与此同时，我们还必须看到人类的知识具有不同的谱系，但是不同谱系之间仍然有着若干先天的重合和融合。而文科作为人类思想文化的一种产物，本身就具有共通性。“从人类文化的发展趋势看，理性具有现代性走向，古典文化也最终要走向现代文化，因此应该以现代性为参照，在历史发展的现代性上给中国文化定位，也就是考察其理性发展的程度和水平。”② 任何一个学科专业的分类都是相对的，而且对于基础文科来说，这种分类又必须适应至少顾及中国传统文科的特点。

说到底，无论是“旧文科”还是“新文科”，都是不同时代人类思想文化交流交融的结果。思想文化是不断发展变化的，文科也就不断地由旧变新再变新。在这样一种逻辑下，“新的文科”的创立并不是文科发展的终点甚至不是暂时的终点，而是前一个发展阶段的结果和下一个发展阶段的基础。从这一思路出发，预示着新文科需要与新工科、新农科和新医科的再次融合。到目前为止，人们关于这“四新学科”的讨论大多是专业性甚至是孤立性的，没有能够从“四新学科”之间的融合角度进行整体考量。新学科不只是从自

---

① 习近平:《给〈文史哲〉编辑部全体编辑人员回信》,《人民日报》2021年5月10日。

② 杨春时:《论中国文化的理性有效理性特质》,《学习与探索》2020年7期。

身已有学科体系的融合变革出发，而是要从新文科与其他新学科跨界、融合的视角来思考新文科的深层含义。新文科与新工科的融合不仅限于与传统工科的融合，而是要和前沿的新工科融合成为新“人文工程”方向，还有网络传播学与大数据的融合所形成的数字人文、实验语言学与人工智能的融合所形成的计算语言、工程与社会学融合所形成的工程社会学、航空与心理学融合所形成的航空心理学等新领域、新方向。

“文科之新”：传统文科的向前发展与向后回归

“新的文科”的建设是线性发展观下正向的思路，而“文科之新”除了这种正向的思路之外，还要有反向的建设思路。在“新文科”的建设过程中，必须要注重“新”与“旧”之间的辩证关系和发展联系。不一定只有“新建”或者“跨学科”才是“新”，相对于有些学科特别是传统基础文科来说，回归传统和回归经典也是“新”。因为在应试教育的机制下，“不读原著”“不读经典”已经成为许多基础文科学生的通病。如何将各种“新”学科之间做通盘考虑，互为联结贯通，是更大的“新”。这是我们对于“文科之新”的完整考量。

国家启动“一流”学科建设方案，就是要使基础研究与应用研究齐头并进共同发展，“世界一流”不可或缺的就是一流的基础学科建设和一流的基础理论研究。教育部近日颁布的《“双一流”建设成效评价办法（试行）》中明确指出：“考察建设高校主动面向世界科技前沿、面向经济主战场、面向国家重大需求、面向人民生命健康，在突破关键核心技术、探索前沿科学问题和解决重大社会现实问题等方面做出的重要贡献，尤其是基础研究取得‘从0到1’重大原始创新成果的情况”①。“双一流”建设既要着眼于当下国家战略急需和世界前沿科技，又要强化“从0到1”的基础研究原始创新导向。然而，长期以来，“有所为有所不为”已经几乎成为所有学校发展改革的口号和思路，而这个思路在实践过程中往往造成急功近利的选择：单纯从当下的就业市场、地方经济急需和量化评估机制等方面进行考量。一些不能立即见效

① 《“双一流”建设成效评价办法（试行）》，http：//www.moe.gov.cn/jyb_ xwfb/s5147/202103/t20210324_ 522219.html，2021-03-23。

的基础专业被边缘化甚至取消，而这已经成为各个高校近年来普遍的选择思路和实际操作。

要知道，社会需求的热点不是一成不变的，热点不仅是阶段性的，而且也是结构性的。从阶段性来看，有热的过程也必然有冷的过程，冷热是必然会发生转换的；从结构性来看，有主流专业，也有非主流专业；从社会需要来看，有硬性的需求也有软性的需求。坚持冷中守正热中创新，才是学科建设、学术研究和人才培养的根本。因为人类自身发展就是一种全面发展，生存需要、发展需要甚至快乐需要都不可缺少。今天回头看，外语、外贸和法律等诸多当下就业率不高的专业，当初都是社会最热门的专业，也是多数院校“有所为”的专业。而近些年一拥而上的“对外汉语”或“汉语国际教育”专业、人工智能类专业和学生数量大大超出了实际需求，最终也势必会重蹈覆辙，一些学校已经停止招生。这足以证明，盲目地追逐社会热点，必然导致专业设置的大起大落，一拥而上必然是一哄而散。

“文科之新”的一个重要含义是文科要向前发展，由旧变新。“文科之新”是相对于“文科之旧”而言的，那么学科新旧究竟差别何在？我认为除了要有创新的学科观念之外，更要有创新的学术思想与新的人才。而且学科融合发展是有主有次有限度的，“文科之新”不能脱离美善人性的根本。“文科之新”首在思想之新，通过学科融合形成新的思想，通过新的思想培育新的人才。单纯的思想重复是没有意义的，关键是思想的创新，进而提升民族思想的质量，增加人类思想的容量。没有新的思想，就没有真正的新文科。所以，文科自身的新，要有新的学科意识，着眼于学科跨界、完善课程体系和人才培养机制，而不单纯是新建文科和简单的学科交叉。新文科的关键不是重组而是创造，不是产生新的知识和方法而是产生新的学术思想和学术新人。旧文科向新文科转换不是困境的突围，不是用新手段工艺把原有的知识和数据重复一次而已，而是创造一种思想创新机制，科学不能成为纯粹的技术和手段。这里涉及传统文科发展与技术主义道路选择的深层关系。

必须承认，信息爆炸而缺失经典是当下融媒体时代一种十分显著的文化特征。自文艺复兴和思想启蒙运动之后，席卷全球的思想文化变革运动已经极为鲜见。无论是工业革命、电子时代还是信息时代，人类文明的几次巨大进步都是以新科技为先导的技术主义的胜利，市场、技术成就了经济大国、现代国家和军事、政治的强权。继大数据之后，近年大热的人工智能又成为席卷全球的新技术浪潮。据教育部公布的全国高校新增专业目录统计，2019年和2020年共新增人工智能专业310个，新增“智能”类专业651个。国家是否需要如此多的智能专业毕业生？这么多的新增专业是否有足够的合格师资数量？在这种新浪潮冲击下，人文学科的本质功能和历史使命在没有完成时，就被技术主义裹挟而半途而废。科技与人文本来是融合的，但科技是有层次和类型的，因学科的不同融合的程度也是不同的。前面说过，学术可以无边界而学科是有边界的。不同学科融合本身就是有制约的，而且融合不能消除学科边界和学科属性。本来人文学科被科学主义和功利主义所冲击，在很多环节都处于边缘化的状态。如果不顾学科属性而无底线地融合，会进一步导致学科的不平衡并失去学科的个性，融合的前提是强化学科功能和特质而不是相反。应该利用人文学科的优势来增加其他学科的人文含量和精神指引，从而构成对物化主义、技术主义的约束。

科技人文的建设是大趋势，但是对于人文学科来说不能失去自己的特殊性价值。科技人文的创建要注意两个倾向。第一，人文与科技的融合应该是最新最高层面的结合，而不能把生活常识作为科学的表征来认识和认同；第二，融合应该是以我为主，以此来强化人文学科的功能与价值。“文科之新”首先需要打开文科的新视野，增强时代性和人类性。无论是科技还是人文，都不能将对方单纯作为一种技术手段来融入。不能用罗盘看风水，也不能用火药来驱鬼，重在汲取其中包含的科学精神和人文精神，为人类文明进步服务。诚如饶毅所言：“我们中华民族缺乏科学传统，科学在中国的发展历史短暂，加上实用主义的文化。”① 所以，对于科学技术的实用主义传统也可能影响到新文科的建设。

就现阶段来说，大热的人工智能能否成人类思想的发展动力是存疑的，人文精神的批判性思维提醒我们对此应该表现出足够的清醒：“算法权力已成为社会、媒体和社会科学中一个熟悉的话题。在这些讨论中，一个不言而喻的共识是，算法中渗透着规范性，而这些规范性塑造了社会。”技术统治乃至

① 饶毅：《我们尚未向世界证明中华民族的智慧》，新华网，2016-01-28。

技术垄断可能形成一种新的技术意识形态，“算法时代，算法技术的广泛应用带来了社会生产效率的极大提高。……技术乐观主义成为主流，甚至有学者断言人本身就是一种‘生物算法’”。然而，“算法的外部性风险也随着其嵌入人类社会的广度与深度不断增加而累积”。算法“甚至利用人的生物弱点与内心欲望来控制‘自由意志’，正如赫拉利所言‘在算法入侵之前，时间不多了’”。[①] 网络世界已经从一个“相知不相遇”的信息社会逐渐变成了一个“相遇不相知”的文化场域，算法和信息不仅仅是工具和环境，已经成为一种新的生存方式和评价方式。“人们关于信息的接受已经彰显为感官的刺激，依托理性原则建构起的算法逻辑正在扼杀逻辑本身，人之主体颇有沦为动物化、堕入思想蛮荒状态的危险意向。”[②]

文艺复兴和思想启蒙运动所催生的现代人文精神，不断补充和调节技术主义道路所带来的种种疏漏和极端。五四新文化运动是人的精神的大解放，也是人文精神的一种极度张扬。沧海桑田，斗转星移，人们的精神诉求已经让位于市场与技术。在技术化的浪潮面前，人文学科如何重回人文精神本身，回到人本身和人类本身，是人文学科面临的一个重大的选择。当下人文研究的碎片化、市场化、功利化，使人文研究远离了人文本身。我们忽略了对于重大基础理论的研究，特别是创新性的基础理论研究。我们在强调人文学科服务现实、服务社会、服务经济的同时，相对忽略对人类形而上思想的思考，导致了一种技术主义实用主义的全民狂欢。如果所有学科都去服务社会、服务现实、服务经济，谁去服务理论、服务思想、服务未来和服务人类？虽说人工智能可以实现自我学习，可以不再依靠输入的程序，但是人类输入的词汇最终还是制约着它的自我学习。没有民主自由词汇的输入，就不会产生这种精神的人工智能主体。基础研究的动力暂时可能没有功利的需求，只有自由的欲望，而突破的路径就是思想的创新。人工智能的思想价值取向仍然来自人类的设计，所以其无论怎样发达，最终还是不能完全代替人和人文精神的，任何理论建构和技术实践最终都要有助于人类的精神生活，而不只是停

---

① 龙卫球：《算法时代的规制理论与实践》，张凌寒：《权力之治：人工智能时代的算法规制》序一，“探索与争鸣杂志”公众号，2021-05-20。

② 王冬冬：《相遇不相知：算法时代的文化景观重构》，《探索与争鸣》2021 年第 3 期。

留在束之高阁的逻辑主义和细枝末节的技术主义层面。

进入20世纪以来，技术主义浪潮接连不断，每次浪潮袭来几乎都是人文向技术致敬和靠拢，而不是相反。在这种融合中，我们发现人文的表现又不同于语言学、伦理学和心理学等功能性学科。后者往往被理工医科甚至某些社会科学所融入，形成了计算语言学、医学伦理学、经济伦理学等学科方向。而文学艺术则表现出一种不同的路向：主动向技术靠拢，尽可能地从中认领份额和寻找空间。当环境意识兴起，启蒙美学被生态美学替代；当城市化、工业化设计成为社会时尚，传统人文精神被技术美学替代；当网络时代到来，纸媒文学被网络文学替代；当人工智能流行，传统写作又被机器写作替代。我们说“替代”可能过于言重，但是融合过程的单向运动是明确无疑的，文学艺术自身总是主动的向技术献身，去拥抱新技术、新学科。无论是跨学科也好，还是交叉也好，理工科或者新技术极少向人文学科特别是文学艺术靠拢，至今“文学”或者“鲁迅有什么用”之问仍然是科技界对于文艺功能相当普遍的揶揄。在新文科建设中，现在重提学科意识或学科启蒙仍然有必要性，其中不仅是一种学科公正的诉求，也是学科的一种自我反思。文科在新技术浪潮中如何面对，是一个极为严肃和严峻的问题。当人工智能写作盛行时，我们必须做出判断：人类是否要停止思考、停止想象和停止表达？“伴随人工智能叙事的技术优势，文学所必要的人本思想与人文关怀亦是要坚守的阵地。下一个研究目标将是人工智能技术引入对人文精神的影响与冲击，重新思考叙事理论框架下人工智能叙事方法的人文性与科学性。”①

新技术与新文科都是为了更好地发展人文学科而不是使文科不像文科，失去自己的特性。在人工智能时代，人文学科固有的批判意识、个性思想和浪漫情感能否延续，人类终将处于什么样的位置，是一个看似遥远但却紧迫的严峻课题。因此，我们应该把20世纪90年代学界关于价值理性与工具理性的讨论重新排入议程，因为当下时代更需要理性，也更需要人文精神，需要更广泛的价值传播。智能机器人不再依赖程序而是具有了自我学习的能力，但是关键是跟谁学习，学习了什么？2017年，特斯拉CEO埃隆·马斯克（Elon Musk）与100多名科学家联名致信联合国，呼吁禁止人工智能武器。

---

① 张斯琦：《藏“叙”于“器”——文学叙事与人工智能》，《当代作家评论》2020年第3期。

“但是过了一个多月，五角大楼就宣布在实战中使用了深度学习和神经网络系统。很明显，各个主权国家这方面都要争先恐后，就像上世纪的核竞赛一样，谁先搞出来谁就是老大；在这种情况下，对‘技术’的沉思尤其必要。2018年5月，美国前国务卿基辛格提出，应该成立一个由杰出思想家组成的总统委员会，来帮助制定关于人工智能的国家远景规划。”① 因为他认为“如同我不了解技术一样，人工智能的开发人员对政治和哲学也缺乏了解。从协调人工智能与人文传统的角度而言，人工智能应该被列在国家议程中的最优先位置。如果我们不尽快开始这项工作，我们很快就会发现起步太迟了。”② 其目的除了国家利益之外，就是为了防止技术主义对于人和人文精神的伤害。人类对于人工智能的发展不能只是表现出兴奋，更要看到其中的危险。鲁迅1908年就在《文化偏至论》中尖锐地指出：“递夫十九世纪后叶，而其弊果益昭，诸凡事物，无不质化，灵明日以亏蚀，旨趣流于平庸，人惟客观之物质世界是趋，而主观之内面精神，乃舍置不之一省。重其外，放其内，取其质，遗其神，林林众生，物欲来蔽，社会憔悴，进步以停，于是一切诈伪罪恶，蔑弗乘之而萌，使性灵之光，愈益就于黯淡：十九世纪文明一面之通弊，盖如此矣。”因此，鲁迅针锋相对地提出“掊物质而张灵敏，任个性而排众数”③。同年，鲁迅又在《破恶声论》中强烈的表示出对于科学主义的忧虑，力倡“神思”与“白心”，反对物化主义和科技至上，甚至将主张者嘲讽地称之为“志士”抑或“伪士”，认为“志士之祸烈于暴主远矣”。④ 鲁迅明显看出科学主义对于人类文明特别是精神文明的制约，是一种技术主义道路末路狂奔的景象。

同样，1927年海德格尔在《存在与时间》中认为，“虚无主义危机是整个现代文明作为技术时代的危机。因为技术的本质首先是把‘存在’变成了某种可认识的对象、可理解的‘存在者’，然后是征服和控制它。技术就像电脑的格式化一样，把所有的一切都格式化了。这样一来，人的生存世界就没有了任何神秘性，没有任何意义的来源”。后来。海德格尔甚至认为“人制造

① 孙周兴等：《我们今天越发要读海德格尔》，《长江日报》2018年9月25日。
② 迅行（鲁迅）：《文化偏至论》，《河南》月刊第七号，1908年8月15日。
③ 迅行（鲁迅）：《破恶声论》，《河南》月刊第八号，1908年12月15日。
④ 迅行（鲁迅）：《破恶声论》，《河南》月刊第八号，1908年12月15日。

自己，加工自己的时代，马上到来了”[①]。1953年，他在《科学与沉思》中呼吁，“科学已经发展出一种在地球其他任何地方都找不到的权力，并且正在把这种权力最终覆盖于整个地球上……”海德格尔认为现在人类要的太多，已经忘记了“不要”对人类同样重要。从技术主义的兴盛，他认为我们进入了一个全新的时代，“这个时代需要更广阔的视野，需要更通透的智慧，在热爱科学求真精神的意义上弘扬科学，同时也要认识到技术化的现代科学的求力一面，在这个层面上认识科学的局限所在，拥抱更为深厚的人文精神”[②]。

科技本身是有不同层次和类型的，学科融合因学科的不同，融合的程度也是不同的，不能把自然现象和生活常识作为科学技术本身来理解，学科融合应该是学科发展中最新最高层面的结合。所以说，融合本身就是有制约的，而且融合不能消除学科的公共边界和性质，“打破界限”不等于消除属性。如前所述，在技术主义和功利主义的历史惯性冲击下，本来就已经被边缘化的基础文科如果放弃自己的属性而做无底线的融合，会进一步导致学科的不平衡并失去学科和学术个性。融合的前提是强化学科功能和特质而不是相反。在技术主义的浪潮中，人文学术可能是抵御和守护人文精神和人类主体性的最后力量和领域。科技人文就是利用人文学科的优势来增加科技的人文含量和精神指引，从而努力对物化主义技术主义做一定的约束。人工智能本质上应该是为了人的完善发展，而人文学科是对于人工智能的支持和改善：人类语言和人文情感的融入，使其更接近于完美人性。科技人文是人类文明发展的大趋势，但是应该以我为本或以我为主。新文科打开的不单单是科技新视野，更是人文精神的新视野。

更进一步地，学科融合发展是有主有次有限度的，新文科是相对于文科之旧而言的，那么学科之旧究竟旧在哪里？根本还是要有学科意识，从学科跨界课程体系人才培养评价机制改革，不是新建文科不是简单学科交叉或者融合。技术主义道路的行进不只是科技先导进而对于人文学科的占领，也包括导致人文学科自身发展中的知识碎片化以及逻辑形式主义的玄学化现象的

① 吴增定：《〈存在与时间〉：中国人深入理解西方思想的一个路径》，《三联生活周刊》2017年第2期。

② 孙周兴等：《我们今天越发要读海德格尔》，《长江日报》2018年9月25日。

出现，这已经成为学界许多人的共识，而观点的相同表明问题存在的普遍性和真实性。例如，现在许多文科项目都是“什么什么研究与数据库建设”，而有些课题更是在研究类似“懒婆娘的裹脚布是三尺长好还是二尺长好”“冬天比夏天冷”的琐碎问题。这体现在中国现代文学研究中就是长盛不衰的报刊研究热。重回宏大叙事，高扬人文精神，让文学回归于文学自身，让批评理论融入具体的批评实践，是文学之新的根本目的。

同时，“文科之新”还要思考旧有文科的向前发展与向后回归的问题，这是“文科之新”的另外一个重要的含义。

向前发展的动力和目的是通过学科融合和自我更新，来实现思想的创新和学科的发展；而向后回归的路径则是返回原点和经典，是一种学科发展的反思和回望。“坚持守正创新。在传承中创新是文科教育创新发展的必然要求。丢弃传统，就是自断根基；不求创新，必然走向枯竭。新文科建设既要固本正源，又要精于求变，要立足两个大局，不断从中华优秀传统文化中汲取力量，主动适应并借力现代信息技术手段，实现文科教育高质量高水平发展。”① 对于有些基础文科现在不是急于如何新，而是思考如何“旧”，甚至是如何回归传统、回归原点。随着社会时代和思想文化的变化，有时候“守旧”就是“创新”。在技术主义、功利主义和娱乐主义的思潮影响下，文科的阅读与传播呈现出多样化以及功利化倾向。人们选择的空间扩大了，对象丰富了，但是在当下融媒体的时代，“丑、怪、俗”的网文和视频占据了自媒体的主流空间，各种网红直播广受追捧而一夜暴富，并且迅速成为青年文化的时尚热点。这种娱乐化、浅表化的文化时尚也极大地传染了大学校园和高等教育，学科专业建设和人文教育出现越来越明显的功利主义倾向。文科学生中，不读经典、不读原著已经成为一种常态，知识接受和知识消费过程极具功利性和快餐化。好一点学生看看名著的内容简介，再好一点的学生看看根据名著改编的影视剧，而不好的学生就索性百度一下记住几个关键词，中外经典原著往往在各大学图书馆被束之高阁。如果作为一种个人价值取向这还不太使人关注，但是如果成为一种文化潮流，或者从学校的学科专业建设机制上出现这种急功近利的倾向，则实在让人忧虑。“‘新文科’研究与建设应

---

① 教育部：《〈新文科建设宣言〉正式发布》，中国教育在线，2020-11-17。

有分类思维，方能提高成果的可行性与有效性。”① “新文科建设并非抛弃传统文科体系，而是在传统文科体系高水平、高质量发展基础上，遵循文科发展规律，开展全面革新。”② 而其中最为简单的方式，那就是阅读经典与原典，这才是基础文科发展万变不离其宗的基础。

无论是新文科还是一流大学、一流学科、一流专业建设，本质上是大同小异的，最终目的都是为了培养现代性的人才，为民族思想提升质量，为人类思想扩大容量。因此，新文科建设最后的检验标准就是人才培养质量，特别是人的精神品格。

（原载《山东大学学报》［哲学社会科学版］2021 年第 5 期）

① 樊丽明：《新文科：时代需求与建设重点》，《中国大学教育》2020 年第 5 期。

② 隋建兴：《新文科建设的场域与路径》，《新文科教育研究》2021 年第 1 期。

新文科究竟"新"在何处?

——基于对人文社会科学发展史的考察

崔延强　段　禹*

"新文科"建设提出已近两年，尽管学界对此的讨论愈演愈烈，但相比于"四新"建设中的新工科、新农科，新文科在实践中的推进相对缓慢，究其原因，无外乎学界尚未形成关于新文科的共识，类似于新文科建设的实质是什么、新文科究竟"新"在何处、新文科如何在实践中落地等问题尚未厘清，这在实践中严重影响了新文科的推进深度。2020年11月3日，新文科建设工作会议在山东召开，会上发布了《新文科建设宣言》(以下简称《宣言》)。《宣言》对新文科建设的理念、原则、任务进行了勾勒，在一定程度上有助于新文科建设共识的形成。但事实上，《宣言》本质上仍然是一个实践层面上的宏观性指导文件，对于理论层面的新文科建设实质、人文社会科学的发展规律等问题未能予以充分观照。鉴于此，本文立足于人文社会科学发展史的考察，阐明新文科建设的实质，从根本上回答"新文科是什么"这一关键问题，并针对新文科如何在实践中推进提出几条建设性意见，以期为新文科建设正本清源，助力我国高校的新文科建设实践。

一、人文社会科学的历史发展脉络

事实上，通常意义上所讲的"人文社会科学"内含了"人文科学"与"社会科学"两个主体。根据《辞海》的定义，人文科学"原指同人类利益有关的学问，以别于在中世纪教育中占统治地位的神学。后含义几经演变，狭义指拉丁文、希腊文、古典文学的研究。广义一般指对社会现象和文化艺

---

* 崔延强，西南大学副校长；段禹，西南大学教育学部博士研究生。

术的研究，包括哲学、经济学、史学、法学、文艺学、伦理学、语言学等”①。社会科学是指“以社会现象为研究对象的科学。如政治学、经济学、军事学、法学、教育学、文艺学、史学、语言学、民族学、宗教学、社会学等”②。不难发现，“人文科学”和“社会科学”在各自的下属学科领域有很大的重合交叉，两者都与人类的教养和文化、智慧和德行有关，确实难以明确划界。因此，人们习惯以“人文社会科学”作为人文科学和社会科学的总称，用以与自然科学相对应。

（一）人文学科的起源与发展

“人文学科”一词最早可追溯到西塞罗（M. T. Cicero）在论述雄辩术时所创立的“Humanitas”学说，意指一种为了培养自由的成年公民而实行的全面的文科教育。从一开始，“Humanitas”就带有一种精英教育的意味。经过希腊和古罗马学者的不断强化，“Humanitas”成为古典文科教育的主要形式。漫长的中世纪中，人文学科继承古罗马人文七艺，在大学里作为预科性质的基本训练而出现。直到文艺复兴时期，意大利弗朗西斯科·彼得拉克（Francesco Petrarca）将“学习人文学科”视为将欧洲从自我破坏中拯救出来的途径，因而首倡将人文学科作为连贯的研究科目，通过学习古罗马人写的书籍和学校讲授的知识恢复高贵的人文教育。③ 由此，被视为“人文主义之父”的彼氏开启了一场人文主义运动。人文学科也逐渐褪下神学的外衣，成为世俗化、研究性的科目。工业革命以来，“有用的知识”（Useful Knowledge）在18世纪末19世纪初的英语中开始成为一条显赫的标语，当时许多社团的名字中使用了这一标语，如费城实用知识促进会以及纽约实用知识促进会等。④ 与此相对应，以古典教育为主要存在形式的人文学科开始作为独立的领域出现在自然科学的对立面。德国哲学家首先提出了人文学科的一般理论，狄尔泰（Wilhelm Dilthey）称此学科为人文科学或精神科学（Geisteswissen-

---

① 《辞海》，上海辞书出版社2009年版，第1878页。

② 《辞海》，上海辞书出版社2009年版，第1988页。

③ J. Hankins，“How not to Defend the Humanities”，*American Affairs*，https：//americanaffairsjournal. org/2017/11/notdefend-humanities/，2017-11-01.

④ 参见［英］彼得·伯克：《知识社会史》下卷，汪一帆、赵博囡译，浙江大学出版社2016年版，第127页。

schaften)，而李凯尔特（Heinrich John Rickert）则把人文学科叫作文化科学（Kulturwissenschaften）。[①] 随着美国研究型大学在19世纪后期的兴起，以及20世纪初期实用主义思潮在美国的广泛传播，人文学科的生存空间愈发受到压缩，被分裂为不同的系科，一部分保留在19世纪兴起的以古典语言、文学、历史、艺术等为主体的“古典学”中，另一部分体现在以自由教育为主体的通识科目中，成为不同专业的学生都必须学习的“通识教育”。

20世纪80年代以来，随着信息技术革命地不断推进，“数字人文”开始兴起。所谓“数字人文”，是指计算机信息技术处理与人文学科间的一种交叉研究与教学领域。其特点是将数字化了的材料和本身就是数字化的材料结合起来，把传统的人文学科、社会科学的研究方法与计算机信息处理技术的工具以及数字出版融为一体。数字技术的发展使人文学科的领域和边界发生了重要变化，例如有数字人文学者关注文化数据组的视觉化问题，还有学者将计算方式运用于分析谷歌图书数据库。如今，许多西方高校已对此设立了相应的科系或研究中心，如伦敦大学国王学院的数字化人文学科系以及弗吉尼亚大学的高新技术人文学科研究院，等等。[②] 近年来，数字人文的外延愈发扩大，涌现出数字文化、媒介文化、软件研究等一大批综合性学科，展现出了较大的发展潜力。

从中国的语境来看，我国有着深厚的人文传统，从诸子百家、稷下学宫时期的自由辩论，到汉武帝建太学、立五经博士，再到唐朝后兴盛的寺院佛经论辩，甚至从隋朝一直延续至清末的科举制度，都是关于学习国学人文经典的选拔制度。但作为我国制度化、规训化的现代人文学科，实质上仍是在近代以来西学东渐过程中被建立起来的。我国传统的学术门类，集中表现为“四部之学”，即经、史、子、集，体现出“通人之学”的特点，分类的标准不在于研究对象，而取决于研究性质。鸦片战争以来，随着以自然科学、社会科学为代表的西学逐渐输入，“经世之学”兴起，西学中的分科观念逐渐为国内学界所接受，中西学术被整合在一个全新的系统中。代表性事件是张之

---

① 参见李醒民：《知识的三大部类：自然科学、社会科学和人文学科》，《学术界》2012年第8期。

② 参见郭英剑：《技术改变人文：人文学科的一场革命》，http：//news.sciencenet.cn/htmlnews/2015/8/324299.shtm，2015-08-06。

洞以日本“六科”分立制为蓝本，提出大学分设经学、史学、格致学、政治学、兵学、农学、工学的“七科分学”方案；此后，他又于《奏定大学堂章程》中，将大学分为经学、政法、文学、医科、格致、农科、工科、商科等八科，并具体规定了各科所包括的学科门类，传统国学例如周易学、尚书学、毛诗学等被归入经学科，史学、中国文学则被归入文学科。[①] 由此，我国的人文传统逐渐开始向体制化、规训化的西式学科体系转型。伴随着这个过程，我们需要重新思索自身的知识、人文传统与现代学科制度之间如何调和，审视我们自身的人文传统对于当代社会的意义等一系列问题。

（二）社会科学的起源与发展

社会科学不仅是一种知识体系，也是一种社会建构，社会经历的种种变革，往往也会反映到不同时期社会科学的内在逻辑上。前工业时代，现代意义上的社会科学尚未形成，文科与人文科学、文学或美文学、哲学、道德科学等许多称谓都是当时社会科学的名称和不同叫法。[②] 中世纪大学兴起后，“文科”作为一种博雅教育，在大学中作为“自由七艺”而存在，除以罗马法为主体的法学外，社会科学几乎没有进入大学的视野。此时的文科知识体现出经验化、零散化的特征，并笼罩在神学的面纱之下。

17 世纪中叶以前，欧洲学者几乎所有关于社会的讨论都以一系列持双重标准且非常强有力的假设为指导。这些假设阻止人们在理解和解释人类互动的任何尝试中，使用那种用于理解自然的解释性策略。[③] 通过对亚里士多德哲学的继承，人们相信人类的行为制度与自然界的规则在本质上是不同的，支配前者的是“审慎的”知识，而支配后者的是理论知识或确定的科学，因为自然界不存在意愿。此外，犹太教、基督教传统认为人类是上帝以自身为形象创造的，因而人类并非自然界的一部分，而是大自然恩赐的受益者，这种根深蒂固的认识也造成了人与自然之间分裂的强化。虽然一些古典思想家，

---

① 参见左玉河：《从“四部之学”到“七科之学”——晚清学术分科问题的综合考察》，中国社会科学院近代史研究所编：《青年学术论坛》2000 年卷 C，社会科学文献出版社 2000 年版，第 53 页。

② 参见崔延强、卫苗苗：《现代社会科学的现代性问题——从现代社会科学的起源看》，《陕西师范大学学报》（哲学社会科学版）2019 年第 3 期。

③ 参见［美］理查德·奥尔森：《社会科学的兴起（1642—1792）》，王凯宁译，科学出版社 2018 年版，第 191 页。

包括原子唯物主义者伊壁鸠鲁（Epicurus）及其古罗马时期的追随者卢克莱修（Titus Lucretius Carus），试图将人类视为宇宙的一部分，另有一些文艺复兴时期的思想家如马基雅维利（Niccolò Machiavelli）以及让·博丹（Jean Bodin），试图对一些人类的制度给予自然的解释，但他们终究只是少数，人与自然的分离在这一时期占据了人们思想的主导地位。

16 世纪晚期到 17 世纪，文科发展迎来了转机，这种转机是由三种因素所共同促成的：第一，宗教改革以原子式的个人聚合社会概念摧毁了人我一体的社会制度概念，每个人都必须单独地和上帝打交道，个人的灵魂获得了拯救。人类社会逐渐被视为自然界的一部分，世界开始接受理性解释，这从思想上为社会科学的兴起奠定了基础。第二，由资产阶级主导的新的经济力量出现了，传统的以土地占有和人身劳役为基础的经济不得不让位于以贸易和小规模制造业为基础的经济①，中世纪的社会哲学再不能够满足文艺复兴时期的经济要求。第三，作为现代社会科学产生的先导，科学革命的成果之一是“设想有一种关于社会的科学——一种关于政府、个体行为和社会的科学——将在凯歌高奏的诸科学之中占有一席之地，产生出它自己的牛顿和哈维”②。在 17 世纪中叶的几十年里，人们无数次地尝试将自然科学方法与概念运用于人类社会，例如霍布斯（Hobbes）从分析人类的感觉、观点和情感出发，将心理学的方法引入了政治生活的研究中；詹姆斯·哈林顿（James Harrington）则在政治哲学分析中引入了哈维的生理学分析方法；以约翰·贝彻（Johanm Becher）为代表的皇室顾问，将炼金术的经验方法和理论应用于解决其君主所面临的国家财政危机，从而创造了财政科学或官房学。③ 随着牛顿《自然哲学的数学原理》的出版，人们对关于人与社会的科学，即关于个体行为的“人的科学”和关于群体行为的“社会科学”的期望更加强烈，人们确信，通过理性和普遍规律，人类可寻求到真理和确定性。

---

① 参见［英］约翰·德斯蒙德·贝尔纳：《历史上的科学》卷四，伍况甫、彭家礼译，科学出版社 2015 年版，第 782 页。

② ［美］伯纳德·科恩：《自然科学与社会科学的互动》，张卜天译，商务印书馆 2019 年版，第 1 页。

③ 参见［美］理查德·奥尔森：《社会科学的兴起 1642—1792》，王凯宁译，科学出版社 2018 年版，第 222 页。

法国大革命后，社会科学作为社会重组工程的一部分而正式出现，民族国家为实现更好的治理效果，亟需更加精确的知识作为制定决策的基础。[①] 借助对牛顿物理学的效仿，孔多塞（Condorcet）基于数学概率论，试图发展出一套统计社会科学，从而为政治学中的理性决策提供工具。亚当·斯密（Adam Smith）跟随牛顿，致力于寻找千变万化现象之下的简单法则。赫尔德（Herder）提出一种由心理学和语言与文化研究推动的经验的、历史的科学，并主要通过教育来实现。[②] 18 世纪，随着孟德斯鸠《论法的精神》、亚当·斯密《国富论》、孔多塞《人类精神进步史纲要》、赫尔德《迈向一种历史哲学的观念》等代表作的面世，社会科学开始成为一种制度化的知识体系，成为一种以民族国家为分析框架的科学。

在方法论上，社会科学效法的是已取得广泛成功的先驱即自然科学的基本规则：从系统的、精确的、经验性的探索，推导出理论，理论越精细，科学就越先进。[③] 这形成了社会科学中实证主义产生的先决条件。工业革命的凯歌高奏促使圣西门（Saint-Simon）等人意识到“新秩序”的存在，在圣西门工业主义乌托邦思想的影响下，孔德（Auguste Comte）提出了实证主义体系。在孔德看来，任何知识都会经历从神学形式到形而上学形式再到实证形式的三个发展阶段，而实证主义是科学主义的最高表达。通过创建“社会学”这一研究领域以及对社会学方法论原则进行规定，孔德奠定了实证主义在社会科学研究中的重要地位。实证主义在历史的长河中历经了三代发展：第一代以孔德、穆勒以及斯宾塞为代表；第二代以马赫、阿芬那留斯为代表，他们的学说被称为“马赫主义”或“经验批判主义”；第三代以石里克、卡尔纳普和纽拉特等人为代表，他们的学说被称为“逻辑实证主义”或“逻辑经验主义”。[④] 时至今日，实证主义的方法论取向始终占据着社会科学研究的主流地位，实证研究也成为现代社会科学研究的经典传统。

---

① 参见［美］多萝西·罗斯：《美国社会科学的起源》，王楠等译，生活·读书·新知三联书店 2019 年版，第 23 页。

② 参见［美］华勒斯坦等：《开放社会科学》，刘锋译，生活·读书·新知三联书店 1997 年版，第 7 页。

③ 参见［美］伊曼纽尔·沃勒斯坦：《否思社会科学——19 世纪范式的局限》，刘琦岩、叶萌芽译，生活·读书·新知三联书店 2008 年版，第 297 页。

④ 参见张庆熊：《社会科学的哲学》，复旦大学出版社 2010 年版，第 12—13 页。

二、人文社会科学的当代危机

人文社会科学在当代遭遇危机已是不争的事实，这种危机一方面表现在现代性对学科内部发展的侵蚀上，另一方面也反映在人文社会科学在高等教育领域不断被边缘化的事实中。

“社会科学在其初始就抱持着对历史的新理解和对现代性的高度期望”[①]，对于现代社会科学而言，现代性始终是一个绕不过去的主题，以至于现代性的发现直到今天仍然是理解社会科学的基础背景。现代性以理性、主体性、科层化等要素为主要特征，在现代社会科学的体制化进程中，科层化、按专业体系运行的知识生产模式都是现代社会科学中关于“现代性”的外在表征。一方面，现代性的产生发展与社会科学的兴起是耦合在一起的，现代性一直以来都是社会科学阐释与批判的主要对象，另一方面，现代性也无孔不入地渗透到社会科学的学科发展与人才培养的各个领域与层面，学科组织结构的科层化、学科专业目录的行政化、学科知识生产的功利化、学科人才培养的标准化、学科专业文凭符号化以及学科评价的量化等一系列现代性风险也随之而来[②]，学科发展面临着异化的危险。

从具体的高等教育实践来看，人文社会科学在当前似乎正逐渐走向边缘化：荷兰阿姆斯特丹大学 2014 年公布的一份名为“Prifiel 2016”的学校规划大纲中，计划削减财政，废除部分语言专业，同时将包括哲学、历史、荷兰文学等在内的其余人文学院剩余专业合并为“人文学位”，将学校的建设重心放到更具职业导向的专业上。[③] 美国对人文学科的拨款从 1979 年的 4 亿美元（以 2016 年美元计）下降至 2015 年的 1.5 亿美元（以 2016 年美元计）。[④] 日本文部科学省则于 2015 年向国立大学下发《关于全面重议国立大学法人等的组织及业务（通知）》，要求国立大学对缺乏实际效用的文科院系或专业进行

① ［美］多萝西·罗斯：《美国社会科学的起源》，王楠等译，生活·读书·新知三联书店 2019 年版，第 22 页。

② 参见崔延强、权培培：《大学学科的现代性问题及其超越》，《华东师范大学学报》（教育科学版）2019 年第 2 期。

③ 参见陈诗悦：《阿姆斯特丹大学师生占领校园，抗议校方对人文专业关停并转》，澎湃新闻，https：//www. thepaper. cn/newsDetail_ forward_ 1319242，2015-04-09。

④ 参见 Iain HAY：《对人文科学所遭受抨击的回应》，《地理科学进展》2018 年第 3 期。

“关停并转”，从而开启了国立高校的去文科化步伐。① 国内的清华大学也于2020年5月宣布取消新闻与会计专业的本科招生，此举进一步引发了关于文科存废的热议。种种迹象表明，文科在高等教育领域的边缘化已是不争的事实。

这种全球性的文科危机，一则源自实用主义在现代商业社会中的日益兴盛，随着知识经济时代的到来，知识依附于物品之上的附加价值，将带来物品的明显增值，因而在知识社会中，知识只有在应用中才能生存。二则在于自“二战”以降，自然科学通过信息革命与新科技革命牢牢占据了引领社会发展的主力位置，科技文明彻底主宰了当今世界，相较地，人文社会科学则在自然科学璀璨的灯光下显得落寞而苍白。三则源于新形势下世界政治经济的发展使18、19世纪以来欧洲知识分子构筑的历史走向终结。在和平与发展成为时代主题的背景下，人文社会科学无法在短时间内直接创造经济价值，成为促进世界经济增长和技术进步的重要力量，同时，在应对新形势下世界复杂问题的解决手段上也再不复民族国家诞生之初的荣光，其危机的种子也就逐渐生根。

事实上，不少知识分子对于文科在当代遭遇的困境已有洞见，早在19世纪中叶，斯宾塞（Herbert Spencer）在论述“什么知识最有价值”时，便将“才艺、艺术、纯文学”等古典教育视为教育中的“闲暇部分”，并预言科学最终会“统治一切”。② 进入20世纪后，随着以理性为代表的现代性的不断深化，文理之间的分野逐渐演化为斯诺（Charles Percy Snow）口中的“两种文化”，他指出文学知识分子与科学家之间“存在着互不理解的鸿沟——有时还互相憎恨和厌恶”③。20世纪中后期，伴随着第三次工业革命的展开，社会变得愈发机械化，民族性、社会性、个体性逐渐被磨灭。在利奥塔（Jean-Francois Lyotard）看来，这种变化使得“头脑与生活相分离”，对此，他甚至宣称文科“已经死掉了”。④ 此时，一部分学者终于意识到，要从根本上缓解文科

---

① 参见陆一：《日本国立大学文科“关停并转”相关政策分析——兼论两种文科的现代命运》，《复旦教育论坛》2016年2月。

② 参见［英］赫·斯宾塞：《斯宾塞教育论著选》，胡毅、王承绪译，人民教育出版社2005年版，第46页。

③ ［英］C. P. 斯诺：《两种文化》，纪树立译，生活·读书·新知三联书店1994年版，第4页。

④ 参见［法］利奥塔：《后现代性与公正游戏——利奥塔访谈、书信录》，谈瀛洲译，上海人民出版社1997年版，第103页。

的危机，需要从拓展研究机构、跨越传统界限等方面着手，于是，才有了华勒斯坦（Immanuel Wallerstein）等人笔下的“开放社会科学”。不难发现，近现代以来知识的“应用性转向”和“全球性发展”构成了人文社会科学危机的深层次原因，这种转变的影响是深刻的，为此，学者们用“新人文主义”“新科学主义”“第三种文化”等概念来描述这一新的知识生产与存在样态，关注的焦点在于知识结构的异质性和跨界性。因此，要重新赋予文科以发展的生机，需要从知识发展层面的变化来着手。

三、新文科对于传统人文社会科学的突破与超越

显然，基于上述分析，我们不难发现新文科的提出深深地根植于人文社会科学的历史发展规律之中，建立在当代知识生产模式转型的背景之下，更内嵌于构建中国特色哲学社会科学体系的行动之中。在这样的背景下，我们认为，新文科建设的实质，正是对现代社会科学之现代性的克服与超越。它的出现预示着后工业时代的人文社会科学即将迎来自零散化阶段、实证主义阶段之后的第三种发展形态，这种新的发展形态包括以下四个特征。

一是突破社会科学以物理学为建构标准的唯一性，使其从一种分析的科学走向多种知识相结合的新体系。现代社会科学的产生，源于对自然科学尤其是牛顿物理学研究范式的效仿。法国大革命后，政治和社会变革的压力变得异常紧迫，许多人认为，要想在一个牢固的根基上组织社会秩序，社会科学就必须越精确（或越“具有实证性”）越好。抱着这样的宗旨，19 世纪上半叶许多现代社会科学的奠基者开始转向牛顿物理学，将其作为效法的楷模。① 随着现代性的不断深化，理性开始走向“神坛”，数理分析方法及其背后的实证主义思想成为社会科学从 19 世纪沿袭至今的学术传统，人们相信，科学是积累起来的，是直线发展的。但随着 20 世纪以量子力学为代表的非线性自然科学、复杂科学出现，当代科学的发展从分析科学走向综合科学，在古典物理学基础上建立起来的社会科学方法论在解释生命和社会现象时开始力不从心。同样地，愈发复杂的人类社会现象也迫使社会科学愈发需要更加

---

① 参见［美］华勒斯坦等：《开放社会科学》，刘锋译，生活·读书·新知三联书店 1997 年版，第 9—11 页。

多元、更加综合的学科方法的参与，从而真正走向华勒斯坦等人所言的“开放社会科学”。

二是突破以民族国家为分析框架的唯一性，向民族间性、跨民族性、世界性的研究框架转型。华勒斯坦认为，19 世纪被制度化的社会科学存在三个特征：第一，它们主要甚至仅从经验主义的角度来研究资本主义经济体系中的核心国，实际上只研究了其中少数几个国家；第二，几乎所有的学者都只研究那些与他们自己国家相关的经验主义研究素材；第三，研究的主要模式是经验主义的和具体的。[①] 人文社会科学与现代民族国家的兴起紧密相连，现代民族国家曾为社会科学提供了赖以存在的各种条件[②]，民族与国家也在相当长的一段时间内被视为社会科学分析研究的框架依据以及背景起点。当前，全球化的浪潮方兴未艾，时间与空间都在这场浪潮中被缩小，民族和国家之间的边界不再重要，取而代之的是一个大的全球政治。对于社会科学而言，以民族国家为分析范畴，以殖民主义知识、冷战知识为分析背景的方式已经显得捉襟见肘，无力应对全球化背景下产生的新问题、新挑战。因此，社会科学势必要从带有历史色彩的民族、国家分析框架转向以“人类命运共同体”为指向的全人类、世界性的问题视角。

三是超越人文学科自我设限的古典主义色彩，向现实关怀转向，向大众文化领域拓展。古典主义是人文学科诞生之初的最大特性，并每每在人文学科因外界环境变化而遭遇抨击时成为其捍卫自身合法性的有力武器。在现代科学技术日趋发达的背景下，人文学科要重焕生机，必定需要从远古的神坛走下，介入到更广阔的现实社会文化生活空间中，以人文学科与生俱来的反思与批判精神，重新思索人文学科与科技新发展、社会新思潮之间的联系，积极探索人文社会学科可以介入的其他社会空间，把握“机器焦虑”与“技术恐惧”等核心议题，从而“以出世之心，行入世之事”。

四是弥合以学科专业为载体的知识生产方式，由单一学科专业向跨学科、超学科转型。我们必须承认，学科的分化与坚守是确保知识产业经济的生命

① 参见［美］伊曼纽尔·沃勒斯坦：《否思社会科学——19 世纪范式的局限》，刘琦岩、叶萌芽译，生活·读书·新知三联书店 2008 年版，第 18 页。

② 参见［英］吉尔德·德兰逖：《社会科学——超越建构论与实在论》，张茂元译，吉林人民出版社 2005 年版，第 5 页。

线，是理所当然、天经地义的东西。知识的专门化、科学的精细化使得人类作为一个整体拥有了前所未有的认知能力。按专业体系运行的知识生产模式不仅是现代性的重要标志之一，并且自科学的体制化进程以来曾大大助推了人类知识的进步与发展。20 世纪以来，知识成果越来越多地在应用情景、交叉学科环境下诞生，由此催生了“模式 1”“模式 2”乃至“模式 3”等新型知识生产模式。新的知识生产在更加广阔的空间、场域之中，围绕应用性问题解决，由不同主体、学科、群体紧密互动而形成，这是知识领域的一场重大变革，被称为“知识生产转型”。知识生产转型对于社会科学的影响是深刻的，它要求现代社会科学超越条状分割的学科体系，持续推进建立一种面向新时代、新经济与新产业，融合理、工等诸多外部学科要素的包容性学科框架。

基于以上四点，笔者认为，新文科是后工业时代基于知识高度综合化、信息化、数字化的一种文科知识生产与再生产的新形态，是文科知识规训的新模式、新手段。

四、新文科建设背景下人文社会科学的转向

新文科建设最终的落脚点还是人才培养。当前，高校可从以下三个方向持续推进新文科在实践中的探索。

（一）探索文科专业的新方向

《宣言》提出，要“紧扣国家软实力建设和文化繁荣发展新需求，紧跟新一轮科技革命和产业变革新趋势，积极推动人工智能、大数据等现代信息技术与文科专业深入融合，积极发展文科类新兴专业”。可见，新文科建设要求在传统文科的基础上，规划和设计新的专业及课程体系，这是促进人文社会科学脱离自身重复性较高的基础研究，转向与社会、市场结合更紧密的应用型研究的重要步骤。在专业规划方面，重点围绕国家战略、市场需求以及自身优势与特色，积极筹划开办面向国家重点需求领域、新兴服务业、前沿技术产业、地方支柱性产业的新型文科专业，例如“一带一路”背景下的语言+国情复合型专业、乡村振兴战略背景下的农业+社会学专业、国家治理体系与治理能力现代化背景下的哲学+社会学+公共管理专业等。值得重视的是，新

文科专业并非传统专业之间的简单叠加，而是问题导向、需求导向下的知识生产与再生产的重组与重构。在专业师资队伍建设方面，重点在于建立稳定的高水平师资队伍，为此，需要建立行之有效的激励措施，同时辅之以实体研究中心或虚体的学术松散联合体，设置一定的申请条件，鼓励教师以课题申请、跨学科学术交流、跨学科教学等形式参与到新文科建设的实践中来。同时，还要对跨学科教师资源进行延伸与拓展，一方面要面向产业与行业，建立起人才交流互通的绿色通道，将具备丰富实践经验的高级行业人才、专家引入到常规师资队伍当中；另一方面也要鼓励高校专职教师积极走出高校，进入产业行业挂职、兼职或进行课题项目研究，真正做到“请进来”与“走出去”相结合。

与此同时，高校在探索如何给文科“增量”的同时，还要注重文科的“减负”。具体到地方性、行业型高校而言，针对一些近年来就业率低、就业门槛低、不适应社会发展新趋势的文科类专业，要敢于对其进行淘汰、改造与升级，从而脱离效率较低的基础文科研究，转向与社会发展结合更加紧密的应用型文科研究，走特色化、差异化的文科发展之路，更好地为地方社会与行业经济发展服务。针对高水平的综合性高校而言，在大学课程中保留人文学科，不仅是为了人文学科本身，也是构成各种学术教育体系的必要部分。但同时，更要将经典人文传统与现实观照相结合，主动跟踪时代发展趋势，聚焦新时代重大理论和现实问题，聚焦党和国家关心的战略和政策问题，努力将文科的学科发展逻辑与市场逻辑结合起来。

（二）创新人才培养的新模式

《宣言》提出要“以培养未来社会科学家为目标，建设一批文科基础学科拔尖人才培养高地，聚焦应用型文科人才培养”。在新文科人才培养模式方面，目前有三种比较成熟的做法可供借鉴。

一是建立健全国内外跨学科联合学位培养模式。联合学位培养是指学生在两所或多所跨境合作机构学习，在完成合作机构共同规定的学业要求后，由合作机构共同为其授予学位的活动。[①] 这一模式的特点在于通过合理调配，

---

① 参见李海生：《研究生教育国际合作学位项目类型探析》，《学位与研究生教育》2013 年第 12 期。

可以充分利用不同高校现有的优质教育资源，且相对灵活，可根据不同时期、不同地域社会需求的变化及时进行不同专业间的组合，最大限度满足社会需求。国务院学位委员会于 2019 年 7 月发布了《学士学位授权与授予管理办法》，指出“具有学士学位授予权的普通高校之间，可授予全日制本科毕业生联合学士学位。联合学士学位应根据校际合作办学协议，由合作高等学校共同制定联合培养项目和实施方案”。根据文件精神，联合学位培养模式可尝试向本科教育阶段“下移”，这对于培养更具国际竞争力以及跨文化领导力的复合型新文科人才而言至关重要。未来，国内有条件的高校应当将这一本科培养模式拓展到更多的国外一流大学，更充分地借鉴与利用好不同高校的优势资源践行“新文科”建设。

二是探索以多学科集群为基础的现代书院制度。以现代书院制度践行新文科建设，其特点在于将教学空间与生活空间相统一，不仅能够借助多学科集群优势，培养具备复合型知识背景的新文科人才，更能够通过文化空间的创设，使书院成为新文化、新创意诞生的摇篮。针对新文科建设对于前沿导向和需求导向的强调，高校可创造性地设立一些相对小众但前沿的书院。例如，新媒体、文漫影游、在线教育等新兴行业急需复合型文科人才的供给，高校可针对性地围绕这些社会需求灵活组建相应的学科群，同时借鉴既有的书院制实践探索经验，并引入校内校外的双导师制，建立对接社会新型需求、瞄准前沿技术的新型书院。此外，传统书院制实践只在高水平大学中开展，而现代大学书院制度的实践范围理应更广，但在具体的实践方式上不应拘泥于一格，应根据自身服务面向、整体优势以及培养特色，建立各具特色的书院模式。在具体的人才培养工作中，高校需要打破人才培养的“路径依赖”，将书院制改革视为一项涉及观念、制度、师资和硬件等要素在内的综合改革而逐步推进。

三是践行“传统文科+”，助力传统文科转型升级。给传统文科“做加法”，特点在于最大化利用高校内部的既有资源，成本小，见效快，易于推广，同时也能够带动高校整体上形成新文科的建设氛围，避免出现传统文科与新文科之间相割裂、两张皮的现象。例如，通过传统文科+国家战略，使学生能够在讲好中国故事的同时，为国家或跨国组织提供决策咨询；通过传统文科+现代技术，在建立与信息时代相适应的人文社会学科新型教育教学方式的同时，培养学生的“数据素养”与“技术素养”。[①] 给传统文科“做加法”，关键措施在于以科研项目为牵引导向，以教育教学为具体抓手，通过设立跨学科、以国家战略为指向的科研项目，同时鼓励对于前沿科学技术、先进研究方法的运用，使广大教师、研究人员通过科研实践形成“新文科素养”，最终以多样化的方式落地在教育教学的实践中，使新文科建设回归到培养人的本质上。

（三）凝练人文学科的核心功能与核心素养

传统文科在当代遭受的抨击与人文社会科学尤其是人文学科的“空心化”弊病不无关系。事实上，我们必须区分作为知识专业的人文学科与作为良心修养的人文精神，必须区分经由严格训练而成的专业学术和仅凭热情与模仿而成的业余爱好。面对市场的追问，我们必须反思：什么是人文学科可以而其他学科不能？什么是经由人文学科训练才能达成，而其他学科训练所不能达成的？可以确定的是，人文学科至少具备两大核心功能：第一，在科学技术迅猛发展的背景下，其发展创新的伦理边界需要人文学科来加以限定；第二，人文学科能够在时代的洪流中提供反思及前瞻性的视野，它储存着关于个体和集体的记忆，正是这些记忆使得人之为人，使得我们的过去和未来具备了意义。[②]

不难发现，人文学科的核心功能似乎都与宏大、精神、心灵、情操等此类词语联系密切，人文学科时常给人一种悬于专门知识之上的不确定感也正源于此，因此，人文学科才更需要凝练自身的核心素养，需要借助新文科建设的契机，进一步夯实自身的学科基础。为此，在知识视野上，人文学科应跳出和超越其古典传统，将自身的学术传统与现实问题相结合，在人类命运共同体的框架下，超越殖民主义扩张时期形成的知识框架与分析范式，形成新的关于世界不同区域的人文研究领域和人文知识，最终形成真正具有中国底蕴和中国特色的世界观和价值观。在核心议题上，人文学科要聚焦由于科技进步与产业革命所带来的失业、伦理、法律、社会治理等现实问题，同时

① 参见［英］安东尼·塞尔登等：《第四次教育革命：人工智能如何改变教育》，吕晓志译，机械工业出版社 2019 年版，第 185 页。

② 参见［比］西奥·德汉：《大学为何要加大对人文学科的投入》，季丹译，《探索与争鸣》2017 年第 5 期。

积极探索人文社会学科可以介入的其他社会空间。在研究方法上，要积极探索可视化图形图像数据库、历史地理信息系统等量化分析数据库建设，充分利用数字化、数据化文本挖掘等现代数字技术，推动数字人文的发展，从而在一定程度上改变传统人文学科“解释性学术”的立场。

（原载《大学教育科学》2021 年第 1 期）

新文科背景下经管类专业数智化升级改造的研究与探索

——以东北财经大学为例

王维国　徐　健　盖　印*

引　言

当前，我国高等教育进入全面提质创新的新时代，新工科、新医科、新农科、新文科建设如火如荼，新工科持续深化，新文科全面启动。2019 年 4 月，“六卓越一拔尖”计划 2.0 启动大会在天津大学召开，启动全面振兴本科教育攻坚行动，大力推动新工科、新医科、新农科、新文科建设。2020 年 11 月，全国新文科建设工作会议在山东大学威海校区召开，教育部高等教育司司长吴岩做了题为“积势蓄势谋势　识变应变求变——全面推进新文科建设”的主题报告，新文科建设工作组发布《新文科建设宣言》，对新文科建设做出全面部署，描绘了新文科建设的“施工图”。①

这场中国高等教育的质量革命，特别是正在全面启动的新文科建设，对于高等财经教育而言既是严峻挑战，更是难得的发展机遇。一方面，经管类专业作为文科的重要组成部分，应该承担推动新文科建设的历史使命。新文科涵盖哲学、经济学、法学、教育学、文学、历史学、管理学、艺术学等 8 个学科门类，截至 2020 年 10 月，我国共有 12897 个经管本科专业点，在校生

---

* 王维国，东北财经大学校长、经济学院教授；徐健，东北财经大学管理科学与工程学院教授；盖印，东北财经大学管理科学与工程学院讲师。

① 《新文科建设工作会在山东大学召开》，http：//www. moe. gov. cn/jyb_ xwfb/gzdt_ gzdt/s5987/202011/t20201103_ 498067. html，2021-05-01。

人数 395.9 万名，占新文科所有专业在校生人数的 44%。[①] 经管类的专业点数和在校学生数在新文科中占比最高、覆盖面最广，经管类专业的升级改造工作在新文科建设中占据重要地位。另一方面，经管类专业属于应用文科，受到以大数据、人工智能为核心的新科技革命和产业变革的影响尤为深入。当前，大数据、人工智能、云计算、5G、物联网等现代信息技术正在不断重塑经济社会和高等教育新形态，推动经济社会各领域数字化升级、智能化跃迁，加快经济管理知识和技能的淘汰与更新，引发知识获取方式与传授方式、教与学关系的深刻变革。大数据、人工智能等信息技术已经成为经管问题的重要研究方法和研究范式，更是经管专业人才知识架构和能力培养不可或缺的关键性内容。在这一背景下，以学科化、专业化、精细化为主导的传统财经教育迎来了严峻挑战和重要机遇，经管学科专业人才标准、教学理念、教学模式、课程体系、人才培养模式的持续优化与创新成为不可抗拒的时代潮流。培养适应新时代发展需要的“新经管”人才，已经成为高等财经教育的新命题。

中国高等财经教育应紧密对接国家新文科建设的总体部署和要求，立足新时代，应对新变化，聚焦经管类学科专业特点，结合中国情境下的经济管理问题，综合运用大数据、人工智能等信息技术，对经管类专业的人才进行培养理念、模式、内容及手段方面的升级改造。经管类专业的数智化升级改造不是简单地将大数据、人工智能等新技术补丁式、表面化地附着于传统经管专业知识体系之上，或者将其作为教育教学的工具和手段，而是通过建立与经管专业知识之间深层次的内在关联，进一步为经管专业带来价值导向和思维方式上的转变。

一、总体框架

东北财经大学聚集全校力量及社会各界资源，为适应新技术革命所带来的新经济业态、新生活方式、新运营模式的需要，以“交叉融合、数智赋能，多元协同、迭代创新”为理念，以培育具备复合性知识、创新性能力和综合

---

① 参见吴岩 2018 年 12 月在教育部经管类教指委主任委员联席会议暨工商管理专业类教指委第一次全体会议上所做的专题报告《新时代　新文科　新经管　培养经世济民的经济和管理卓越拔尖人才——经济和管理类专业教指委工作的第一要务》。

性素质的卓越财经人才为目标，综合运用大数据、人工智能等信息技术，对经管类专业的人才标准、教学理念、教学模式、课程体系、人才培养模式进行升级改造，构建经管类专业数智化升级改造基本框架（见图1）。整个框架由学科专业结构优化带动课程体系重构，进而联动教材体系数智化改造，并通过加强教学模式在高水平师资、优质资源环境和质量保障方面的数智化提升，推进教学模式改革，形成经管专业升级改造的整体性系统效应，从而实现经管类专业数智化迭代创新和持续升级。

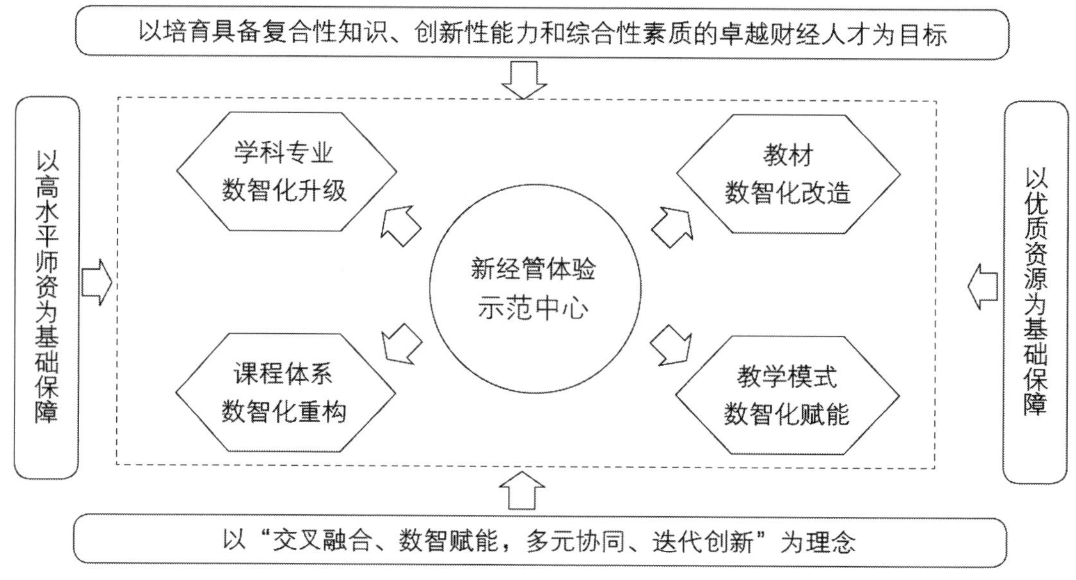

图1 数智化升级改造总体框架图

二、重点任务与具体举措

（一）打破学科专业壁垒，推动学科专业结构优化

传统经管学科知识是工业时代的产物，科学的精细化、专业化和学科化极大地促进了人们知识的进步和对于世界的精细认知，但也导致学科专业壁垒，制约了跨学科的综合协同。为打破学科壁垒，需要对现有学科专业体系进行调整升级，推进大数据、人工智能等现代信息技术向经管类学科专业渗透融合。

1. 夯实财经特色人工智能学科专业基础，建设推动学科交叉的公共平台

东北财经大学从学校层面打破学科专业壁垒，整合计算机科学与技术、

数学、数理统计等人工智能、大数据主要支撑专业，组建数据科学与人工智能学院。学院致力于人工智能、数据科学与经济管理交叉学科领域的人才培养与科学研究，并承担推进大数据、人工智能等现代信息技术向经管类学科专业渗透融合的公共平台职能，服务全校学科专业的结构优化与改造升级。

2. 推动学科交叉融合，深入实施学科群发展战略

积极推进大数据、人工智能等现代信息技术向经管类学科和其他人文社科类学科渗透融合，实现大数据、人工智能对相关学科的赋能改造，形成“大数据+X”“人工智能+X”的复合发展新模式。把交叉学科建设作为学科建设的新增长点，加强经济管理和人工智能大数据交叉学科方向建设，培育新的学科增长点和特色方向，助力学校“双一流”建设。

3. 优化专业结构布局，全面提升专业建设水平

一方面，打破院系之间、学科之间、专业之间的壁垒，着力建设经济管理和人工智能大数据交叉融合的新专业或新方向，如融合数智技术的金融科技、大数据管理与应用等经管专业，具有财经特色的数据科学与人工智能专业方向，数据科学与大数据技术（商务数据分析方向）、人工智能（智能商务方向）等。另一方面，以数据科学与人工智能学院为依托，推动现有专业转型升级，以经济学、工商管理两个专业为试点，组建跨学院的专业建设团队，对专业知识结构、人才培养方案、课程体系设计等进行全面优化升级，促进专业质量内涵式发展。

4. 以“金专”“高地”建设为契机，持续加强优势特色专业建设

坚持守正创新原则，以守正促创新，以创新强守正，突出学校经管学科优势与特色，促进经管类学科特色发展，以“经济学拔尖学生培养基地”入选教育部基础学科拔尖学生培养计划 2.0 基地，经济学、工商管理、金融学、会计学等 21 个经管类专业入选国家级一流本科专业建设点为建设契机，紧扣财经教育发展需求，着力深化本科专业综合教育改革，全面提升财经教育质量。

（二）强化交叉融合，推动课程体系数智化重构

当前经管类专业在大数据、人工智能技术方面存在教学内容陈旧、交叉融合不深、课程体系系统性不够等问题，无法满足新经管建设对复合型、交

叉型、应用型卓越经管专业人才培养的需求。为强化跨专业知识的交叉融合，需要对现有经管专业知识和数智技术知识进行重构，培养学生分析和解决实际问题的综合能力和创新能力。

1. 深度融合数智技术知识，培养解决复杂综合性问题的能力

为打破传统课程知识体系分学科、分层次、维度单一的局面，深度融合数智技术，构建经管专业课程知识体系，学校在已有数智技术和经管专业知识基础上，以复杂经济管理问题为导向，根据解决这些问题过程中运用的知识体系构建交叉领域知识。这种深度融合数智技术的经管专业知识，既涵盖多学科知识，又体现解决复杂综合性实际问题的能力培养要求。

2. 建设面向财经教育的人工智能大数据通识教育模块课

依托数据科学与人工智能学院，学校建设面向财经领域的人工智能大数据通识教育模块课，供全校各专业选用，包括三个模块：模块基础课、大数据模块、人工智能模块。其中，模块基础课主要为经管类专业学生讲授 Python 编程语言基础知识及其在商务数据分析中的应用；大数据模块课以商务大数据的处理流程为主线，讲授商务大数据处理的获取和清洗、建模和分析、可视化展示等大数据技术和应用；人工智能模块课围绕财经领域和人工智能技术，讲授机器学习、自然语言处理等人工智能关键技术和应用。同时，学校也将根据经管类专业学生在大数据、人工智能技术方面的基础情况，在实训教学环节，适时调整教学内容难度。

3. 建设面向不同经管专业的人工智能大数据专业交叉课程

服务于各专业与大数据、人工智能交叉课程的建设，跨学院共建专业交叉模块课能够实现大数据、人工智能对相关学科专业课程的赋能改造。依据专业人才培养目标和需求，遴选核心知识点和关键能力点，以经管实务问题为导向，建立知识点与能力要求之间的关联关系，基于以大数据、人工智能技术为支撑的经管类实务问题解决方法和研究范式，构建课程知识模块和教学案例。与此同时，为减少非核心知识点授课学时，增加案例和实验授课学时，强化解决复杂综合性实际问题的能力培养。

4. 构建项目驱动的微课群，加速和强化知识向能力的转变

联合科大讯飞、东软集团等企业，基于企业实际业务和具体项目，设计

统一的专业知识与能力培养方面的实训项目，构建一系列由项目驱动的微课群。项目设计由跨专业资深教师与业内人员合作完成，具有真实性、灵活性、实用性、可创新性。实训项目在任课教师和业内讲师共同指导下完成，每个项目实训时间为5—6周，探索“产—教—研—创—用”一体化的多元协同教学模式。通过构建项目微课群，将核心知识与实际应用合理衔接、有机结合，激励学生体验式学习、自主式实践学习和沉浸式学习，充分发挥学生主动性和创造性。

（三）联动课程建设，推动教材数智化改造

教材是人才培养的主要依据，是课程知识体系的主要载体。教材数智化改造工作一方面要依托于课程知识内容，另一方面还要服务于教学设计和课程类型，并要与课程知识体系建设构成联动模式。教材数智化升级工作主要从教材内容和教材形态两个方面着手。

1. 教材内容方面

依托于所构建的人工智能大数据通识教育模块课、专业交叉课、项目微课群的课程内容和教学设计，新建配套教材或数智化升级改造原有教材。同时，为满足经管学科不同专业对大数据、人工智能等信息技术掌握程度的不同要求，设计“一课多纲、一纲多本”的差异化教材内容。

2. 教材形态方面

一方面，打破纸质教材的局限，建设富媒体内容。选取能够展示影、音、图等富媒体的表现形式，增加知识内容之间关联关系的呈现形式，使学生能够与学习内容、学习资源互动，增强教材的吸引力，强化育人功能。另一方面，加入智能辅助学习功能。根据学生学习进度和学习情况，进行学情智能测评、知识智能推送，便于学生理解相关课程和教材的内在关联关系和关联程度，进一步强化教材内容的学习效果。

（四）创新教学理念，推动教学模式数智赋能

大数据、人工智能等新技术和平台为教学模式改革提供了高效和便捷的教学手段与工具，同时，涵盖多学科交叉知识的课程内容也在相当程度上增加了教师的教学难度。需要不断探索和创新教师团队结构、合作模式和协同机制，积极、适时地调整教学方式和教学内容。

1. *以优质资源和环境为基础保障，推动教学方式的数智赋能*

引导和推动教师创新教学理念，推广以智慧教学工具为媒介的教学模式改革。在东北财经大学内，以公共教学平台和工具为突破口，推动全校教师及团队投身于中文和英文 MOOC、SPOC 的建设与应用，建设学校自主研发的“白果云”在线教学平台，广泛推行线上线下混合式教学模式，用先进教学手段促进教学观念、教学模式的转变，营造良好的师生创新互动的教学模式，激发学生主动学习的兴趣和热情，提升课堂教学质量。

2. *以高水平师资为基础保障，促进教学模式的改革创新*

从内源和外源两方面建设高水平师资队伍。内源建设方面，坚持“大人才观”，加强人才制度和政策创新，推动师资队伍焕发新活力，满足经管类专业数智化升级改造对师资队伍的需求；外源建设方面，探索创新教师与行业人才双向交流的机制，实现全方位协同育人的师资队伍建设。通过内源与外源双师资的结合，引导和推动教师创新教学理念，改革教学模式，彰显新经管战略育人育才成效。

（五）推进多元协同，建设新经管体验示范中心

以新经管体验示范中心建设为重要抓手，推动经管类专业数智化升级改造的迭代创新与持续优化。新经管体验示范中心的建设能推动学科专业结构、课程体系、教材与教学模式的数智化升级，同时，学科专业结构、课程体系、教材与教学模式的升级也将推动新经管体验示范中心的不断完善。

一方面，以新经管体验示范中心建设为契机，启动“新经管”建设校企双引擎。整合学校与科大讯飞双方的优势资源，聚焦财经领域的实际需求，深化和推进与科大讯飞在人工智能与经管交叉领域的战略合作。另一方面，提供“新经管”展厅式教学环境。展示“AI+财务”“AI+金融”“AI+产业经济”“AI+智慧城市”“AI+商务外语”等“新经管”的创新应用，支撑面向财经领域的人工智能、大数据相关的新经管模块课和项目微课群建设，探索“展厅式”媒体教学模式，提供多样开放的交流互动体验，使老师与学生教学相长。

（原载《新文科教育研究》2021 年第 2 期）

以系统思维推进新文科建设

郁建兴*

2016年5月，习近平总书记在哲学社会科学工作座谈会上指出："要按照立足中国、借鉴国外，挖掘历史、把握当代，关怀人类、面向未来的思路，着力构建中国特色哲学社会科学，在指导思想、学科体系、学术体系、话语体系等方面充分体现中国特色、中国风格、中国气派。"① 这为中国哲学社会科学的发展提供了科学指引。近年来，我国不断加快构建中国特色哲学社会科学的进程。2020年11月，教育部新文科建设工作组在山东大学召开新文科建设工作会议，研究新时代中国高等学校文科教育发展举措，发布《新文科建设宣言》，部署新文科建设，吹响了全面推进新文科建设的号角。本文基于对新文科建设背景的探究，辨识新文科的内涵，提出建设新文科的目标和路径。

新文科建设背景：回应时代呼唤，文科建设积极应变

文科是人文学科和社会科学的统称，又称哲学社会科学、人文社会科学。中国现代学科体系是西学东渐的产物，整体而言，文科特别是社会科学的概念体系、理论话语主要以西方为主导，中国学术理论的自主性不足，已经不能适应新技术发展、中华文化繁荣复兴的需要。② 中国特色社会主义进入新时代，新时代呼唤新思想、新理论、新方法、新学科，对构建具有自主性的中国特色哲学社会科学体系提出了新要求。另一方面"我们正处在现存学科结

---

* 郁建兴，浙江工商大学校长，浙江大学公共管理学院院长，教育部长江学者特聘教授。

① 习近平：《在哲学社会科学工作座谈会上的讲话》，《人民日报》2016年5月19日。

② 参见郁建兴、江华：《中国社会科学自主性：一种全球性视野》，《复旦学报》（社会科学版）2006年第3期。

构遭到质疑、各种竞争性的学科结构亟待建立的时刻”①。加强新文科建设，是适应世界变革、中国发展、教育改革和国际方位的需要。②

（一）积极应对新科技革命与产业革命的时代需要

近年来，互联网、大数据、人工智能、云计算、区块链、量子与基因技术等新兴技术迅猛发展，推动了新一轮科技革命和产业革命，社会生产方式、生活方式、交往方式、思维方式和行为方式都呈现出全新面貌，为文科理论研究、学术思想和人文素养教育注入了新活力，提供了新机遇，也带来了新挑战。就此而言，新文科之“新”，是新科技革命的内在需要与推动的结果。首先，新技术激发新思想、新方法，引起文科思想理论共振、研究方法革新，呼唤文科学术理论和研究方法的创新与范式革命。其次，新技术激发产业变革，以新技术、新产业、新业态、新模式为特征的新经济亟待新文科承担起供给思想理念、政策方案的新使命。最后，新技术是一把双刃剑，在推动社会进步、生产与生活方式持续变革的同时，也给传统道德伦理规则带来了新的挑战，引发众多道德伦理风险，迫切需要新文科提出新思想、新理论、新方法、新准则、新对策，防止新技术、新产业、新业态等成为脱缰的野马，反过来伤害人类自身。

（二）中国实践与中国治理需要理论支撑引领的现实回应

“当前，我国处于近代以来最好的发展时期，世界处于百年未有之大变局，两者同步交织、相互激荡。”③ 中国特色社会主义现代化建设这个前无古人的伟大实践，为理论创造、学术繁荣提供了强大的实践动力和广阔空间。发展中国特色社会主义市场经济、推进国家治理体系和治理能力现代化、“一带一路”和构建人类命运共同体的倡议等，都是具有世界意义的概念和理论。中国正以前所未有的步伐走进世界舞台中央，在政治、经济、文化、科技等诸多方面，从过去以“跟跑”为主，逐步转变为“跟跑、并跑、领跑”并行，且“并跑”特征日趋明显，个别领域已经显现“领跑”态势，中国的制度优势与治理效能不断显现。然而，现阶段我国哲学社会科学软实力的全球

---

① ［美］华勒斯坦等：《开放社会科学》，刘锋译，生活·读书·新知三联书店 1997 年版，第 110—111 页。

② 参见吴岩：《加强新文科建设培养新时代新闻传播人才》，《中国编辑》2019 年第 2 期。

③ 《习近平谈治国理政》第 3 卷，外文出版社 2020 年版，第 428 页。

影响要远低于我国综合国力硬实力的全球影响。基于西方历史经验基础上形成的哲学社会科学理论和方法，对中国大地上正在发生的新现象、新事物、新模式和新成就缺乏足够的解释力。全面推进新文科建设，不断增强文科的自主性和创新能力，用先进理论阐释中国实践，用中国话语讲好、提升中国故事，解读中国所取得历史性成就背后的中国特色社会主义道路、理论、制度、文化密码，助力改革完善中国之治，更好地构筑中国精神、中国价值、中国力量，正是对中国实践与中国治理呼唤学理支撑、引领的积极回应。

（三）构建中国特色哲学社会科学体系的使命担当

按照习近平总书记在哲学社会科学工作座谈会上的重要讲话要求，加快中国特色哲学社会科学体系建设，促进学科体系、学术体系、话语体系创新，努力构建全方位、全领域、全要素的哲学社会科学体系，是新时代中国哲学社会科学工作者的使命。然而，在由西方主导的国际哲学社会科学体系中，源于清末民初西学东渐而建立起来的中国哲学社会科学，整体上是西方知识、理论、方法的消费者且事实上已经形成某种路径依赖，这决定了构建中国特色哲学社会科学必然是一项复杂而艰巨的系统工程，需要顶层设计的整体谋划，更需要各方力量协同推进。全面推进新文科建设，就是积极承担构建中国特色哲学社会科学体系的历史使命，把握哲学社会科学科学发展、自主发展的时代要求，动员全部文科力量，实现文科学术理论、研究方法的整体范式革新，培育具有中国特色、中国风格、中国气派的新文化，培养适应中华文化繁荣复兴要求的新时代哲学社会科学家，形成哲学社会科学的中国学派，让世界了解“学术的中国”“理论的中国”“哲学社会科学的中国”。

（四）建设高等教育强国与培养民族复兴人才的必由之路

新文科是在振兴本科教育的背景下提出与展开的。2018 年 6 月，教育部部长陈宝生在新时期全国高等学校本科教育工作会上的讲话中提出要“加强文科教育创新发展”。2018 年 9 月，教育部发布《关于加快建设高水平本科教育全面提高人才培养能力的意见》，并联合中央政法委、科技部、工业和信息化部、财政部、农业农村部、卫生健康委、中科院、社科院、工程院、林草局、中医药局、中国科协等出台“六卓越一拔尖”计划 2.0 系列文件，召开“六卓越一拔尖”计划 2.0 启动大会。陈宝生部长在讲话中要求高教战线把

“六卓越一拔尖”计划2.0作为“新时代全面振兴本科教育、打造高等教育‘质量中国’的战略一招、关键一招、创新一招”，发展新工科、新医科、新农科、新文科要坚持“提高质量、优化结构、守正创新”的原则，谋划好高水平本科教育的中国方案，打赢全面振兴本科教育攻坚战。教育部高等教育司司长吴岩结合“六卓越一拔尖”计划2.0介绍“双万计划”和新工科、新医科、新农科、新文科建设思路及实施方案时强调指出，“六卓越一拔尖”计划2.0是对我国高等教育人才培养体制机制的综合改革，是对我国高等教育质量的重新定位和全面提升。推进新文科、新工科、新医科、新农科“四新”建设，是实现高等教育现代化、建设高等教育强国、提高高等教育质量和人才培养质量的创造性探索。

新文科的内涵：以系统化集成式创新，推进文科转型升级

根据陈宝生部长在“六卓越一拔尖”计划2.0启动大会上的讲话，新文科之“新”，不是“新老”的“新”、“新旧”的“新”，而是“创新”的“新”，是文科教育的创新发展、转型发展、跨越发展、高质量发展。新文科建设以新科技革命、新经济发展、中国特色社会主义进入新时代为背景，其根本目的不仅在于丰富学科内涵，更在于推动社会发展。我们需要开拓视野，更新理念，全面把握新文科的深刻内涵。唯有如此，才能有效推进新文科建设。

（一）创新文科发展理念是新文科的基础

在传统学科门类中，理工科内部各学科之间联系相对紧密，而文科内部、文科与理工科之间的联系则相对松散甚至割裂。因为研究方法、研究结论的可重复性以及与数学的关系紧密程度等因素的影响，一些自然科学工作者甚至否认文科的科学性而对文科抱有某种轻视心态，文科工作者往往因为理工科精深、专业、需要循序渐进的科学知识而对其怀有某种神秘感、敬畏感等复杂情绪，学科分野的传统学科结构导致文理工科之间相对割裂，难以互相促进，限制了学科知识创新，特别是限制了文科的发展。新文科就是要打破这种学科割裂的传统，特别是要打破文科各学科自我封闭的局限性，通过学科深度交叉融合，创新学科发展理念，拓展学科视野，扩展研究对象，改进

研究方法，革新知识体系，在促进文科自身创新发展的同时，也为理工各学科，特别是技术发展提供思想指引、伦理规范，实现文理工各学科交融发展、互相促进。

（二）创新学科结构体系是新文科的重点

在百年未有之大变局时代，中国和世界各国都要面对诸多重大理论与实践问题。解决这些问题，仅靠某个或某几个学科显然难以胜任。开展新文科建设正是积极回应大变局时代的社会需求、服务于新时代经济社会发展及未来世界竞争需要而提出的战略任务，其重要内涵之一就是推进多学科交叉融合，强调不同学科之间的综合性和融通性，特别是要融合理、工、农、医等其他学科元素。既要打通经济、管理、法律、艺术等文科学科间的内部边界，更要在文科与理科、工科、医科之间建立起紧密联结；既要主动吸纳自然科学的研究方法和思维范式，增强文科研究的实证性、科学性，又要不断释放文科思想影响力，为自然科学发展提供思想资源，在支撑、引领自然科学跨越发展的同时，也为自然科学研究和技术使用设定伦理底线、增强人文关怀，即淡化学科边界，强化学术分工。[①] 为此，文科学者需要主动出击、积极作为，结合大数据、云计算、人工智能等现代技术，对文科学科体系进行整合与升级，围绕重大理论和实践问题，通过有组织、有计划的科研合作，开展多视角、多领域的综合性研究，不断提高学科建设水平与能力，创新文科学科体系发展格局。

（三）实现研究范式革命是新文科的关键

著名科学哲学家库恩（Thomas Samuel Kuhn）认为，科学进步“总是明显地伴随着革命而发生”[②]，科学革命体现为范式革命。范式是“科学共同体成员共有的东西”[③]，主要包括共同体共同接受的世界观、本体论、方法论、价值观、基础性原理及其应用工具等。在库恩描述的“前科学—常规科学—反常和危机—科学革命—新的常规科学……”的科学发展模式中，常规科学是和特定范式及科学共同体联系在一起的。而在科学革命之前，范式已经陷入

---

① 参见郁建兴：《淡化学科边界，强化学术分工》，《浙江社会科学》2007年第4期。

② ［美］托马斯·库恩：《科学革命的结构》，金吾伦、胡新和译，北京大学出版社2003年版，第149页。

③ ［美］托马斯·库恩：《必要的张力》，纪树立等译，福建人民出版社1981年版，第291页。

规则松弛和混乱，这时我们可以把范式发展讨论转化为科学共同体的内外部互动讨论，从而说明科学认知主体的联系及互动是如何推动范式革命的。如今，我们正处于范式革命的前夜，一方面，已有研究范式陷入危机，源于西方的社会科学研究范式不仅对中国大地上许多正在发生的新现象、新事物、新模式和新成就缺乏解释力，而且对于当今世界也缺乏解释力，在很大程度上限制了社会科学知识创新。另一方面，新科技革命发展出的许多新工具、新方法，正在催生社会科学范式革命。我们需要把握契机，主动作为，率先作为，积极运用新技术、新载体、新方法，研究新对象、新事物、新现象，努力把握、引领新一轮社会科学范式革命，增强社会科学对现实世界、对中国现实发展的解释力，为全球社会科学发展贡献更多“中国智慧”，实现中国哲学社会科学国际话语权建构的“弯道超车”。

（四）创新人才培养模式是新文科的核心

人才培养是教育的核心使命。新文科建设的出发点和落脚点正是人才培养。文科的人才培养功能既包括文科专业人才培养，又包括文科对于其他学科人才的人文素养涵育和通识教育。当前，文科人才培养模式过于重视细分专业领域，知识体系条块分割比较明显，容易形成专业壁垒，不仅严重制约了专业人才的视野格局与知识储备，不利于专业人才的全面发展，难以培养具有广阔视野、渊博知识和创新思想的卓越人才，也极大地限制了文科对于其他学科人才的人文素养涵育和通识教育，在一定程度上对其他学科的学术研究和知识创新造成不利影响。新文科建设就是要推动哲学社会科学与新科技革命交叉融合，在培养一批兼具家国情怀和全球视野的哲学社会科学领域卓越人才的同时，增强文科对其他学科人才的人文素养涵育和通识教育能力，提升各个学科人才的人文素养。就专业人才培养而言，新文科应将新科技融入哲学、文学、语言、艺术等课程，通过构建跨学科的课程体系和跨学科的教学团队，为学生提供更多跨专业学习的资源和条件，鼓励学生以问题为导向开展跨学科研究，不断开拓学生视野，激发学生创新思维，提高学生发现问题、研究问题、解决问题的能力。

（五）创新形成自主性理论是新文科的方向

受多种因素影响，中国文科的自主性不足。从世界范围来看，中国仍处于文科学术理论研究的“边缘”地区，是西方学术理论研究和知识产品的“消费者”。推进中国文科学术理论自主性建设，提升中国文科的全球影响，既是实现中华民族伟大复兴的重要内容，也是推动构建人类命运共同体的重要责任。新文科语境下的中国文科自主性建设是一种全球意义上的自主性，是中国文科学者的重要任务。① 新时代中国政治、经济实践的快速发展，为提升中国文科的自主性意识与知识创新能力提供了良好的外部环境与研究素材，而中国文科的自主性意识与知识创新能力的提升也将有助于促进中国政治、经济的进一步发展。因此，新文科建设要处理好目标引领与问题导向的关系，以系统化集成的知识创新方式，从基础人才培养工作入手，大力推动学科融合、学科交叉，探索更具解释力的学术研究范式，实现自主性理论创新，使“中国哲学社会科学自主性”向前迈出更坚实的步伐，这是新文科建设的基础命题和应然方向。

（六）创新学术话语体系是新文科的担当

当前，我国哲学社会科学在全球的话语权较弱，是国家发展的“短板”。学术话语体系应服务于学术研究场景的需要，但中国文科学术话语屈从于西方话语体系由来已久，甚至国内许多学者对中国问题的研究也刻意作“语境化”处理，意图使研究成果烙上西方学术话语体系的印记以得到西方学界的认同。新文科建设要传承中国文化精神，发出中国声音，讲好中国故事，从我国改革发展的实践中挖掘新材料、发现新问题、提出新观点、构建新理论，向世界展现真实、立体、全面的中国，逐步构建起与“四个自信”相匹配的学术话语体系，提升中国在国际社会的话语能力。新文科建设应在增强原创性、引领性的基础上，构建中国特色哲学社会科学的学术话语体系，用中国话语解释中国现象、指导中国实践、引领中国发展，这也是中国学者对全球学术话语体系创新的应有贡献。

新文科建设的目标和路径：让新文科有高度、硬度、温度、黏度、气度和广度

纵观世界历史，凡是社会大变革的时代，也是哲学社会科学大发展的时

---

① 参见郁建兴：《寻求具有全球意义的本土性》，《中国书评》2005 年第 3 期。

代。哲学社会科学发展始终与社会变革进步紧密联系在一起，成为社会大发展的重要力量与显著标志，我们需要认清大势，顺势而为，主动识变、应变、求变，通过多学科交叉融合和系统化、集成式创新突破传统文科思维模式，为新文科建设注入新动能。这需要整个教育科研体系乃至整个社会秉持系统思维，形成系统合力，全面推进新文科建设。

（一）坚持学科体系自主性，建设有高度的新文科

新文科是对新时代、新技术发展的积极回应，是重塑人文精神，繁荣中华文化的战略举措。我们要牢牢把握经济社会发展的历史方位，高站位、高起点、高要求、高质量推进新文科建设。一是坚持中国特色。要按照“立足中国、借鉴国外，挖掘历史、把握当代，关怀人类、面向未来”和“充分体现中国特色、中国风格、中国气派”的要求，立足中国，着眼未来，坚定文化自信，坚持理念创新，借鉴先进经验，建设具有新时代使命担当、充分体现中国特色的新文科。二是坚持学科自主性。强化文科学者的自主性意识，鼓励立足中国传统、当下实践和未来发展的自主性理论建构；鼓励出版自主性理论体系建构的教材，推动育人模式、育人方法改革，深化评价体系改革，培养具有自主性意识的学科人才。三是坚持推动文科学科范式革命。新文科不是对传统文科的小修小补，而是要实现文科学科范式的革命与创新，重置学科体系、重构研究范式、重塑理论体系、重建育人模式。

（二）推进文科发展科技化，建设有硬度的新文科

建设新文科不是对传统文科的简单否定和颠覆，而是传统文科的拓展和深化，培育新的学科生长点，实现路径创新、方法创新、理论创新、模式创新。一是推进多学科交叉和深度融合。推动学科集成创新、融合发展，加强基础学科、新兴学科和交叉学科建设，推进哲学社会科学与自然科学交叉渗透，实现新文科和理工科之间的交叉赋能，即新工科、新医科、新农科为新文科提供新命题、新方法、新技术、新手段，新文科为新工科、新医科、新农科提供新思想、新观念、新内容、新元素，从而实现协同发展。二是将新技术融入新文科建设。坚持“刚柔并济”，积极探索新文科知识体系的新特点和新规律，在研究视角、研究领域、研究方法等方面，不断推进新文科模式变革、途径创新，善用大数据、云计算、人工智能等新技术，把现代科学和

信息技术最新成果应用于新文科，为文科提供新范式、新技术、新工具，将软科学做硬。三是加快文科实验室建设。文科实验室是推进新文科建设的有效载体。我们要注重学科重组、文理交叉，把新技术融入文科实验课程，为学生提供综合性、跨学科实践的实验室。文科实验室建设应以“育人育才”为中心，做好建设规范与评估标准的统一；同时要注重经费投入与资源优化的统一，探索建立“中央实验室”机制，打造文科综合实验平台。四是加快数字校园建设。充分利用信息化手段，促进信息技术与教育教学深度融合，加快建设“校园大脑”“云端大学”，打造智慧校园升级版，构建线上线下相融合的教育生态，发展“互联网+教育”“智能+教育”等教育新形态。

（三）构建全生命周期育人体系，建设有温度的新文科

教育现代化的本质与核心是人的现代化。建设新文科必须注重在人才培养过程中让学生拥有更多获得感、成就感和幸福感，促进学生思想观念现代化。一是构建全生命周期的人才培养体系。推动构建服务全民终身学习的教育体系，实现人才培养结构、培养模式与国家需求相匹配，学科专业体系、人才培养体系与产业链、创新链相衔接。坚持将立德树人贯穿于人才培养全过程，遵循教育与人才培养规律，探索多元化人才培养机制，实施多种人才培养模式，培育适应新时代要求、具有创新创业和跨界整合能力的应用型、复合型文科人才。二是打造一流本科专业和课程。要将新文科建设理念融入“双万计划”一流本科专业和一流本科课程建设，以专业优化、课程提质、模式创新为抓手，提高新文科人才培养质量；要优化学科结构，完善专业布局，建立专业动态调整机制，打造文科“金专”，构筑新文科的牢靠“地基”与“四梁八柱”；要用好课堂教学主渠道，强化价值引领，提升学术内涵，丰富形式载体，创新方法手段，建设文科“金课”，打造有情有义、有心有爱的文科课堂。三是提高研究生培养质量。要全面落实全国研究生教育会议精神，打破学科障碍和专业壁垒，创新研究生培养机制，突出新文科综合性、跨学科和融通性的特征，以广博的学术视角、开阔的问题意识和深厚的学术积累为基础，为新文科研究生提供更契合现代社会需求的素养训练。四是加强新文科背景下的职业教育和基础教育改革。要有更为广阔的学科视野，将新文科建设理念贯彻于职业教育、基础教育中，这既是新文科培养与提升国民人

文素养，助力与融合新理科、新工科、新医科、新农科建设的必然要求，也是夯实新文科人才基础与提升社会环境的必然要求。

（四）增强社会服务能力，建设有黏度的新文科

问题是时代的声音、实践的起点。新文科建设必须坚持问题导向，面向国家需求、面向经济建设主战场，与国家重大战略、经济社会发展紧密连接、嵌入、融合。一是聚焦国家重大战略需求。贯彻落实创新驱动战略，从学科导向转向社会需求导向，从专业分割转向交叉融合，从适应、服务转向支撑、引领，主动服务国家战略和区域经济社会发展，推动政、产、学、研、用有机集成，培育具有中国特色、充满生机活力的新文科生态系统。二是服务新技术、新产业、新业态、新模式。推动高等教育、科技创新、新兴产业的深度融合，组建跨区域、跨行业、跨界别的研究团队，增强共性技术研发与服务，打造具有持续创新力的合作平台，促进科研成果转移转化，打通科研和经济社会发展通道，提升服务支撑能力。三是打造一批高水平智库。充分发挥人文社会科学重点研究基地和高层次科研平台的作用，培育、集聚高端创新型人才，建设高端智库，瞄准重大理论和现实问题，开展前瞻性、对策性研究，打造高质量研究成果，致力成为经济社会发展的智力支撑与高端引领。

（五）提升中国文化软实力，建设有气度的新文科

新文科是一项全球战略，必须承担起向世界推介中国文化、让世界了解中国、拉近中国与世界距离的历史使命，因而必须树立世界眼光、国际标准。一是深刻解读中国实践的内在逻辑。伟大实践孕育伟大理论，学术概念是历史实践的产物，具有自主性的中国学术理论只能建构于中国实践的基础之上。目前，中国特色历史实践正在蓬勃发展，还需要新文科建设者深入探索、研究，在全面总结中国经验的基础上，不断丰富和发展能够科学解读、引领中国实践的系统理论。二是为“两个大局”提供理论支撑。习近平总书记强调，必须胸怀两个大局，一个是中华民族伟大复兴的战略全局，一个是世界百年未有之大变局。新文科建设要站在历史交汇点上，围绕我国和世界发展面临的重大问题，着力提出能够体现中国立场、中国智慧、中国价值的理念、主张和方案。三是推动中国文化“走出去”。充分发挥人文社会科学“讲好中国故事”“传播中国声音”的作用，加快构建中国特色哲学社会科学体系，推动

国际人文社会科学交流与合作，让世界了解中国、读懂中国，把中国发展优势转化为国际话语优势，增强国际影响力、感召力、塑造力。四是形成人文社会科学的“人类命运共同体”。构建人类命运共同体是应对全球问题的必然选择，突出强调人文价值在人类共同发展中的引导作用。新文科应倡导交流合作与可持续发展的价值观，为增进世界人民共同利益、践行人类命运共同体理念提供精神保障。

（六）贯穿系统化建设理念，建设有广度的新文科

新文科建设是一项开创未来的系统工程，并不仅局限于高等教育领域，不只是教育机构的专有职责，也不只是教育机构内部某一部门的部门职责，需要政府、教育机构、社会各界秉持系统思维，各司其职、协同努力、系统推进。一是教育机构内部要整体协作。新文科建设绝非只是某一教育门类或教育机构内部某个部门的职责，而是关乎所有教育行业、部门、单位、学科、专业的整体工程，需要高等教育、职业教育、基础教育和文理工农医共同作为，协同努力。例如，高等教育要推进学科重构和学术研究范式、研究方法、知识理论、育人模式创新，基础教育和职业教育要推进课程改革，推出适应新文科发展方向的课程设置、教学内容，为新文科打好观念基础、人才基础、社会基础。二是社会各界要共同参与。新文科建设是影响深远的浩大工程，仅靠教育界的努力无法达成，需要社会各界的支持与合作，社会各界都要树立新文科意识，积极承担新文科建设职责，形成合力。三是政府要精准施策。各级政府、教育行政机构及其内部各职能部门、政府相关各职能机构要形成共识，协同努力，同向而行，在学科建设、科学研究、专业设置、课程建设、人才培养和学术评价等方面精准施策，促进形成有利于新文科建设的社会导向和生态环境。

（原载《探索与争鸣》2021 年第 4 期）

新文科建设背景下传媒艺术学建构的意义与价值

胡智锋　刘　俊*

一、引言：何谓传媒艺术学

传媒艺术学以各类传媒艺术形式为研究对象。传媒艺术指自摄影术诞生以来，借助工业革命之后的科技进步、大众传媒发展和现代社会环境变化，在艺术创作、传播与接受中具有鲜明的科技性、媒介性和大众参与性的艺术形式与族群。对人类艺术的划分，删繁就简，可以分为传统艺术和传媒艺术两个艺术族群。

在狭义上，传媒艺术主要包括自摄影术诞生之后逐渐出现的摄影艺术、电影艺术、广播电视艺术、数字新媒体艺术等艺术形式，传媒艺术的发展经历了机械复制、电子复制和数字复制三个时代。在广义上，传媒艺术体现了一种艺术融合，它既包括各类经现代传媒和传媒技术改造了的传统艺术形式，也包括各类上述狭义的传媒艺术形式的大融合。①

从总体上说，传媒艺术学是关于传媒艺术各艺术样态共同的本质、特性与规律，起源与发展，创作、作品与接受，生产、传播与审美，地位、价值与功用，历史、社会与时代等一系列问题、原理与规律的学科；也是从艺术出发，并以传媒视角对艺术进行考察与总结的学问。②

传媒艺术学是比较典型的交叉学科，至少可从两个维度来看它的学科性质与特点。（1）从一般艺术学维度来看，传媒艺术学是与传统艺术学相对应的新兴艺术学分支。（2）从戏剧与影视学维度来看，传媒艺术学是基于戏剧

---

* 胡智锋，北京电影学院党委副书记、副校长，教育部长江学者特聘教授；刘俊，中国传媒大学学报《现代传播》编辑部主任、副研究员。

① 参见胡智锋、刘俊：《何谓传媒艺术》，《现代传播》2014 年第 1 期。

② 参见刘俊：《论传媒艺术的大众参与性——传媒艺术特征论之三》，《现代传播》2016 年第 1 期。

与影视学，特别是基于电影学、广播电视艺术学而延伸拓展出来的新的整合性学科。传媒艺术学的诞生和发展经历了长期酝酿，其学科源头丰富，有诸多学科来源。戏剧与影视学中电影研究、广播电视艺术研究、数字新媒体艺术研究等的长期发展，艺术学理论中视觉艺术理论等的长期发展，以及（视觉）设计学、（艺术）传播学和美学的长期发展，都是传媒艺术学的早期来源和雏形酝酿。

在此基础之上，传媒艺术学慢慢形成了独立的学科。传媒艺术学是一个新兴、前沿、正在动态发展的学科，其发展可以以 2011 年为界，2011 年之前为酝酿期，之后在艺术学升门的背景之下，传媒艺术学作为独立的学科开始成建制、成规模发展。2011 年，中国传媒大学首次招收“传媒艺术与文化研究”专业的硕士和博士研究生，目前如中国传媒大学、北京师范大学、北京电影学院等多所国内知名院校招收传媒艺术学硕士、博士研究生。如今，传媒艺术学已经是基于戏剧与影视学和艺术学理论两个一级学科，做出的跨媒介、跨领域、跨门类的二级学科方向建构。

传媒艺术学研究，主要可以分为传媒艺术战略和管理研究、传媒艺术行业和实践研究、传媒艺术理论和学科研究等方向。传媒艺术学目前主要完成了如下命题的论析和研究的搭建：（1）体系的初步搭建，主要文献为《传媒艺术导论》《融合时代的传媒艺术》等。（2）概念的初步提出，主要文献为《何谓传媒艺术》《对传媒艺术的厘定与对视觉符号的反思》《当前海外传媒艺术研究的现状与特点——兼谈以“传媒”命名这一艺术族群的动因》《符号学视角论“传媒艺术”的命名——兼辨“传媒/媒介/媒体艺术”之异》等。（3）特征的初步厘定，主要文献为《论传媒艺术的科技性》《论传媒艺术的媒介性》《论传媒艺术的大众参与性》等。（4）历史的初步梳理，主要文献为《传媒艺术的实践前奏和理论前奏》《融合背景下传媒艺术生态格局之变》等。（5）研究的初步探源，主要文献为《艺术融合与理论定位：论传媒艺术的研究动因》《论传媒艺术研究的基本动因和主要命题：理论、教育与学科》《传媒艺术的历史演进、研究路径及学科回应：一种跨学科的文化视野》等。（6）审美的初步探索，主要文献为《极致的真实：传媒艺术的核心性美学特征与文化困境》《传媒艺术与传统艺术共通性研究》《传媒艺术的戏剧性问题四人谈》《传统化回归与螺旋式升级：论互联网时代传媒艺术审美活动的转向》《一种创造性的破坏美学：传媒艺术“混流”论》等。（7）文化的初步分析，主要文献为《传媒艺术视觉符号的文化批判》《现代视觉传媒艺术的权力运作与叙事策略》等。（8）教育的初步探究，主要文献为《论“艺术融合”时代影视艺术教育的拓展之维》《中国传媒艺术学教育的理念提出和前沿观察》等。（9）传播的初步观察，主要文献为《传媒艺术建构国家形象的三大价值基础》《传媒艺术国际传播的理念创新》《论传媒艺术国际传播中的“自塑”和“他塑”》《新冠肺炎疫情期间传媒艺术媒介性功能的彰显》等。（10）文献的初步解读，主要文献为《传媒艺术经典导读》等。

传媒艺术学建设的开展和不断成熟，更是依托国家新文科建设的宏阔进程；其建设高度遵循并体现了新文科建设中对于服务国家战略、回归本土原创、鼓励学科融合、夯实基础理论的要求和目标。本文要面对的问题主要集中于在传媒艺术学建设的意义和价值有哪些？传媒艺术学的建设又如何遵循和体现了新文科建设的基本精神？回答这些问题的过程，也是思考传媒艺术学建设的必要性，以及其未来发展方向和目标的过程。

二、传媒艺术学建构的意义与价值

传媒艺术学建构的意义与价值主要体现在直接而切实地满足、回应并适应了新环境下技术发展、艺术发展、学科发展和学术发展的需要。

（一）适应技术发展的需要：单一与融合

当今，具有高度数字化、智能化、融合化特点的科技发展，对艺术实践和生态产生了巨大的影响，传统的艺术介质被逐渐打破，艺术呈现出边界日益模糊的状态。艺术实践的融合，使得艺术研究和学科建构也必须调换思维，固守于以传统单一介质（如电影、电视）为艺术划分标准的分类方式，需要予以调整。面对科技发展带来的艺术变局，在当前的艺术研究和学科建设中，亟待打破依托单一介质进行艺术类分和研究的局限，而寻找更具有整合性、融合性、包容度、兼容度的看待艺术分类、艺术族群、艺术发展的方式。

传媒艺术学的建构，正是基于这样一种需求，也因此具有更大的拓展空间。因应科技发展及其影响下的艺术融合变局，传媒艺术学不拘泥于单体的摄影艺术研究、电影艺术研究、广播电视艺术研究、新媒体艺术研究，而是在这些单体研究基础上，更能将上述艺术形式看作一个艺术家族，寻找这些艺术形式融合之后的共性和规律。

在当前的艺术实践中，我们看到太多因科技发展带来的艺术融合示例，艺术融合已经成为一种日常性艺术生态。例如，随着互联网技术的发展，数十年前就已经实现了通过台式电脑和互联网等基础设施，在线观看电影和电视作品，而这种在线观看，其实已经打破了诸多电影和电视艺术的本体特征（如因观看环境、观看时序、视听感知等区别带来的影响）；观看者所进行的观看活动也已经不是纯粹的电影和电视艺术接受，而是融合了互联网基因的某种网络文艺形式传受，或者说是某种艺术融合之后的艺术形态传受。再如，随着视听科技的不断发展，我们还面临着诸如荧屏电视和智能电视如何区分，多终端的视频如何命名和界定，因应虚拟现实的介入，艺术的视与听、剧场与屏幕的边界是否已经模糊等等一系列日常性、融合性的艺术问题，甚至包括各类传统艺术形态也在新技术发展下正在消融彼此的边界。

因此，技术的发展，特别是介质的融合，需要我们对艺术分类、艺术实践、艺术生态有新的视角和方式。融合技术带来融合介质，继而呼唤融合式的艺术类分方式，传媒艺术学的建构适应了这一技术发展的逻辑和法则。

（二）适应艺术发展的需要：精英与大众

人类艺术的发展正在不断裂变，形成了传统艺术和传媒艺术两大艺术族群，两大艺术族群具有越来越鲜明的特征差异，其中非常突出的一点是传媒艺术具有科技性和媒介性带来的高度大众参与性，其背后是传统艺术散发的精英特质与传媒艺术散发的大众特质之别。

较之于传统艺术，自摄影术诞生之后，传媒艺术这一新兴艺术族群在人类社会生活中扮演了越来越重要的角色，释放了逐渐超越传统艺术的巨大影响，如今传媒艺术已经成为人们日常接触频率最高、接触渠道最便捷，甚至接触欲望最强烈的艺术信息和审美经验来源。特别是在当前的艺术融合时代，形成了生活艺术化、艺术生活化的生态；艺术越来越下沉，由传统艺术精英化的样态和景观，走向传媒艺术越来越大众化的样态和景观。而传媒艺术的发展，及其典型的科技性、媒介性和大众参与性等特点，也确实使得日常的艺术生活化、生活艺术化变为可能。

面对所有这些让我们不得不正视的有巨大渗透力、影响力的传媒艺术族群，如果我们还用传统的艺术分类方式，以及精英式的观察角度和研究框架，就很难诠释和解读大众化之后的艺术生态，很难适应艺术的时代性发展。因此传媒艺术学的建构，不仅是基于一种新的人类艺术分类方式，更应对着一种不拒绝精英情怀和引领，同时高度尊重和张扬大众诉求的艺术研究范式和理念之变。

（三）适应学科发展的需要：裂分与整合

学科发展常常是在不断的裂分和整合过程中，寻找适合的理想状态，在特殊性和关联性之间找到合适点，让学科发展更加饱满和完满。在这个过程中，我们常常会看到过于裂分会使得学科单薄和狭窄，过于整合又会使学科中的具体领域失去个性和独立。在艺术学升门之后，目前的学科划分尚处于一种在裂分和整合中探索的阶段，而传媒艺术学的建设是这种探索的一个有益尝试。

目前艺术学门类下的一级学科和二级学科，呈现出一定的“宽”和“窄”的矛盾。例如，艺术学理论较宽，戏剧与影视学（包括其下的如电影学、广播电视艺术学等二级学科）则较窄，前者因整合度高而显得有些笼统，后者因裂分度高而显得有些狭窄。也就是说，艺术学理论与具体艺术门类有些脱离；而由具体门类拼合成的一级学科又有些偏窄，似乎又与艺术学理论脱节。在“宽”和“窄”之间，需要某种“中间状态”的学科出现以进行弥合和补足。而传媒艺术学既关联艺术学理论、一般艺术学深厚的土壤，又将与之关联度极高的艺术形式（主要包括摄影、电影、广播电视、新媒体艺术等）统合起来。传媒艺术学既有具体艺术家族作为研究对象，不会过于笼统，又意在寻找上述诸多门类艺术的整体性规律，亦不会过于狭窄。传媒艺术学是学科建设、规划和发展的一个中间状态，不失厚度，也不乏个性。在其发展过程中，如能在更大的程度上克服“过窄”和“过宽”的弊端，将会有更大的适应时代发展、学科发展的空间。

当然，学科发展的过程，也是一个不断调适的过程，裂分与整合两者是螺旋上升的，整合是为了寻找共通性，裂分是为了寻找独立性。就艺术学的发展而言，我们既要看到人类艺术千万年的发展，有其不变的、共通的艺术规律和原则，也要看到不能过度在艺术内部做分散和分化，特别是在这样一个人类艺术的融合时代。

（四）适应学术发展的需要：普遍与特殊

在过去若干年间，随着艺术和媒介的发展，传统艺术研究、传统的艺术学研究，遭遇了瓶颈：一方面，传统艺术研究、传统的艺术学研究主要基于传统艺术家族（以文学、绘画、建筑、雕塑、音乐、舞蹈、戏剧等经典传统艺术为主要构成）的现象和规律，对新兴的传媒艺术家族缺乏阐释力，甚至其长期秉持的一些结论还可能会与新艺术族群相悖，其研究因为过度追求某种“普遍性”而无法精准应对新艺术族群的特殊状态；另一方面，门类艺术研究，特别是门类传媒艺术研究（如摄影、电影、广播电视、新媒体艺术研究），则相对狭窄，如果过度下沉到门类艺术的特殊性中，容易导致缺乏抽象度和普遍性。

也就是说，一方面，在追求特殊性问题上，传媒艺术学的研究重点之一在于对当前艺术融合时代的艺术形式、作品和生态特别是因由网络新媒体的介入而呈现的各类艺术形式、作品和生态进行准确的、动态的、聚焦的、有针对性的解读，考察传媒艺术这一“独特”艺术家族下各艺术形式的结合部位、关系表现、融合规律，以及整个传媒艺术族群的本质、特性、关联、规律、发展等一系列问题、原理与规则。

另一方面，在追求普遍性问题上，我们发现，在当前的艺术融合和媒介融合时代，如果我们的艺术研究只固守于摄影、电影、广播电视、新媒体艺术各自的边界之内的话，因研究领域“内卷化”所限，所得结论难免有所偏颇或挂一漏万，因而需要在普遍性意义上，将不同的传媒艺术形式，融合到一个浑然一体的传媒艺术家族之中，并对这个艺术家族进行整体性、关联性研究。其实，艺术学存在的重要目标和合理意义，本身就在于它能协助我们从整体上、宏观层面考察艺术，把握和解释不同具体艺术形式和门类之间的相互关系与作用，而不仅仅局限于单体艺术门类或者单个流派、作品中。[①]“艺术学所要寻找的是一门艺术作为艺术的普遍规律，是超越于门类艺术规律之上的根本规律，是艺术区别于其他文化形态的共同规律。艺术学研究既要照顾到各个门类的艺术，站在更高的台阶上寻找门类艺术学所不能达到的高度。”[②] 传媒艺术研究，正是顺承了艺术学的如此追求，也体现了艺术学这一追求的最新努力。

因此，艺术领域的学术研究，需要避免要么只钻到具体门类艺术的解读中而缺乏广泛观照，要么只在追求普遍性的传统艺术研究窠臼中难以观照鲜活的新艺术现实，这需要找到更具阐释力的学术话语体系。传媒艺术学的研究正是处于这样一种结合点上，既具有一定广度，观照一个艺术家族的普遍性，也具有相当的特殊性，针对这一新兴艺术家族开展动态考察。未来传媒艺术学研究的发展以及整个艺术学研究的发展，应当在艺术的特殊性和普遍性的结合中找到更广阔的学术话语空间。

三、传媒艺术学建构与国家新文科建设

教育部等部门在2019年联合发布的“六卓越一拔尖”计划2.0明确将包括文、史、哲、经济等学科在内的新文科建设与新工科、新医科、新农科一同纳入拔尖培养计划，首次实现全学科发展布局的完备覆盖。新文科专业的纳入，反映了国家在经济社会发展的新环境下，对人文精神和国家文化软实力不断强化与提升的迫切需求。新文科建设是相对于传统文科的局限改良和优势升级，既要与历史和当下学科自身专业的发展规律相匹配，又要与当前和未来经济社会的转型发展方向相契合。新文科建设已不仅是理论概念层面的学科发展问题，更是新时代教育主管部门审时度势，对学科专业所对应的经济社会发展所处的现状与未来态势所做出的重大决策。[③]

2020年11月3日，由教育部新文科建设工作组主办的新文科建设工作会

---

① 参见刘俊：《艺术融合与理论定位：论传媒艺术的研究动因》，《现代传播》2019年第9期。

② 王廷信：《艺术学的视野、对象和方法》，王廷信编：《艺术学的理论与方法》，东南大学出版社2011年版，第63页。

③ 参见胡智锋、徐梁：《新文科背景下“戏剧与影视学”专业建设的理念与路径》，《戏剧》2020年第3期。

议，在山东大学召开，会议发布了《新文科建设宣言》，对新文科建设做出全面部署。《新文科建设宣言》强调我们遵循坚持走中国特色的文科教育发展之路，并将“坚持立足国情”放到重点位置加以突出，《新文科建设宣言》中指出：“新时代改革开放和社会主义现代化建设的伟大实践是深耕新文科的肥沃土壤。推进新文科建设，要坚持不懈挖掘新材料、发现新问题、提出新观点、构建新理论，加强对实践经验的系统总结，形成中国特色文科教育的理论体系、学科体系、教学体系，为新一轮改革开放和社会主义现代化建设服务。”①

2021 年 4 月 19 日，习近平总书记在清华大学考察并发表重要讲话时指出：要用好学科交叉融合的“催化剂”，加强基础学科培养能力，打破学科专业壁垒，对现有学科专业体系进行调整升级，瞄准科技前沿和关键领域，推进新工科、新医科、新农科、新文科建设，加快培养紧缺人才。②

新文科建设所鼓励的服务国家战略、回归本土原创、坚持学科融合、夯实基础理论等要求，恰恰是传媒艺术学建设中多年自觉努力的方向。

笔者认为，注重服务国家战略以及双主体建构、融合性发展、体系化建设，并且是传媒艺术学未来自觉支撑新文科建设进程、展示新文科建设成果的努力方向。

（一）服务国家战略

在服务国家战略方面，传媒艺术学有较强的资政辅政功能，为国家传媒和艺术领域策略、战略的制定和实施，提供直接的智力支持和理论来源。传媒艺术学作为一个先天具有交叉融合优势的学科，将为国家新发展阶段下的艺术和文化发展，为国家文化艺术的大发展大繁荣，为国家文化软实力的提升，提供更新的建设性理念和思路，提供更具前瞻性意义的智力支持。在服务实践发展方面，传媒艺术学的研究既是高度理论化的，同时较之于其他不少学科而言也是更为贴近实践和行业发展的。多年来传媒艺术学的研究一直承担着指导如电影行业、广播电视行业、新媒体艺术行业、网络文

① 参见《新文科建设工作会在山东大学召开》，http：//www. moe. gov. cn/jyb_ xwfb/gzdt_ gzdt/s5987/202011/t20201103_ 498067. html，2020-11-03。

② 参见周世祥等：《牢记总书记嘱托，建设世界一流大学》，光明网，2021 年 4 月 21 日。

艺行业成长的功能，为上述领域的发展提供了决策性、方向性的观念和理念支撑。

（二）双主体建构

所谓“双主体”建构，是指同时树立传媒艺术学主体性以及中国传媒艺术学主体性。一则，树立传媒艺术学主体性。与传统的人文艺术等拥有悠久历史的大学科专业，以及建立在电影、广播电视、新媒体艺术等专业基础之上的新兴具体小专业对比之下，传媒艺术学要凸显学科存在和发展的主体地位。如前所述，传媒艺术学契合了艺术融合时代的“融合性”实践生态，也契合了研究和学科发展过程中对“中间状态”的需求，具有较为扎实的“学”的主体性根基。二则，树立中国传媒艺术学主体性。面对新的传媒艺术实践和传媒艺术研究，全球业者、学者都正在同时同刻地共同面对和经历，谁能够更早地对该领域进行全面、合理、前沿的思考和阐释，谁就有可能引领下一阶段的全球艺术学研究及传媒研究的某些重要领域。这种全球同时同刻地面对新实践、新现象的状态，是中国学者的机会。在人文社科领域，因为历史原因，我们有太多的学科、理论和知识话语师从西方、受制于西方，也有不少的学科和领域至今依然像是西方研究的“学术殖民地”。因此在面对当下和未来的新兴传媒艺术研究时，我们要把握住进行本土原创理论贡献的机会，这是中国艺术学人的责任。

期待类似于传媒艺术学的新文科学科，能够更多地开辟交叉融通的学术和学科新领域、新空间，锻造出更具中国特色的学术与学科的新话语、新思想、新观点和新方法，这对于构建中国特色哲学社会科学的学科体系、学术体系和话语体系有重要意义。

（三）融合性发展

传媒艺术学具有典型的多学科融合属性。与传媒艺术学相近的学科或方向主要有艺术史论、艺术批评、艺术管理、艺术产业、图像学、摄影学、音乐学、广播电视艺术学、电影学、新闻学、传播学、文化学、社会学等。传媒艺术学与这些学科方向彼此之间关系紧密，在理论基础、研究领域、研究方法等方面存在不同程度的接近与相似，在研究格局、研究视野、研究重点等方面也存在大量跨学科融通的可能性。同时，作为交叉融合的学科，传媒艺术学也会为包括如戏剧与影视学、艺术学理论等在内的艺术类学科的交叉融合发展，提供新的空间和理念。

（四）体系化建设

学科体系的完善和夯实程度决定传媒艺术学发展的品级。对传媒艺术研究对象、研究框架、研究范式、研究方法、研究观点、研究向度、研究目标等地明确厘定，是传媒艺术学发展的基础。面对新鲜的艺术融合之局，体系化地开展传媒艺术研究，是尝试建构一门既“不同于”传统艺术理论，又超越“具体”传媒艺术品种的理论体系，即一个富有阐释效力的传媒艺术理论和学科体系。未来，传媒艺术学亟待进一步做好继续探究命名概念、详尽阐释研究架构、具体阐释学科建构、关注传媒艺术历史、关注传媒艺术教育等方面的工作。对传媒艺术学学科框架的初步厘定如图 1 所示。

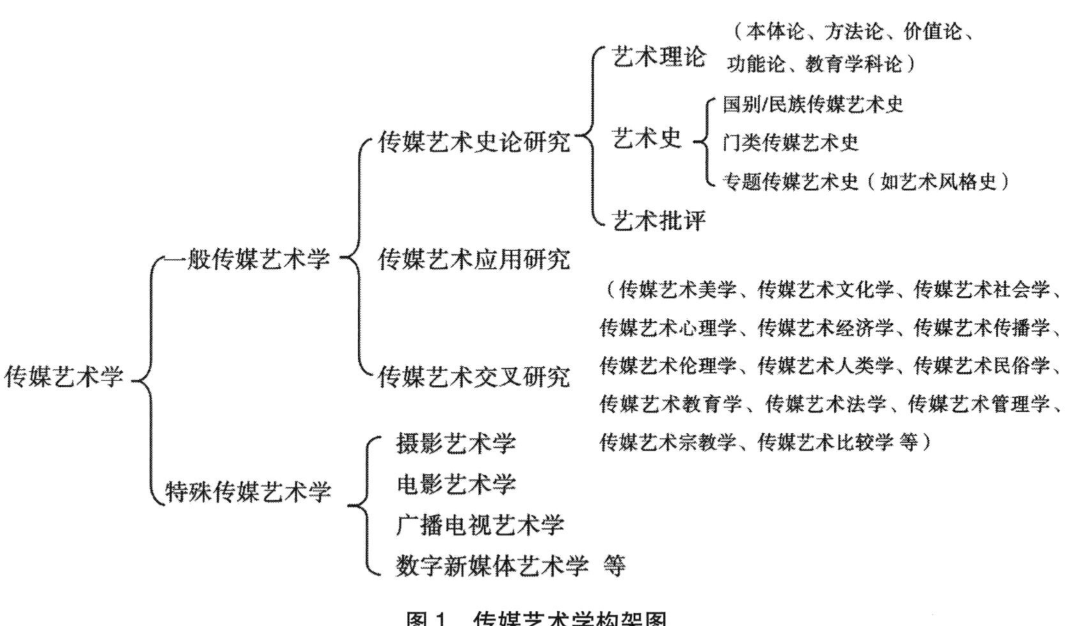

图 1　传媒艺术学构架图

未来，期待传媒艺术学会将偏于经验性的门类艺术理论研究与偏于学理性的一般艺术理论研究打通贯通，将理论性、抽象性研究与战略性、行业性思考打通贯通，将艺术学本体性研究与多学科融合性研究打通贯通，将人类一般性艺术生态和理论与中国本土理论贡献打通贯通。在新文科建设的背景之下，传媒艺术学发展是一次艺术类学科找到经验与学理、微观与宏观、个别与整体能够互动、对话空间的努力，尤其是对于动态性的、正在发生的、综合性的复杂地段，做出既不乏经验性，又不乏理论性的研究[①]，这是传媒艺术研究的未来使命。

（原载《山东大学学报》[哲学社会科学版] 2021 年第 4 期）

① 参见胡智锋:《〈传媒艺术学书系〉总序》,《现代传播》2017 年第 7 期。

新文科建设：瓶颈问题与破解之策

马　骁　李　雪　孙晓东*

习近平总书记指出，哲学社会科学是人们认识世界、改造世界的重要工具，是推动历史发展和社会进步的重要力量，其发展水平反映了一个民族的思维能力、精神品格、文明素质，体现了一个国家的综合国力和国际竞争力。① 2017 年 2 月以来，教育部相继提出建设新工科、新医科、新农科、新文科，并于 2019 年将“四新”建设纳入本科教育改革及“六卓越一拔尖”计划 2.0，体现了加快推进新文科建设的战略意图及实践要求。因此，如何在更加宏大的视野和纵深的历史中把握新文科的内涵特点、找准制约新文科建设的瓶颈问题及其破解之策是当前文科教育必须直面的时代课题。

一、新文科：内涵及特征

对事物内涵的认识与理解，往往构成并决定着我们思考和讨论该事物相关问题的逻辑起点。自提出建设新文科以来，许多学者围绕新文科的研究对象、学科属性、基本特征等展开了一系列充满思辨的研究与阐释，其中以“创新论”“融通论”最具有代表性。“创新论”认为“新文科是发展社会主义先进文化的重要载体”，主张“新文科的核心是创新的新，而不是新旧的新、新老的新”，强调新文科的时代性，把新文科置于构建中国特色哲学社会科学的大逻辑中去审视和把握。“融通论”着重强调新文科的融通性，其中徐显明认为“新文科将是文理打通、人文与社科打通、中与西打通、知与行打通的‘四通文科’”②。马费成认为，移动互联网彻底改变了人类的生产生活

---

* 马骁，西南财经大学党委副书记，教育部高等学校财政学类专业教学指导委员会副主任委员；李雪，西南财经大学党委教师工作部部长；孙晓东，西南财经大学。

① 参见习近平：《在哲学社会科学工作座谈会上的讲话》，《人民日报》2016 年 5 月 19 日。

② 徐显明：《高等教育新时代与卓越法治人才培养》，《中国大学教学》2019 年第 10 期。

方式，使人类社会出现了前所未有的法律、伦理和道德问题，要解决这些问题，显然不能依靠单一学科，必须多学科协同。于是，在多学科交叉边缘上出现了新兴的文科研究领域和研究方式。在他看来，新文科的提出，正是寄希望于文科的内部融通、文理交叉来研究、认识和解决学科本身、人和社会中的复杂问题。[①] 樊丽明从“新科技革命与文科融合化，进入新时代与文科中国化，历史新节点与文科新使命，全球新格局和文科国际化”[②] 四个维度阐释了新文科之“新”的内涵。此外，王铭玉、夏泉、王德胜、李石勇、邓绍根、周毅等学者基于不同视角拓展了新文科研究的视界和维度。上述学者关于新文科内涵和特点的研究阐释，都不同程度地强调了新文科的融通性、创新性和时代性特征，有助于我们深化对新文科内涵及特点的认识和理解。

“学科”是一个教育学的概念，有其自身独有的内涵，也有其不同语境中的特殊含义，但本质上与人类的知识生产和知识分类实践紧密相关。[③] 第一，从知识生产的角度而言，著名物理学家马克斯·普朗克（Max Planck）认为，科学是内在的整体，被分解为单独的部门不是取决于事物的本质，而是取决于人类认识能力的局限性。基于传统知识分类方法分类的经济学、管理学、哲学等学科概念本身不可避免地在一定程度上割裂了客观现实的整体性和复杂性。第二，从教育的角度而言，教育的目的在于促进人的全面发展，传统的便于操作的分科教育难以达到促进人的自由全面发展的目标，需要恢复教育尤其是高等教育在重建人的本身的全面性、深刻性和丰富性中的重要作用。第三，从我国文科教育发展轨迹来看，我们曾先后经历了移植欧美经验、效法苏联模式以及与西方主流接轨等过程，以西方经典概念、理论和方法为核心的一套学科体系、学术体系和话语体系构成了我们观察、思考、讲述问题的主要方式，导致形成了缺乏基于自身文化传统和社会实践的哲学社会科学，不能反映并引领中国的现实社会实践。因此，在笔者看来，当下语境的新文科应该是致力于恢复客观现实本真联系，促进人的全面自由发展，充分体现民族自身优秀文化传统又能更好解释和引领中国现实社会实践的文科，需要

---

① 参见陈鹏：《“新文科”要培养什么样的人才》，《光明日报》2019 年 5 月 20 日。

② 樊丽明：《“新文科”：时代需求与建设重点》，《中国大学教学》2020 年第 5 期。

③ 参见马骁、李雪：《再论中国财政学科发展的方向及路径选择》，《财政研究》2018 年第 8 期。

体现对世界本源的综合性和一体化以及对人的全面性、深刻性和复杂性的深刻认识，简单的“文科+理工”“文科+新技术”“新技术+文科”等纯技术路线或者机械地搬用“文科的新要求和新的文科建设并举”的思路并不能解决文科发展的根本问题。

据此，笔者认为，新文科应至少有三个特征：一是新文科是大文科概念，应该打破哲学、经济学、历史学、政治学、文学、法学等传统文科学科之间“人为”的壁垒，提倡文科学科之间内在交融。二是新文科是跨学科概念，应突破文科与理工农医学科之间的界限，从文、理、工、农、医等不同学科视角研究人的行为及其相互影响以及社会运行和变迁规律。三是新文科是超学科概念，旨在为创造人类现实生活和未来生活以及解释问题提供新的思想源头、分析框架和逻辑路径。现实世界和实践问题的复杂性已经超越了学科之间的局限，综合性范畴中的问题往往受到实际使用、社会政策、文化传统等因素的影响，其解释框架要求科学家与社会利益相关者的对话与交流。换句话说，新文科建设不能局限在“科学共同体”内部，必须向包括政策制定者、相关利益方开放，把新文科变成能真正解决现实经济、政治、社会、文化、生态、国际交流与合作等人类生活中重大问题和促进人类知识生产文化繁荣的人文社会科学。

二、新文科建设：瓶颈及原因

不同的学者基于对新文科内涵及其特征的不同认识理解提出了相应的建设路径选择。吴岩认为新文科建设应“加快理论体系创新”“深化专业改革”“开展课堂革命”。① 樊丽明认为建设新文科关键在于“建设新专业或新方向、探索新模式、建设新课程、构建新理论”②。邵培仁提出从本土化、交叉化和国际化三个维度入手，其中，本土化是新文科建设的土壤和根基，交叉化是新文科建设的策略和方法，国际化是新文科建设的准星和坐标。③ 曹胜高认为新文科建设的关键问题是要明确新文科的定位，不是组织形式的变化，而

① 参见吴岩：《新使命　大格局　新文科　大外语》，《外语教育研究前沿》2019 年第 2 期。

② 樊丽明：《“新文科”：时代需求与建设重点》，《中国大学教学》2020 年第 5 期。

③ 参见邵培仁：《新文科建设必须发起两场革命》，http://blog.sina.com.cn/s/blog_593d5d690102yn4m.html。

是教育内容的变革，旨在培养超越现有专业局限与学科局限，专业素养高、学术能力精、综合实力强、有创造视野的新人才。[①] 无论从人才培养还是学科建设视角，上述研究都强调了学科交叉、融合、创新对新文科建设的重要意义。问题在于，尽管早在 1985 年教育部就召开了首届交叉科学学术讨论会，又在 2008 年将中国高校哲学社会科学发展论坛的主题确定为“跨学科研究与哲学社会科学发展”，但 30 多年来并没有诞生令人信服的基于学科交叉融合创新的“新文科”。深入分析影响新文科建设尤其是制约学科交叉融合创新的瓶颈性问题及其背后的根本性原因是推进新文科建设的重要前提。

（一）学科分类体系难以适应知识创新的现实要求及未来趋势

不同国家基于自身文化传统和对知识分类的不同理解形成了不同的学科分类体系。中国古代传统学术迥异于西方，不主张将学术分而治之。中国现代高等教育诞生以来先后借鉴过欧美、苏联等高等教育学科分类体系。现行的学科分类体系是在新中国成立尤其是改革开放后逐渐形成的，体现的是近几十年来知识生产、学术创新和高等教育发展的实际需要。而早在十多年前，就有研究者指出“专业分化的日益加剧造成学科分类的问题日渐突出，特别是在人文学科和社会科学领域甚至出现阻碍学科发展的端倪”[②]。近年来，应用经济学一级学科下的金融学、财政学，工商管理一级学科下的会计学，文学一级学科下的语言学等相继提出要升级为现有学科分类体系中的一级学科，同时国家公布的“双一流”建设学科的名称也与现行学科分类体系出入甚大。这种论争、差异体现了现行学科分类体系已经难以适应知识创新的现实要求及未来发展趋势。实际上，无论是从逻辑演绎还是从社会发展来看，现行学科分类体系更多体现的是第三次工业革命中社会实践、知识创造和知识分类的要求，尤其是随着人类生活的日趋复杂和现代科学技术进步对人类生产、生活、思维模式的改变，已难以胜任对大量新产生知识的分类需求，更阻碍了更好解释和回应现实世界许多重大问题的能力的提升。

（二）基层学术组织形态一定程度上制约了学科的交叉融合创新

基层学术组织是以学者为核心、以知识生产为目标、以协同创新为途径

---

① 参见樊丽明：《“新文科”：时代需求与建设重点》，《中国大学教学》2020 年第 5 期。

② 袁曦临、刘宇、叶继元：《近代中国学术谱系的变迁与治学形态的转型》，《学术界》2009 年第 1 期。

的基本学术单元。我国高校院系、研究所、教研室或课程组等文科类基层学术组织基本上是由同一学科、同一专业的学者或是由讲授同一门课程或同类课程的学者组成，在学科交叉融合创新上难以产生“化学反应”。目前，组成高等学校基层学术组织的学者们大多是专门化教育的产物和受益者，习惯于专门化教育形塑的知识结构和“深井式”的研究视野，文科学者之间、文科学者与理工农医学者之间因教育背景、学科训练、研究对象以及所使用的方法和工具等方面的差异，无法有效地利用技术工具或其他学科的理论和研究方法来解决所在学科、专业领域的前沿问题和重大问题。尽管高等教育已认识到问题所在，并试图通过建设协同创新中心坚持以解决重大现实问题为导向的知识生产逻辑和学科建设方向，但现有协同创新中心没有在根本上超越传统的“科学共同体”局限，文科类协同创新中心往往是由使用相同“语言”、范式或方法的志趣相投的专家学者组成，无法实现文科内部应参与的不同学科学者间的合作交流，更谈不上与理、工、农、医等学科领域学者的跨界合作，最终导致知识创新缺乏多学科、跨学科或是超学科的视野，解决重大现实问题的路径缺乏符合客观现实复杂性的综合视角和应用价值。

（三）人才培养体系难以有效实现新文科要求的人才培养目标

新文科是对传统文科教育的升华，或者说是对教育理念、培养模式、课程设计教学范式等方面的全面重构。从教育理念来看，在我国强调社会转型、产业升级、提倡创新的大背景下，长期以来占据主导地位的专门化教育理念已经不能适应新文科对培养复合型、创新型以及全面发展人才的时代需要。从培养模式来看，传统的依托单一学科传授专业知识为主的文科人才培养模式，由于专业划分过细、课程过专过窄、人文教育缺失等导致学生知识结构不宽广、人格发展不健全、思维方式相对单一、创新创造能力不强，难以充分适应现代社会问题复杂化、知识应用综合化及知识创新常态化的新要求。从课程设计来看，既存在“国标”要求的基础性课程以及有利于促进学生全面发展的人文、艺术和自然科学方面的课程和社会调查与研究方法之类的工具性课程开设不完整的情形，又存在课程内容更新不及时、知识容量狭小、课程挑战度低等缺陷，更谈不上构建有效的跨学科复合课程群；有些高校文科专业的课程体系因受师资队伍的限制，往往是“各行其是”的学者间平衡的结果。从教学范式来看，以授课教师为中心、以知识传授为目标、以班级编制为组织载体的传统课程教学模式在大多数学校和专业的人才培养中仍占主导地位。总而言之，人才培养的狭窄化与现实问题综合化的矛盾还比较突出，对符合新文科要求的人才培养目标的支撑力度亟须加强。

（四）评价体系对建设新文科发挥的支撑引领作用明显不够

评价体系具有指挥棒的导向作用。在学科评价、学术评价、学生评价、学者评价等方面，我们都还在坚守传统学科、传统专业的价值追求，对高等学校探索学科交叉融合创新以及新文科转型发展激励不足。学科评价方面，目前学科评价体系按照既有学科分类标准重在对某一学科领域的纵向发展成效的评估，尚未对一个学科的横向拓展及其交叉创新能力予以足够的关注，无法从“指挥棒”的角度引领新文科走向综合化。学术评价方面，把期刊影响因子等同于成果质量的评价方式还广泛存在，对成果质量尤其是原创性要求和激励不足，对人文社会科学学科的学术成果需要长期积累的重视不够，追求论文数量、期刊等级和揠苗助长式的学术氛围还没有得到根本性扭转，以能力和贡献为导向的科研评价和激励机制尚未建立。学生评价方面，在本科教学工作审核评估过程中要考核毕业生就业的专业对口情况，有悖于新文科建设的目标与价值追求；研究生学位论文评价指标体系中还有对论文选题是否符合专业培养要求的内容，一旦毕业论文是跨学科研究成果，便可能因论文评阅者认为不是本学科或本专业的研究成果而放弃评阅或投否决票，最终导致“理性”的研究生和研究生导师尽量回避跨学科研究。学者评价方面，“五唯”评价体系尚未得到根本扭转，高等学校对教师的科研考核、职称评聘往往看重学术论文与学术专著的数量，对教师科学研究成果的创新性以及是否是学科交叉融合创新成果关注不够，更缺乏实实在在的激励。

三、新文科建设：思路及举措

建设新文科须直面传统文科教育的瓶颈性问题，只有对传统的学科发展路径、知识生产机制、人才培养模式、综合评价体系等进行系统性变革，才有可能构建适应时代需求和未来发展要求的新文科。

（一）把准文科发展基本规律

基于知识生产的学科发展有其自身的规律和特点，文科也不例外。从学科演化的规律来看，学科总是在高度分化与高度综合的辩证统一中向前发展的，应深入研究影响新文科发展的重要因素，特别是科技进步、产业变革、经济转型及其对人类社会生活的革命性影响，敏锐把握有效知识生产过程中的关键性问题，优化学科分类体系。坚持扎根中国大地，从知识生产实践基础来看，人类社会生活中遇到的问题是知识创造的基础和动力，而中国特色社会主义建设是前无古人的实践探索和理论创新，没有现成的道路和理论可资借鉴参考，中国的新文科建设必须首先坚持扎根中国大地，研究和解决中国问题，尤其要聚焦党和国家、人民最关心、最需要解决的重大理论和现实问题，充分体现中国立场、中国智慧、中国价值。坚持正确方向，从学科建设方向来看，坚持马克思主义在我国哲学社会科学领域的指导地位，对哲学社会科学领域一些本源性的问题做出新的理论概括，提出具有原创性的概念、理论、方法，着力构建中国特色、中国风格、中国气派的哲学社会科学学科体系、学术体系、话语体系。

（二）重塑基层学术组织形态

基层学术组织承担着知识创造和人才培养的主要职责。高等学校要以文科领域的某一学科门类为主，吸收文科内部其他学科门类的学者和其他学科门类愿意参与主体学科横向拓展工作的学者共同组建基层学术组织，以打破受传统学科建设理念指引的以传统院系、教研室或课程组为单位的条块分割的学科壁垒。要鼓励高等学校不同学科的学者自愿地因应国家重大战略需求组建跨学科跨学校跨部门的学科交叉融合创新平台，推动文科内部、文科与其他学科交叉融合，以便构建文理交叉、文医交叉、文工交叉的新文科体系。要发挥我国集中力量办大事的制度优势，由政府主导成立若干学科交叉融合创新平台，推动政产学研用协同攻关。

（三）完善学科协同创新机制

推进学科协同创新，需要不断优化共建共治共享的协同创新机制，促进各参与主体从分散、条块、各自为战向集中、有序、深度融合的方向转变。要构建有效的组织运行机制，各参与主体要建立健全有效的管理体系和良性互动循环的组织领导运行机制，同时在合作对象、合作模式、合作组织结构上优化选择，以形成自愿合作、目标统一、优势互补、权责明晰、共同发展的文科协同创新体系。要构建合理的权益分配机制，各参与主体要综合考虑创新性以及文科学术成果的延迟性，突出各参与者（个体）的核心能力和实际贡献，建立和完善协同创新的风险责任机制和利益分配机制。要建立科学的评价监管机制，在完善绩效评价制度的同时，逐步建立政府评价、第三方评价、独立机构评价、企业评价和社会评价相结合的评价机制，形成有利于创新、交叉、开放和共享的新文科建设与监管保障机制。

（四）深化文科人才培养改革

人才培养涉及大学组织各个领域和方面，而课程是基础和关键所在。不同课程的有机组合本质上体现了我们的教育理念和办学水平。必须着眼培养学生更好适应当前社会发展和未来变革所需的知识结构、能力结构和素养结构，构建适应学生全面自由可持续发展的课程体系，开设更多的多学科、跨学科课程，促进学生由知识层面向能力、素质层面的递进和辐射，打破院系之间、学科之间、专业之间、学校与社会之间森严的壁垒。摒弃传统专业课程学科知识的碎片化，在整合传统专业课程知识体系的基础上，建立健全以问题为导向、以课题或项目为依托的跨学科的复合课程群，增大课程容量并与时俱进地更新课程内容，提高课程挑战度。要推进全要素“课堂革命”，鼓励现行的启发式、研讨式教学，探索打破由一名教师主讲一门课程的传统教学形式，把其他学科专业优秀学者引进来，让分属不同学科专业的学者在同一时空就某一个重大理论或实践问题进行讨论、沟通和交流，突破单个学科专业在认识论、方法论方面的局限，从而让学生体悟不同学科对同一个理论或实践问题的认知差异和融合创新的可能性，进而培养学生的创新意识、创新思维。

（五）构建引领文科发展的评价体系

科学的评价体系是加快推进新文科建设的重要保障，要切实改变文科类的学科评估、学术评价、教师评价等综合评价体系。在学术评价上，从文科知识创新的逻辑来看，文科基础理论创新可能并不直接表现为线性的递进结果，衡量新文科建设效果不应简单套用理、工、农、医学科的评价标准和评价体系，不应指望短期内就见成效，而应着力构建面向立德树人、面向理论和实践创新质量的评价标准和评价体系。在学科评价上，从学科发展规律来看，学科分类和学科设置是构建学科评价体系的基础，应适应新文科知识创新创造的现实逻辑和未来趋势，打破学科设置过细过窄的趋势，尤其是官方学科评估、专业评估和“双一流”建设绩效评估都要发挥引领作用，要从实质上建立有助于推动新文科交叉融合创新的评价标准。在学者评价上，从知识生产者的角度而言，对文科学者的评价尤其需要破除“唯论文、唯职称、唯学历、唯奖项、唯帽子”的顽瘴痼疾，“营造更加宽松的学术环境，让科研人员坐得住‘冷板凳’，做更前沿更具挑战的基础研究，缩小在前沿科技领域与领先国家的差距，为中国未来的发展奠定更加坚实的基础”①。

（原载《中国大学教学》2021 年第 1—2 期）

① 薛澜：《改革评价体系　让科研人员坐得住“冷板凳”》，《光明日报》2020 年 6 月 20 日。

论融媒体素养对新文科人才培养的意义

白　寅*

媒介融合的历程清楚地表明，由于数字技术和智能技术的高度赋能，融媒体已经“泛化”于所有的交流工具之中；随着融媒体移动端功能的日益丰富和人们对移动端的愈加依赖，融媒体已经完全“融入”社会运行和人们的日常生活中。因此，当今时代，一个人、一个组织、一个行业，如果不能充分理解和运用融媒体的功能，就很有可能被整个社会所“屏蔽”。

但是，不能简单地把融媒体看成传统媒体与互联网融合后的新形态，或者说，不能把融媒体仅仅看成过去所有媒体功能的总和；也不能简单地把新文科看作一种新的学科或专业，或者说，不能说哪一种学科或专业是新文科，而哪一种学科或专业不是新文科。新文科是整个人文社会科学应对当今世界“百年未有之大变局”的一种行动，是一次涉及全部人文社会科学各学科、各专业的建设性行动，包括专业之间的融合、学科研究对象的变化、新研究范式的确立、教育理念的革新、课程体系的重构以及教学方法的改革等。因此，既然是在行动的层面上来理解新文科，那么，就新文科人才的培养而言，其核心就是要求新文科能够赋予新文科人才以应对变局的行动能力。

近年来，许多学者对“百年未有之大变局”的性质进行了充分讨论，并基本认同了三个层面的意义：一是变局的根源在于国际经济政治关系的变化和人类生存环境面临的新挑战；二是变局的核心动因是新技术的日新月异；三是变局的结果是基于信息社会构建的地球村中不同文化的冲突、交流和互鉴融合，并最终诞生人类的新文明格局。可以看出，不论哪个层面的意义，人类交往方式和信息流布状态都是其极为重要的建构方式。无疑，当今人们的交往方式和信息流布又高度依赖融媒体的发展和使用。因此，要应对变局，

---

* 白寅，中南大学文学与新闻传播学院院长。

首先就要深刻理解人们是如何运用融媒体进行各种社会交往和信息处理的；要拥有应对变局的能力，自然也要拥有运用融媒体进行社会交往和信息处理的基本素养。由此，融媒体素养的培育，就成为新文科人才培养必须面对的重要课题。

一、融媒体的社会功能决定了融媒体素养构成新文科人才的核心素养之一

究竟什么是融媒体？笔者认为这是一个尚未界定清楚的概念。我们首先要注意到传播学界的学者往往把“融媒体”与“媒介融合”画等号，比如，陈力丹认为融媒体是“引进互联网思维”，打造“内容生产+产品形态+渠道占有”的一体化新媒介。[①] 按照这种理解，“融媒体”与“全媒体”两个概念似乎是可以画等号的。例如，彭兰认为媒介融合的结果就是形成能够运用所有媒介手段和平台来构建大的报道体系的“全媒体化”。[②] 这些界定实际上把“融媒体”仍然界定在新闻传播范畴内。

也有研究者在界定融媒体时超越了传统的“媒体”边界，比如，王骥飞认为融媒体是“满足信息消费终端的需求”[③] 的特殊经济组织。又如，严功军等认为，融媒体是提供全面交互、浸入、共享的虚拟现实文化体验的平台。[④] 特别是在一些关于融媒体哲学意义上的讨论中，人们把融媒体理解为“人化的媒介”或“媒介的人化”，也就是说，融媒体本身构成了“人性”的有机组成部分。[⑤]

实际上，从我国当下融媒体的建设实践来看，我们对融媒体的理解还可以更丰富一些。就政府层面推动的全国性融媒体建设，特别是县级融媒体中心建设来看，主要包含四个方面的功能：新闻宣传功能、文化娱乐功能、社会服务功能和产业运营功能。而各地方政府和融媒体运营组织最为关切的是

---

① 参见陈力丹：《用互联网思维推进媒介融合》，《当代传播》2014 年第 6 期。

② 参见彭兰：《媒介融合方向下的四个关键变革》，《青年记者》2009 年第 6 期。

③ 王骥飞：《“长尾”核变：新货架下传媒集团的变革与重塑》，《新闻大学》2008 年第 3 期。

④ 参见严功军、张雨涵：《内爆转换与传播危机：融媒体生态的批判解读》，《现代传播》2017 年第 11 期。

⑤ 参见张成良：《融媒体传播论》，科学出版社 2019 年版，第 40 页。

其中的社会服务功能和产业运营功能：地方政府的政务服务能否畅行？居民的生活、医疗服务和信息能否有效获得？特别是融媒体平台能否对当地经济生产予以拉动——营销宣传、网购平台、商务交流能否便捷实施？再者，就实际的融媒体运作来看，强有力的融媒体组织机构和运行平台往往是由非新闻传播行业的互联网公司或其他商业机构所搭建的。

因此，融媒体不仅是传统意义上的信息传播媒介相融合的产物，也是基于数字技术和智能技术而产生的实现人们多样化社会需求的工具或平台。因此，融媒体的功能就不仅仅是信息交流，而是基于信息交流而得以实现的所有社会功能：人们通过融媒体平台中的信息交流和共享，借助其数字化、智能化的力量，可以联系社会活动的诸多方面，并对各类社会活动予以更多的赋能。

融媒体的这一社会功能，往往通过“融媒体+”的方式给予社会各行业和各类社会活动以赋能，“融媒体+政务”促进了社会治理，“融媒体+广告”催生了直播带货等行业的兴起，“融媒体+旅游”更是为后疫情时代的文化旅游带来了新的生机……由此，我们可以预见，在今后，各行各业都会将融媒体技术融入其生产、服务或运营中。

整个人类的社会经济实践如此，那么，作为专门从事人类文化生产和精神交往的文化部门更是要把融媒体作为执行自身目标任务的核心工具。在当今社会中，人们的文化生活和精神活动越来越多地转移到融媒体场域中进行：通信如此，阅读如此，游戏如此，开会亦如此；更值得人们期待或许担忧的是，随着混合现实技术的逐渐成熟，过去许多被认为在虚拟空间中无法获取的文化体验和精神享受也会越来越多地在融媒体空间中获得。

正是出于上述原因，从事社会工作、文化生产乃至政治和意识形态工作的人员和机构，就不得不重视融媒体空间中出现的诸多问题：能否在融媒体空间中提供更为健康、高雅的文化产品和服务？能否有效地引导融媒体空间中的舆论和行为？能否运用融媒体技术改进决策程序和提高决策效率？能否运用融媒体技术更有效地达成民主协商？这些问题，都将成为新闻传播专业教育和研究的重要方面。

此外，诸多新的社会矛盾和社会问题，因融媒体的广泛运用而产生和凸显；许多新的发展机遇和创新途径，因融媒体的深度介入而出现和明晰。缺乏融媒体的运用能力，必将导致面对诸多社会新问题而束手无策，面对诸多新的机遇而失之交臂。正因为如此，培养一批政治立场坚定、人文社会科学理论素养深厚、社会实践经验丰富，且能深刻理解融媒体技术性能和社会功能的文化工作者和社会工作者，就成为一种强烈的时代呼唤。也正因为如此，党和国家才会把推进融媒体建设发展和培养全媒体人才的任务提高到前所未有的高度——这不仅仅是交给新闻传播行业的任务，也是全社会的一项紧迫任务。

正是在相同的背景下，新文科的建设也成为我国高等教育的关键战略，它具有明显的问题导向：要解决的是由于新技术发展和新的国际关系变革而引发的诸多人文社会科学问题。从这一点来看，新文科建设和融媒体建设的逻辑是一致的。就技术层面而言，当今人文社会科学面临的新问题在本质上也是“融媒体+”的结果：数字技术、智能技术、大数据应用等技术进步，在社会信息运行的层面上，集中体现在融媒体的应用上。因此，诸多人文社会科学新问题的解决，离不开融媒体空间中的解决方案。不言而喻，要培养解决社会新问题的新文科人才，其核心素养之一，就是能够深刻把握融媒体性能和规律；其核心能力，就是能够运用融媒体进行文化生产和处理社会事务。

二、融媒体的专业课程结构与新文科人才培养的课程结构高度契合

认识到融媒体素养作为新文科人才核心素养之一的必要性，还要进一步考量其可行性。融媒体素养作为新文科人才核心素养在逻辑上的“应该”，是否能成为教育实践上的“可能”，关键还要看作为融媒体素养的基本知识要素的传播，能否有效地在新文科人才培养过程中得以实现。就教学层面而言，要看构成融媒体素养培育的课程结构与新文科人才培养的课程结构之间能否契合。已经有许多文章讨论过融媒体作为一种专业的课程结构，囿于篇幅，这里不宜做相关的文献综述。笔者仅就有关的研讨谈一些总结性的看法。

首先，作为数字技术和智能技术的直接产物，融媒体的物理特性必须在也只能在数字技术和智能技术中得到理解。因此，融媒体专业的学生要在理

解融媒体运行的技术原理基础上，认识新的“媒体”特征。为此，一些基础性的数字技术应用原理的课程和人工智能应用原理的课程，与作为传统媒体专业的新闻传播学类课程就成为融媒体的两大支柱性课程体系。其次，作为“媒体”，融媒体的核心任务是内容生产（或可认为是文化生产）。因此，为提升文化创意能力和文化传播能力而设置的课程，如语言文学、艺术设计、公共关系等方面的课程，应为其主干课程。再次，融媒体实际上履行着向公众提供广泛的经济服务、社会服务和政务服务的功能。这些服务有着明确的问题导向——解决社会问题，维护良好的社会运行与国家治理。因此，关乎人类社会经济发展和社会科学的基础理论，应当构成融媒体专业的通识课程。最后，特别需要强调的是，融媒体建设关乎一个国家的文化建构，我们的融媒体专业人才一定要树立坚定的共产主义信念和增强意识形态工作的责任感，因此，我们要把马克思主义新闻观教育融入融媒体人才培养的全过程。

由上述所论，我们可以总结出融媒体专业必备的核心课程板块应该包括：数字技术与智能技术板块、语言文学与艺术板块、社会科学基础理论板块、新闻传播学板块以及政治思想修养板块。那么，这五大课程板块与新文科教育是什么关系？我们首先从新文科的内涵来分析。

关于新文科内涵，笔者曾提出新文科专业的“应变、融合、创新、坚守、认同”五大内涵。① 此外，许多学者还从两个重要层面分析了新文科的内涵：一个层面是新文科体现了一种“超学科”视野，比如，赵奎英认为这种超学科性体现为解决全人类共同面对的重大复杂问题，因而要构建一种“共同体”思维。② 另一个层面是新文科人才培养的普适性，它针对的是各类社会文化工作的新要求——由于新技术的广泛嵌入，社会文化工作的许多岗位及相关行业的内涵也发生了重大转变，这种变化的一个重要趋势就是对复合型人才的需求。因此，新文科教育的重点，就是培养多学科交叉融合新型文科人才。综合上述讨论，我们可以在以下三个方面对新文科人才的基本素养予以讨论和明确。

---

① 参见白寅、帅才：《基于融媒体发展的新文科专业内涵及其人才培养规格》，《中国编辑》2020 年第 2—3 期。

② 参见赵奎英：《“新文科”“超学科”与“共同体”：面向解决生活世界复杂问题的研究与教育》，《南京社会科学》2020 年第 7 期。

首先，新文科是中国的新文科，新文科建设的首要任务是培养一代又一代坚持走中国特色社会主义道路的薪火传承者。因此，其着力点在于扎根中国大地、为时代育人才。为此，新文科建设有三个重要目标要实现：一是中华优秀传统文化的传承与社会主义先进文化的构建；二是树立文化自信，凝聚中华民族向心力，增强国家文化软实力；三是让中国文化“走出去”，向全世界展示中国魅力，赢得世界对中国的认同，为构建人类命运共同体贡献中国力量。这三个目标的实现，一个非常重要的课题就是如何讲好中国故事，增强中国文化的传播力。融媒体发展恰恰提供了重要机遇和手段：一方面，运用新媒体技术有利于打破传统大众传媒时代的西方文化霸权和话语垄断；另一方面，融媒体全新的传播方式唤起了全民参与文化传播的热情，扩大了文化传播的队伍，提升了文化接受效能。因此，对融媒体传播理论和实践的学习与训练，也是新文科人才培养的应有之义。

其次，是基于对新技术理解力的应变思维。有学者甚至提出，新文科驱动的两轮即为大数据与人工智能。① 也许这个概括并不全面，但新技术的发展带来文科研究范式的转变以及文科人才培养的颠覆性变革，却是被大家所认同的。因此，新文科人才的技术素养，特别是运用大数据、信息科学和智能技术解决人文社会科学问题的思维方式，就成为核心要素之一。

最后，作为问题导向驱动的新文科建设，其所培养的人才应对社会经济和文化的变化有着高度的敏锐性，对变化的方向和带来的后果有着高度的预见性。培育这样的素养，一方面需要对基础社会科学理论的深厚把握，另一方面需要宽广的人文情怀——哲学的思维、历史的眼光、文学的情思和社会学的分析方法，都应考虑作为新文科人才培养的基础课程内容来设计。

由此，我们可以总结出新文科各专业需要如下共同的课程板块：数字技术和智能技术板块、社会科学基础理论板块、文化传播（包含文学、艺术、传播学等）板块和政治思想修养板块。可以看到，这四大课程板块与上述融媒体专业人才培养的核心课程板块是高度契合的。因此，如果把融媒体核心课程作为新文科各专业的通识课程，把融媒体素养作为新文科人才的核心素

① 参见季卫东：《新文科的学术范式与集群化》，《上海交通大学学报》（哲学社会科学版）2020 年第 1 期。

养之一，无论是理论逻辑上还是教学实践上，都不存在抵牾。

三、融媒体的运用是新文科教学改革的重要手段

新文科建设是一场文科教育的革命，是一次教学改革的重大实践。在实践层面上如何推进这种革命或改革，需要基于新文科的基本内涵和特点，回答并解决如下三个关键性问题。

（一）如何真正做到学科融合

就新文科教育而言，学科融合的最终效用应体现在学生身上，即让学生拥有多学科的交叉融合知识结构，这种交叉融合应该是水乳交融的，不是简单的不同知识体系的叠加。要做到这一点，首先要求我们在课程设计上进行多学科知识的融合——不是简单地开设不同学科的课程来组合，而是要在每一门课程设计中有机地融合多学科的思维、方法、视野和知识。但严峻的问题是，我们的任课教师，就目前而言，却鲜有学科融合背景，那么，如何让单一学科背景的教师把握学科融合课程的教学设计和进程？常规的思路是：构建一个由不同学科背景的教师组成的协同创新型的课程教学团队来完成每门课程学科融合的设计任务。这当然是必要的，但进一步的问题是，就目前我国教师的受教育状况而言，不同学科背景教师组成的团队只能是成员之间的“学科相加”，而做不到每一位教师内在知识结构的融合。因此，团队中任何一位成员很难独立承担学科融合的教学任务。或许融媒体多向交互的功能为我们解决这一难题提供了有力的工具。

以笔者所在学院推出的一批线下线上混合式教学课程为例。不同专业背景的教师，利用融媒体平台，在某一课程中同时在线，通过课堂讨论的形式，让学生与不同教师充分互动，以吸收不同专业教师的思想和观点。教师、学生在讨论中相互启发，产生各种新的观点和看待问题的新视角。如此，学生能够在学理逻辑上，借鉴其他专业的分析视角和方法，思考或解决传播学上的具体问题。创新来自不同思想的碰撞，融媒体平台提供的多向交流互动平台，就是一个非常好的“头脑风暴”空间。

（二）如何让学生发现社会变革中出现的问题

新文科的问题导向，就是要培养学生发现社会问题、解决社会问题的能

力。然而，社会问题总是在变动不居的复杂社会矛盾中产生的，既有教材、书籍中介绍的只能是既往问题的解决方案和成果，却不是对新问题的发现。要发现新的社会问题，一定要在社会实践或体验中去感知。那么，如何打破校园围墙，使学生的校园生活和社会体验达成交互？

融媒体平台为学生跨越校园围墙提供了途径。一方面，利用融媒体进行远程社会实践，让学生在融媒体平台开展文化扶贫活动——普及文化知识、提供在线培训、建立乡村儿童线上读书会等；另一方面，利用智能技术，建设多种虚拟仿真社会实践实验室，拓展学生社会实践的空间和维度。

实际上，随着数字技术的不断发展，人类的社会空间除了现实空间还包括数字空间，而且明显的趋势是，现实空间与数字空间正在不断融合。因此，我们面对的社会问题，不仅包含现实社会问题，而且是更多涌现在数字空间中的社会问题。其实，当前我们特别重视的一些社会问题，无不与数字空间中的社会行为相关，尤其是与人们融媒体的使用行为密切关联。因此，如何更好地理解融媒体、运用融媒体，也是发现社会问题、解决社会问题的关键路径之一。

（三）如何切实提升教学质量

新文科建设需要宏阔的视野、广泛的知识融合和多元化的思维方式，但是，在大学科、大融合、大平台的理念之下，学生的专业知识扎实与否，是一个值得我们警惕的问题。如何能在宏观上坚持宽厚的理论背景奠定和多元化知识结构的培育，同时又能在微观上提高每个专业的知识含量，提升每一门课程的教学质量？

核心问题在于如何提高学生的知识学习效率和信息处理能力。我们不能简单地把知识接受总量与接受知识的时间长度归结为线性正相关。事实上，每一次媒介技术的革新，都是人类突破知识接受时间阈限的革命，融媒体的进一步发展，也会带来知识传授效率的革命。融媒体中智能技术的运用，使我们能够针对学生个性和智力特征进行更加精确的知识训练；融媒体中海量的知识流量和大数据处理能力，提升了知识的易得性和信息处理的便捷性；融媒体的即时交互功能，使得学生可以随时追踪最新的知识进展，拓展求教访学的途径，等等。总之，提升学生的融媒体运用能力，有助于提高学生的学习能力和信息处理能力，最终促进教学质量提升。

（原载《中国编辑》2021 年第 6 期）

理工见长高校文科拔尖人才“经典筑基、通专融合”培养模式创新与实践

蔡劲松　于金龙[*]

近年来，我国理工见长高校在推进“双一流”建设进程中，将建设特色新文科作为迈向“综合性”、促进“双一流”建设和提升文科拔尖人才培养的重要手段，取得了不同程度的实效。但从高质量文科人才培养的视角看，仍面临诸多不可忽视的问题。第一，理工见长高校普遍对中西文明文化等经典通识教育重视不够，文科学生局限于专业教育，教育资源薄弱、氛围不足；第二，文科人才培养教育模式形式较单一，重一般教学课堂讲授、轻参与体验和实践互动；第三，文科中的拔尖人才培养缺乏学校层面的顶层设计，运行机制、教育内容和模块呈碎片化，需要从理念、机制、路径等方面进行深广开掘。

基于此，北京航空航天大学于2010年专门成立了学校文科“人才培养试验区”和“学术创新特区”——人文与社会科学高等研究院（以下简称“北航高研院”）。十年来，北航高研院是学校最早设立的四个校级人才培养实验班之一，也是唯一人文社科类实验班“知行文科实验班”，其紧紧围绕“新文科”及学校“精品文科”战略需求，树立“交叉渗透、涵育创新”的人才培养思路，注重人才培养的复合型素养与国家需求、文明文化及未来素质要求等相结合的新型教育理念，不断创新“知行文科实验班”培养机制，积极构建“厚基础、融通识、精专业、重实践、强素养”的文科拔尖人才育人模式，逐渐探索形成了“经典筑基、通专融合”的育人特色，在理工见长高校文科拔尖创新人才培养中形成了影响和辐射。

---

* 蔡劲松，北京航空航天大学人文与社会科学高等研究院院长，人文社会科学学院（公共管理学院）院长；于金龙，北京航空航天大学人文与社会科学高等研究院书记。

理念探索与模式创新

（一）加强顶层谋划，坚持“立德树人、学科育人、以文化人”

北航高研院“知行文科实验班”始终突出人才培养顶层设计和机制创新，注重回归文科的学科育人属性，坚持“交叉渗透、涵育创新”的人才培养思路，聚焦“立德树人、学科育人、以文化人”的核心理念，强调创新性、引领性的学科育人模式探索，促进回归于“道”而非纠缠于“术”的新文科建设与“德智体美劳”育人境界提升；充分认识育人视域中文科与工科、理科等并非相互“割裂”、各自为政，而可通过文科拔尖人才培养着力实现“互联”“渗透”。

十年间特别是2016年以来，该班坚持以“文史哲艺”为入口、“政经法管”为出口，贯穿“一制三化”（导师制、小班化、个性化、国际化）的教育模式，以开设中西文明文化经典研读系列课程为重点，提出“通识教育+专业教育+综合素养”人才培养理念，着力构建“基础雄厚、通专兼容、智识雅正、个性发展”的培养体系，培养了大批面向未来、汇通古今中西具有领导领军潜质的高层次文科拔尖人才。“知行文科实验班”创办10年来，共培养了8届240余名优秀毕业生，92%的毕业生在国内外知名高校继续深造。

（二）坚持“五个结合”，拔尖人才培养模式实现“三个转变”

“知行文科实验班”于本科第一学年结束后，从全校文科大类学生中择优选拔30名左右学生，集中统一管理和教育培养。

第一，坚持“五个结合”。坚持“通识教育与专业教育相结合、外校师资与本校教师相结合、核心课程与读书小组相结合、课堂教学与文艺生活相结合、国内培养与国际拓展相结合”，将“五个结合”全面融入两个有机组成培养模块：由北航高研院制定的通识素质培养模块和由所选专业学院制定的专业能力培养模块。学生可选择行政管理、经济学、法学、外国语四个专业，满足学生多元化、个性化的发展需求。

第二，实现“三个转变”。一是培养范式从“专业为主”向“通专融合、多维拓展”转变，打破传统过分强调专业化培养模式，实现既注重专业化教育又强调跨专业的通识能力素质培养，与专业学院形成联动、密切配合。二是教学过程从“以教为主”向“深度学习、教学联动”转变，打破传统单一的单向知识传授方式，实现基于学习兴趣和理解需求的教与学互动关系。三是育人成效从“单一评价”向“提升素养、突出创新”转变，打破传统以相对单一的量的标准作为评价的指标，实现强调以多维综合能力的质的考察作为评价依据。

实践举措与多维探索

（一）不断完善“理念—路径—目标”有机融合的人才培养方案

第一，突出“通识教育+专业教育+综合素养”紧密融合的人才培养理念创新。2011 年起，北航高研院“知行文科实验班”顺应时代潮流，率先在全国试点实施以书院制为载体的“通识教育”，同时融入综合素质能力培养和相关文科院系专业教育核心要素，积极探索更加符合人才成长规律、适应个性化需求的“厚基础、融通识、精专业、重实践、强素养”文科拔尖人才育人模式与理念。

第二，突出“教学改革+学习范式转型”为重点的人才培养路径。为了适应新时期文科拔尖创新人才培养的需要，北航高研院近年来在通识教育与专业教育、通识课程与公选课程、课程设置与教学方法等方面，进行了一系列卓有成效的探索和改革。一是修订完善培养方案，构建通识经典、专业素质、实践能力和人文艺术素养融合发展的课程体系，设置了“零学分”实践教学必修环节，推进交叉培养和联合育人；二是推进小班化教学和导师制，倡导师生交流互动，促进学生学习范式向主动性、研究型转型，鼓励学生个性化、创新性发展；三是建立科学的教学工作量和质量评定机制，完善教师遴选和聘任制度，有效保证教师对教学的投入，确保学生能够享受到优质的教学资源和高质量的师资教学。

第三，突出“综合能力+创新实践”为导向的人才培养目标。北航作为一所高水平的研究型大学，肩负着高层次人才培养和基础性、前瞻性、战略高技术研究的历史使命，而文科人才的培养，对于培育兼具人文思想、家国情怀、现实技术以及国际视野的复合型人才具有重要意义。在此背景下，北航高研院“知行文科实验班”不断深化通识教育内涵，坚持科教融合、实践育人，支持学生进入导师课题组，参加大学生创新创业计划等学术实践和社会实践，开拓学生创新精神，厚植学生人文情怀，拓展国际学术视野，探索形成了创新导向的拔尖人才培养“经典筑基、通专融合”的北航特色模式。

（二）着力构建“通专—思政—管理”统筹结合的质量保障体系

第一，建立“通专结合、交叉融合”的师资保障体系。其一，汇聚高端师资力量。北航高研院发挥承建“哲学”一级学科、“文化传播与管理”交叉学科的资源优势，汇聚了包括国家“万人计划”哲学社科领军人才、北京市社科理论“百人工程”学者等近30名高水平专任教师，为“知行文科实验班”经典通识课程的开设提供了有效保障。其二，发挥多学科资源优势。师资团队中任课教师学科专业背景涉及哲学、管理学、法学、经济学、文学、历史学、政治学、传播学、艺术学九个学科，能较好满足学生多科性和跨学科知识需求；同时，学院还根据课程需求，每学期聘请北京大学、中国人民大学、中国政法大学、中国社科院及哈佛大学、达特茅斯学院、立命馆大学、世新大学等海内外高校及机构的高水平师资授课，逐渐形成了一支学科交叉融合、结构梯队合理、创新能力突出、校内外互补的高素质师资队伍。

第二，打造“双导机制、深度辅导”的学业辅导和思政导师队伍。其一，配备通识导师和专业导师。“知行文科实验班”每届30人，根据学生个性化培养需求和书院制管理模式，自进班起高研院就为其配备通识导师、班主任、辅导员，同时专业学习方面配备专业学院的指导教师，充分发挥导师的引导激励作用，创造学生成才成长和全面发展的良好学业环境，构建了教学相长格局与融洽和谐的师生关系。其二，配强思政导师队伍。选拔聘任综合能力强、政治素质高、管理理念先进的辅导员陪伴学生成长，打造了符合人才成长规律、富有时代特征、具有学院特色的思政工作队伍和管理模式。

第三，营造“资源协同、文化滋养”的学术与文化育人环境。其一，深化艺术审美教育。北航高研院注重人文艺术素养教育和文化育人工作，承办并发挥学校艺术馆、艺文空间、音乐厅等文化传播阵地的育人作用，着力建设高端艺术教育传播平台，使“知行文科实验班”学生在美育体验中提升素养。其二，创办特色品牌活动。北航高研院每年开展“思想文化节”和“艺术文化节”，使学生在高品位文化实践活动中提升自身文化艺术素养。同时，引导学生系统掌握人文社科研究思路与方法，增强创新思辨、研究思考和交流沟通能力，组织开展读书、辩论、演讲、创意设计等活动。其三，搭建高端学术交流平台。近年来，北航高研院先后设立了“高研学术坊”“哲学与文化工作坊”，每年组织开展“高研论坛”“高研学术沙龙”等高水平系列讲座，同时还创办了《文化传播》《自然国学评论》两本学术集刊，涵养了开放包容、拓宽拓新的浓郁学术氛围和博学、求真、向善的文化气息。其四，设立“博雅读书奖”。该项目旨在鼓励学生研读经典、勤奋好思，通过深度阅读和学术写作，锻炼学生的文本阅读能力、书面写作能力以及多学科、多维度思考能力，自设立“博雅读书奖”至今已成功举办十届，每年都会涌现出一批高质量的本科生学术论文汇编成《知行学刊》，成为“经典筑基、通专融合”的特色学术项目。

（三）探索创新“教学—游学—创学”立体综合的特色培养路径

第一，以教学改革促培养转变，通识课程质量显著提升。一是课程体系不断优化。北航高研院经过十年的探索和实践，逐渐形成了“中国经典研读”“西方经典研读”“中国文明文化史”“西方文明文化史”等多门经典课程。其中，经典研读课程，经过多年的探索实践和优化迭代，逐渐形成了较为完善的核心通识课程体系（见图1）。二是教学水平不断提升。近年来，北航高

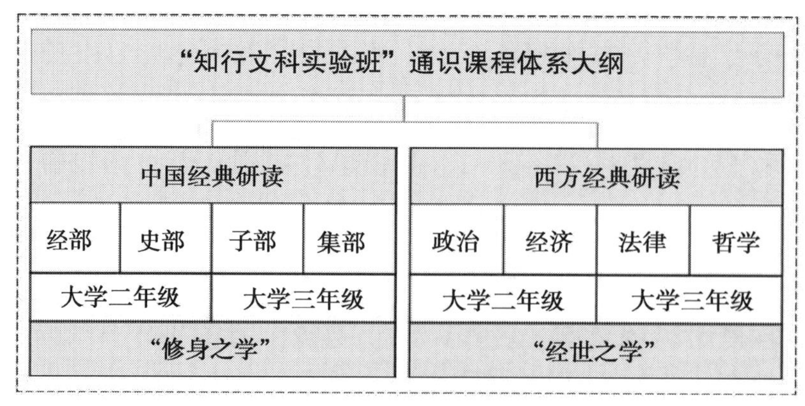

图1 北航“知行文科实验班”通识课程体系框架

研院多名教师先后获得学校我爱我师“十佳教师”等称号，发表了十余篇教改论文，“研究性、研讨式、互动型”通识课程教学质量持续提升。三是教学方式不断创新。教师教学逐步从“以传授知识为主的传输型教学”转变为“以传授学习方法为主的研究型启发式教学”，从“以掌握知识为主的被动学习”转变为“以掌握知识和学习方法并重的主动学习”，从“过于注重专业培养”转变为“注重通识加专业的全过程培养”，较好实现了教学过程的良性互动。

第二，以“文化游学”礼敬文明经典，实践育人效果成果突出。其一，设置实践教学培养环节。将“文化游学”实践育人项目、自编自导自演莎士比亚经典剧目“毕业大戏”作为“零学分”必修环节，正式纳入“知行文科实验班”人才培养方案，为学生提供更加丰富多元的历史文化及艺术实践现场教学与体验。其二，固化暑期文化游学项目。坚持“学游交融、寓学于游”“学辩结合、学思问道”的实践教学理念，实验班每届学生第二学年结束后的暑假，由师生自主设计并共同规划游学线路，开展一周左右的“文化游学”实践，不断拓展和深化对“中国文明文化史”“经典研读”等核心通识课程内容的理解。2017 年，“践行经典通识之道、感悟中华文明之美—北航知行文科实验班‘文化游学’实践探索”获评教育部第三届“礼敬中华优秀传统文化”示范项目。其三，拓展海外文化交流实践。近年来，北航高研院积极拓展国际文化交流合作模式，2019 年暑期由教师带领学生到意大利比萨高等师范学校、博洛尼亚大学、圣安娜大学以及文艺复兴重要历史遗址、传统工业和现代企业开展实地考察学习，将课堂教学与现场教学相结合、书本与课堂所学相结合，深化了学生对于西方文明文化的认知与理解。

第三，以毕业大戏塑艺术涵养，经典文化教育内涵充实。其一，创立“毕业大戏”育人品牌。北航高研院“知行文科实验班”注重突出学生艺术审美及综合素质能力提升，创立了“毕业大戏”品牌并正式纳入人才培养方案。历届毕业班学生自编、自导、自演“毕业大戏”，迄今已于毕业季在北航音乐厅隆重上演《仲夏夜之梦》《威尼斯商人》《皆大欢喜》《第十二夜》《爱的徒劳》等八场莎士比亚经典剧目，社会反响强烈，受到《中国科学报》等媒体的关注和报道。其二，开展多元文化育人活动。“知行文科实验班”通过每年举办思想文化节、文化艺术节，举办“诗词大会”“学思问道”“读书沙龙”等特色活动，参加“驻校作家/艺术家”项目计划等，丰富了学生的文化艺术生活和文化实践氛围。同时，北航高研院本着高水平、精品化原则，重点举办“高研论坛”等系列讲座，平均每年邀请校外知名文化艺术专家举办 30 余场高端人文艺术讲座，打造了让学生开拓视野、激荡思维、启迪心灵的艺文讲堂，充实和丰富了人文艺术素养教育的载体与内容。

总体上，北航高研院在历时十年的通识教育和拔尖人才培养实践探索中，取得了长足进展。一方面，基于“经典筑基、通专融合”通识的拔尖人才培养模式形成示范。北航高研院长期致力于大学通识教育的探索实践，通过十年积累，统筹全校通识教育体系“经典研读、人文素养、社会科学、科技文明”四大板块的系统实施，并于 2019 年初更新完善了包含“中外经典研读、人文艺术素养、社会科学、科技文明、数理与逻辑、创新思维与文化、全球化与领导力”七个模块的新版通识教育方案。在重点办好“知行文科实验班”的过程中，更加注重重构通识、专业和综合素养紧密结合的教育体系，注重提高学生通识教育和专业教育水平，加大核心通识教育课程改革和建设力度，拓展学生综合能力和文学艺术素养，构建了“零学分”实践教学特色体系，北航特色的“经典筑基、通专融合”文科拔尖创新人才培养模式形成了良好示范。另一方面，文科拔尖人才培养质量高。通过系统设置中西文明文化、优秀经典研读、文学艺术素养、实践创新能力等核心通识课程，三维并举培养学生的综合素质和创新潜质，“知行文科实验班”学生学业素质和综合能力提升显著，在全校各类优秀学生评选中名列前茅。其中，2 名学生获评北航学子最高荣誉“沈元奖章”，1 名学生获评“‘五四’奖章”，60 余名学生在全国、北京市等各项竞赛中斩获奖项，98%的学生获得校院两级颁发的各类奖学金、三好学生、优秀学生干部、社会实践先进个人等奖项。2017 级本科生李韵以第一作者在公共管理顶级期刊《中国行政管理》发表论文，其成果已被学校推荐参评全国“挑战杯”特等奖。文实班迄今毕业的 8 届本科生，平均升学深造率为 92%，其中 70%的学生继续在北大、清华、人大等国内一流高校读研深造，22%的学生到美国、英国等国的著名高校深造。正如北航首届“沈元奖章”获得者、2016 届“知行文科实验班”张岩文同学写道：“高研院文实班就像一棵凝心聚力的‘家庭树’，在这里培养了我们宽广的视野、包容的心境和创造的潜能，能‘入’，即在学习中深入思考理解所接触到的各领域知识的精妙之处；能‘出’，即口头论辩与书面写作能力的显著提升；能‘做’，即体验书本之外知行合一的实践之路。”

（原载《北京教育》［高教］2021 年第 7 期）

新文科视野下史学本科人才培养的挑战与应对

姜　萌*

巨大快速的时代变革对人才培养提出了挑战，正在引发知识获取和传授的革命性变化。面对国家发展和民族复兴的迫切需要，如果人才培养的理念更新和模式创新不够，必然制约人才培养效果，影响社会主义伟大事业的建设。十八大以来，党中央高度重视青年人才培养工作，将“立德树人”成效作为检验学校一切工作的标准。习近平总书记强调要深入研究为谁教、教什么、教给谁、怎样教的问题，不仅要提高学生的知识水平，而且要培养学生的思想道德素养。

梁启超曾说，历史学是“国民之明镜也，爱国心之源泉也”①。历史学教育和历史学青年人才培养，对于国家和民族发展的重要性不言而喻。中国史学工作者一向具有浓厚的家国情怀，因此在“为谁教”“教给谁”的问题上有着坚定的共识，但对于“教什么”“怎样教”却有着不一样的认识。特别是近些年来，新技术的高速发展和社会生产生活方式的根本性变革，给历史学科人才培养方式提出了一系列全新的挑战。

作为一名在历史学类本科人才培养一线参与教学和管理的教师，笔者认为在新文科建设要求下，历史学本科人才培养工作要取得良好的效果，需要继续深入探讨以下三个问题：新形势给历史学人才培养提出了哪些挑战？如何针对挑战进行“守正创新”？创新的举措能否取得学生的认可？近几年来，中国人民大学历史学院的老师们结合新文科建设精神，围绕上述问题进行了认真的思考探讨。通过认真调研，认为当前历史学类本科人才培养中面临着三个突出的挑战，并有针对性地进行了积极改革创新，获得了学生的普遍认

---

* 姜萌，中国人民大学历史学院副院长。

① 梁启超：《新史学》，《新民丛报》1902 年第 1 号。

可，逐渐走出一条有自己独特风格的历史学类本科人才培养道路。

一、以“通专结合”应对学科意识与综合培养目标冲突的挑战

有什么样的学科意识，就会出现什么样的知识传播和获取方式。学科意识是影响人才培养构建的核心因素。在传统中国“四部之学”学科意识下，历史学知识主要是通过综合阅读的方式获得。儿童从《三字经》《千字文》等蒙学读物中就获得了历史知识。随着年龄的增长，会阅读《纲鉴易知录》等书籍，到了青年时期，就开始阅读《史记》《资治通鉴》等经典史籍。从清末开始，“四部之学”向“七科之学”转变，现代学堂教育兴起，青少年的历史教育主要途径便转向了在课堂上学习历史学教科书。进入民国后，历史学科专业意识和专业建设取得突破，历史学作为一个本科专业在大学中出现，历史学人才培养走上了专业化的道路。综合民国时期北京大学、清华大学、燕京大学历史学系的培养方案等资料，这一时期的历史学人才培养从内容方面来看，基本上是中西历史并重，历史与考古及其他社会科学知识兼有。这种综合培养思路一直延续下来，对一代代历史学人才培养起到了重要的作用。这种经过时间检验的优秀人才培养经验，在新形势下却面临着挑战。

首先，随着历史学从一个一级学科发展为中国史、世界史和考古学三个一级学科之后，学科意识明显增加了。从促进学术发展的角度，要更好发展世界史和考古学科，将其从历史学中独立出来，具有一定的合理性。但是“一分为三”的学科划分却让本科生培养面临新的情况：三个学科的教师希望提高本学科专业课的课程比例以加强专业建设。这种学科意识甚至传导给了本科生，以至于本科生也在强化自己的专业意识。其次，由于高中学习习惯延续等因素，目前的大学低年级学生普遍希望学习能更有“实在感”和“收获感”，对理论性知识和跨学科融合兴趣较低，更加乐于学习具体的专业知识。在这两种新情况交织作用下，历史学类本科人才培养就遭遇了一个突出挑战——学科意识与综合培养的明显冲突。

专业建设和学生心理毫无疑问有其正当性，但是也必须意识到其中的问题所在。过早开展较多的专业知识教育，积极和负面作用同时存在。从积极

角度看，突出专业教育可以在短期内提升学生的专业素养，显现学生培养效果，展示专业建设亮点，让学生有更多“实在感”和“收获感”。从负面角度看，本科阶段是建立广阔知识体系和培养厚重素养最重要的时期，过多的专业教育会限制学生视野，削弱综合素养培养，影响厚重知识体系建构。在学科交叉融合不断走向深入的新时期，知识体系的广度和综合素养的厚度不够，势必会严重影响学生的长远发展。

针对学科意识与综合培养目标明显冲突的问题，学院发动全院师生对课堂教学工作进行深入讨论，确定了必须切实落实“通专结合”的课堂教学设计理念。学院师生意识到，虽然学科“一分为三”，但是历史学类本科学生的知识体系建构要求并没有降低，史料辨析与解释、学术素养与规范等核心能力需求反而在提升，因此课程体系设计首先要有利于学生深厚广博知识体系的建构、核心素养的培养。为达到这一培养目标，课堂教学应该“先通后专”，以“通”为基础，以“专”为提升。结合中国人民大学“大类培养”的改革，学院重新设计了较充分体现“通专结合”理念的历史学、世界史和考古学三个专业的课堂教学体系。

具体而言，“通”包含三个层面。第一个层面是整体知识体系中的“通”。培养方案要求学生在全校的“通识核心课程群”“科学与技术”“实证与推理”“生命与环境”等 8 个门类中至少选修 6 学分，另外在“个性化选修课程群”中，至少还要从全校其他专业的课程中选修 6 学分。第二个层面是文史哲大类的“通”。大一新生要从文学院、历史学院、哲学院和国学院开设的部类核心课程中修习 30 学分。第三个层面是历史学门类的“通”。历史学、世界史和考古学三个本科专业的专业选修课，可从本专业“核心课程群”外的全院所有课程中选择，给学生自由学习提供保障。以上三个层次的“通”，基本保证了本科生知识体系的广度。

“专”主要体现在各专业的“核心课程群”。为了保证各专业核心专业知识和素养体系的完备，在制订培养方案时，各专业老师集体讨论本专业的“核心知识图谱”，并由此出发确定本专业学生培养的专业知识都包括哪些方面，需要如何在课程设置上体现。经过讨论，各专业分别设计了自己的“专业核心课程群”。比如历史学专业，首先从知识体系的厚度出发，在课程中设置了包括“中国古代史”“中国近现代史”系列课程和“中国经济史”“中国思想文化史”“中国边疆民族史”等专门史课程；其次从培养史料辨析与解释、学术素养与规范等核心能力的需求出发，设置了“中国历史文献学”“中国历史地理学”“中国史学史及史学理论”“西方史学史及史学理论”等课程。为了提升学生的学术素养和实践动手能力，课堂教学体系还特别重视与历史现场教学体系、课外指导体系的有机联系，专门设置了“田野考古学”“学术训练与学术规范”“史学论文阅读与写作”“数字人文与历史研究”等课程。

鼓励学科交叉融合和培养学生问题意识是新文科建设的重要内涵。[①] 切实以“通专结合”为理念重构历史学类本科课堂教学体系，是对这种内涵要求的落实与探索。

二、以“走进历史现场”应对历史知识与生活经验隔膜的挑战

众所周知，从上古时期一直到改革开放前，中国文明主要是以小农经济为核心的农耕文明，中国人民的历史创造是以农耕文明为基础的创造。作为这种历史创造反映的历史知识，自然也不能脱离农耕文明的语境。无论是政治体制、社会结构还是思想文化、生活习俗，一旦脱离农耕文明的语境就很难理解。但是随着改革开放四十多年的高速发展，中国社会经济形态和社会生活方式发生了质的变化。从社会经济形态来说，以农业经济为主已经转变为工业和服务业为主，传统的农耕文明已经转变为工业文明。从社会生活方式来说，以农村聚落为主已经转变为城镇为主。

伴随着这种巨大转变，传统的生产方式和生活形态、传统物质遗存和观念意识，都在快速转变消失。与此同时，历史学的学生来源也在发生明显改变，从以农村为主转变为以城镇为主。笔者和其他老师在教学过程中，都有过相似的感受，学生们可以记住很多书籍中的历史知识，但是对于习以为常的历史常识却了解甚少。通过对学生的调研分析，笔者逐渐意识到这种现象的根源所在。出生于20世纪80年代中期以前的大学历史教师，即使不是生

---

① 王学典：《何谓新文科?》，《中华读书报》2020年6月3日。

长于农村，其生长环境也基本处于农业文明笼罩之下，与传统中国的生产生活仍然保持着天然的联系。换言之，当前大多数大学历史教师求学期间，其历史知识的学习还与生活经验紧密联系。但是，当前的大学生都是“00后”，绝大多数生长在新世纪的城镇中，不少学生五谷不分、六畜不识，对传统农耕文明的生产方式、生活形态、观念习俗等，几乎完全没有感性的认知。这就导致了一个当前历史学类本科人才培养必然面临的另一个新挑战：历史知识学习与生活经验出现了巨大隔膜。与生活经验脱离的历史知识学习，可以掌握很多书本知识，却很难培养历史感。没有良好的历史感，知识就无法感性立体，学生就很难对历史有同情之理解，温情之敬意，更不要说“在历史场景中认知历史”。

俗话说，“百闻不如一见”。在当前情况下，要重新回到农耕文明的生活语境之中培养青年学生的生活经验已经不可能。但是这并不意味着在学生培养中已经无所作为。针对这种挑战，实践教学的重要性前所未有的凸显。学生此前的生活经验不可重塑，此后的学习经历却可以丰富。学生对农耕文明不了解，学院可以带领学生尽可能进入历史现场，去触摸历史遗存，让历史知识在广阔田野中活化！在这种认识引领下，学院借助教务处的支持，逐步打造了一个包含五个层次的“历史现场教学体系”。

第一个层次是根据“中国通史”系列课程的教学进度，规划并认真执行了一个完整系统的从远古到近现代的历史现场考察体系。考虑到学生的学习情况，这一体系的执行安排在第一到第四学期，每学期2次3天（北京附近1天，京外2天）的课外考察。这一安排主要是打通课堂教学和现场教学，活化学生在课堂所学知识，更好建立时空意识，了解具体历史环境。第二个层次是专业的田野考古发掘实习。多年来，学院的本科生一直在魏坚教授、吕学明教授等老师的带领下，进行田野考古发掘实习工作。在第四学期和第五学期的暑假，学院的全体本科生，都要到考古实习基地去进行系统的发掘实习（考古专业90天，历史学和世界史专业30天）。通过与大地的直接接触，通过对遗址发掘的亲身参与，学生不仅观察了农村，观摩了农业生产，还通过灰坑发掘、复原古人房屋等环节，初步学会了使用农业工具。第三个层次是“田野调查与历史研究”课程。田野调查能力对于历史学研究者来说，是必备的基础素养和能力。对于学生来说，虽然历史现场考察和田野考古发掘对田野调查能力有一定的培养，但是还需要进一步加强。为了有针对性地提升同学的田野调查能力，学院投入师资和资金，开设了“田野调查与历史研究”课程，让有兴趣的同学在老师指导下进行具体的田野调查实践。该课程采用小班化教学，文献研读与实地调查结合，几年来先后调查了晋东南乡村文物遗存、元上都、元大都、元代北京等主题。第四个层次是对港台地区的文化遗址和博物馆进行考察。在港台地区高校的大力支持下，2018 年和 2019 年，学院分别组织 20 名左右同学到台湾和香港进行交流学习，赴台北故宫博物院、红毛城等进行考察学习，并与当地院校的老师同学交流，开阔了眼界。第五个层次是讲座和资料体系的构建。学生对历史现场教学的反馈非常积极，但是也有同学表示不能全部看懂文物和遗址。为进一步帮助学生夯实基础，学院规划了“中国物质文化常识系列讲座”，已经邀请了 15 位学者举办讲座。此外，还邀请 20 位校内外专家编撰了《中国人民大学历史学院历史现场教学导引文献》和《中国人民大学历史学院历史现场教学资料手册》，帮助学生进行自主拓展学习。

以上五个层次，各有侧重又互相联系，开展以来，获得了学生的普遍欢迎，也取得了不错的成绩：学院的考古实习基地被评选为“北京高等学校市级校外人才培养基地”；学生举办了“考古寻真，不负青春——中国人民大学历史学院考古实习成果展（2012—2018）”；新建立了十余个校外实践教学基地，聘请了二十余名历史现场指导教师；首季“中国物质文化常识系列讲座”的演讲稿即将由三联书店出版。学院还以此为基础，与三联书店合作推出“走进历史现场”丛书，服务更多的人民大众。

三、以“读写结合”应对研究素养需求增长的挑战

从民国以来，历史学本科人才的培养主要途径是课堂教学。在低年级，课堂教学以通史讲授为主，到了高年级，以专门史讲授为主。这种培养方式的好处是知识传授较多，缺点是基本研究素养培养不足，特别是学术研究需要具备的问题意识、写作能力等，培养不够充分。通过对已毕业学生的回访和对在读学生的调查，我们发现目前的人才培养存在着知识讲授过多，基本

研究素养培养不足的问题。在进行回访和座谈时，有相当比例的学生谈到了这种困惑：老师们总是鼓励自主学习，几乎每门课程都布置作业。但是，课堂上讲授最多的是知识，老师们对于如何掌握阅读文献技巧，如何按照规范进行学术写作，讲授却不多。也有一定比例的教师，对于学生作业只给分数不批改，学生的收获感不强。已经就业的一些毕业生表示，工作以后才意识到，信息的提取和表达，才是最需要的素养和能力，而这些就需要在求学期间有针对性地锻炼阅读和写作表达能力。通过调研，学院认识到无论是增强学生的获得感，还是提升人才培养的质量，更新改造课外指导体系势在必行。

为了更好地解决问题，学院在反省检讨自己课外指导方面已有举措的同时，对国内外的相关情况也进行了梳理。发现近些年来本科生的课外指导培养日益受到重视，实施“全员导师制”是很多重点历史院系本科生培养的一个措施。但是从效果上看，本科层面的“全员导师制”实施效果可能未必达到预期。一方面，有些院系落实困难，变成了一句空话；另一方面，大多数本科生对像硕博士那样的固定导师也不适应。为了更好改革，学院又对学生进行了课外指导专题调研，发现本科生由于兴趣和专业还没定型，常常会迷茫，因此很需要系统的课外指导，但是又比较排斥像硕博士那样四年固定一位导师，担心固化了自己对专业和兴趣的寻找。针对这种情况，学院因地制宜，结合学校学院“新生研讨课”“学年论文”等已有培养举措，构建了过程衔接、内容充实、目标清晰的课外指导体系，将“全员导师制”落到了实处。

课外指导体系以“读写结合”为理念，共分为循序渐进的四个阶段，每个阶段培养目标和内容环环相扣，逐级上升。第一阶段是大一的“新生研讨课”。为了帮助新生尽快适应大学生活，完成从高中被动学习到大学自主学习的转变，中国人民大学教务处要求全校各本科专业在大一第一学期开设“新生研讨课”。在实践中，学院发现这一举措切中了大一新生的需求，具有较高的人才培养价值。但是由于师资和资源等问题，还有很多可改进的地方。一是每个班级人数较多，老师不能照顾到每位同学，二是第二学期没有延续课程，三是研讨形式和内容缺少规范。学院自己增加师资和资金，规定“新生研讨课”以 6 人左右为宜的小组展开，并扩及第二学期。此外，学院还选聘各专业各方向优秀青年教师形成指导教师团队，开展教学研讨，制定指导规范，在尊重老师个性教学的同时，保障学生能够获得生活指导、专业引导和学习帮助，尽快融入大学，初步了解阅读的方法和写作的要求。在第一学年“新生研讨课”基础上，第二学年主题为“原典读书笔记”。这一阶段的培养目标是基本掌握文献阅读方法，内容是在导师指导下，选定要阅读的经典书籍，精读细读学术经典，撰写读书报告。这一阶段的指导方式不再采用小组活动形式，而是像硕博士那样“学生—导师”的组织形式。第三学年是第三阶段，主题是“学年论文”，核心任务是学生在导师“一对一”指导下，尝试进行专业学术论文的写作。经过一年的训练和努力，学生们能够初步掌握阅读专业文献的方法，写出一篇从各方面看都较为符合标准的学术论文。第四学年是第四阶段，主题是“毕业论文”，核心任务是在导师“一对一”指导下，撰写出较高质量的学术论文。

为了确保教师认真指导和学生认真对待，还在制度上给予了保障。首先，规定每位老师在原典读书笔记、学年论文、毕业论文单项指导学生不能超过 2 位，三项不能超过 6 位。其次，规定学年论文的答辩成绩，是获得研究生推免科研能力项的最重要依据。最后，毕业论文答辩采用和硕士毕业论文一样的组织方式，最优秀者推送参评学校和北京市级优秀毕业论文，比较优秀者获得院级优秀论文。这些优秀论文作者和导师都能获得物质和荣誉奖励。对于不能完成原典读书笔记、学年论文和毕业论文者，或毕业论文不通过答辩者，不能毕业。

以上的设计还存在一个问题，即每位老师的指导态度或认知存在差异，会导致不同老师在指导时出现不一致现象。因此，如何解决导师指导差异性问题，是提升学生学术素养和研究能力的关键一步。为解决这一问题，在征求学生意见的基础上，在大二开设了“学术训练与学术规范”课程，大三开设了“史学论文阅读与写作”课程，每个课程分为中国古代史、明清史、中国近现代史三个小班，由科研素养很高的优秀青年教师担任，对学生的文献阅读和写作进行系统指导。一些没有被老师批改的课程作业，在这些课堂上也获得了讨论和指导。

经过以上各方面的努力，学生的课外指导体系设想大都落到实处，学生的学术素养和研究能力大幅度提高，学生的作业成果先后获得了二十余项校内外写作奖项。

世界发展变动不已，人才培养意识必须跟上时代步伐，改革措施必须务实有效。新文科建设号角的吹响，正是对这种时代要求的回应。正在经历历史性变化的历史学，在新文科背景下如何进行人才培养模式的创新改革，是一个史学界必须面对的重大问题。[①] 面对这一时代要求，古老的历史学必须以"守正创新"为原则，努力认识新挑战，探索新路径。过去几年，中国人民大学历史学院为适应新时代人才培养要求，积极探索新文科建设，在已有工作基础上，对历史学类本科人才培养方案进行了全方位的更新。新的模式继承发扬了民国以来历史学本科人才培养的优点，又根据新文科建设要求进行创新，有针对性地解决了过去从书本到书本，从课堂到课堂，从通史到专史，远离现场，脱离时代，对学术研究素养重视不够等不足之处，基本达到了通识素养与专业知识并重，基础训练与学术前沿融合，理论知识与实践能力平衡发展的目标。

这些本科人才培养模式改革的努力，不仅获得了学生的普遍认可，也先后获得了一些支持和肯定。几年来，学院的教学改革探索不仅先后获批学校和北京市的教改项目，更有力支持了教育部"国家级一流本科专业""强基计划"和"基础学科拔尖学生培养计划 2.0 基地"等项目的申报。学院是国内极少数同时成功申报以上三个国家级人才培养项目的历史院系。有一些举措还获得了国外专家的认可。2017 年教育部对中国人民大学进行本科教学评估时，牛津大学埃克塞特学院院长里克·特瑞尔爵士（Sir Rick Trainor）对历史现场教学体系的设计和实施表示难以置信，因为"牛津大学的学生也没有这样的条件"！

（原载《中国大学教学》2021 年第 5 期）

---

① 陈春声：《新文科背景下的史学研究与人才培养》，《中国高等教育》2021 年第 1 期。

典型案例

浙江省教育厅：立足实际　多措并举
探索构建文科教育创新发展的自主之路

浙江省教育厅积极响应《新文科建设宣言》，立足本省实际，多措并举，扎实推进新文科建设，着力构建符合人才成长规律、体现时代特色要求、彰显浙江区域特色的高质量新文科人才培养体系，培养德智体美劳全面发展的社会主义建设者和接班人。

一、构建新文科建设新格局

（一）将新文科建设纳入“十四五”发展规划

《浙江省高等教育“十四五”发展规划》明确提出，以新工科、新医科、新农科、新文科建设为导向，围绕国家战略发展需求和浙江省“互联网+”、生命健康和新材料三大科创高地建设需要，调整优化学科专业结构布局，持续加强基础学科建设，超前部署国家战略性新兴产业发展和改善民生急需的学科专业，积极升级传统专业，按需筹建新兴专业。

（二）制定《浙江省高校新文科建设实施方案》

紧紧围绕立德树人根本任务，统筹考虑新文科建设、“双一流”建设、省重点高校建设计划和省一流学科建设工程，计划五年内建设100个国内一流文科专业，建设100门高水平、引领性国家一流文科课程，设立100个体现学科交叉融合、科教融合和产教融合的省级新文科人才培养项目，出版200部（套）省级文科新形态或优秀教材，建设10个省级新文科实验中心，打造全国新文科建设示范样板。

（三）发布《浙江新文科建设“南山共识”》

“南山共识”形成了三点共识：一是以人的发展为首要旗帜，树立新文科教育的共同使命；二是倡导以宽广的视野来思考新文科教育的价值理念；三是面向自主，探索和建构中国文科教育发展的自主之路。

二、落实新文科建设新举措

（一）强化价值引领

把新文科建设与课程思政建设紧密结合，打造一批体现“三地一窗口”，具有浙江特色的思政大课；把专业课作为课程思政建设重点，梳理各学科专业的价值引领元素，将课程思政融入课程教学各环节。

（二）加强模式创新

打破学科专业壁垒，融入现代技术赋能文科教育，建立跨校、跨学院、跨学科人才培养机制，引导高校重视建设交叉融合，培养适应新时代社会发展需要的文科创新人才。

（三）注重课程提质

依托一流本科课程“双万计划”，持续推进“互联网+”教学改革，重点打造一批具有高阶性、创新性和挑战度的公共基础课程、专业课程和通识选修课程，遴选一批人文社科类省级、国家级一流课程。

（四）紧抓教材质量

积极推动编写和出版新形态文科教材，重点鼓励编写反映中国特色社会主义理论与实践新发展、浙江省“重要窗口”建设新成果、新文科建设新内容的新教材。

（五）深化协同育人

坚持育人为本、产业为要、产教融合、创新发展，打造一批融人才培养、科学研究、技术创新、企业服务、学生创业等功能于一体的示范性人才培养平台，为高校新文科产教融合提供可复制可推广的新模式。

（六）打造质量文化

建立健全以大数据为基础的教学质量常态化监测体系。实施文科专业认证，强化高校质量保障主体意识，促进文科人才培养能力持续提升。

三、新文科建设成效凸显

（一）全面推进浙江省高校新文科改革

省内相关院校相继制定新文科建设实施方案，并将“四新”建设纳入高校“十四五”发展规划。例如，浙江工商大学结合学校商科办学特色，制定《浙江工商大学新文科建设工作方案（2021—2023年）》，构建目标清晰、特色鲜明的商科人才培养体系。

（二）完善高校学科专业布局

以浙江经济社会发展需求为导向，加强学科专业布局的顶层设计，深化文科专业内涵建设，打造文科“一流专业”集群。近年来，浙江省鼓励高校增设与数字经济、战略新兴特色产业相关的专业，如数据科学与大数据技术、跨境电子商务、互联网金融、数字媒体艺术等新专业，推进文科专业结构优化。截至目前，浙江省共有139个文科专业入选国家一流本科专业建设点，326个省级一流专业建设点。

（三）加强新文科课程建设

优化重构课程体系，大力建设新兴交叉课程群，建设一批文科一流课程。持续推进信息技术与教育教学的深度融合，加强智慧教室、虚拟仿真实验室、数字场景等数字化教学场景建设，推广“智能+教学”模式。目前，建设文科类国家级线上一流课程40门、线下一流课程24门、线上线下混合式一流课程17门、虚拟仿真实验教学一流课程8门，省级一流课程411门。

（四）深化课程思政改革

出台《浙江省高校课程思政建设实施方案》，牢牢把握文科教育的价值导向性，发挥文科润心铸魂的功能，打造具有浙江特色的思政课程与课程思政体系。

开展五个一批项目建设。充分发挥典型示范的引领带动作用，逐步形成“课程门门有思政，教师人人讲育人”的思政育人大格局，实现全员、全过程、全方位育人。立项建设省级课程思政示范课程589门，教学研究项目523个，示范基层教学组织141个，教学研究示范中心13个、示范高校15所。

实施六大专项活动。以学生为中心、以育人为主线，继承和弘扬红船精神、浙江精神、大陈岛垦荒精神、蚂蚁岛精神，积极探索培养学生守好“红色根脉”，培养学生干在实处、走在前列、勇立潮头的首创、奋斗和奉献精神，构建课程思政教学的“浙江模式”。2021年推出全省高校课程思政教学系列活动，包括课程思政大讨论、课程思政现场交流会、“优秀教师说课程思政”微视频征选、课程思政典型案例征集、“浙派名家”课程思政精彩一课、“红船精神+”课程思政系列活动等。

（五）加快新文科产教融合建设

立项浙江省文创产业产教融合联盟、浙江省金融科技产教融合联盟等 6 个省级产教融合联盟，42 个省级产学合作协同育人项目，5 个省级产教融合示范基地（人才培养类示范基地）。目前，浙江传媒学院华策电影学院、浙江工商大学泰隆金融学院等一批现代产业学院相继成立，有力推进了文科人才的培养。

（六）强化新文科创新创业教育

组织“互联网+”大学生创新创业大赛、法律职业能力竞赛、证券投资竞赛、服装服饰创意设计大赛和大学生乡村振兴创意大赛等，培养和提高新时代大学生“敢闯会创”的综合素质能力。2021 年，全省有 15. 6 万名学生参与活动，签约项目 5019 项，帮扶人数达 91 万。其中，“夏小满——文博历史新表达的创新者”等 8 个文科类项目获得第七届中国国际“互联网+”大学生创新创业大赛金奖。

（稿件来源：浙江省教育厅）

福建省教育厅：四“度”融合　四“力”并行 全面推进新文科融合创新发展

福建省以新文科建设为引领，聚焦建设深度、厚度、跨度和浓度，聚力增强新文科发展的组织力、引领力、生命力和服务力，全面推进新文科融合创新发展，开启福建新文科建设的新篇章。

一、强化建设深度，夯实新文科建设组织力

（一）强化引领，画好“四新”建设施工图

紧扣国家和区域经济社会发展需求，发布《关于举办“四新”建设系列论坛暨推进活动的通知》，制定“四新”建设推进活动计划，分阶段系统地推进全省新工科、新医科、新农科、新文科建设。

（二）凝聚共识，增加新文科建设的协同性

召开福建省新文科建设论坛暨推进大会，发布《福建省新文科建设宣言》，统一新文科建设思想、共识和行动纲领。把福建师范大学和闽南师范大学列为新文科建设试点院校，强化经费保障，每年给予400万元专项经费支持。

（三）深化研究，提高新文科建设专业度

立项确定80个省级新文科研究与改革实践项目，九所高校19个项目入选教育部首批新文科研究与改革实践项目。成立福建省新文科教育研究中心，依托国家级新文科研究与改革实践项目立项高校的教学科研力量，组建厦门大学、福建师范大学、福州大学等14所高校在内的福建省首批新文科建设专家工作组，有序开展福建省新文科建设的理论与政策研究、项目研究、咨询指导、培训服务等。在省级新文科建设的带动下，全省高校普遍成立新文科建设工作领导小组，发布新文科建设工作方案，召开新文科建设专题工作会议，统筹推进学校新文科专业结构布局调整、人才培养模式改革、课程教材

建设等工作。

二、深耕育人厚度，强化新文科建设引领力

（一）深耕价值厚度

把立德树人摆在新文科建设的首要位置和突出位置，加强对习近平新时代中国特色社会主义思想的学习、宣传、研究与实践，推动形成以树人为核心、以立德为根本的“新文科+思想政治教育”新模式，着力将各高校建成学思用贯通、知信行合一的坚强阵地。成立全国首个课程思政教育联盟，融入新文科建设元素，立项建设43个省级课程思政示范项目、6个省级课程思政教学研究示范中心，八所高校的9门课程入选教育部课程思政示范项目，厦门大学课程思政教学研究中心入选教育部课程思政教学研究示范中心，引领新文科建设不断走深走实。

（二）深耕专业厚度

瞄准国家战略需求和经济社会发展需要，制定“十四五”本科专业建设发展规划，把新文科建设和专业结构优化调整作为重要的组成部分。围绕福建省“六四五”产业需求，新增一批数字媒体艺术、数字经济、健康服务与管理等更具前沿性的新文科专业。加强哲学社会科学学科专业优化调整，大力发展马克思主义理论，促进新闻、法律、管理和经济等社会科学专业与现代信息技术的有机融合，实施专业现代化改造。截至目前，全省66个文科专业入选国家级一流本科专业建设点，占国家级一流本科专业建设点的32.84%；113个文科专业入选省级一流本科专业建设点，占省级一流本科专业建设点的37.91%。

（三）深耕资源厚度

以课程、教材建设为主线，拓展教学资源，抢抓国家一流本科课程“双万计划”机遇，推动文科教育教学理念、内容、手段、方法和考核等一系列变革，重点打造一批新文科通识教育课程群、思政课程群和国际化课程群，引导高校在通识教育选修课中专门设置“人文素养与中外文化”“师德养成与教育法治”“体育美育与审美体验”等模块，打造一批具有特色的体育美育和人文素养类通识课程、混合式教学案例、新形态教材等。闽南师范大学开设

具有闽南文化特色的本科通识课程110门，开发闽南文化特色的硕博士新课程42门，编撰20余部闽南文化特色教材。

三、拓宽内涵跨度，激发新文科建设生命力

（一）拓宽人才培养模式跨度

以“四新”交叉融合为抓手，优化升级传统文科人才培养模式，建设一批特色文科人才培养新模式。譬如，福建师范大学开展“新文科+教师教育”融合发展培养模式，致力于培养“历史学+地理科学”高素质复合型硕士研究生；闽南师范大学开展“新文科+区域文化”人才培养模式，培养“汉语+闽南语+英语”三语多能复合人才。再如，福州大学建设数理金融实验班、远志创业实验班、则徐人才实验班等“新文科+工科”拔尖创新人才培养新模式；福建医科大学建设“新文科+医学”跨学科人才培养新模式，培养“四有”健康守护者；福建农林大学建设乡村振兴班的“新文科+农科”人才培养模式等，使人才培养焕发新的活力。

（二）拓宽产教融合跨度

以新文科建设为抓手，引导高校结合地域特色、产业布局与人才培养目标，打造政、校、企、行多层次全方位协同育人的常态化机制，新建一批智慧教室和文科实验室，新增一批文学、传播、经管、法学、外语类学科专业校外实践基地、计算机辅助翻译实验室、人工智能翻译译后编辑在线实训等综合性平台，打造一批国家级、省级虚拟仿真实验中心。

（三）拓宽国际传播跨度

充分发挥福建省地处21世纪海上丝绸之路核心区、毗邻港澳台等区位优势，鼓励高校加强与国内外高水平大学联合办学，提升文科专业的国际化办学水平，努力发出中国声音、福建声音。福建师范大学与菲律宾红溪礼示大学、印尼阿拉扎大学合作创办孔子学院，与美国波士顿文艺复兴特许公立学校合作创办孔子课堂，推动中华优秀文化的对外传播，在海内外产生了良好的影响。福州外语外贸学院搭建国际设计论坛和平台，邀请日本、韩国、新加坡等16所国（境）外知名高校，联合打造体现中国文化立场、福建文化基因、国际化解读的艺术人才培养品牌。

四、聚焦浓度，增强新文科建设服务力

（一）提升服务经济社会发展需求的浓度

聚焦习近平总书记来闽考察时提出的“四个更大”要求，加快布局福建省“六四五”产业新体系需要的人文社会科学应用型专业。与省工业和信息化厅联合出台《福建省现代产业学院建设总体方案》，推动高校主动适应区域经济社会与产业发展新需求，分批建设30余所省级现代产业学院，力争建设一批国家级现代产业学院，打造一批融人才培养、科学研究、技术创新、企业服务和学生创业等功能于一体的示范性人才培养基地。

（二）提升服务区域文化发展需求的浓度

聚力文化强省，着眼于文化创新创造和闽台融合发展，引导新文科建设高质量服务八闽文化发展。闽南师范大学开设卓越闽南文化人才实验班，三明学院启动《南溪书院志》的编制，莆田学院设置“妈祖文化新论”“莆仙文化概论”等特色课程，大力弘扬朱子文化、妈祖文化、闽南文化、客家文化，产出一批具有理论价值、时代价值、实践价值的研究成果。泉州师范学院（南音）、福建师范大学（闽台地方戏曲）、华侨大学（舞狮）等3所高校获批中华优秀传统文化传承基地。加强闽台高校文化交流，突出以情促融，推动祖地精品文化走进台湾，增进台湾同胞祖地情感文化认同。

（稿件来源：福建省教育厅）

江西省教育厅：应时而动　主动求变
探索新文科建设的“江西路径”

为深入贯彻落实全国教育大会精神和新文科建设工作会议精神，江西省教育厅应时而动，主动求变，立足江西特色，积极探索新文科建设的“江西路径”，大力推动江西省新文科建设创新融合发展。

一、加强顶层设计，明确新文科建设路线图

江西省教育厅召开新文科建设会议，研究部署加快江西省新文科建设工作，提出构建国内一流水平的新文科人才培养体系，建成具有江西特色的新文科建设高地。江西省从综合性文科大学中遴选文科教育经验丰富的江西师范大学作为牵头单位，南昌大学、江西财经大学、景德镇陶瓷大学等高校相互协作，共同研究江西省新文科建设之“道”。广泛听取高校意见建议，经过多次研究论证，形成了全省新文科建设的思路和框架，发布了《江西省普通高校新文科建设实施方案》。方案明确了新文科建设路线图，设置指导思想、总体目标、重点任务、保障措施四部分，从思政、专业、课程、模式、机制五个方面，结合江西实际，提出实施新文科建设的“五大计划”“十项工程”，实现构建文科思政教育新格局、打造文科专业发展新生态、集成文科课程建设新体系、优化文科人才培养新模式、建立文科质量保障新机制五大目标。

二、成立研究中心，打造新文科建设高端智库

2021年6月9日，由江西省教育厅主办，江西师范大学、江西省新文科教育研究中心承办的江西省新文科建设启动大会在江西师范大学召开。会议正式发布了《江西省普通高校新文科建设实施方案》，依托江西师范大学成立江西省新文科教育研究中心，成立新文科建设专家委员会，积极开展新文科

建设的理论创新、思想创新、模式创新和方法创新，打造全省新文科教育改革的研究平台、合作平台、信息服务平台、师资培训平台和质量保障信息化平台，打造全省新文科高端智库。新文科建设专家委员会依照思政、文史哲、经管法、教育、艺术五大领域设立小组，分类推进各学科专业的创新融合发展。

三、重视价值引领，打造培根铸魂育人工程

新文科建设的根本任务是培养知中国、爱中国，堪当民族复兴大任的新时代文科人才。江西省高校始终把价值引领放在首位，打造培根铸魂育人工程。江西师范大学创设“苏区学”新文科，创新历史学与政治学、经济学、教育学、管理学、艺术学等学科交叉融合，与互联网、大数据、虚拟现实等新科技深度融合的建设途径与方法，构建国内一流的江西特色学科；创新推出“思政+音乐”“思政+文学”等教学模式，推进思政教育内容、形式、方法和手段的创新，“党史百年与交响乐”思政大课用艺术实践形式展现党的百年光辉历程，让党史学习教育寓教于乐、寓教于听、寓教于言、寓教于行。赣南师范大学深入开展苏区文化研究，构建红色资源进校园的“十个一”工作体系，建立10余个革命传统教育基地和红色文化教育实践基地，开展党建引领“红色文化育人”实践探索，建设“‘长征源’革命历史虚拟仿真实践教学”等国家级一流课程。

四、创新建设路径，推动新文科建设融合发展

江西省教育厅坚持“两个融合发展”理念，全面推动新文科建设与新科技革命的融合发展，实现新文科建设与江西现实需求的融合发展。南昌大学设立“际銮书院”，充分利用人工智能工业研究院、新结构经济学研究院、未来技术学院、高等研究院、国学研究院、前湖学院等教学科研平台，实现学术资源共享，推进文理交融复合型人才培养；增设人工智能、数据科学与大数据技术等新兴专业，推动文理工交叉融合发展，助力新时代人文社会科学的转型升级。江西财经大学成立虚拟现实（VR）现代产业学院，与江西本地产业深度融合，推动产业链、创新链和教育链有机衔接；深化与信息技术的融合，改造传统经管类专业，新增金融科技、数字经济等新兴财经专业，建

设智能会计、智能商务、智能财税等8个跨学科交叉财经专业。

五、立足江西特色，传承创新中国优秀传统文化

江西省教育厅充分发挥江西儒家文化、禅宗文化、道教文化、书院文化优势，全面注入江西红色基因，推动中华优秀传统文化创造性转化和创新性发展。景德镇陶瓷大学依托千年“瓷都”深厚的陶瓷文化底蕴优势，通过与景德镇市珠山区人民政府合作，为景德镇国家陶瓷文化传承创新试验区陶源谷核心艺术景区建设提供人才支撑和学术支持；通过举办海外高水平陶瓷艺术展和系列国际陶瓷工程、艺术、文化、教育研讨会，与国外大学合作共建“陶瓷鲁班工坊”等方式，推进中华陶瓷文化“走出去”。井冈山大学深入挖掘庐陵优秀传统文化，依托庐陵文化研究中心、非物质文化遗产研究中心，打造庐陵文化原创系列精品课程，如“庐陵文化概论”“庐陵文化”“庐陵武术实践与指导”“王阳明与江西”“吉州窑陶瓷艺术”“茶文化与茶艺”等，推动庐陵优秀传统文化创新发展。

（稿件来源：江西省教育厅）

重庆市教委：全面布局　扎实推进新文科建设

中共重庆市委教育工委、重庆市教委立足新文科建设要求，统筹谋划，精心部署，扎实推进新文科建设，努力构建扎根中国、融通中外、立足时代、面向未来的新文科教育体系。

一、谋划设计，构建新文科建设工作机制

重庆市教委和市财政局联合印发《重庆市普通高等学校新文科建设实施方案》，相关部门统筹协调、系统设计，研究解决新文科建设的重大问题和事项。重庆市各高校成立新文科建设领导小组，结合自身实际，主动探索实践，推动新文科建设综合改革，优化学校内部绩效分配、二级单位年度考核、人事考核、评聘激励等制度体系，确保新文科建设有章可循、有序推进。市级财政投入新文科建设专项经费近2亿元，立项支持西南政法大学、四川外国语大学等6所高校加强高水平新文科建设。

二、价值引领，承载文科凝心铸魂新使命

牢牢把握文科教育的价值导向性，坚持立德树人，全面推进课程思政建设。加强“四史”教育，推动习近平新时代中国特色社会主义思想进教材、进课堂、进头脑。充分挖掘红岩精神、三峡移民精神等蕴含的思政元素，打造具有重庆特色的文科专业课程思政体系。重庆市印发《重庆市高等学校课程思政建设行动计划（2021—2025年）》，作为“十四五”期间高校课程思政建设的行动指引；成立市级课程思政工作指导委员会，依托专家团队分步建立专业课程思政教学指南；设立高校课程思政研究与指导中心，在西南大学等7所普通本科高校建设市级课程思政教学研究示范中心；遴选建设95门文科类市级课程思政示范课程，培育95个课程思政教学名师和教学团队。

三、交叉融合，布局专业转型升级新方向

（一）优化文科专业布局

建立完善专业的动态调整机制，发布《重庆市2021年本科高校专业设置指南》，鼓励增设数字经济、网络与新媒体、跨境电子商务等交叉融合新兴专业，目前建有130余个新兴专业；高度重视发展大足学、竹枝词等重庆冷门绝学特色专业。

（二）升级传统文科专业

紧跟科技革命、产业变革和经济社会发展趋势，推进政产学研用有机融合，目前建设210余个服务地方行业产业的文科专业；推动“文+文/工/理/医/农”专业交叉融合，以现代技术赋能文科教育，改造升级180余个传统文科专业。

（三）加强专业内涵与质量建设

对标教育教学改革要求，深化产教融合、科教融合、校企合作，打造文科“金专”和专业集群。目前，全省有85个文科专业入选国家级一流本科专业建设点、230余个市级一流本科专业建设点。

四、瞄准一流，重塑文科课程内容新体系

（一）打造新文科一流课程

支持高校开设跨学科跨专业新兴课程、实践课程，大力建设具有重庆和校本特色的文科通识课程体系。推广“智能+教学”模式，建设“两性一度”专业课程群，打造一批高质量的新文科“金课”。目前，全市高校文科领域有50余门入选国家级一流课程，近260门入选市级一流课程，开设近1000门跨学科跨专业文科类课程，建设68个新文科实验实训中心，开设220余门市级以上虚拟仿真实验教学课程。

（二）推进新文科教材体系建设

支持高校编写文科新形态教材，将新时代中国特色社会主义建设最新理论成果和实践经验、重庆市建设成果转化为优质的教学资源。近三年来，重庆市高校编写了210余本文科新形态教材。

（三）加强创新创业教育

重庆市高度重视文科学生批判思维、创新意识和实践能力培养，改革文科人才培养方案，设置创新创业课程学分；出台十条激励政策，支持高校师生积极参与中国国际“互联网+”大学生创新创业大赛、“挑战杯”等综合性赛事。在2021年“互联网+”创新创业大赛中，重庆市共斩获12金25银46铜，金奖数量较2020年增长5倍，是前六届大赛金奖总量的3倍。在青年红色筑梦之旅赛道上，金奖数量与江苏、广东等省并列为全国第3位，取得历史性突破。

五、整合资源，探索文科人才培养新模式

（一）建设新文科现代产业学院

对接国家发展战略和重庆产业发展急需，探索政产学研用有机融合的协同育人机制，推动政府、高校、院所和行业企业共建产教协同育人联盟。目前，全市建有45个产教融合的新型文科学院。2021年遴选建设西南政法大学智慧司法现代产业学院、重庆师范大学现代智慧旅游产业学院、重庆邮电大学重庆国际物流与跨境电商产业学院等6个市级新文科示范产业学院。

（二）创新文科教学组织建设

加强新型基层教学组织及教学共同体建设，探索设立以包括文化、艺术、经济、法学等多学科集群为基础的现代书院制度。四川外国语大学探索建设以文学、经济、法学等多学科集群为基础的现代书院制度，成立新文科特色书院——歌乐书院。

（三）加强基础学科拔尖人才培养

健全基础学科拔尖人才培养机制，开设文科实验班、创新班，在哲学、经济学、中国语言文学、历史学等领域建设一批市级基础学科人才培养示范基地。目前，全市高校建有15个校级以上文科基础学科人才培养示范基地。2021年立项支持西南大学建设心理学、历史学等拔尖人才培养示范基地，立项支持重庆工商大学建设经济学拔尖人才培养示范基地。

六、名家引领，打造文科师资队伍新标识

立足高校办学特色和优势，推动文科教育与社会实务领域的师资互聘互

用，将近千名业界领军人物引入本科课堂教学，参与课程建设与课程教学，不断提升教学质量。支持高校打造具有校本特色的文科名师大讲堂，围绕巴渝文化、抗洪战“疫”、乡村振兴等主题，讲好重庆故事，发出重庆声音，塑造重庆形象。鼓励一批名家名师积极参与中国经济大讲堂、中国艺术大讲堂、中国新闻传播大讲堂、中国政法实务大讲堂和央视百家讲坛等，开展示范教学。创建重庆市新文科教育研究中心，加强新文科智库建设，组建学术共同体、复合型跨学科研究团队，为新文科建设贡献重庆智慧、提供重庆方案。

七、成果导向，推动文科教育高质量发展

坚持学生中心、产出导向、持续改进和系统化建设理念，强化高校质量保障主体意识，围绕教育教学改革、专业建设、教学资源、创新创业教育、协同育人、师资队伍、卓越人才培养、教学平台、社会服务及自选项目十个维度，重点考察19个新文科建设成果，引导高校建立适应新文科建设的质量评价与保障体系。近年来，持续推进文科专业评估与认证，新增通过认证文科专业近20个。通过开展项目研究促进文科教育教学改革，全市高校近三年立项近600个校级以上新文科研究与改革实践项目，有280余项入选文科类教育部产学合作协同育人项目，全面推动文科教育高质量发展。

（稿件来源：重庆市教委）

北京大学：优化布局重特色　培养新时代文科拔尖人才

北京大学充分发挥综合性研究型大学的优势，围绕立德树人根本任务，着力推动新文科建设，以新文科建设引领带动全校专业结构优化调整和内涵提升，促进多学科思维融合，构建具有中国特色、北大风格的新文科人才培养体系。

一、构建课程思政建设大格局

北京大学坚持将立德树人、培养德智体美劳全面发展的社会主义建设者和接班人作为工作的出发点，高度重视课程思政建设工作。2020年成立北京大学思想政治理论课、课程思政建设领导小组和工作组，召开北京大学课程思政建设工作组会议，确定课程思政建设协同推进工作机制，建立党委统一领导、党政齐抓共管、教学管理部门牵头、相关部门联动、院系落实推进的课程思政建设大格局。发布《北京大学深化推进课程思政建设实施方案》，明确提出课程思政建设指导思想、建设目标，推进课程思政示范专业建设、示范课程建设、教材建设、教师队伍建设、第二课堂运用、课程思政研究等，建立完善的教学评价体系和监督检查机制，引导院系、教师积极投入课程思政建设。

2021年3月发布《北京大学推动“四史”学习教育工作方案》，将“四史”教育贯穿立德树人的全过程，建设“四史”类课程，将专业教育与“四史”教育紧密结合，引导学生深刻理解社会主义核心价值观，自觉弘扬中华优秀传统文化、社会主义先进文化。

二、打造北大特色通识课程群

北京大学通识教育以“人”的培养为核心，以学生人格塑造与素质养成为目标，以学生能力发展为导向，建设以“经典阅读与研讨式教学”为特征、以专业水准为要求和以问题意识为导向的“人类文明及其传统”“现代社会及其问题”“人文与艺术”“数学、自然与技术”四个系列的通识课程群。近年来，北京大学开设的94门通识核心课程中有66门文科课程，“社会科学定量方法”“国际贸易政治学”“世界政治中的民族问题”“人类学导论”“社会性别研究导论”等23门通识课程，充分体现学科融合性，培育学生的人文精神与科学精神，提升学生交流合作与开拓创新的能力。

三、建立多层次跨学科人才培养项目

建设多层次跨学科本科人才培养项目是北京大学新文科人才培养的重要途径。2018年以来，新设7个跨学科人才培养专业方向和项目，包括国政政治（国际组织与国际公共政策）专业方向，政治、法律与社会项目，社会科学基础人才培养项目，多语种国际化卓越外语人才拔尖学生培养实验班，计算艺术项目，教育与文明发展项目，汉语国际教育项目，推动人文社会学科对重大问题的跨学科研究和综合教学模式改革。例如，政治、法律与社会项目横跨政治学、法学、社会学，通过组织跨学科一流导师团队，开设五门特色课程，开展小班教学，近年来培养的学生均在相关院系攻读硕士和博士（直博）学位。

四、着力培养国际化复合人才

北京大学坚持课堂学习与社会实践相结合，增强文化认同和学习的现实取向，拓展学生国际化视角，培养立足中华文明传统、具备全球视野的新文科复合型人才。“一带一路”公共外国语言与文化教育项目、多语种国际化人才培养项目旨在通过语言、历史、文化、外交等领域的课程学习和课外实践，培养一批具备出色的专业能力、管理能力，熟练掌握外语能力，能够满足国际组织任职要求和国家“一带一路”倡议需要的高素质、国际化、复合型人才。元培学院承办北京大学—东京大学“东亚研究”联合项目，双方通过定期互访与合作研究、合开课程、学生交换与交流等途径，培养区域文化研究的拔尖学术人才。

五、实施人文社科重大专项计划

结合新文科建设需求及学校事业发展规划重点布局学科建设，支持“关键领域急需人才”培养。2019 年首次试点实施“人文社科重大专项计划”，在重大领域推动学科布局调整，服务国家重大战略需求，探索从中国视角观察世界的学术研究新模式。先后成立北京大学区域与国别研究院、敦煌学研究中心、北京大学社会学人类学研究所铸牢中华民族共同体意识协同创新研究基地、尼山世界儒学中心联合研究生院等科学研究机构，致力于打造北大人文学科发展新的增长点。

（稿件来源：北京大学）

中国人民大学：三性融合　四维并举
构建新文科建设“人大模式”

中国人民大学作为以人文社会科学为主的综合性研究型高校，立足时代需求，以培养高质量文科领军人才为目标，探索建立价值引领、国家需求、文理交叉“三性融合”的新文科发展路径，推动新专业、新课程、新教材、新平台“四维并举”，形成具有人大风格、人大气派、人大特色的新文科建设“人大模式”。

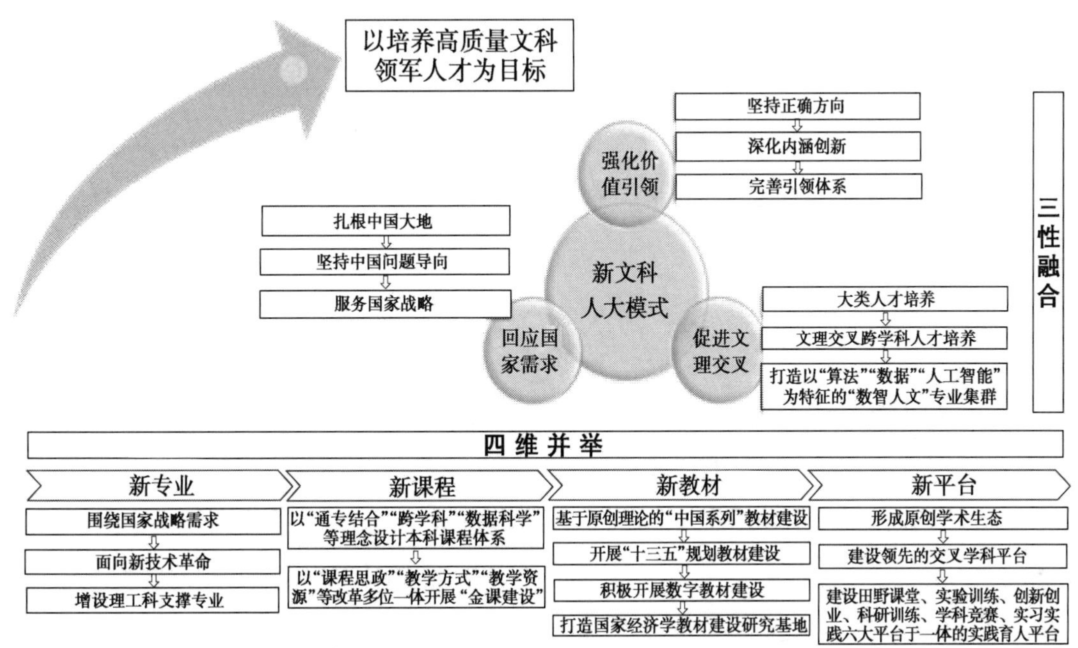

图1　新文科建设“人大模式”

一、创新思路：价值引领、国家需求、文理交叉“三性融合”

（一）强化价值引领

一是坚持正确方向，建设以习近平新时代中国特色社会主义思想为核心的新文科课程群，推进课程思政与思政课程同向同行。二是深化内涵创新，利用人大哲学社会科学学科群优势，推动话语创新和价值重塑。三是完善引领体系，形成以学生为中心的思想价值引领体系，把价值引领贯穿学科体系、学术体系、教材体系、教学体系和管理体系。

（二）回应国家需求

一是扎根中国大地，开展明德厚重人才支持计划。鼓励师生走出课堂、走出校园，开展“千人百村”“街巷中国”等社会调研活动；将大学生创新创业训练计划与社会调查研究紧密结合，每年以社会问题研究为主要内容的项目占比90%以上。二是坚持问题导向，培养能够正确判断和科学分析中国现实问题，在国家治理体系框架内解决复杂现实问题的优秀人才。三是服务国家战略，积极应对国内外挑战，破解发展难题。在推动构建中国特色哲学社会科学“人大学派”基础上，响应国际新闻传播人才、卓越法治人才、基础学科拔尖人才，面向国际组织和“一带一路”的人才培养计划，主动布局建设相关文科新专业，培养文科领军人才。

（三）促进文理交叉

一是实施大类人才培养，建立“通专结合、宽口径培养、个性发展”的本科大类培养体系，成立明德、明理书院，探索“1+3”书院制培养模式，搭建教学管理、学生管理、学生学习生活社区三位一体的人才培养平台。二是建设“数智人文”专业集群，重点推动计算机科学、数据科学、信息科学与传统社会科学专业的深度融合，推动文科研究范式向“数据密集型科学发现”转变。三是推动跨学科人才培养，开设“数学+”“大数据+”“人工智能+”跨学科人才培养项目，推进文理工交叉融合的跨学科人才培养。

二、聚焦核心：新专业、新课程、新教材、新平台“四维并举”

（一）新专业

一是立足国家战略需求，增设PPE、马克思主义理论、数字经济、国际新闻与传播、中国特色经济学、古文字学等国家急需专业（方向）。二是面向新技术革命，建设智能会计、智能传播与公共治理、金融学与大数据等17个跨学科人才培养项目，增设数字人文、数据法学、国际政治经济学与大数据科学等20个“传统专业+”微专业。三是增设理工科支撑专业，增设人工智能、数据计算、数据科学与大数据技术等理工类专业，服务学校新文科建设。

（二）新课程

一是以通专结合、跨学科、数据科学的理念设计本科课程体系，按照学校大类培养模式，设计通识教育、专业教育、创新研究与实践、素质拓展与发展指导四大课程体系，打通部类（院系）核心课程。二是实施“123”金课建设计划，通过课程思政、教学模式、教学资源等多位一体的教学改革打造“金课”，建设100门具有影响力的通识核心课程，200门高质量专业核心课和300门高质量线上线下混合式课程。依托学校马克思主义理论学科优势和北京思想政治理论课高精尖创新中心，建设全国领先的以习近平新时代中国特色社会主义思想为核心的课程群。

（三）新教材

加强教材建设顶层设计，注重原创学术成果沉淀，形成一批具有重要影响力的经典教材。一是开展教材建设“十三五”规划，立项建设“十三五”规划教材266本，覆盖学校所有学科门类，形成专业核心课程教材体系。二是打造基于原创理论的“中国系列”教材，首批立项建设9种中国经济学教材，其中6种教材编写团队入选国家教材委员会中国经济学教材编写团队，入选团队数量居全国首位。三是推进数字教材建设，“十三五”期间共出版课程教材442本，其中有70本提供数字教材，包括电子教材、习题库、教学指南、教学大纲、案例分析、PPT课件等。四是打造国家经济学教材建设重点研究基地，作为全国唯一的高校经济学教材基地，积极开展中国经济学教材建设研究，打造集研究、建设、评价、出版于一体的新时代教材平台。组织研制《中国经济学教材建设工作方案》《中国经济学教材建设规划（2020—2023年）》等，完善中国经济学教材建设顶层设计；开展中国经济学理论研究，组织完成15个相关课题研究，为中国经济学教材建设提供理论支撑；发挥国家级研究平台的作用，举办两届中国经济学教材建设高峰论坛、30余次中国经济学理论研究与教材建设专家研讨会，凝聚共识，壮大中国经济学教材建设专家队伍，推动中国经济学教材建设。

（四）新平台

打造全面支撑新文科创新发展的学术平台、学科平台和实践平台。一是打造原创学术生态，为新文科人才培养提供动力支撑。建成专业最齐全、层次最丰富、体系最完整、特色最鲜明、影响最广泛、世界一流的马克思主义理论学科；创新中国特色社会主义政治经济学理论基础和体系，成为世界领先的马克思主义政治经济学研究重镇；承继为国立法的优良传统，打造法治建设前沿高地；聚焦反贫困中国实践，为世界反贫困提供中国经验和中国方案。哲学、社会学、新闻传播学、政治学、公共管理、工商管理等一流学科均在提出原创性理论、提炼标识性概念、构建学术话语体系等方面发挥引领作用。二是建设交叉学科平台。成立高瓴人工智能学院，打造“人工智能+人文社会科学”学科交叉生态体系；成立国家治理与舆论生态研究院，打造新时代舆论生态研究、评价与决策支持的引领性平台，打造服务国家“双一流”建设，引领文科创新发展的跨学科平台；成立区块链研究院，深入研究区块链技术及其与经济社会发展的关系，促进研究方法创新和学科交叉融合。三是打造实践育人平台，建设集田野课堂、实验训练、创新创业、科研训练、学科竞赛、实习实践于一体的实践育人平台。例如，成立数字清史实验室、数据法学实验室、实验经济学与行为经济学大数据实验室、国际传播大数据智能实验室等新文科实验室，建设一批实验教学平台。历史学科构建多层次现场教学体系，以“走进历史现场”为目标，开展田野考古等教学形式，全面提升学生的实践能力，培养应用型文科人才。

三、典型引领：首创中国特色经济学本硕博实验班

中国人民大学率先探索中国特色经济学人才培养体系，2020年创建国内

首个中国特色经济学本硕博实验班，旨在立足中国实践，放眼经济学发展前沿，探索中国模式、中国规律、中国范式，培养一批推动新时代中国经济学发展学习、服务社会主义现代化强国建设的高端人才。

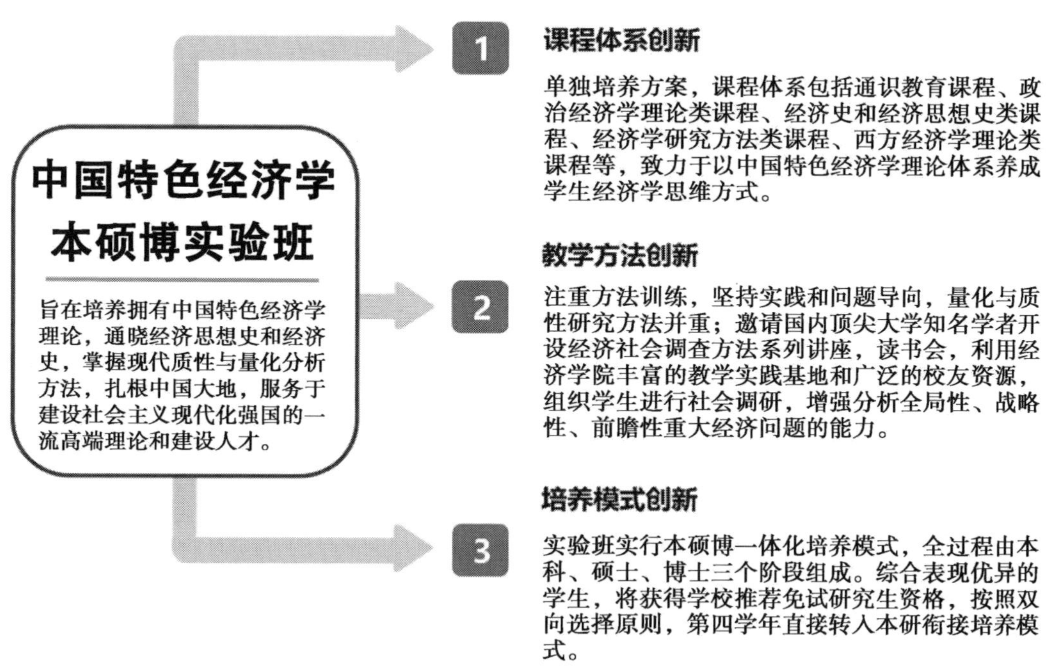

图 2　中国特色经济学本硕博实验班

中国特色经济学实验班将中国特色社会主义最新理论成果和实践经验融入教学，重视实践与问题导向，量化与质性研究方法并重，加强调查研究等方法训练，建设“习近平新时代中国特色社会主义经济思想”“马克思主义经济学说史”“共和国经济史”“西方经济学说史”“中国经济思想史”“政治经济学与西方经济学比较”“社会调查方法”“质性研究方法”等特色课程。打通本硕博培养环节，建立动态考核机制，探索构建中国特色经济学理论成果与教学体系紧密结合新路径，在全国率先形成系统完整的中国特色经济学教学体系。

（稿件来源：中国人民大学）

北京外国语大学：发挥语言优势 培养“三有”复合型外语人才

北京外国语大学充分发挥语言优势，以培养适应新时代要求，具有国际化视野、多层次能力的应用型复合型文科人才为办学目标，深入推进课程思政建设，创新翻译人才培养模式，建立校际联合培养项目，着力培养“三有”复合型外语人才。

一、以“三进”工作为抓手，深入推进课程思政建设

2019 年，北京外国语大学受中宣部委托，启动《习近平谈治国理政》多语种版本“进高校、进教材、进课堂”试点工作，并将其作为全面提升党的建设和思想政治工作整体水平的重大举措。学校高度重视“三进”专项工作，统筹谋划，系统推进，梳理专业课程教学内容，深挖课程思政元素，有机融入课程教学，充分发挥课程育人功能，培养学生熟悉掌握中国政治话语体系及中国政治话语标准外译，推动学生讲好中国故事、传播好中国声音。

（一）建立专业课与思政课同向同行育人格局

充分发挥思政课程在课程思政中的引领作用，注重在“融”上发力，在“贯通”中求实效。按照专业培养目标和特点，将思政元素有机融入课程、教材、教案，着力打造一批育人效果显著的精品专业课程和课程思政示范课程，形成“门门有思政、课课有特色、人人重育人”的新格局。2020 年春季学期，全校 786 门专业课程将《习近平谈治国理政》纳入课程教学的知识目标、能力目标、素质目标以及阅读材料中。

（二）构建高水平课程思政工作体系

创造性提出思政元素“五进”，即进培养方案、进课程大纲、进教学资料、进学生考核、进督导评价，全面提升教学效果，提高人才培养质量。自 2020 年以来，学校全面开展“三进”专题立项工作。截至目前，共立项 137

个本科生、研究生项目，覆盖所有教学单位和科研院所；扎实推进“三进”师资培训工作，定期邀请相关专家学者举办教学观摩活动和课程思政工作坊，示范和带动教师推动课程思政建设。

（三）课程思政覆盖人才培养全过程

打通教材建设、课程设计、课堂教学、实践活动等环节，将课程思政融入人才培养全过程。建立精读、听说、写作、口译、笔译等课程集群，充分融入《习近平谈治国理政》中政治、外交、文化、经济等内容，目前，全校已覆盖63个语种。将“三进”融入大学英语教学，覆盖全校所有本科生；组织策划“三进”多语种笔译大赛，全校600余名学生积极参与，涉及英、法、俄、阿、西、葡、德、日等24个语种。

二、服务国家战略急需，创新翻译人才培养模式

北京外国语大学主动对接国家发展战略，积极服务“一带一路”建设，坚持“外特精通”办学理念，不断加强非通用语种专业建设及人才培养工作。先后承担国家级高端外交外事活动重要翻译任务，培养近500位驻外大使、2000余位参赞，赢得“共和国外交官摇篮”的美誉。

（一）坚持立德树人根本任务，丰富学科专业设置

北京外国语大学共有101个外语语种，其中46个外语专业为全国唯一专业点，18个非通用语种获批教育部国家级一流本科专业建设点，是中国最大的多语种教学研究基地。拥有国际一流、本硕博培养体系完整的翻译学科，截至目前，已开设10个语种、16个专业方向的翻译硕士专业学位（MTI），数量居全国首位。在培养模式创新上，着力推进“俄语+哈萨克语”专业建设，建设“俄语+中亚/东斯拉夫非通用语种”“英语+南太平洋非通用语种”复语人才培养模式。

（二）推进多元课程体系建设，创新互译教学模式

扎实推进动态多元的课程体系建设，将语言与专业紧密结合，丰富课程体系。例如，阿拉伯学院为本科生开设“学科倾向课”，以政治外交、经贸、文化交流为主题开设理论学习与翻译实践相结合的“组合课”。引导教师创新互译教学模式，结合任务教学法、情景教学法等多种方式，模拟商贸会谈、

陪同口译、国际法庭等应用场景，创办“九语模拟国际会议接力同传”实践教学活动，全面提升学生的翻译能力、思辨能力。鼓励教师紧密结合机器翻译与笔译教学，探索人工智能时代互译教学新模式。

（三）搭建高端实习实践平台，拓展实习实践机会

加强与联合国纽约总部和日内瓦办事处、世界知识产权组织、中国外文局、中央编译局等国际组织和企事业单位的密切联系，建立长效合作机制，为学生提供高端实习实践平台。依托北京多语言服务中心，向110、120、12345等公共热线提供全天候多语种翻译服务；新冠肺炎疫情期间，向世界卫生组织、国家卫健委等提供笔译和同传服务；在“一带一路”国际合作高峰论坛、亚洲文明对话大会、北京2022年冬奥会和冬残奥会等国家重要活动中，提供高水平语言服务，做好语言保障。

三、强化校际合作，打造“精品”联合人才培养工程

北京外国语大学积极探索校际合作，通过优势学科强强联合，打造“精品”联合人才培养工程，培养符合新时代要求的国际化高端人才。与新加坡南洋理工大学人文学院联合培养“一带一路”翻译人才，致力于培养有家国情怀、有国际视野、有专业本领的“三有”复合型人才。与中国政法大学开展战略合作，设立“英语+法学”涉外法治人才联合学士学位项目，共同培养高端涉外法治人才。2022年，北京外国语大学将与中国人民大学合作设立“英语+马克思主义理论”“英语+中国共产党历史”等21世纪马克思主义对外传播人才培养项目，设立“西班牙语+新闻学”国际新闻传播多语种人才培养项目，共同培养能够讲好中国故事的对外传播人才；与北京理工大学设立“英语+信息管理与信息系统”联合培养项目；与中央财经大学设立“英语+金融科技”联合培养项目。此外，北京外国语大学与联合高校建立常态化沟通交流机制，成立联合学位管理委员会，成立学生管理联合工作组、培养方案制定与修订联合专家组，为联合培养项目提供制度保障。

（稿件来源：北京外国语大学）

天津大学：创新理念　融合汇聚
新文科建设力量

自党中央提出“新文科”以来，天津大学以推动文科教育创新发展为目标，以一流文科人才培养为核心，以一流专业、一流课程、一流教材建设为抓手，以新文科项目为载体，从顶层设计、工作举措、资源保障等方面系统推进新文科建设，并取得了阶段性建设成效。

一、推进课程思政建设，发挥思政育人效应

天津大学按照“一个中心、三大实践、五位一体”的建设思路全方位推进课程思政建设。

（一）一个中心

2019 年成立课程思政研究与实践中心，2021 年入选首批教育部课程思政教学研究示范中心。中心通过申报立项，打造具有“两性一度”的课程思政示范课程，先后完成 90 余门思政课程建设，其中 3 门入选教育部课程思政示范课程，19 门入选天津市课程思政示范课程。

（二）三大实践

“三大实践”即教师队伍“主力军”实践、课程建设“主战场”实践、课堂教学“主渠道”实践。天津大学在长期教学实践中，形成了“知行践研、卓新广微、稳变放控、得艰励同”的课程思政建设理论体系，并取得了良好效果。首批入选教育部课程思政示范课程“全球公共艺术设计前沿（翻转）”，以“立德、懂美、增智”为主要目标，每学期根据国家最新政策、社会发展趋势和学科前沿更新课程内容，并在中国大学“慕课”与智慧树平台面向校内外学生和社会公众广泛开放。

（三）五位一体

围绕五大体系，即“党建引领+课程思政”组织保障体系、“思政课程+

课程思政”协同育人体系、“四大课程+课程思政”课程育人体系、“新工科+课程思政”创新育人体系、“师德师风+课程思政”标杆示范体系，全面推进课程思政建设。

二、创新人才培养模式，建设一流本科专业

（一）提出“新法科”，创办法学教育创新联盟

天津大学法学人才培养突出学科融合，致力于培养具有创新思维与逻辑思维、民族意识与国际视野的复合型法治人才。2019 年 5 月，天津大学在国内率先提出《新文科建设天大新法科方案》，牵头成立新文科建设首个高校联盟——法学教育创新联盟，探索“新法科”建设新模式，增加“新法科”建设新内容，推进“新法科”建设新实践。例如，探索设立跨学科联合培养项目，开设特色实验班，提供多元化法学辅修课程“菜单”，建立法学通识课程体系等。

（二）提出“新商科”，发布“新商科 · 天大倡议”

2018 年，天津大学管理与经济学部联合国内 29 所高校商学院院长，提出“新商科 · 天大倡议”，探索构建更加开放、整合、创新、共享的“新商科”教育体系。提出“一个定位、两个目标、三个工作、四个思路”的“新商科”建设理念，“一个定位”即面向未来需求培养人才；“两个目标”即立德与树人双轨并举，在培养专业技能的同时，培养学生商业伦理与社会责任感，引导学生立德、立功、立言；“三个工作”即科学研究、人才培养、社会服务三位一体，坚持教学、科研、服务相辅相成、共同推进；“四个思路”即从价值整合、学科整合、虚实整合、生态整合四个方面系统推进“新商科”建设。

（三）建设“微专业”，助力复合型人才培养

以创新来华留学生汉语言专业培养模式为目标，构建来华留学生“汉语+微专业”复合型人才培养模式。譬如，建设“汉语+跨境电商微专业”，培养学生掌握跨境电子商务的基本理论和实践技能，服务国家“一带一路”倡议；“工程项目投融资”微专业以响应业界需求为出发点，创建高校与业界合作共建模式，搭建“三位一体”工程投融资知识图谱体系，打造“线上+线下+实训”的混合式培养模式。

三、推动新文科研究，促进学科汇聚融合

（一）建设新文科与新工科交叉融合的新闻传播学

天津大学成立新媒体与传播学院，围绕数字新闻学、网络国际传播、智能传播与算法治理等，开展教学、科研与社会服务。与天津市委网信办共建天津市网络素养研究中心，参与人民网“传播内容认知”国家重点实验室建设，承担“数字新闻学理论、方法、实践研究”国家社科重大项目研究等，推动新闻传播学与新技术、新业态深度融合。

（二）设立交叉学科，推动中华优秀传统文化创新发展

天津大学自设交叉学科领域一级学科硕士点“非物质文化遗产学”，目前已经拟定非物质文化遗产系列教材，包括《非物质文化遗产学概论》《非物质文化遗产田野调查方法》《民间文艺学概论》《传承人口述史教程》《传统村落保护概论》和《非物质文化遗产影像学》等，为推动中华优秀传统文化创造性转化、创新性发展进行人才储备。

（三）开展新文科研究与改革实践项目培育工作

以新文科研究与改革实践项目为牵引，大力推动新文科建设。2021 年，天津大学入选教育部首批新文科研究与改革实践项目 12 个，天津市新文科研究与改革实践项目 4 个。其中，“虚拟现实技术下的法学教学方法创新与实践”项目成立法学虚拟现实实验室，利用 Idea VR 培养学生虚拟现实软件开发能力，目前已累计制作软件 30 余个。在“‘智能+’视角下基于产业引领型创新的管工交叉型专业升级改造研究”项目中，以物流工程专业为例，通过全国范围调研，查找管工交叉型专业升级改造的痛点难点，探索管工交叉型专业升级改造方向。

（稿件来源：天津大学）

吉林大学：提质创新　技术赋能
推动新文科创新发展

吉林大学遵循文科教育特点和人才成长规律，紧抓专业优化、课程提质、模式创新“三大抓手”，深化理论研究，探索构建中国特色理论体系，促进新技术赋能，推动新文科创新发展。

一、加强理论研究，探索中国特色理论体系

吉林大学以“创新”诠释新文科之“新”，积极探索中国特色理论体系及话语体系建设，坚持以理论研究为基础，推进新文科建设。

（一）率先启动“新文科”理论思维讲习班

由哲学社会科学资深教授、全国杰出教学奖获得者孙正聿教授召集7位资深专家学者，从学术研究的守正创新、涵养优良学风、创建中国学派、跨学科思维和视野等方面讲述“新文科”理论思维，分享学术经验，累计培训“新文科”中青年学者40余名。

（二）开展吉林大学“新文科”大讲堂系列活动

2021年，吉林大学成立习近平法治思想研究中心，由《习近平法治思想概论》教材编写课题组首席专家、哲学社会科学资深教授张文显为全校师生讲授“习近平法治思想概论”，开展吉林大学“新文科”大讲堂系列活动。

（三）启动“新文科”创新团队项目

2021年10月，长江学者特聘教授周光辉牵头的“构建新型现代国家：中国式现代化新道路的学理阐释”多学科交叉项目正式启动。项目从新型现代国家构建的角度，研究中国式现代化新道路，从而创新和发展国家理论，实现对中国的国家身份概念化、理论化。

二、优化专业设置，创新人才培养模式

吉林大学以“厚基础、强交叉、重实践、严要求”的新文科建设理念，

推进学科专业一体化布局，推进新学院、新专业、新课程、新教材系统化建设，全面启动新文科人才培养模式改革。

（一）优化专业布局

紧密结合国家发展战略，立足吉大特色优势，面向国别区域人才培养新要求，成立东北亚学院。东北亚学院打破学科专业壁垒，开展融合教学、融合研究、融合实践，培养通晓东北亚国别与区域政治、经济、历史与社会发展的国际化复合型人才。此外，吉林大学按照新文科建设理念，设置经济学专业（国别与区域经济方向）和古文字专业等，致力于培养高质量专门人才。

（二）创新培养模式

持续优化人才培养模式，打通学科专业壁垒、学制壁垒，建立跨学科交叉融合、本硕博贯通培养、校内外联合培养的人才培养机制。东北亚学院以培养通晓经济学知识、掌握国家文化历史的“日本通、韩国通、俄国通”人才为目标，探索构建“一精多会、一专多能”的高素质人才培养新模式；建立本硕博贯通培养的人才培养体系，培养东北亚问题研究后备力量，进一步筑牢吉林大学在东北亚问题研究领域的优势地位；立足区位优势，建立面向全球的开放式合作培养模式，与东北亚名校建立良好合作关系，建设双边、多边联合培养项目，组建国际化师资团队，全面提升人才培养质量。

（三）推动课程提质

依托吉林大学多学科综合性优势，设置人文社会科学相关专业之间、文科与理工农医学科专业的课程交叉模块和本研通修课模块，探索构建满足复合型人才培养需要和新文科建设要求的课程体系。如建立“经济学+政治学+历史文化”深度融合的课程体系，探索国别与区域研究方向模块化课程设置。推动文科教学模式变革，建立自主学习、社交学习、个性化学习、终身学习的融合式教学体系；建设新文科教学资源平台，构建跨学科知识图谱，汇聚共享、共育的新文科教学资源；构建新文科评价体系，建立基于人机智能融合的“感知—分析—反馈—改进”教学质量管理闭环。推动新文科课程教学与信息技术深度融合，不断提升课程教学质量。

三、以新技术赋能，推动新文科创新发展

吉林大学以现代信息技术赋能文科教育，强化融通创新，推动传统文科

专业的创新发展。

（一）技术赋能“考古学”

依托信息技术和多学科交叉融合发展趋势，探索建设“强基础、重实践、多学科、育创新”的考古人才培养新体系，着力推进考古专业课程体系建设，切实提升人才培养质量，进一步推动考古学科创新发展，开拓考古学科研究新领域。建立新文科实践教学及科研平台，建成并启用山西省运城市考古实践基地，由吉林大学牵头的夏县师村遗址考古发掘项目入围“2020 年度全国十大考古新发现”，在《自然》（*Nature*）发表重要研究成果，为研究中华文明的起源、形成和发展提供重要证据，引发了国内外同行的热切关注。

（二）技术赋能“古文字”

在古文字学科，建立全国首个古文字学本科专业，并入选“强基计划”。古文字学学科实施本研贯通式人才培养模式，开展古文字学和人工智能交叉融合的人才培养和科学研究。针对目前教学科研过程中图版对比、辨伪查重、释文隶写、释文核实、字样提取等耗时费力的工作痛点，引入现代信息技术与人工智能协同解决，实现了古文字学教学与研究的数字化、智能化。

（稿件来源：吉林大学）

复旦大学：守正创新　持续加强新文科建设

复旦大学在新文科建设中始终坚持“守正创新”建设原则，全面推进“2+X”本科教育培养体系，重构文科课程体系，探索多元化实践教学模式，构建以学校为指导、以院系为核心、以教师为主力的联动建设模式，推动新文科建设有序开展。

一、全面推进课程思政建设

课程思政是新文科建设的重要组成部分，复旦大学坚持将课程思政融入新文科建设与人才培养全过程，紧抓教师队伍“主力军”、课程建设“主战场”、课堂教学“主渠道”，全面推进课程思政建设，形成各类各门课程同向同行、协同育人的良好格局。2019 年发布《复旦大学课程思政攻坚行动计划实施方案》，经过两年实践，总结凝练形成《复旦大学课程思政优秀教学案例100》，开设“复旦大学课程思政名师大讲堂”系列视频网课，深化教师对课程思政的认知与理解，从而进一步提升思政育人的实效。

二、推动人才培养模式创新

复旦大学全面推进“2+X”本科教育培养体系，立足学生个性化成长需求，不断优化学生培养方案，完善拔尖人才培养机制，着力培养复合型文科拔尖人才。2021 年全面推出人文科学试验班，下设中国语言文学类、历史学类、哲学类三个专业类，推动文史哲融合培养。联合金融科技教育（人才）研究院等相关单位建设“融合现代金融工程技术的‘以学为中心’教学方法创新与实践”项目，搭建金融科技行业开放式数字化转型实训平台。中国语言文学系完善书院阶段学生培养机制，通过自由选拔、学术兴趣引导、研究意识及能力训练夯实培养质量，联合任重书院开展“经典阅读班”“学术项目组”等系列活动。

三、优化重构文科课程体系

为适应学科交叉融合发展趋势，全面培养学生跨领域知识融通能力，复旦大学设立多个跨学科本科学程项目，包括“神经语言学”“数据智能与商业决策”“数理逻辑”“西方古典学”“医学人类学”等。建立多学科选修课程模块，法学涉外复合型卓越法治人才培养项目开设“法律与金融商务”“数字经济与法律”“企业监察与合规”“诉讼与纠纷解决”及“知识产权”五大选修模块。开设国际化相关课程，建设20余门涉外法律实务课程，提升学生涉外法律知识运用能力；设置“海外学者专题”课程学分，鼓励拔尖学生积极参加蒋学模经济学讲座、海外学者授课项目课程；搭建国际化培养工作平台，全面提升学生的国际竞争力。

四、探索多元化实践教学模式

复旦大学高度重视学生实践能力培养，把深化实践教学改革、培养学生实践与创新能力作为新文科课程建设的重点。一是建设一批文科实验室，如国家级新闻传播实验教学示范中心、信息系统与金融工程实验室、模拟法庭专业教学实验室、智慧治理实验室和公共决策实验室、语言学实验室、语音实验室和同声翻译实验室、文物保护实验室以及经济学教学创新实验室，社会学社会工作、社会调查、心理学实验室，艺术学陶艺、媒体艺术和艺术表演实验室等。此外，设立6个虚拟仿真教学项目，创新实践教学形式。二是建设一批人才培养基地，与五家涉外联合培养单位签订涉外法治人才培养基地协议，逐步推进涉外联合培养实践平台建设，培养涉外法律服务领军人才。三是开展多样化社会实践活动，2021年设置“华山医院医疗伦理委员会和人工智能国家实验室”实习与调研、“智慧医聊”导医调研、“艺术哲学”导览服务与调研、宗教学田野调查以及复旦中学哲学普及课程5条实践活动路线，全面推动学生深入社会、了解社会。四是举办新文科系列赛事，以赛促学、以赛促教。2021年举办第三届复旦大学“荣昶学者”全球治理人才培训项目，遴选55位来自长三角地区重点高校的学生参加培训；举办“荣昶杯”青年全球治理创新设计大赛（YICGG），来自46个国家和地区的207名选手参赛，全球青年围绕全球治理这一重大议题发表“我们青年共同的议程”报告。此外，学校鼓励学生积极参与科研项目，提高科研水平，培养学生实践创新能力。

五、筑牢教材建设重要阵地

复旦大学充分发挥学校文科优势，以教学为基础，按类开展教材建设，加大一流专业、一流课程配套教材建设。启动“七大系列百本精品教材”项目建设，首批建设教材包括《中国特色社会主义政治经济学》《中国宏观经济学》《中国微观经济学》《古文字与出土文献教程》及“马工程”相关教材等。依托“涉外复合型卓越法治人才培养模式的探索与实践”项目，规划研讨型教学教材、实务课程教材和全英文中国商法教材三大系列新型教材及教辅材料编写，推进习近平新时代中国特色社会主义思想及党的理论创新成果进教材、进课堂、进头脑。新闻学院牵头对全国 100 所新闻传播院校开展摸底调查，研究新闻传播学教材评价体系，荣获首届“全国教材建设先进集体”称号，《新闻学概论》（第 6 版）获优秀教材二等奖。经济学院 3 个教材编写团队入选首批中国经济学教材编写团队，教材建设成效显著。

六、强化新文科建设支撑保障

为推动新文科建设有序开展，复旦大学建立多部门、多学院协同工作联动机制，充分发挥教学主管部门、文科科研管理部门作用，推动文理工医交叉融合，助力二级单位和文科教师开展理论研究、文化传承、社会服务、队伍培养、特色打造等工作，形成以学校为指导、以院系为核心、以教师为主力的联动建设模式。研讨新文科建设项目推进机制，设立新文科建设专项经费，出台新文科建设相关工作方案，为新文科建设提供有力保障。

（稿件来源：复旦大学）

山东大学：守正创新　融合发展
积极推进文科专业现代化建设

专业是人才培养“新基建”的基本单元，是教与学的交汇点，是高校供给侧和需求侧的对接点。自新文科建设提出以来，山东大学坚持守正创新，融合发展，深化文科专业供给侧结构性改革，推动文科专业之间、文科与理工医的交叉融合，优化文科专业结构，提升文科专业内涵，积极推动专业现代化建设，努力构建以育人育才为中心的文科发展新格局，形成了新文科专业建设“山大模式”。

一、系统谋划，整体布局

2019 年 10 月，山东大学在全国率先制定实施《山东大学新文科建设工作方案（2019—2021）》，明确指导思想、基本原则和建设路径，提出“新专业、新模式、新课程、新理论”四位一体建设模式，从促进专业优化、创新培养模式、提升课程质量、加强理论研究等方面全面部署新文科建设。瞄准国家战略和区域经济社会发展重大需求，实施融合发展战略，以学校“十四五”规划和新一轮“双一流”建设规划为契机，谋划“学科融合创新计划”，制定实施《关于推进学科汇聚融合交叉创新的实施意见》。依托国家“双万计划”一流专业建设规划，优化调整学科专业布局，深化文科专业供给侧结构性改革，发布《山东大学本科专业建设与发展行动计划（2018—2020）》《山东大学加快推进本科专业现代化实施方案（2021—2023）》，大力推进专业现代化建设。

二、多措并举，改革创新

（一）实施文科拔尖学生培养计划

山东大学发挥基础学科专业优势，服务国家重大需求，大力推进“尼山学堂”、基础文科拔尖学生培养计划2.0基地和“强基计划”等各类拔尖人才培养项目。设立古典学术人才培养实验班“尼山学堂”，坚持“继绝学，铸新知”，贯通文史哲学科培养，实行国际化联合培养和“1+3+3”本硕贯通一体化培养，设计“古今打通、中外打通、本硕打通”的课程体系，采用“游学+学术论文报告会”教学模式和自由选择专业学位的毕业安排，为国家培养和输送了一大批优秀国学人才。建设文科拔尖学生培养基地，采用书院制、导师制和小班化教学，培养高水平文科人才。目前，中国语言文学、经济学、哲学、历史学入选基础学科拔尖学生培养计划2.0基地。汉语言文学（古文字学方向）、历史学、哲学共3个文科专业实施“强基计划”，按照“3+1+X”模式（3年的本科培养阶段，包括通识教育、专业教育、实践环节等；1年的本研衔接阶段；针对国家重大战略需求设计对应的衔接课程模块，学生可自主选修其中一个模块）；研究生培养阶段，学生在选定的国家重大战略需求领域相关学科攻读博士学位，进行本硕博衔接式培养，实施阶段性考核和动态进出机制，畅通成长发展通道。

（二）促进专业交叉融合

打破学科专业壁垒，推动文科专业之间的深度融通。建设“国际政治+国际经济与贸易”“英语+国际经济与贸易”“英语+法律”“英语+国际政治”新文科方向双学士学位人才培养项目，培养国家急需的复合型国际化人才。建设PPE新文科基地班，打破学科孤立带来的理论短视与思维局限，融汇经济学、哲学与政治学三个专业的理论和方法，探索经济学、哲学、政治学交叉复合型人才的全新培养机制，通过“1+1+1”三强联合，实现“1+1+1>3”的跨学科协同培养高层次人才目标，培养兼具深厚的经济学功底、严谨的哲学思维、扎实的政治学基础、强烈的现实与公共关怀的复合型人才。设立“法英双语卓越创新国际组织人才新文科实验班”，面向法语区国际组织培养后备人才。

推动文科与理学、工学、医学专业的交叉融合和现代信息技术与文科专业之间的融合创新。建设“公共管理+信息”“护理学+工商管理”等新文科方向双学士学位人才培养项目，培养复合型人才。建设金融数学与金融工程基地班，开设金融学、法学、文化产业管理、金融数学与金融工程、会计学辅修学士学位项目。借助新技术手段，打造新的专业方向，譬如在新闻学专业新设大数据与智能媒体方向，设置新技术、大数据、智能媒体、数据思维基础、Python 语言等课程，培养新时代媒体人才。

（三）推动专业优化升级

主动适应国家和区域经济社会发展的需要，通过新增一批战略新兴专业，撤销一批弱势老化专业，整合一批碎片化严重、覆盖面过窄的专业，提升一批优势特色专业，实现专业更新换代。2018 年以来，撤销广告学、管理科学、图书馆学、教育学 4 个文科专业，新设战略新兴本科专业供应链管理，重点建设科技考古、社会信息学、神经语言学、蓝绿经济等新兴交叉领域，围绕新兴交叉学科方向，组建跨学科学术团队，提出新学说、构建新理论，着力提升原始创新能力。

（四）首创“微专业”项目

基于学科综合优势，为灵活应对社会经济发展新需求，山东大学积极探索构建新型跨学科专业组织模式，首创“微专业”办学模式。在本科专业目录以外，聚焦国家重大战略和社会急需领域，以新的思路和跨界模式，围绕某个特定学术领域、研究方向或核心素养，提炼开设一组核心课程，打造轻量型专业结构，辅助学生主修专业学习，满足学生多元化、个性化成长需要，提高学生行业适应能力。截至目前，学校已立项 45 个微专业项目，其中包括国际组织与跨文化交流、健康管理与政策、知识产权管理、国际中文教育、创新转化管理、心身健康与维护等 18 个文科类微专业项目（见表 1），探索形成了“3M”（Major［主修］，Minor［辅修］，Micro［微专业］）多元化人才培养体系，受到学生和社会的广泛关注。

表 1　山东大学文科类微专业一览表

序号	微专业名称	开设学院
1	古典文学	尼山学堂
2	国际组织与跨文化交流	外国语学院
3	国际中文教育	国际教育学院
4	健康管理与政策	公共卫生学院
5	创新转化管理	国际创新转化学院
6	知识产权管理	国际创新转化学院

续表

序号	微专业名称	开设学院
7	心身健康与维护	护理与康复学院
8	法律与网络安全	法学院
9	供应链运营管理	管理学院
10	商业领导力	管理学院
11	资本市场与资产管理	经济研究院
12	海洋考古	历史文化学院
13	英法双语与全球胜任力	外国语学院
14	国学外译与传播	外国语学院
15	经典阅读与创意写作	文学院
16	融合传播	新闻传播学院
17	中外文学修养	新闻传播学院
18	艺术与审美	艺术学院

（五）建设质量文化体系

坚持以评促改、以评促建、以评促进、以评促强，建立专业状态报告、学院质量报告、学校常态数据监测和第三方评价四层次质量保障机制，不断完善质量标准体系，全面加强培养过程质量监控。承担教育部人文和社科类专业认证标准建设任务，牵头研制人文和社科类专业认证标准，全面提升质量意识，推进文科专业建设内涵式发展。

三、质量提升，成效显著

山东大学以新文科建设为契机，抓住国家一流本科专业建设的重大机遇，不断优化文科专业结构，深化文科专业供给侧结构性改革，推进学科专业交叉融合，实现学科专业“瘦身长高”，建设了理念先进、定位明确、适应需求、保障有力、面向未来、引领发展的一流文科专业体系。目前，学校本科招生专业优化至 92 个，58 个专业入选国家级一流本科专业建设点（全国并列第四），其中三分之二的文科专业（25 个）入选国家级一流本科专业建设点，文科专业建设整体水平提升。

（稿件来源：山东大学）

中南财经政法大学：全面推进新文科建设

中南财经政法大学认真贯彻落实新文科建设工作会议精神，按照强化价值引领、促进专业优化、夯实课程体系、推动模式创新、打造质量文化等任务要求，迅速行动，推出《新文科本科人才培养行动方案》，全面推进新文科建设。

一、出台新文科本科人才培养行动方案

中南财经政法大学重点对标新文科建设工作会议精神和要求，以《新文科建设宣言》为指引，深化认识，明确目标，凝练举措，于2021年9月制定并出台《新文科本科人才培养行动方案》，以中国化、数字化、国际化为主要目标，围绕突显中国特色的学科体系、学术体系、话语体系，融通大数据和人工智能的专业建设、课程建设、教材建设，构建新时代一流文科人才培养体系，培养具有家国情怀、世界眼光、责任担当的文科人才。《行动方案》提出价值引领强化、专业优化促进、课程体系提质、教学方法增效、培养模式创新、师资队伍协作、教学研究聚焦、校园文化助力、社会实践同向九大行动，不断提升学校一流本科人才培养质量。

二、打造新文科理论研究阵地

中南财经政法大学创办全国首家定位于新文科教育研究的专业学术性期刊——《新文科教育研究》。期刊以习近平新时代中国特色社会主义思想为指导，倡导研究新时代人文社科教育事业发展的新使命、新挑战和新回应，促进中国特色新文科教育理论创新和新文科人才培养体系改革；倡导人文社科学科学术话语体系的原创性研究和价值引领，推进培养中国气派的优秀社会科学家，形成哲学社会科学中国学派；倡导研究新一轮科技革命和产业变革背景下人文社科与理工农医等跨学科交叉、汇聚，增进新文科、新工科、新农科、新医科的互动发展。期刊设置“理论研究与政策解读”“中国学派”

“文科教育的比较与借鉴”“实践探索”等栏目，旨在打造中国特色文科新理论、新思想交流的高端平台和新文科教育研究成果展示的重要载体，构筑新文科建设理论研究阵地。学校以《新文科教育研究》期刊为依托，学习先进，借鉴经验，深化顶层设计，指导学校新文科教育改革与实践。

举办新文科建设高端论坛，围绕“新财经”“新法学”“新文史”“新艺科”等专业建设、学科发展和人才培养问题进行研讨和交流，推动新文科教育创新发展。开展新文科教育教学改革与研究，设立项目研究专项资金，统一谋划，整合力量，发挥优势，突出特色，推动新文科项目研究的开展。入选教育部首批新文科研究与改革实践项目 4 项，重点扶持“新文科建设背景下政治学类本科生培养模式优化研究”等 3 项省级教学研究项目，“新文科背景下‘人工智能法学’课程建设研究”等 12 项校级教学研究项目。

三、夯实新文科建设“新基建”

（一）课程思政稳步推进

2020 年 11 月，出台《中南财经政法大学关于贯彻落实〈高等学校课程思政建设指导纲要〉的工作方案》，全面指导学校课程思政改革工作。定期组织“课程思政”教研活动，邀请专家分享经验，提升专业教师“课程思政”能力；选树课程思政优秀案例，汇集 14 个教学单位 53 门优秀课程思政课程，出版《中南财经政法大学课程思政优秀案例集》；建设课程思政示范课程和教学团队，3 门课程入选教育部课程思政示范课程，任课教师和教学团队入选教育部课程思政教学名师和团队。

（二）专业建设持续优化

中南财经政法大学以创新发展理念加强学科、专业内涵建设，推动现有专业改造升级、优化再造，持续提高专业建设质量，打造“金专”。重点推动经法管主干学科和一流专业提质创新，进一步突出特色、强化优势。紧跟科技革命和产业变革新趋势，积极推动专业建设与现代信息技术的深度融合，在已有“经济+法学”“大数据+金融”“法学+外语”等专业设置基础上，围绕数字经济、计算法学、金融科技、应急管理等符合国家经济社会发展急需的专业领域，进一步推动专业交叉融合创新，寻求新的专业增长点。2021 年，学校新增知识产权和工商管理（商务分析方向）两个专业方向。

（三）课程建设实招频出

充分发挥经济学、法学和管理学学科特长和专业优势，谋划建设具有中国特色的经济学、法学、管理学专业课程体系，把中国社会主义建设过程的理论成果和实践经验，尤其是习近平新时代中国特色社会主义经济思想和习近平法治思想引入教学内容和课程体系。首次尝试在专业课程中将金融、数学、经济、管理等学科有机融合，推动学科交叉渗透和课程资源整合，打造一批高水平的跨学科、跨知识领域课程群。整合优势资源，打造一批中国化课程，做优做强 24 门“读懂中国”系列通识课程，面向全校本科生开放。以全球视野打造一批高质量的国际化课程，提升学生关于国际政治、国际关系、涉外法律、国际商务等的知识素养。

（四）教材建设卓有成效

学校高度重视教材建设工作，以打造特色鲜明的精品教材为导向，把牢方向、守好阵地，科学谋划、加强保障，突出特色、强化优势，努力打造与新文科人才培养目标相适应的科学化、特色化教材体系。2021 年，中南财经政法大学新增教材经费 100 万元，支持立项“中国税制”等 30 个教材项目和 24 门“读懂中国”系列通识课程教材建设项目，目前已出版 24 种教材，教材建设稳步推进。积极组织申报首批中国经济学教材，在首批中国经济学教材编写入选学校及团队中，入选《中国财政学》《中华人民共和国经济史（1949—1978）》教材编写团队。在首届全国教材建设奖中，《知识产权法》（第 5 版）获全国优秀教材二等奖，吴汉东教授荣获“全国教材建设先进个人”称号，国家级教材建设项目取得重大突破。

四、构建新文科特色人才培养体系

中南财经政法大学持续推进实施“财经政法深度融通一流人才培养计划 3.0”，不断深化“六卓越一拔尖计划 2.0”，大力推进融通性、创新型人才培养。增设多个新文科特色人才培养项目，新增经济学拔尖创新人才、特许金融分析师、国际经济与贸易融通创新人才、ACCA 四个试验班，卓越法律人才、会计学荆楚卓越经管人才两个卓越班，以及“经济学+法学”“经济学+

统计学”“金融学+计算机”“法学+经济学”“商务英语+法学”“大数据管理与应用+金融工程”六个双学位班，为国家和社会培养复合型文科人才。积极探索微专业人才培养改革，2021 年开设财富管理和数智化创新管理两个微专业，全面推进复合型拔尖创新人才培养。

（稿件来源：中南财经政法大学）

中国美术学院：文声艺动　科艺融合 构建新文科艺术教育新格局

中国美术学院为构建新时代“多元互动、和而不同”的艺术教育新格局，推动落实“品学通、艺理通、古今通、中外通”的人才培养目标，夯实“视觉艺术东方学”知识基础，优化学科专业结构，探索新时代艺术教育拔尖创新人才培养新模式，打造以艺术创造为内核、社会美育为担当的新人文教育体系，将新文科建设引向深入。

一、国美愿景：新文科建设的思想与主张

（一）坚持中国艺术教育自主发展

艺术学科作为人类艺术传承与拓新的重要领域，强调传统自省的中国经验，创新自强的中国力量，诗性自觉的中国意蕴，开放自信的中国姿态，深耕中国社会大地，深植东方精神根源，不以西方的标准而“时然而然”，要立自家的根源而“己然而然”，既要固本正源，又要守正创新。

（二）推动艺术教育高质量发展

中国美术学院回应新文科建设根本任务与时代使命，先后承办浙江省新文科建设推进会、第四届中国艺术教育论坛，启动由教育部高等教育司指导、七个高等学校专业教指委联合主办的“中国艺术大讲堂”等重要会议，加快推进新文科建设，推动中国艺术教育内涵式发展。“中国艺术大讲堂”是推动新文科建设的有力抓手，是坚持以美育人、以文化人、弘扬中华美育精神的实际行动，是全面推动艺术教育改革创新发展的重要举措。第四届中国艺术教育论坛围绕新文科背景下艺术教育的内涵式发展，从教育变局的世界经验与历史经验出发，探索构建世界水平、中国特色的艺术学科体系，探讨新时代中国艺术教育的高质量发展之路，形成了艺术教育重要成果——《中国艺术教育“新文科”建设杭州共识》。

二、科艺融合：新文科人才培养破局关键

中国美术学院立足浙江省科技创新和数字变革契机，推动多学科交叉融合，探索艺术与科技融合发展的新契机。

（一）创办“科艺融合”人才培养机构

为探索科艺融合的实践之道，中国美术学院创办创新设计学院，在新文科建设上迈出坚实的一步。创新设计学院以“艺术、科技、商业”高度融合的创新设计学科为主体，打破传统学科专业“分科而治”的局限，探索构建有中国特色、中西融通、文理交融的复合型艺术人才培养模式。

创新设计学院立足长三角地区文化资源和产业特色优势，开设艺术与科技、工业设计和数字媒体艺术三大专业。以面向未来、面向社会、面向改革、面向融合的视野，整合全球设计教育的创新资源，创新教学和管理机制，打造前沿性、综合性的创新设计学科，推动以互联网为基础的智能制造和设计集成创新，着力打造大数据、智媒体时代的“新包豪斯”。

创新设计学院打破中国美术学院历史传统首次招收理科生，实行理科生和艺术生混班培养，面向科艺融合推动专业转型升级和课程重构，构建“造型/形式”“社会/人文”“数字/工程”三大基础课程群，探索建立三学期制、院所制、学社制，创新改革“国际联合教学课程”“良言讲堂”等，经过多年探索与论证，建设成效逐渐显现。

（二）强化新文科建设理论研究

在新产业革命和科技浪潮冲击下，人文教育的个性化内质和诗化特征面临着技术理性的拷问。中国美术学院致力于挖掘中国艺术教育独特的根源性因素，推动中华优秀传统文化创造性转化和创新性发展，积极开展“艺术学科内部教育质量保障体系研究”“新文科艺术类专业复合型人才培养创新与实践”等项目研究，并入选教育部首批新文科建设改革与研究项目。

三、面向前沿：深化艺术与科技跨界融合

（一）联合西湖大学开展跨领域校际合作

科艺融合是艺术学科新文科建设的重要方向。2020 年 9 月，中国美术学院与近邻西湖大学基于“科艺融合”的共识，签订校际合作协议，建立合作

伙伴关系，共同探索科学与艺术在高等教育领域交叉融合发展的新契机。两校建立合作会商机制，定期召开联席会议，开展科艺融合课程和活动，并在脑神经科学、人工智能、材料科学、数据感知、视觉传达等领域开展跨校跨学科科研合作。2020 年 12 月，两校研究生举办“交集之域”和“生命之美”联合创作展，共同探讨科艺融合发展路径，取得了科学领域知名学者的一致好评，并引起社会媒体的广泛关注。此外，中国美术学院还面向西湖大学全体博士生开设“中国美术史”课程。

（二）联合之江实验室共建科艺融合研究中心

2021 年 4 月，中国美术学院与之江实验室签订战略合作协议，双方共建“科艺融合研究中心”，在融媒体智能创作平台建设、多维感知艺术表达研究、科艺融合新学科建设、智能制造产业设计、未来社区打造等领域开展合作，推动科技与艺术的跨界融合与创新，培养跨学科跨领域的研究人才，打造全球科艺融合的研究与创新高地。此外，双方发挥各自优势，打造以科技和美学融合的智慧园区样板，探索科技人文设计新范式。中国美术学院围绕多维感知研究、视听艺术媒体融合、虚拟影像创作等方向，联合学科集群优势，赋能科艺融合研究中心发展，推动研究中心实验科研工作与产业需求共进共建，构建国际领先的“科艺融合”示范点。

（稿件来源：中国美术学院）

青海师范大学：立足区域特色　发挥师范优势开展新文科建设探索与实践

青海师范大学立足国家重大发展战略，结合青海地方特色，发挥师范院校优势，积极探索新文科教育教学改革与实践，推出《青海师范大学新文科建设实施方案》，着力构建具有特色的“青师大文科教育”新格局。

一、构建具有地方特色的建设新格局

青海师范大学围绕“一带一路”建设、新一轮西部大开发和新青海建设战略，依托高原科学研究院、国家教师发展创新协同创新中心、“两弹一星”精神研究院等地方资源，充分发挥高原教育、文化、艺术特色和师范教育的优势，实施新文科建设“五个工程”和“三个保障计划”，按照人文、社科、师范三大板块，分类推进新文科教育模式改革，探索建立学科横向打通、本硕纵向贯通的人才培养模式，构建具有地方特色的新文科建设格局。

二、实施新文科优势专业打造计划

以教育教学改革为基础，推动新文科专业优化，调整专业结构，升级改造传统文科专业，打破学科专业壁垒，推动人文学科内部、人文学科与社会学科、理工学科的交叉融合，推动大数据、人工智能等现代信息技术与文科专业的深度融合，积极探索开展“旅游管理+英语”“金融+统计+法律”“航空服务+艺术”等专业深度融合，发展科学教育、大数据管理与应用、金融科技等新兴文科专业。

三、实施新文科复合型人才培养工程

探索建设“新文科+青藏高原历史文化”“艺术+高原特色”特色人才培养模式，培养能够诠释“大美青海”高原特色、传承青藏高原文化的文科人才；建设“文科+双语”“文科+信息技术”等复合型人才培养项目，加强学生通用语言文字应用能力，培养中华民族共同体意识；探索实践“非师范+教师教育课程”教育新模式，面向全体非师范生开放教师教育类课程，为非师范生提供选修学习机会。

四、实施卓越法治、新闻人才培养计划

探索实施卓越法治人才培养计划，按照《教育部中央政法委关于坚持德法兼修实施卓越法治人才教育培养计划 2.0 的意见》文件精神，立足西部地区和青海省经济社会发展需要，进一步优化人才培养方案，制定《青海师范大学卓越法治人才教育培养计划 2.0 实施方案》，培养一批具有坚定中国特色社会主义法治理念和较强法律实践能力，志愿服务西部的卓越法治人才。开展卓越新闻人才培养计划，制定《青海师范大学卓越新闻人才教育培养计划 2.0 实施方案》，培养一批适应全媒体融合发展，能够讲好新青海故事、传播新青海精神的优秀新闻传播后备人才。

五、打造新文科课程建设体系

制定《青海师范大学课程思政建设实施细则》，将课程思政建设和新文科课程建设有效融合，增强文科专业课程思政育人效果。“师范生教育实习（顶岗支教实习）”“地理中国——青藏高原”“艺术修养”入选教育部首批课程思政示范项目。依托国家教师发展协同创新中心、藏区历史与多民族繁荣发展研究协同创新中心、高原科学与可持续发展研究院、“两弹一星”精神研究院等平台，开发一批高质量的新文科建设示范课程，打造“学科交叉、能力交融”的课程群。

六、探索新文科“课堂革命”新途径

开展新文科课堂教学改革行动，广开通识课，做精专业课，优化课堂教学内容和教学形式，打破教室局限，建设新的课堂教学场景，将“互联网+”“融媒体+”“教育技术+”等信息化手段有效融入课堂教学，不断强化信息化课堂教学质量。近年来，学校相继建设了“藏语言文字学概论”“地理中

国——青藏高原”“中国少数民族双语教育概论”“中国传统文化价值论”“绘画的力量”“中国古代文学”“汉藏科技翻译理论与实践”等一批具有地域特色的精品在线开放课程，通过学堂在线、智慧树等中文“慕课”平台面向全国开放推广。

七、推进新文科教学改革与实践

聚焦新文科建设的重点热点问题，在专业建设、课程体系建设和人才培养模式改革等方面设立新文科建设教学改革与实践项目，形成一批理论研究和实践探索优秀成果。实施新师范教育改革计划，形成紧跟时代发展、具有地方特色的师范教育新形态。截至目前，学校立项建设 16 个校级新文科研究与改革实践项目，2 项入选教育部首批新文科研究与改革实践项目。

八、实施新文科师资队伍提升计划

以师德师风建设为引领，以提升教育教学能力和水平为核心，加强新文科师资队伍、教学团队和实验创新人才队伍建设，通过助教制、导师制、骨干教师、骨干研修、攻读学位、访学等多种途径，形成专兼结合、结构合理、交叉融通的新文科教师队伍体系，培育文科国家级教学名师，打造名师课堂。开展新文科教师培训工作，深化文科教师对现代课堂教学理念、技术、方法和要求的认识，转变教学理念，改革教学方法，创新教学活动，提高教学质量。

九、实施新文科质量文化打造计划

紧紧围绕学生中心、产出导向、持续改进的目标指向，构建学生、督导、同行、领导、社会、第三方、用人单位等多元化、多维度的文科教育质量评价保障体系。紧密结合《深化新时代教育评价改革总体方案》要求，改革文科教师评价、评优体系，进一步健全完善以大数据为基础的文科教育质量常态监测体系。

十、实施新文科建设组织保障计划

成立青海师范大学新文科建设工作委员会，由校领导牵头，相关职能部门负责人和全校文科学院院长共同参与。统筹规划新文科建设路径，解决新文科建设发展难题，研究部署新文科建设重大任务。以项目研究牵引新文科建设，以试点先行的方式逐步推广建设经验，扩大建设范围，推动新文科建设稳步发展。

（稿件来源：青海师范大学）

物流管理与工程类教指委：识变应变求变
培养新时代复合型应用型物流人才

自新文科建设工作启动以来，物流管理与工程类专业教学指导委员会主动识变、应变、求变，深入贯彻落实新文科建设工作会议精神，成立物流管理与工程类专业新文科建设工作领导小组，明确物流专业新文科建设共识、遵循、任务和原则，确立了以问题为导向、以价值为引领，分类指导、全面推进的工作思路，全面推动物流管理与工程类专业新文科建设。

一、响应新文科建设要求，全面部署新文科建设

2019 年 4 月 29 日，在“六卓越一拔尖”计划 2.0 启动大会上，教育部提出要全面实施“六卓越一拔尖”计划 2.0，大力发展新工科、新医科、新农科、新文科，打赢全面振兴本科教育的攻坚战。物流教指委积极响应，贯彻落实会议精神，2019 年 5 月召开物流教指委第二次主任办公会，深入学习研讨“四新”建设，并将新文科建设列入物流教指委的工作重点。组织召开物流教指委全体委员工作会议、第十九届全国高校物流专业教学研讨会、新文科建设主任扩大会议等，就物流管理与工程类专业新文科建设进行专题研讨，形成新文科建设共识“十月共识”，确定了物流专业新文科建设的基本遵循、主要任务和基本原则，标志着物流教指委正式启动物流管理与工程类专业新文科建设工作。

2020 年 11 月 3 日，教育部新文科建设工作组召开全国新文科建设工作会议，发布《新文科建设宣言》，为物流管理与工程类专业新文科建设指明了方向。物流教指委以《新文科建设宣言》为遵循，研究新形势、新经济、新业态下物流学科建设的新内涵、新特色与新要求，研究制定并发布了《物流管理与工程类专业新文科建设行动纲领》，明确了物流专业新文科建设的行动目标、行动原则和行动要点。

二、主动作为，分类推进新文科建设

（一）广泛调研，整体推进

物流教指委围绕新文科建设内涵与特色、专业布局、培养模式、课程体系等多个方面对300余家高校开展广泛调研，为明确物流专业新文科建设的总体思路、行动原则、工作重点提供基本依据。物流教指委按照“由点到线、由线到面”的工作推进原则，分专业全面开展新文科建设研讨。物流管理、物流工程、供应链管理等专业相继召开新文科建设专业研讨会，就人才培养模式创新、专业特色建设、课程建设、教材建设、课程思政、仿真实验教学、产教融合、服务区域经济发展等方面进行充分研讨。2021年6月，召开物流管理与工程类专业新文科建设工作推进会，物流管理、物流工程、采购管理、供应链管理四个专业工作组分别就一流专业建设深入探讨，整体推进新文科建设。

（二）先行先试，以点带面

2021年，物流教指委启动物流管理与工程类专业新文科建设试点工作，依照《新文科研究与改革实践项目指南》，面向全国高校物流管理与工程类专业开展新文科建设试点，探索物流管理与工程类专业新文科建设。试点工作以问题为导向，内容涵盖专业建设发展理论研究与实践、专业建设模式创新与实践、专业人才培养改革实践、专业重点工作领域研究、专业师资队伍建设改革实践和特色质量文化建设综合改革实践六大研究领域十三个方面的研究内容。经过申报和审核，物流教指委共确定49个首批建设试点，首批建设试点涵盖部属院校和地方院校，覆盖物流管理与工程类四个专业。其中，由物流教指委推荐、东南大学牵头的“物流类新文科复合型人才培养模式创新研究与实践”项目入选首批教育部新文科研究与改革实践项目。

（三）聚焦专业，分类指导

结合物流管理、物流工程、采购管理、供应链管理四个专业的特点和不同层次、不同类型高校的办学特色，物流教指委分片区、分类型对各类院校物流专业进行指导，重点聚焦专业建设、教学管理和质量保障等方面，确保物流管理与工程类四个专业通过新文科建设提升专业质量，实现“质量革命”。

三、价值引领，服务国家经济社会发展

（一）服务国家战略

物流业是支撑我国国民经济发展的基础性、战略性、先导性和保障性产业。目前，我国物流和现代供应链在全球都具有一定的发展优势，在电商物流、城市配送等领域处于引领地位，在抗击新冠肺炎疫情、推进数字经济发展等方面发挥着重要作用，“保产业链供应链稳定”被纳入“六保”工作中。我国拥有全球体系最全、专业点最多的物流管理与工程类专业，物流教指委紧密结合国家发展战略，立足国家发展大局，以问题为导向，推进物流管理与工程类新文科建设，推动物流管理与工程类专业发展成为具有中国特色的国际领先的专业。

（二）服务课程思政建设

物流教指委结合《物流管理与工程类专业课程思政教学指南》研制工作，充分挖掘课程思政元素，培养学生坚定理想信念、树立正确的价值观、弘扬物流传统文化和厚实职业品格等，将课程思政建设作为新文科建设的重点内容，充分发挥思政育人功能。

四、积极探索，推动高校物流专业“新教改”

自物流管理与工程类专业新文科建设全面启动以来，有关高校结合自身特色积极开展探索实践，全面推动物流专业“新教改”。上海海事大学依托航运、物流学科特色和优势，服务国家交通强国、海洋强国战略，推动经济、管理、法律、外国语等人文社会学科与理工学科之间的交叉融合，优化人才培养方案，完善学生知识结构，培养高层次应用型物流人才。北京交通大学面向智慧物流时代要求，构建“智慧导向（Intelligence）、交叉融合（Integration）、持续改进（Improvement）”的3I理论教学体系，打造“设计（Design）、开发（Develop）、指导（Direct）”3D实践教学体系，创新“模式（Mode）、载体（Media）、方法（Method）”3M思维训练体系，探索契合新文科发展理念的智慧物流创新人才培养模式。北京物资学院依托地处北京城市副中心的区位优势，结合北京“四个中心”建设，不断完善物流管理与工

程类专业教学内容，服务北京经济社会发展。天津大学物流工程专业通过文工深度融合，推动专业改造升级，打造“智能+”特色，新增“智慧物流与供应链管理”“商务智能与决策分析”等课程，出版“十三五”国家重点图书《智慧物流与智慧供应链》等教材。华中科技大学构建校企合作平台，不断完善产学研创新链条，促进科研成果转化，打造“产学研用，协同育人”的物流专业新文科人才培养模式，培养新时代创新型管理人才。中南林业科技大学依托传统林学学科优势，构建“高等学校+行业协会+物流企业”一体化产教融合人才培养模式，培养新文科与新农科交叉融合的复合型应用型物流人才。西南交通大学以物流工程专业与物流管理专业为试点，构建面向未来（FOE）和成果导向（OBE）的人才培养体系，以分类课程思政、跨校微专业、跨专业科创平台建设为抓手，培养高水平物流人才。

（稿件来源：物流管理与工程类专业教学指导委员会）

戏剧与影视学类教指委：全面深化改革开创戏剧与影视学科发展新局面

戏剧与影视学类专业教学指导委员会深入学习贯彻习近平总书记关于教育的重要论述和全国教育大会精神，落实新文科建设工作会议要求，全面探索戏剧与影视学新文科建设路径，推动戏剧与影视学类教育教学变革，开创戏剧与影视学科发展新局面。

一、全面探索新文科建设路径

戏剧与影视学类教指委主动把握新时代教育规律，在全国新文科工作建设推进过程中，深度参与新文科建设顶层设计、理论研究和实践探索。积极发动全体委员、戏剧影视类高校聚焦戏剧影视学在新文科建设背景下人才培养、专业建设、学科发展、课程建设、建材规划等方面开展深入研讨，深化理论研究，推动实践探索，推动形成戏剧影视学科新文科建设理论内涵与推进策略。戏剧与影视学教指委围绕“新文科建设与戏剧影视学科发展”核心主题，先后相继召开了十四次全体委员工作会议，传达教育部新文科建设工作指导思想，聚焦戏剧与影视学新文科建设，从不同维度、不同层次进行深入研讨，全面推进新文科建设背景下戏剧影视学科高质量发展。

2020 年，戏剧与影视学教指委组织召开第五次工作会议，立足新文科背景下戏剧影视课程体系的构建与设想，围绕戏剧与影视学五类课程建设指南展开探讨；戏剧与影视学教指委第六次工作会议围绕“新文科视野下戏剧影视类专业、学科与课程建设”，探讨新文科背景、危机与变局思维下的戏剧影视类专业的学科发展、专业建设、课程体系建设、人才培养模式改革等问题，从顶层设计到具体实践，注重艺术和技术的深度融合，传扬艺术与文化的关系，凸显艺术审美的价值和意义。

2021 年，戏剧与影视学教指委组织召开第十三次工作会议，强调以“守正创新：新文科视野下戏剧影视学与专业拓展思路与路径探讨”为主题，围绕新时代戏剧影视学科面临的机遇与挑战、推进策略与发展思路、具体措施展开学术讨论。同时，立足戏剧影视行业需求，探索产教融合、校政企合作机制，构建产学研协同育人发展路径，培养兼具艺术修养和影视、新闻、融媒体内容生产能力的应用型人才，建设特色鲜明的、一流的戏剧与影视学专业。

二、深化戏剧影视学科理论研究

戏剧与影视学教指委重点围绕戏剧与影视学新文科建设热点问题开展理论研究与探索，深化学科交叉融合、科艺融合理念，打破学科专业壁垒，探索戏剧、戏曲、电影、电视、广播等专业之间的交叉融合性，以及戏剧影视类专业与其他学科专业之间的综合融通性，深入研究与阐释新文科建设内涵与戏剧影视学科发展方向。截至目前，戏剧与影视学教指委主任委员周星教授已发表新文科相关文章25篇，在全国新文科研究领域形成了一定的影响力。同时，重点培养新文科研究新锐力量，鼓励带动青年学者、教师以及学生积极开展研究，培养新文科研究攻坚力量。

戏剧与影视学教指委高度重视新文科研究成果传播与推广，共同编写新文科研究文集《新文科建设与戏剧影视学科发展》，围绕戏剧影视学科体系的历史回顾、新文科建设与艺术学科的宏观思考、新文科建设与戏剧影视学科的关系认知、新文科背景下戏剧影视学科发展的模式探讨四个方面，收录戏剧与影视学教指委专家文章40余篇，全面呈现专家学者对戏剧影视学科发展的多维度思考与多元化探索。

三、策划“名师大讲堂”系列活动

充分发挥戏剧与影视学科文化推广与价值引领作用，戏剧与影视学教指委特别策划了极具学术品牌价值的“审美与向善：戏剧与影视学名师大讲堂”系列讲座。戏剧与影视学教指委联合全国高等院校，广邀知名专家学者、教学名师，聚焦戏剧与影视学科发展相关主题，线上开讲，传道解惑。截至目前，“审美与向善：戏剧与影视学名师大讲堂”系列讲座已经成功举办四季，开讲 78 次，通过央视网等平台、央视网教育频道回放专栏等面向全国广泛推广，累计惠及百万余人次，受到了全国众多高校师生的热烈赞誉，有效推动了新文科建设背景下戏剧影视学科高质量发展。

（稿件来源：戏剧与影视学类专业教学指导委员会）

附录一　首批新文科研究与改革实践项目名单

序号	项目编号	项目名称	负责人	单位
新文科建设发展理念研究				
1	2021010001	融媒体时代“四史”教育融入高校思想政治理论课的方法与路径研究	张北根	北京科技大学
2	2021010002	新时代高等医学院校人文思政有机融合的“大思政”教育发展模式研究	谷晓红	北京中医药大学
3	2021010003	新文科建设框架下“四史”教育的创新模式与实践路径	秦瑜明	中国传媒大学
4	2021010004	新文科建设发展理念研究	夏文斌	对外经济贸易大学
5	2021010005	耕读教育融入新文科建设发展理念的研究与实践	张庆松	河北农业大学
6	2021010006	一体多维、协同融合的高校“四史”教育模式探索	任　鹏	东北大学
7	2021010007	经管类领域新文科立德树人之道建设发展理念研究	李宝库	辽宁工程技术大学
8	2021010008	新文科建设中高校课程思政的方法与路径研究	曲红梅	吉林大学
9	2021010009	高等农业院校新文科建设发展理念及模式创新的研究与实践	张永强	东北农业大学
10	2021010010	习近平法治思想引领下高校法学教育改革路径研究	李景义	东北林业大学
11	2021010011	武以立德　术在育人：中华武术课程思政教学体系研究	郭玉成	上海体育学院
12	2021010012	高校课程思政建设的理念、内涵和路径研究——以东南大学为例	孙伟锋	东南大学
13	2021010013	新文科建设背景下中华优秀传统文化创造性转化的研究与实践	方　忠	盐城师范学院
14	2021010014	以“四史”教育促大思政教学改革创新研究	牛小侠	合肥工业大学
15	2021010015	中国“新文科”发展理念研究	别敦荣	厦门大学
16	2021010016	培根铸魂——以中华优秀传统文化涵养新文科建设	戚万学	曲阜师范大学

续表

序号	项目编号	项目名称	负责人	单位
17	2021010017	实践思政：新文科立德树人路径创新研究	王邵军	山东财经大学
18	2021010018	多方协同推进高校法治文化育人新模式的探索与实践	刘炯天	郑州大学
19	2021010019	新文科背景下中原文化育人体系构建与实践	张倩红	郑州大学
20	2021010020	用习近平新时代中国特色社会主义思想铸魂育人协同机制研究	沈壮海	武汉大学
21	2021010021	文科专业课程思政价值的创生、锁定与扩展	王祖山	中南民族大学
22	2021010022	面向新文科建设的高校思政课融合式教学改革研究	黄显中	湘潭大学
23	2021010023	新文科建设价值性目标的实现路径研究与实践	陈金龙	华南师范大学
24	2021010024	新文科发展理论与实践模式建构	崔延强	西南大学
25	2021010025	新文科建设中习近平新时代中国特色社会主义思想“三进”创新研究	孟东方	重庆师范大学
26	2021010026	以《习近平谈治国理政》多语种版进课堂为主要抓手，打造外语类院校特色课程思政	祝朝伟	四川外国语大学
27	2021010027	边疆民族地区艺术院校深入推进新文科建设发展理念研究与实践	郭　浩	云南艺术学院
28	2021010028	藏民族传统体育项目融入高校体育教学探索与实践	洪思征	西藏农牧学院
29	2021010029	数字化与融通性：新文科视域下高校四史教育实践路径探索	潘明娟	西安电子科技大学
30	2021010030	新文科教育改革视阈下高校思政课综合改革研究	姚书志	陕西科技大学
31	2021010031	新文科背景下中华优秀传统文化在国家通用语言文字教学中传播的创新路径、模式、机制研究	沙吾列·依玛哈孜	昌吉学院
		新文科建设改革与发展研究		
32	2021020001	数据科学融合新文科有效路径的研究与实践	杜小勇	中国人民大学
33	2021020002	中国特色社会主义社会学专业人才培养体系改革与探索	冯仕政	中国人民大学
34	2021020003	高校新文科运行机制的改革与发展研究	王　超 王秀彦	北京工业大学

续表

序号	项目编号	项目名称	负责人	单位
35	2021020004	涉农高校人文社会科学差异化人才培养体系创新研究	叶敬忠	中国农业大学
36	2021020005	新文科多校融合共育模式构建与实践研究	翟双庆	北京中医药大学
37	2021020006	新文科建设语境下“中国新闻传播大讲堂”的创新实践	高晓虹	中国传媒大学
38	2021020007	公安学类本科专业教学质量国家标准研究	曹诗权	中国人民公安大学
39	2021020008	国际语境下的中国美术教育改革研究	范迪安	中央美术学院
40	2021020009	新文科民族学专业建设改革与发展研究	罗惠翾	中央民族大学
41	2021020010	应用型大学新文科人才培养体系的研究与实践	齐再前	北京联合大学
42	2021020011	理工类高校新文科交叉融合发展研究	霍宝锋	天津大学
43	2021020012	医学人文转向健康人文的研究与实践	段志光	山西中医药大学
44	2021020013	人文社科与工程科技交叉融合的新文科人才培养模式改革	孙　雷	东北大学
45	2021020014	大数据驱动的设计学建设与发展研究	徐　江	同济大学
46	2021020015	综合性大学基于多学科交叉融合的新文科人才培养模式探索与实践	王志林	南京大学
47	2021020016	服务中国国际水电战略的“新外语”专业建设与发展路径研究	张海榕	河海大学
48	2021020017	新商科“四位一体”“五育并举”人才培养体系创新与实践	钱学锋	中南财经政法大学
49	2021020018	新文科实验教学改革发展研究与实践创新	董海军	中南大学
50	2021020019	基于大数据的新文科建设改革与人才协同培养体系研究	郑石明	暨南大学
51	2021020020	新商科建设改革与发展研究	于海峰	广东财经大学
52	2021020021	以新文科理念为指引，构建外国语大学本科教育发展新格局	董洪川	四川外国语大学
53	2021020022	新文科背景下《会计信息化》课程改革与实践	陈　旭	重庆理工大学
54	2021020023	新文科与新医科融合的口腔人文医学教育的创新和重构模式研究	谭　静	四川大学
55	2021020024	面向中华文化国际传播时代的新文科建设	李　怡	四川大学
56	2021020025	交通思想政治教育专业方向的探索与实践	林伯海	西南交通大学
57	2021020026	新文科视阈下财政学跨专业、跨学科门类交叉发展路径研究	马　骁	西南财经大学

续表

序号	项目编号	项目名称	负责人	单位
58	2021020027	基于文旅融合的链条式育人机制探索与实践	王建华	西南民族大学
59	2021020028	西部国防院校跨学科交叉融合型英语一流专业建设新模式研究	张　奕	西北工业大学
60	2021020029	交通特色高校经管类学生“知识能力素质融通”的培养路径改革与实践	孙启鹏	长安大学
61	2021020030	新文科建设背景下社会学类人才本研贯通培养模式改革与实践研究	赵晓峰	西北农林科技大学
新文科建设政策与支撑体系研究				
62	2021030001	新医科与新文科融合——中国医学人文学科及专业现状与繁荣发展研究	何　仲	北京协和医学院
63	2021030002	理工类高校新文科建设政策与支撑体系研究	杨勇平	华北电力大学
64	2021030003	音乐类一流本科教育创新建设政策与支撑体系实践研究	杨燕迪	哈尔滨音乐学院
65	2021030004	基于交叉融合导向的理工类高校文科建设模式及支持机制研究	周　玲	华东理工大学
66	2021030005	构建“医文融通”的中医药院校“中医+”新文科体系	张亭立	上海中医药大学
67	2021030006	地方高校新文科建设政策与支撑体系研究——基于省、校两级的改革实践	刘小强	江西师范大学
68	2021030007	以嵩阳书院为依托的人文科学试验班新文科人才培养模式的创新与实践	韩国河	郑州大学
69	2021030008	地方行业特色大学新文科建设改革与发展研究	王存文	武汉工程大学
70	2021030009	陕西新文科建设政策与支撑体系研究	郭立宏	西北大学
71	2021030010	国防特色高校新文科建设改革与发展路径研究	陈建有	西北工业大学
新时代文科专业结构优化研究与实践				
72	2021040001	新时代公共管理专业结构优化研究与实践	杨开峰	中国人民大学
73	2021040002	基于新文科建设的人文社会科学引领型人才培养探索	云国强	北京语言大学
74	2021040003	新时代设计学科专业结构优化研究与实践	宋协伟	中央美术学院
75	2021040004	新时代中国美育学学科建设研究	宋修见	中央美术学院
76	2021040005	新文科建设背景下外语学科国别区域学专业建设探索	常俊跃	大连外国语大学

续表

序号	项目编号	项目名称	负责人	单位
77	2021040006	数智时代会计与财务管理专业人才培养创新研究与实践	陈信元	上海财经大学
78	2021040007	新文科背景下海关特色专业的建构研究与实践探索	丛玉豪	上海海关学院
79	2021040008	公安学类专业优化整合研究与实践	林　平	南京森林警察学院
80	2021040009	面向“三农”现代化的地方农林高校新文科专业结构优化研究与实践	滕　瀚	安徽农业大学
81	2021040010	交叉与应用：新文科视域下体育类专业结构优化研究与实践	王志强	武汉体育学院
82	2021040011	产品设计专业结构优化研究与实践	陈　江	广州美术学院
83	2021040012	培元·融合·弘通——新文科专业创新与内涵建设研究及实践	张红伟	四川大学
84	2021040013	新时代陕西文科专业结构优化研究与实践	姚聪莉	西北大学
85	2021040014	新时代幼儿园教师岗位胜任力的模型建构及其职前培养的研究与实践	蔡　军	西安文理学院
原有文科专业改造提升改革与实践				
86	2021050001	新时代中国经济学专业改革与实践	董志勇	北京大学
87	2021050002	语言大数据视野下外语学科人才培养模式研究	梁茂成	北京航空航天大学
88	2021050003	工管融合背景下经管类专业改造提升与实践	张　祥	北京理工大学
89	2021050004	新文科背景下法学知识产权专业改造提升改革与实践	张武军	北京科技大学
90	2021050005	基于大数据技术的经济管理类专业改造提升研究与实践	闫相斌	北京科技大学
91	2021050006	理工类院校跨学科培养法治人才的理论与实践	和育东	北京化工大学
92	2021050007	工科背景下外语专业人才培养体系的创新实践与研究	武穆清	北京邮电大学
93	2021050008	思政引领、科技赋能、融合创新：新文科建设与工商管理专业综合改革与实践	何　瑛	北京邮电大学
94	2021050009	新文科视角下农林特色高校国际经济与贸易专业建设优化与实践	胡明形	北京林业大学
95	2021050010	新文科背景下动画专业交叉改造和提升改革研究与实践	黄心渊	中国传媒大学
96	2021050011	新文科背景下商务外语专业建设探索与实践	向明友	对外经济贸易大学

续表

序号	项目编号	项目名称	负责人	单位
97	2021050012	深度学科交叉融合背景下的多语种专业改造提升与实践	李运博	对外经济贸易大学
98	2021050013	新文科背景下经济学专业改造提升改革与实践研究	王　军	首都经济贸易大学
99	2021050014	“新文科”建设背景下中国与周边国家关系史实验班人才培养模式的改革与探索	彭　勇	中央民族大学
100	2021050015	新文科建设背景下政治学与行政学专业改造提升实践研究	常保国	中国政法大学
101	2021050016	数字经济时代经济学科人才培养创新与专业改造升级	胡昭玲	南开大学
102	2021050017	新文科建设背景下动画一流专业人才培养与教学范式研究的改革创新实践	李　铁	天津工业大学
103	2021050018	“财务+智能”深度融合的新文科人才培养探索与实践（以“智能财务”专业方向为例）	葛宝臻	天津商业大学
104	2021050019	数智时代经济统计学专业改革与实践	杨贵军	天津财经大学
105	2021050020	基于数智赋能的工商管理类专业提升改革与实践	彭正银	天津财经大学
106	2021050021	新文科背景下哲学专业改革提升研究与实践	张燕京	河北大学
107	2021050022	经济学类国家级一流本科专业融入理工要素的人才培养模式改革研究	成新轩	河北大学
108	2021050023	以应急语言服务为特色的英语专业本科人才培养方案研究	池丽霞	防灾科技学院
109	2021050024	部省合建高校经济学专业改造提升改革与实践	黄桂田	山西大学
110	2021050025	新文科视角下地方综合性大学行政管理专业改革与实践	王臻荣	山西大学
111	2021050026	新文科背景下“体医工融通”促体育教育专业建设探索与实践	张美珍	太原理工大学
112	2021050027	新文科背景下地方师范院校学前教育“一流专业”建设实践研究	畅肇沁	太原师范学院
113	2021050028	中国少数民族语言文学专业改造提升研究与实践	吴英喆	内蒙古大学
114	2021050029	新文科背景下民族地区师范大学汉语言文学一流专业课程体系建设与探索	闫　艳	内蒙古师范大学

续表

序号	项目编号	项目名称	负责人	单位
115	2021050030	广播电视学“全媒型”新文科人才培养长效机制的改革与实践	武文颖	大连理工大学
116	2021050031	应用型高校经贸类新文科人才培养模式改革研究与实践	吕红军	辽宁对外经贸学院
117	2021050032	数字经济背景下应用型商科专业改造提升改革与实践	高　强	大连民族大学
118	2021050033	数字人文背景下中国语言文学专业的改造与提升	张丛皞	吉林大学
119	2021050034	新文科建设背景下农林经济管理专业改造提升研究与实践	曹建民	吉林农业大学
120	2021050035	“文工融合”促进国际经济与贸易专业改造提升研究	姜明辉	哈尔滨工业大学
121	2021050036	智慧社区建设背景下社会工作专业文工融合的改革与实践	李正东	上海应用技术大学
122	2021050037	社会学类专业多学科协同育人机制创新与实践研究	张文宏	上海大学
123	2021050038	面向新文科范式的应用型大学财经专业改造升级探索与实践	杨　力	上海立信会计金融学院
124	2021050039	交叉融合——新文科背景下商科类专业提升与再造	熊平安	上海商学院
125	2021050040	面向新时代、新经济、新文科的经济学专业改革与实践探索	安同良	南京大学
126	2021050041	交叉复合型智慧会计一流人才培养体系构建	陈志斌	东南大学
127	2021050042	新文科背景下理工院校外语专业改造提升改革与实践	范祥涛	南京航空航天大学
128	2021050043	商能并举视角的传统会计学专业改造提升改革与实践	黄国良	中国矿业大学
129	2021050044	“思政引领+科技赋能”的会计学专业智能化转型研究与实践	董必荣	南京审计大学
130	2021050045	新时代哲学专业高质量发展的创新与实践	金　立	浙江大学
131	2021050046	地方综合性大学语言类专业改造升级：基于宁波大学、汕头大学和温州大学的探索与实践	周国平	宁波大学
132	2021050047	面向新文科的工科院校经济类专业“四维一体”人才培养模式探索与实践	张先锋	合肥工业大学

续表

序号	项目编号	项目名称	负责人	单位
133	2021050048	服务乡村振兴的地方农林高校传统文科专业改造提升研究与实践	姜　红	安徽农业大学
134	2021050049	基于 OPST 理念的“思专创融合”新商科人才培养数字化改革与实践	郝世绵	安徽科技学院
135	2021050050	借鉴德国先进教学理念改造提升经济工程专业实践研究	陈江华	合肥学院
136	2021050051	匠心塑魂、艺科融通——工艺美术专业新文科改革与实践	林梓波	福州大学
137	2021050052	国家文科基地中国语言文学专业的提升改革与实践	郑家建	福建师范大学
138	2021050053	工商管理类专业数字化改造提升研究与实践	卢福财	江西财经大学
139	2021050054	新文科数字化智能化融合发展，文科实验教学平台建设研究与实践	郝兴伟	山东大学
140	2021050055	新文科背景下科技与艺术融入汉语言文学专业人才培养体系的改革与实践	沈壮娟	中国石油大学(华东)
141	2021050056	面向新文科的能源特色高校管理类专业升级改造探索与实践	周　鹏	中国石油大学(华东)
142	2021050057	数字经济背景下经管类专业改造提升研究与实践	李光红	济南大学
143	2021050058	新时代会计学专业提升改造创新与实践	李青原	武汉纺织大学
144	2021050059	基于多学科融合的卓越新闻传播人才培养体系创新改革研究	张明新	华中科技大学
145	2021050060	主动迎接人工智能大数据加快公共管理专业改造升级的路径研究与实践	谭术魁	华中科技大学
146	2021050061	新文科建设中的汉语言文学师范专业提升改革与实践	刘　云	华中师范大学
147	2021050062	基于超算平台的英语专业语言智能方向人才培养探索与实践	刘正光	湖南大学
148	2021050063	基于科技与文化融合的旅游管理国家一流专业建设路径探索与实践	刘沛林	长沙学院
149	2021050064	全媒体新闻传播人才培养的“四维融合”模式研究与实践	刘　涛	暨南大学
150	2021050065	新定位、新方向、新体系、新机制——新文科背景下广告学专业提升改革与实践研究	黄玉波	深圳大学

续表

序号	项目编号	项目名称	负责人	单位
151	2021050066	基于经管法文理工深度交叉融合的经济学科专业内涵优化路径探索	郑尊信	深圳大学
152	2021050067	新文科背景下市场营销专业改革与实践研究	肖　怡	广东财经大学
153	2021050068	“大数据赋能+产教融合实践”：地方高校经管类专业改造提升改革与实践	卢志平	广西科技大学
154	2021050069	“三融一改”：民族地区旅游管理类专业升级改革与实践	吴忠军	桂林理工大学
155	2021050070	汉语言文学专业与信息技术深度融合研究与实践	黄思贤	海南师范大学
156	2021050071	新时代历史学专业改造提升的探索与实践	潘　洵	西南大学
157	2021050072	新文科视域下汉语言文学专业“一基础三融合”改革及实践	王本朝	西南大学
158	2021050073	会计学专业“三化”改造提升的探索与实践	孙芳城	重庆工商大学
159	2021050074	基于现代信息技术的金融学专业改造提升路径研究	蒋远胜	四川农业大学
160	2021050075	巴蜀文化研究与传承拔尖人才培养的改革与实践	刘　敏	四川师范大学
161	2021050076	新时代民族学人才培养模式的创新实践	刘　勇	西南民族大学
162	2021050077	新时代历史学科结构调整与战略重组	罗　群	云南大学
163	2021050078	新文科背景下公共管理类一流专业改造提升改革与实践研究——以应急管理人才培养模式创新为切入点	木永跃	云南大学
164	2021050079	地方财经类高校经济学类专业优化提升改革的探索与实践	旷锦云	云南财经大学
165	2021050080	新时代禁毒学专业改造提升及课程和教材体系建设实践	王建伟	云南警官学院
166	2021050081	智媒时代原有新闻传播专业改革提升与实践探索研究	李明德	西安交通大学
167	2021050082	文工交叉的智能社会治理专业的探索性研究	李黎明	西安交通大学
168	2021050083	文理交叉管工贯通新型工业工程专业建设探索与实践	吴　锋	西安交通大学
169	2021050084	“新文科”背景下行业特色高校外语专业优化研究与实践	刘　宇	长安大学

续表

序号	项目编号	项目名称	负责人	单位
170	2021050085	新文科背景下高等农林院校金融学专业改造提升与一流专业建设实践研究	罗剑朝	西北农林科技大学
171	2021050086	新文科理念下传统中文专业改造提升的改革与实践	李跃力	陕西师范大学
172	2021050087	交叉融合视域下哲学的专业改造与提升	陈声柏	兰州大学
173	2021050088	基于新文科背景的小学教育一流专业建设探索与实践	杨学良	天水师范学院
174	2021050089	新文科建设背景下民族学专业的改造提升改革与实践研究	满　珂	西北民族大学
175	2021050090	新文科背景下多民族共居地区普通高校汉语言文学专业提升与改造	刘晓林	青海师范大学
176	2021050091	“新文科”背景下新疆高校中国语言文学类专业改造提升的探索与实践	邹　赞	新疆大学
177	2021050092	基于虚拟仿真技术开展公共事业管理专业实践教学改革的研究与实践	王承武	新疆农业大学
178	2021050093	新文科背景下军事英语专业建设探索与实践	陈春华	战略支援部队信息工程大学
新文科建设改革与发展研究				
179	2021060001	基于文理交叉的计算社会科学新兴文科专业建设探索与实践	孟天广	清华大学
180	2021060002	新文科引领下卓越新闻传播人才培养体系建设	周　勇	中国人民大学
181	2021060003	新兴数字人文专业建设探索与实践	冯惠玲	中国人民大学
182	2021060004	“数字+”新文科人才培养模式的实践与探索	贾利军	北京理工大学
183	2021060005	“信息+”新文科专业建设的研究与实践	孙洪祥	北京邮电大学
184	2021060006	新文科背景下密码管理专业建设探索与实践	徐东华	北京电子科技学院
185	2021060007	新兴文科医药卫生法学专业建设探索与实践	杨逢柱	北京中医药大学
186	2021060008	中医文化创意专业的建设探索研究	李良松	北京中医药大学
187	2021060009	外语与人工智能本科专业建设	孙有中	北京外国语大学
188	2021060010	数字智能时代计算传播专业群创新建设探索与实践	隋　岩	中国传媒大学
189	2021060011	新文科背景下金融科技专业建设研究	张　宁	中央财经大学
190	2021060012	数字贸易新文科专业建设探索与实践	洪俊杰	对外经济贸易大学
191	2021060013	“国家安全学”新兴文科专业建设探索与实践	田华伟	中国人民公安大学

续表

序号	项目编号	项目名称	负责人	单位
192	2021060014	体旅融合背景下体育旅游跨学科人才培养模式研究	张　健	北京体育大学
193	2021060015	作为新兴学科的艺术管理专业建设与实践	余　丁	中央美术学院
194	2021060016	“文理融合”的舞蹈科学专业建设探索与实践	温　柔	北京舞蹈学院
195	2021060017	新文科导引下语言服务专业建设探索与实践	高　霄	华北电力大学
196	2021060018	能源行业大数据管理与应用专业建设探索与实践	丁日佳	中国矿业大学（北京）
197	2021060019	两统一职责背景下土地资源管理国家一流专业建设点内涵建设与实践	周　伟	中国地质大学（北京）
198	2021060020	科技驱动下新文科金融学专业建设与交叉融合式人才培养模式创新	范小云	南开大学
199	2021060021	新文科建设背景下体育教育专业改革探索与实践	孙延林	天津体育学院
200	2021060022	新文科背景下马克思主义理论专业建设探索与实践研究	洪晓楠	大连理工大学
201	2021060023	音乐与康复类（音乐治疗师+康复治疗师）复合型人才培养模式探索与实践	季惠斌	沈阳音乐学院
202	2021060024	国别与区域学交叉学科本科专业设置探索与实践	吴　昊	吉林大学
203	2021060025	依托工科优势的“科学+艺术”融合数字媒体创意设计类专业探索与实践	邵　郁	哈尔滨工业大学
204	2021060026	面向新时代，建设文工融合的数字化社会治理新方向的探索与实践	吴林志	哈尔滨工程大学
205	2021060027	在交叉融合中创新培养马克思主义理论人才战略研究	徐　蓉	同济大学
206	2021060028	新媒体传播新兴文科专业建设探索与实践	李本乾	上海交通大学
207	2021060029	语言数据科学与应用专业建设研究与实践	胡开宝	上海外国语大学
208	2021060030	对标新文科对接新海关——海关国门安全专业建设探索与实践	黄胜强	上海海关学院
209	2021060031	音乐人工智能专业探索与实践	于　阳	上海音乐学院
210	2021060032	基于电影科学院和电影商学院发展导向的电影专业建设探索与实践	厉震林	上海戏剧学院
211	2021060033	金融科技交叉学科专业建设探索与实践	顾晓敏	上海立信会计金融学院

续表

序号	项目编号	项目名称	负责人	单位
212	2021060034	数字化转型背景下新兴文科专业体系构建与实践探索	周　毅	苏州大学
213	2021060035	新兴法学交叉专业建设探索与实践	刘艳红	东南大学
214	2021060036	高度 IET 国际化竞争背景下新文科复合人才培养模式的探索实践	陈美华	东南大学
215	2021060037	以信息处理为核心的“语言学”交叉学科人才培养模式探索与实践	赵雪琴	南京理工大学
216	2021060038	STEAM 教育理念下多维融合、协同创新的教育技术学一流专业建设研究	陈明选	江南大学
217	2021060039	深化医药体制改革背景下健康服务与管理专业特色发展的实践与探索	姚文兵	中国药科大学
218	2021060040	医药类高校英语专业医药复合型国际化人才培养模式的探索与实践	史志祥	中国药科大学
219	2021060041	基于教卫融合的学前教育本科人才培养方案的研究与实践	顾荣芳	南京师范大学
220	2021060042	“数字+公共管理”专业建设探索与实践	郁建兴	浙江大学
221	2021060043	作为新文科跨学科领域的公共治理专业方案设计与实践探索	陈振明	厦门大学
222	2021060044	新兴文科专业建设探索与实践——运动健康传播的研究与改革实践	赵振祥	厦门理工学院
223	2021060045	地方高校新文科“中文+”人才培养模式改革与实践——以井冈山大学汉语言文学专业为例	刘晓鑫	井冈山大学
224	2021060046	体育健康专业建设探索与实践	孙晋海	山东大学
225	2021060047	“公共管理+网络信息”文工融合专业建设	曹现强	山东大学
226	2021060048	海洋人文专业建设探索与实践	修　斌	中国海洋大学
227	2021060049	语言数据科学与技术学科专业建设探索与实践	刘伍颖	鲁东大学
228	2021060050	智能会计专业建设探索与实践	王爱国	山东财经大学
229	2021060051	数字经济时代经济学类专业发展探索与实践	余　振	武汉大学
230	2021060052	大数据赋能时代图情档专业建设创新研究	陆　伟	武汉大学
231	2021060053	医学与法学深度交叉融合的卫生法学专业建设与探索	赵　敏	湖北中医药大学
232	2021060054	音乐治疗与健康管理交叉融合研究	万　瑛	武汉音乐学院

续表

序号	项目编号	项目名称	负责人	单位
233	2021060055	新文科视域下数字经济（电力数字化方向）专业建设探索与实践	曹二保	湖南大学
234	2021060056	基于多学科深度融合的融媒体专业建设探索与实践	白　寅	中南大学
235	2021060057	护理伦理专业人才培养模式探索	唐四元	中南大学
236	2021060058	人工智能赋能的新文科拔尖创新型人才培养模式研究与实践	奎晓燕	中南大学
237	2021060059	“艺、工、文、商”融合下的智能包装设计“四段式”人才培养体系及专业建设探索与实践研究	柯胜海	湖南工业大学
238	2021060060	“服务科学与管理”专业建设探索与实践	张卫国	华南理工大学
239	2021060061	数字转型背景下工商管理专业的“管工融合”模式研究	张德鹏	广东工业大学
240	2021060062	“学科融合多维导向”的新文科专业建设探索与实践	贺祖斌	广西师范大学
241	2021060063	新文科背景下多学科融合的复合型外语人才培养新模式探索	金　山	海南大学
242	2021060064	人文医学专业建设探索与实践	苏玉菊	海南医学院
243	2021060065	新文科“艺术+科技”服装专业的交叉融合学科优化建设与实践	赵　武	四川大学
244	2021060066	旅游管理类专业“农旅融合”人才培养模式创新与实践	郭　凌	四川农业大学
245	2021060067	新文科背景下“社会工程”专业设置与培养模式研究	陈建兵	西安交通大学
246	2021060068	多学科交融的国家安全法学专业建设探索与实践	王　健	西北政法大学
247	2021060069	新文科视野下小学教育（全科）专业建设的探索与实践	武启云	青海师范大学
248	2021060070	新文科背景下“边海防安全”专业建设探索与实践	袁正宏	陆军边海防学院
249	2021060071	紧贴战略情报保障需求，服务新型作战力量建设，创建多学科交叉融合的国家安全学学科专业体系	徐万胜	战略支援部队信息工程大学

续表

序号	项目编号	项目名称	负责人	单位
250	2021060072	服务武警部队打赢维护政权安全政治仗，构建舆论战心理战法律战新文科研究	王　莉	武警工程大学
251	2021060073	推进新文科新型军事法学专业建设改革与实践	杨成余	武警警官学院
新文科建设改革与发展研究				
252	2021070001	课程体系和教材体系建设实践：新文科背景下的心理学本科人才培养	周晓林	北京大学
253	2021070002	“新范式、新理念、新课程”——图书馆学课程体系和教材体系建设研究与实践	张久珍	北京大学
254	2021070003	人文地理与城乡规划专业实习实践教学改革与课程体系建设	贺灿飞	北京大学
255	2021070004	健康中国背景下全生命周期护理人文学课程及教材体系的构建与实践研究	孙宏玉	北京大学
256	2021070005	新文科建设背景下设计学专业课程体系与教材建设	鲁晓波	清华大学
257	2021070006	人工智能新闻（AI Journalism）跨学科课程体系和教材体系建设实践	李　彪	中国人民大学
258	2021070007	习近平法治思想课程体系和教材体系建设	王　轶	中国人民大学
259	2021070008	农林经济管理专业课程体系和教材体系建设实践	唐　忠	中国人民大学
260	2021070009	新文科背景下数学公共课课程体系和教材体系的建设与创新	龙永红	中国人民大学
261	2021070010	交通强国背景下新闻传播复合型人才培养的创新与实践	闻　学	北京交通大学
262	2021070011	理工院校德语语言学跨学科特色专业课程建设与体系改革	张　勇	北京理工大学
263	2021070012	理工科高校外语“新文科”课程体系与教材体系建设探索	杨　子	北京科技大学
264	2021070013	新文科背景下理工类大学文科综合实验教学体系创新与实践	薛长礼	北京化工大学
265	2021070014	基于新文科理念的保密管理专业课程体系研究与实践	漆大鹏	北京电子科技学院
266	2021070015	产出导向与持续质量改进模式下的新文科外语类课程体系和教材体系建设与实践研究	李　芝	北京林业大学
267	2021070016	外语类专业课程体系和教材体系建设实践	张　剑	北京外国语大学

续表

序号	项目编号	项目名称	负责人	单位
268	2021070017	数字经济时代经济学课程体系和教材体系建设	陈斌开	中央财经大学
269	2021070018	新文科·中国金融类专业课程教材体系与资源平台建设——以党的创新理论为引领	王　辉	中央财经大学
270	2021070019	新时代复合型会计专业立体化教材建设	刘俊勇	中央财经大学
271	2021070020	新文科背景下“中国乐派”课程体系和教材体系建设与实践	王黎光	中国音乐学院
272	2021070021	新文科背景下民商法学课程体系和教材体系建设实践	于　飞	中国政法大学
273	2021070022	新文科背景下综合类高校“大马克思主义”通识课程群建设	王新生	南开大学
274	2021070023	纺织类非物质文化遗产保护与开发课程群建设研究与实践	陈　莉	天津工业大学
275	2021070024	新文科背景下医学人文与中医文化传播素养课程建设及实践研究	毛国强	天津中医药大学
276	2021070025	基于混合教学的新政治学课程体系建设	佟德志	天津师范大学
277	2021070026	“5+3”医学人才培养模式下医学人文课程设置的序贯性研究	柳　云	河北医科大学
278	2021070027	新文科应急社会学课程和教材体系建设研究	颜　烨	华北科技学院
279	2021070028	新文科背景下新财经课程体系建设与实践	刘　兵	河北经贸大学
280	2021070029	民族高校思想道德修养与法律基础课程教学案例库信息化建设	张丽红	内蒙古民族大学
281	2021070030	新文科“创意类课程整合”与广告传播教材体系建设研究	鞠惠冰	吉林大学
282	2021070031	新文科大学数学课程体系和教材体系建设实践	张　然	吉林大学
283	2021070032	文科类教师教育课程思政图谱构建和模式创新	王向东	东北师范大学
284	2021070033	地方财经高校国家级一流专业经济学课程优化设计及配套教材体系建设研究	张洪梅	吉林财经大学
285	2021070034	新文科背景下外语类专业课程体系和教材体系建设与实践	许宗华	黑龙江大学
286	2021070035	聚焦未来技术人才培养打造船海特色通识课程新体系	王景云	哈尔滨工程大学
287	2021070036	“中国新闻传播学”课程体系和教材体系建设	米博华	复旦大学

续表

序号	项目编号	项目名称	负责人	单位
288	2021070037	基于“新时代中国与世界”主题的政治学专业课程体系和教材体系建设	门洪华	同济大学
289	2021070038	“科艺融合”背景下设计学科人才培养模式和课程体系研究	汪　军	华东理工大学
290	2021070039	构建中国戏剧表导演学派及卓越人才培养体系	卢　昂	上海戏剧学院
291	2021070040	基于交叉、融合、应用为特征的艺术管理专业课程体系与教材体系建设实践	黄昌勇	上海戏剧学院
292	2021070041	“以文化人，以理育人”文理融合新型人才培养模式研究	施大宁	南京航空航天大学
293	2021070042	实践性创新人才培养：社会工作专业 ECI 方法学课程体系的新探索	拜争刚	南京理工大学
294	2021070043	农业伦理学通识教育新课程体系的探索与实践	姜　萍	南京农业大学
295	2021070044	高等药学院校建立《体药融合与健康人文》药学新文科的实践与探索	景志强	中国药科大学
296	2021070045	新文科背景下财政学类专业实践类课程思政教学体系构建与路径研究：以地方院校国家一流本科专业（财政学）建设为例	裴　育	南京审计大学
297	2021070046	构建跨学科、多学科交叉融合的侦查学专业课程体系与教材体系研究	张高文	南京森林警察学院
298	2021070047	基于“分类培养、同向融合”的港澳台侨及留学生通识教育课程及教材体系建设研究与实践	李勇泉	华侨大学
299	2021070048	面向新技术的知识产权专业体系优化探索	邱润根	南昌大学
300	2021070049	新文科背景下财税类专业课程体系和教材体系建设探索与实践	王　乔	江西财经大学
301	2021070050	基于沉浸体验创新的中国特色文化素质教育课程体系建设	宁继鸣	山东大学
302	2021070051	基于数学思维培养视域下新文科课程体系和教材体系建设实践研究	王光辉	山东大学
303	2021070052	“艺术汇”智慧课堂系列教材建设与优化研究	李晓峰	山东大学
304	2021070053	公共管理的新文科课程体系和教材体系建设实践	王　刚	中国海洋大学
305	2021070054	新文科建设背景下《大学生劳动教育》课程与文科类专业融合的研究和实践	陈国维	郑州师范学院
306	2021070055	中国特色文化素质教育课程体系建设研究	马建辉	华中科技大学

续表

序号	项目编号	项目名称	负责人	单位
307	2021070056	农林高校新文科思政课课程群建设研究	梁伟军	华中农业大学
308	2021070057	新文科视域下以价值引领为核心的大学英语课程建设实践	侯先绒	中南大学
309	2021070058	人工智能时代公共事业管理专业课程与教材体系改革实践	李燕凌	湖南农业大学
310	2021070059	大学生运动健康智能学习平台建设与实践	樊莲香	华南理工大学
311	2021070060	面向新文科教育的“新技术+治理”课程体系与教材体系建设	陈　潭	广州大学
312	2021070061	东盟自贸区大学外语“三性合一”课程体系建设实践	苏秋萍	广西民族大学
313	2021070062	新文科人才培养导向下应用型休闲体育专业“433 模式”构建与实践研究	刘少英	海口经济学院
314	2021070063	基于建筑结构发展史研究的科学技术史创新课程建设与实践	陈朝晖	重庆大学
315	2021070064	融合 STEM 教育理念的科学教育本科专业课程体系及教材建设研究与实践	林长春	重庆师范大学
316	2021070065	基于铸牢中华民族共同体意识的历史学课程体系建设	霍　巍	四川大学
317	2021070066	“案例链接，校企联动”新经管类人才培养模式探索与实践	宋加山	西南科技大学
318	2021070067	人类命运共同体新文科通识教材体系建设	唐代兴	四川师范大学
319	2021070068	旅游管理专业课程及教材体系建设	田卫民	云南大学
320	2021070069	新文科建设背景下民族地区艺术学科课程体系的探索与实践	罗宇佳	云南艺术学院
321	2021070070	新文科背景下西藏农林院公共外语课程体系构建与实践	段　晶	西藏农牧学院
322	2021070071	提升新文科专业人才数学能力的大学数学课程教学新体系研究和新时代教学资源建设	李继成	西安交通大学
323	2021070072	信息技术赋能的新文科通识交叉型课程体系与教材建设	桂小林	西安交通大学
324	2021070073	循证社会科学的课程体系及教材建设实践	杨克虎	兰州大学
325	2021070074	面向军事外交和情报实战需求的国防语言（英语）课程体系构建与实践	陆丹云	国防科技大学
基础学科拔尖创新人才培养创新与实践				

续表

序号	项目编号	项目名称	负责人	单位
326	2021080001	古典教育与新人文拔尖人才培养	李四龙	北京大学
327	2021080002	农林经济管理专业拔尖创新人才培养创新与实践	朱信凯	中国人民大学
328	2021080003	马克思主义理论类专业拔尖人才培养创新与实践	齐鹏飞	中国人民大学
329	2021080004	新文科视角下基于社会需求的农林经济管理拔尖创新人才培养创新与实践	温亚利	北京林业大学
330	2021080005	大哲学观视域下哲学专业拔尖创新人才培养改革与实践	吴向东	北京师范大学
331	2021080006	新文科与财税人才培养改革研究：基于“财政基础理论实验班”的实践	马海涛	中央财经大学
332	2021080007	新文科理念下民族舞蹈拔尖人才培养模式改革与实践	马云霞	中央民族大学
333	2021080008	新文科建设背景下哲学拔尖创新人才培养的探索与实践	俞学明	中国政法大学
334	2021080009	新文科背景下的中国语言文学专业人才培养模式的探索与实践	李锡龙	南开大学
335	2021080010	应用心理学拔尖创新人才培养的创新与实践	白学军	天津师范大学
336	2021080011	经济学拔尖创新人才培养创新与实践	吕　炜	东北财经大学
337	2021080012	学科融合　理实融通：考古学专业人才培养模式的改革研究	段天璟	吉林大学
338	2021080013	新文科背景下哲学学科拔尖创新人才培养改革研究与实践	蒋红雨	黑龙江大学
339	2021080014	基于“行知教育书院”的“新师范”卓越教师培养创新与实践	郭崇林	大庆师范学院
340	2021080015	经济学拔尖创新人才培养创新与实践——以复旦大学为例	田素华	复旦大学
341	2021080016	全球化语境下中文学科拔尖人才培养模式的教改实践	朱　刚	复旦大学
342	2021080017	中文学科拔尖创新人才培养创新与实践	查清华	上海师范大学
343	2021080018	基础学科拔尖创新人才培养创新与实践	周亚虹	上海财经大学
344	2021080019	哲学拔尖人才培养“南大模式”的创新与实践	张　亮	南京大学
345	2021080020	中文拔尖人才培养内涵提升探索与实践	徐兴无	南京大学

续表

序号	项目编号	项目名称	负责人	单位
346	2021080021	法语拔尖翻译人才培养创新与实践	刘云虹	南京大学
347	2021080022	医药院校公共事业管理拔尖创新人才培养创新与实践	王长青	南京医科大学
348	2021080023	王亚南经济学拔尖学生培养基地	牛霖琳	厦门大学
349	2021080024	基于“四大融合”的复合型哲学人才培养模式的探索与实践	汪信砚	武汉大学
350	2021080025	历史学拔尖创新人才培养与实践	吴　琦	华中师范大学
351	2021080026	历史学基础学科拔尖创新人才培养创新与实践	安东强	中山大学
352	2021080027	从文学走向文学：新文科视域下中文学科教学与人才培养模式研究	彭玉平	中山大学
353	2021080028	新时代边疆民族地区中国语言文学拔尖创新人才培养创新与实践	吴大顺	广西师范大学
354	2021080029	文史哲拔尖创新人才培养创新与实践	曹顺庆	四川大学
355	2021080030	四制协同、五化联动、六位一体——经济学拔尖创新人才培养创新与实践	盖凯程	西南财经大学
356	2021080031	课堂革命：民族学拔尖创新人才培养的探索与实践	何　明	云南大学
357	2021080032	服务国家治藏方略的新文科拔尖人才培养创新模式改革与实践	王军君	西藏民族大学
358	2021080033	新文科拔尖人才培养模式的创新与实践研究	贺德衍	兰州大学
359	2021080034	聚焦新疆丝绸之路经济带核心区建设：经济学拔尖创新人才培养创新与实践	刘　林	石河子大学
360	2021080035	新文科背景下边疆地区经济学基础学科拔尖人才培养示范区培育与实践探索	高志刚	新疆财经大学
政产学研协同育人机制创新与实践				
361	2021090001	全球金融市场应用型金融人才培养模式改革研究与实践	张陶伟	清华大学
362	2021090002	“红色育人”的军政产学研协同育人机制创新与实践	张纪海	北京理工大学
363	2021090003	面向电商物流融合发展的新文科政产学研协同育人机制创新与实践	闫　强	北京邮电大学
364	2021090004	新文科背景下数字媒体专业的协同育人机制创新与实践	吕　欣	中国传媒大学

续表

序号	项目编号	项目名称	负责人	单位
365	2021090005	基于公安特色四驱联动的公安学专业协同育人机制创新与实践	冯文刚	中国人民公安大学
366	2021090006	体育新闻传播学科政产学研协同育人机制创新与实践	李岭涛	北京体育大学
367	2021090007	铸牢中华民族共同体意识法治人才政产学研协同培养模式改革	宋　玲	中央民族大学
368	2021090008	特色社会工作专业人才政产学研全过程协同育人机制创新	刘丽红	中国劳动关系学院
369	2021090009	政产学研协同育人机制创新与实践	穆荣平	中国科学院大学
370	2021090010	社会学政产学研用协同育人机制创新与实践	陈光金	中国社会科学院大学
371	2021090011	政产学研协同育人机制创新与实践	陈卫东	天津大学
372	2021090012	政产学研协同育人机制与培养模式创新与实践	毛照昉	天津大学
373	2021090013	面向行业需求的物流类专业政产学研协同育人机制创新与实践	慕　静	天津科技大学
374	2021090014	新文科背景下行业院校英语专业产学研协同育人机制的创新与实践	侯静华	中国民航大学
375	2021090015	新文科背景下政产学研协同育人机制创新与实践——以航空服务艺术与管理专业为例	初　晓	中国民航大学
376	2021090016	全素质、全媒体文化传播人才培养创新与实践	余　江	天津外国语大学
377	2021090017	高水平商科人才培养的政产学研协同育人机制创新与实践探索	黄凤羽	天津商业大学
378	2021090018	教育类专业实践应用的助推孵化机制：政产学研协同育人模式创新与实践	赵小军	河北大学
379	2021090019	政产学研协同育人模式下的立法人才培养机制研究	孟庆瑜	河北大学
380	2021090020	政产学研驱动，文旅融合引领的创新协同育人机制和模式	段洪波	河北大学
381	2021090021	地方农林院校新文科政产学研协同育人机制创新与实践	赵帮宏	河北农业大学
382	2021090022	基于 UC 合作的矫正教育云平台建设	宋秋英	中央司法警官学院
383	2021090023	司法警官院校人才培养共同体模式研究	孙绍斌	中央司法警官学院
384	2021090024	新文科背景下太行文化融入协同育人机制创新与实践	铁　军	长治学院

续表

序号	项目编号	项目名称	负责人	单位
385	2021090025	新闻学专业政产学研协同育人机制创新与实践	张丽萍	内蒙古大学
386	2021090026	地方应用型高校设计学科“政产学研用”协同育人机制创新与实践	曹　莉	内蒙古艺术学院
387	2021090027	行业特色高校公共管理类专业政产学研协同育人模式探索与实践	马晓雪	大连海事大学
388	2021090028	家政学专业政产学研协同育人机制创新与实践	吴　莹	吉林农业大学
389	2021090029	“三化融合发展”背景下工商管理类政产学研协同育人机制创新与实践	田也壮	哈尔滨工业大学
390	2021090030	“政产学研”四维驱动，构建以“经世致用”为导向的协同育人新机制研究	郑　莉	哈尔滨工程大学
391	2021090031	“四多”模式下政产学研四位一体的新文科协同育人机制创新与实践研究	黄颖利	东北林业大学
392	2021090032	新商科建设战略研究与创新实践	孙先民	哈尔滨商业大学
393	2021090033	基于学科交叉的金融科技政产学研协同育人机制创新与实践研究	阮青松	同济大学
394	2021090034	智慧司法领域政产学研协同育人机制创新	杨　力	上海交通大学
395	2021090035	国际新闻传播政产学研协同育人机制创新与实践	严怡宁	上海外国语大学
396	2021090036	基于发展学生核心素养的政产学研协同育人机制创新与实践	张明军	华东政法大学
397	2021090037	心理学政产学研协同育人机制创新与实践	贺岭峰	上海体育学院
398	2021090038	档案学专业政产学研协同育人机制创新与实践研究	金　波	上海大学
399	2021090039	面向国土空间治理现代化的政产学研协同育人机制创新与实践	黄贤金	南京大学
400	2021090040	新时代工程管理专业政产学研协同育人机制创新与实践	李启明	东南大学
401	2021090041	面向新文科建设的经管类专业产学研协同育人机制创新与实践	周德群	南京航空航天大学
402	2021090042	船海类高校“思政引领、技管融通、资源保障”的管理学新文科协同育人创新与实践	葛世伦	江苏科技大学
403	2021090043	服务国家战略需求的“三交叉五协同”翻译专业人才培养模式创新与实践	吴志杰	南京信息工程大学

续表

序号	项目编号	项目名称	负责人	单位
404	2021090044	基于校局企深度融合的公安学类专业人才培养模式创新与实践	王新猛	南京森林警察学院
405	2021090045	政产学研协同培育卓越新闻传播人才的机制创新与实践	韦　路	浙江大学
406	2021090046	新文科建设背景下服装设计人才“政产学研”协同育人机制创新与实践	胡　迅	浙江理工大学
407	2021090047	新文科理念下知识产权人才培养协同育人机制创新与实践	陈永强	中国计量大学
408	2021090048	新文科背景下创意设计类专业多元协同育人模式探索与实践	郑林欣	浙江科技学院
409	2021090049	新文科背景下政产学研协同培养传媒人才机制创新与实践	李文冰	浙江传媒学院
410	2021090050	新文科建设背景下地方高校政产学研协同育人机制的创新与实践	闵永新	安庆师范大学
411	2021090051	现代体育产业学院：新文科产教融合协同育人的探索与实践	王丽霞	华侨大学
412	2021090052	新文科视域下基于产教融合与学科交叉的物流管理专业人才培养模式创新与实践	初良勇	集美大学
413	2021090053	新闻传播类专业紧密型产学协同育人体制的创建与实施	陈信凌	南昌大学
414	2021090054	基于乡村振兴示范村建设的“政产学研”协同育人模式创新与实践	尹利民	南昌大学
415	2021090055	基于服务革命老区振兴发展的新文科政产学研协同育人机制创新与实践	伍自强	江西理工大学
416	2021090056	政产学研“四位一体”农林经济管理专业协同育人机制创新与实践研究	翁贞林	江西农业大学
417	2021090057	地方应用型本科高校新文科政产学研协同育人机制的集成创新与实践	徐忠麟	新余学院
418	2021090058	新文科建设背景下艺术类人才培养模式创新与实践	杨西国	山东艺术学院
419	2021090059	新时代法学专业政产学研协同育人机制创新与实践	刘路阳	河南大学
420	2021090060	传媒类专业政产学研协同育人机制创新与实践	杨萌芽	河南大学

续表

序号	项目编号	项目名称	负责人	单位
421	2021090061	围绕国家海洋战略的大型邮轮与文化创意设计协同育人机制创新实践	潘长学	武汉理工大学
422	2021090062	乡村振兴背景下涉农高校公共管理类专业政产学研协同育人机制研究	柯新利	华中农业大学
423	2021090063	农林高校政产学研协同育人机制创新与实践	罗小锋	华中农业大学
424	2021090064	民族高校艺术专业政产学研协同育人机制创新与实践	吴海广	中南民族大学
425	2021090065	多元融合、跨界交叉、多维递进经管卓越人才政产学研协同育人机制创新与实践	何伟军	三峡大学
426	2021090066	“三联四融五共”地方高校经管类创新型应用人才培养机制的探索与实践	刘友金	湖南科技大学
427	2021090067	地方高校戏剧与影视学专业群政产学研协同育人机制创新与实践	黄柏青	长沙学院
428	2021090068	面向乡村振兴文旅产业链人才需求的政产学研协同育人机制创新与实践	罗　芬	中南林业科技大学涉外学院
429	2021090069	新时代国家治理人才培育中的政产学研协同模式研究	谭安奎	中山大学
430	2021090070	政产学研协同创新卓越法治人才培养机制	张友好	华南理工大学
431	2021090071	文工交叉产业学院推进地方应用型高校新文科建设的探索与实践	马宏伟	东莞理工学院
432	2021090072	粤港澳大湾区新商科应用型人才政产学研协同育人机制创新与实践	罗卫国	东莞理工学院城市学院
433	2021090073	公共管理学科“政产学研”协同育人机制创新与实践	徐艳晴	海南大学
434	2021090074	新师范人才“政产学研”协同培养的创新与实践	李　森	海南师范大学
435	2021090075	基于政产学研的学前教育卓越人才协同培养机制创新与实践	牟映雪	重庆师范大学
436	2021090076	地方高校经管领域新文科“产教科创”协同育人机制创新与实践	向从武	长江师范学院
437	2021090077	基于“新金融虚拟学院（New Financial Virtual College）”的金融新文科人才无界化培养模式创新与实践	王　兰	重庆工商大学

续表

序号	项目编号	项目名称	负责人	单位
438	2021090078	国家战略引领，政产学研深度融合，探索交通特色产品设计人才培育机制创新	支锦亦	西南交通大学
439	2021090079	民族地区电子商务专业政产学研协同育人机制创新与实践	贺盛瑜	西昌学院
440	2021090080	面向“新文科”建设的“U-G-I-S 四位一体”协同育人机制探索	王安平	西华师范大学
441	2021090081	新文科背景下经管学科专业政产学研协同育人机制创新与实践	卓　志	西南财经大学
442	2021090082	“政产学研用”协同培育新商科人才：城市大学商学院的探索与实践	马　胜	成都大学
443	2021090083	旅游管理专业政产学研协同育人机制创新与实践	李锦宏	贵州大学
444	2021090084	财政学政产学研协同育人机制创新与实践研究	伏润民	云南财经大学
445	2021090085	新文科背景下艺术类高校“政用产学研”协同育人“五三三”培养模式改革研究与实践	陈劲松	云南艺术学院
446	2021090086	新文科政产学研协同育人机制模式创新与实践	王　泉	西安电子科技大学
447	2021090087	基于新发展理念的工程管理专业政产学研协同育人体系重构与实践	刘晓君	西安建筑科技大学
448	2021090088	工科优势高校文科专业政产学研协同育人机制创新与实践	张圣忠	长安大学
449	2021090089	面向乡村振兴的农林经济管理专业“政产学研用创”六位一体协同育人模式创新与实践	夏显力	西北农林科技大学
450	2021090090	西部高等外语教育“区域协同、多元融合”的人才培养共同体探索与实践	姜亚军	西安外国语大学
451	2021090091	面向经管类学生多样化培养需求的政产学研协同育人机制的创新与实践	楼旭明	西安邮电大学
452	2021090092	政产学研协同育人——外语专业小语种人才培养改革与实践	丁淑琴	兰州大学
453	2021090093	科教协同育人视域下新疆南疆地区卓越涉农经管人才培养模式改革研究——以塔里木大学为例	卢　泉	塔里木大学
454	2021090094	新文科政产学研用协同育人机制研究与实践	姜恩来	中国高等教育学会
文科复合型人才培养创新与实践				
455	2021100001	文科复合型人才培养创新与实践	周飞舟	北京大学

续表

序号	项目编号	项目名称	负责人	单位
456	2021100002	古典学交叉专业学科建设	甘　阳	清华大学
457	2021100003	具有全球胜任力的多元交叉创新型人才培养模式的设计与实施	白重恩	清华大学
458	2021100004	中国特色 PPE 跨学科人才培养模式新探索	臧峰宇	中国人民大学
459	2021100005	学部制改革与新文科复合型人才培养创新与实践	唐　军	北京工业大学
460	2021100006	强化数学基础与人工智能技术的文科复合型人才培养模式探索	郑志明	北京航空航天大学
461	2021100007	新文科背景下“法律+智能科技”法治人才培养改革	李寿平	北京理工大学
462	2021100008	启智润心　跨界融合——行业特色高校新文科人才培养模式创新与实践	雷涯邻	北京化工大学
463	2021100009	基于“I-A-P”的三位一体涉农“新文科”复合人才培养创新	曹志军	中国农业大学
464	2021100010	专业性院校“文科+X”跨学科复合型文科人才培养模式构建研究	闫永红	北京中医药大学
465	2021100011	“法语+英语+外交学”复合型国际化人才培养创新与实践	戴冬梅	北京外国语大学
466	2021100012	基于文科基础理论交叉融合的新时代传媒人才培养研究	张　晶	中国传媒大学
467	2021100013	新文科背景下国际经贸复合型人才培养创新与实践	唐宜红	对外经济贸易大学
468	2021100014	新文科视阈下戏曲创作人才培养模式转型	颜全毅	中国戏曲学院
469	2021100015	新文科背景下民族院校数字经济人才培养体系的创新与实践	张春敏	中央民族大学
470	2021100016	民族学、社会学、考古学交叉培养复合型人才的创新与实践	麻国庆	中央民族大学
471	2021100017	复合型刑事法科人才培养“2.0 模式”创新与实践	汪海燕	中国政法大学
472	2021100018	复合型史学人才培养与科技人文专业建设	余新忠	南开大学
473	2021100019	新文科背景下数字文旅人才培养创新与实践	邱汉琴	南开大学
474	2021100020	“工程项目投融资”微专业复合型人才培养模式研究与实践	刘俊颖	天津大学

续表

序号	项目编号	项目名称	负责人	单位
475	2021100021	新文科背景下汉语言文学复合型人才培养创新与实践	武建宇	河北师范大学
476	2021100022	双学位框架下“公安学+MP”指技管一体高层次人才培养模式研究	周　杰	中国人民警察大学
477	2021100023	公安政治工作专业复合型人才培养模式创新与实践	杜旭宇	中国人民警察大学
478	2021100024	新商科复合型人才培养创新与实践研究	曹翠珍	山西财经大学
479	2021100025	基于多学科协调发展的地方高校新文科“双路径”建设研究与实践	吕晓琪	内蒙古工业大学
480	2021100026	文科艺术复合型人才培养创新与实践——基于“学部制”理念下的内蒙古艺术学院乌兰剧社戏剧创作实践工作坊	高桂峪	内蒙古艺术学院
481	2021100027	新文科背景下海事特色复合型英语人才培养模式研究	曾　罡	大连海事大学
482	2021100028	文工交叉融合型“英语—人工智能”双学位人才培养创新与实践	李　雪	哈尔滨工业大学
483	2021100029	新文科背景下数字技术驱动的“经管+”四融合人才培养模式研究	林向义	东北石油大学
484	2021100030	医学院校培养医法结合的复合型法学人才培养模式创新与实践	王　萍	哈尔滨医科大学
485	2021100031	新文科视域下斯拉夫学微专业人才培养创新与实践	赵秋野	哈尔滨师范大学
486	2021100032	“一带一路”土木、交通专业复合型人才培养与创新模式构建	孙宜学	同济大学
487	2021100033	文科复合型人才培养创新与实践	井润田	上海交通大学
488	2021100034	“双碳”背景下能源电力经济复合型人才培养模式创新及实践	符　扬	上海电力大学
489	2021100035	新文科建设背景下的全媒体传播人才培养模式创新与实践研究	吕新雨	华东师范大学
490	2021100036	新文科理念下海关管理专业复合型人才培养创新与实践	黄丙志	上海海关学院
491	2021100037	计算机与金融工程交叉复合人才培养模式探索与实践	俞红海	南京大学

续表

序号	项目编号	项目名称	负责人	单位
492	2021100038	面向科技创新的“知识产权法+工科”复合型人才培养模式创新与实践	方新军	苏州大学
493	2021100039	新业态下交通法学复合交叉人才培养模式与实施路径	杨　敏	东南大学
494	2021100040	物流类新文科复合型人才培养模式创新研究与实践	赵林度	东南大学
495	2021100041	四维重构全媒体新闻传播人才培养体系改革与实践	张晓锋	南京师范大学
496	2021100042	基于协同机制的双学位新文科复合型人才培养方案构建与改革实践	杨亦鸣	江苏师范大学
497	2021100043	新文科背景下经济学多元复合型人才培养创新与实践	黄先海	浙江大学
498	2021100044	数字经济背景下地方高校新商科人才培养模式探索与实践	虞晓芬	浙江工业大学
499	2021100045	基于“多元融合、数智驱动”的新商科人才培养模式研究与实践	厉小军	浙江工商大学
500	2021100046	新文科艺术类专业复合型人才培养创新与实践	段卫斌	中国美术学院
501	2021100047	财经类高校复合型人才培养的创新与实践	钟晓敏	浙江财经大学
502	2021100048	“城市数字治理”人才培养的探索与实践	罗卫东	浙大城市学院
503	2021100049	面向国家区域发展战略的经济学复合型人才培养创新与实践	陈诗一	安徽大学
504	2021100050	行政管理专业复合型新文科人才培养模式改革研究与实践	徐济益	安徽工业大学
505	2021100051	“引理入商”——新文科复合型人才培养创新与实践模式探索	李建发	厦门大学
506	2021100052	生态法治复合型卓越人才培养模式创新与实践	黄　辉	福州大学
507	2021100053	新文科背景下数理金融复合型人才培养模式的创新与实践	黄志刚	福州大学
508	2021100054	多学科交叉融合的全媒体传播人才培养模式改革与实践	张　梅	福建师范大学
509	2021100055	新文科背景下地方高师院校服务国家战略需求文科复合型人才培养创新与实践	张龙海	闽南师范大学
510	2021100056	“监管科学”理念下交叉学科人才培养创新与实践	臧恒昌	山东大学

续表

序号	项目编号	项目名称	负责人	单位
511	2021100057	经济学+政治学+哲学融合式人才培养模式研究	孙淑琴	山东大学
512	2021100058	新文科背景下“五育融合”的劳动教育课程体系研究	谢锡文	山东大学
513	2021100059	新文科金融科技人才培养模式探索	林　路	山东大学
514	2021100060	新文科背景下“科技考古”复合型人才培养模式构建与实施	贾春江	山东大学
515	2021100061	新文科背景下特殊教育专业“医教康”复合型人才培养体系的创新与实践	赵升田	滨州医学院
516	2021100062	文理融通、家国情怀：穆青实验班培养卓越新闻传播人才的探索与实践	郑素侠	郑州大学
517	2021100063	地方工科院校多样化复合型新文科人才培养体系研究与实践	张志清	武汉科技大学
518	2021100064	面向数字经济的金融学类专业复合型人才培养创新与实践	宋清华	中南财经政法大学
519	2021100065	新文科建设背景下复合型传媒人才培养的创新与实践	彭祝斌	湖南大学
520	2021100066	财经类院校“新工科+新商科”探索复合型人才培养的创新与实践	刘国权	湖南工商大学
521	2021100067	工文结合、校企合作、产教融合，培养金融科技新文科人才	徐　枫	华南理工大学
522	2021100068	基于乡村振兴战略的公共管理类专业“两融三制四链”培养复合型人才创新与实践	杨正喜	华南农业大学
523	2021100069	新文科背景下非通用语种专业复合型人才培养模式创新与实践	全永根	广东外语外贸大学
524	2021100070	“三专业交叉、双目标驱动”：文旅+电商跨学科复合型人才培养创新与实践	王　晞	广西师范大学
525	2021100071	新文科复合型人才培养机制创新研究：面向自贸港建设的中外合作办学实践探索	王　琳	海南大学
526	2021100072	复合型卓越新闻传播人才培养创新与实践——学科交叉融合与核心专业能力提升的有机协同	董天策	重庆大学
527	2021100073	物流与商贸复合型人才培养创新与实践	许茂增	重庆交通大学
528	2021100074	乡村治理复合型人才培养创新与实践研究	吴　江	西南大学
529	2021100075	新文科“四通”融合卓越法治人才培养模式创新与实践	付子堂	西南政法大学

续表

序号	项目编号	项目名称	负责人	单位
530	2021100076	基于“电子信息+”的金融学专业复合型人才培养模式创新与实践	李　平	电子科技大学
531	2021100077	书院模式下“文+医”复合型人才培养路径与机制研究	刘　毅	成都中医药大学
532	2021100078	乡土情怀、交叉融合、实践取向：西部乡村卓越小学全科教师培养模式创新与实践	陈　寒	绵阳师范学院
533	2021100079	新文科背景下财经复合型人才培养路径探索与实践	李永强	西南财经大学
534	2021100080	以基层社会治理问题为导向，服务民族地区的“数字社会学”人才培养创新与实践	张　红	贵州民族大学
535	2021100081	高水平国别与区域研究人才贯通式复合培养的创新与实践	李晨阳	云南大学
536	2021100082	综合性大学新文科背景下复合型人才培养模式的改革与实践	曹　蓉	西北大学
537	2021100083	国防特色高校新文科复合型人才大类培养模式的创新与实践	王宇波	西北工业大学
538	2021100084	新文科视角下国防科技工业融通型管理人才培养创新与实践	车阿大	西北工业大学
539	2021100085	学科制书院模式下“哲学+”复合型人才培养创新与实践	石碧球	陕西师范大学
540	2021100086	交叉融合，综合创新：新时代文史哲拔尖人才培养探索与实践	党怀兴	陕西师范大学
541	2021100087	新闻学卓越班复合型人才培养创新与实践	朱　杰	西北民族大学
542	2021100088	边海防院校民族学员综合能力素质培养研究与实践	崔傅权	陆军边海防学院
543	2021100089	语言与技术相结合的国防语言人才培养创新与实践	张克亮	战略支援部队信息工程大学
高素质涉外人才培养创新与实践				
544	2021110001	卓越外语人才分层分类培养的创新与实践	宁　琦	北京大学
545	2021110002	高素质复合型国际关系涉外人才培养创新与实践	唐士其	北京大学
546	2021110003	“一带一路”国际治理下涉外建设工程法律人才培养创新与实践研究	李巍涛	北京交通大学

续表

序号	项目编号	项目名称	负责人	单位
547	2021110004	立足本土扎根非洲的高素质全球减贫治理人才培养创新与实践	李小云	中国农业大学
548	2021110005	跨学科、多语种、国际化复合型经贸法律人才培养模式的创新与实践	梁迎修	北京师范大学
549	2021110006	以文化为导向的高素质俄语人才培养	王宗琥	首都师范大学
550	2021110007	构建面向未来科技时代的复语型复合型全球化经济管理人才培养平台	牛华勇	北京外国语大学
551	2021110008	新文科视域下的“俄语+”高端国际化人才培养模式探索与实践	戴桂菊	北京外国语大学
552	2021110009	本硕贯通，中外联动，培养新时代亟需的复语复合型高层次国际组织人才	贾文键	北京外国语大学
553	2021110010	新文科背景下高素质国际化复合型人才培养创新与实践	计金标	北京第二外国语学院
554	2021110011	中国文化国际传播复合型人才培养模式探索与实践	穆　杨	北京语言大学
555	2021110012	新文科建设背景下非通用语拔尖人才培养模式研究	李烨辉	中国传媒大学
556	2021110013	全球经济治理人才培养创新与实践	冯兴艳	外交学院
557	2021110014	高素质涉外法治人才培养创新与实践	许军珂	外交学院
558	2021110015	国际组织胜任力+三语复合：高端复语国际人才培养创新与实践	冉继军	外交学院
559	2021110016	新文科建设背景下高素质涉外执法人才培养创新与实践	王　莉	中国人民公安大学
560	2021110017	新文科视域下的高素质法语人才培养创新与实践	孙圣英	国际关系学院
561	2021110018	新发展阶段我国国际体育组织人才培养模式构建	张晓义	北京体育大学
562	2021110019	中国民乐国际化人才培养模式研究	章红艳	中央音乐学院
563	2021110020	新时期思政引领下的涉外法治人才培养创新与实践研究	黄　进	中国政法大学
564	2021110021	国际能源治理人才培养创新与实践	赵秀凤	中国石油大学(北京)
565	2021110022	高素质涉外法治人才培养创新与实践	李家俊	天津大学
566	2021110023	新文科背景下外语类人才跨文化能力培养创新与实践	陈法春	天津外国语大学

续表

序号	项目编号	项目名称	负责人	单位
567	2021110024	基于多学科融合的海外利益保护人才培养研究与实践	高士杰	中国人民警察大学
568	2021110025	新文科建设中理工高校复合型外语人才培养创新与实践	刘　兵	太原理工大学
569	2021110026	服务“一带一路”的汉语国际教育专业人才培养模式改革与实践	郝青云	内蒙古民族大学
570	2021110027	“新文科”背景下高素质涉外法治人才培养模式的创新与实践	杨　松	辽宁大学
571	2021110028	面向高素质涉外人才培养的公共外语课程体系改革与实践	陈宏俊	大连理工大学
572	2021110029	面向“一带一路”沿线国家“轨道交通+外语”人才培养创新与实践	阙澄宇	大连交通大学
573	2021110030	服务国家战略的“要素式”涉外+涉海特色法治人才培养模式创新与实践	初北平	大连海事大学
574	2021110031	高素质复合型国际化海事人才培养创新与实践	赵俊豪	大连海事大学
575	2021110032	基于新文科理念的“俄语+区域学”高素质人才培养模式创新与实践	刘　宏	大连外国语大学
576	2021110033	新文科背景下以服务国家战略为指引的涉外警务人才培养创新与实践	关纯兴	中国刑事警察学院
577	2021110034	国际税收复合型高级人才协同培养机制创新与实践	张　巍	吉林财经大学
578	2021110035	“三型三维五融合”：服务国家战略卓越外语人才培养模式研究与实践	秦　和	吉林外国语大学
579	2021110036	“多语+经贸”的法语专业建设创新实践	宋学智	吉林外国语大学
580	2021110037	新时代国际化外语人才话语实践能力“三融合”培养模式研究与实践	严　明	黑龙江大学
581	2021110038	涉外复合型卓越法治人才培养模式的探索与实践	王志强	复旦大学
582	2021110039	西班牙语世界区域国别研究人才培养模式探索与实践	程弋洋	复旦大学
583	2021110040	全球治理和国际组织人才培养探索和实践	陈志敏	复旦大学
584	2021110041	“五融·四化·三优”模式的高素质行业人才多语能力与全球胜任力培养模式创新与实践	吕培明	同济大学

续表

序号	项目编号	项目名称	负责人	单位
585	2021110042	“文理交叉，一专多能”国际化复合型人才培养模式的探索与实践	李少远	上海交通大学
586	2021110043	新文科建设背景下高素质涉外航运法治人才培养的创新与实践	王国华	上海海事大学
587	2021110044	新文科理念下服装设计高素质人才培养模式的研究	崔志英	东华大学
588	2021110045	服务“一带一路”能源电力国际合作战略外语人才培养创新与实践	潘卫民	上海电力大学
589	2021110046	全球海洋治理人才培养创新与实践	唐　议	上海海洋大学
590	2021110047	新文科背景下高素质涉外人才培养模式探索	袁筱一	华东师范大学
591	2021110048	基于学科融合与文化对话的英语专业拔尖人才培养体系构建研究	王　欣	上海外国语大学
592	2021110049	基于“多语种+”和“HAG+”理念的新时代全球治理卓越人才培养创新与实践	杨　成	上海外国语大学
593	2021110050	新文科引领下的亚非涉外人才培养创新与实践	程　彤	上海外国语大学
594	2021110051	基于交叉复合与产教融合的财经类国际组织人才培养模式改革	姚玲珍	上海财经大学
595	2021110052	新文科背景下面向“一带一路”的涉外复合型应用技术人才培养模式创新研究	汪　群	常州工学院
596	2021110053	面向国家级一流本科专业集群的涉外复合型人才协同培养创新与实践	俞洪亮	扬州大学
597	2021110054	“多轨并行、多专融通”——高素质涉外人才培养创新与实践	李　媛	浙江大学
598	2021110055	创新“三四制”模式培养高素质涉外人才	柴改英	浙江外国语学院
599	2021110056	传承与传播：以价值观塑造为目标的华文教育特色专业高级人才培养创新与实践	胡培安	华侨大学
600	2021110057	“专业+双外语”高层次国际化人才培养创新与实践	刘洪东	山东大学
601	2021110058	多学科交叉融合的国际组织人才培养模式探索与实践	王俊菊	山东大学
602	2021110059	基于“一化两制三融合”模式的涉外金融高端人才培养创新与实践	赵　昕	中国海洋大学
603	2021110060	高素质国际发展合作涉外人才培养模式的创新与实践	赵忠秀	山东财经大学

续表

序号	项目编号	项目名称	负责人	单位
604	2021110061	德语专业人才创新能力培养模式探索	綦甲福	青岛大学
605	2021110062	新兴文科“外交话语学”的跨学科构建与国际化人才培养创新与实践	杨明星	郑州大学
606	2021110063	高素质涉外法治人才培养创新与实践	冯　果	武汉大学
607	2021110064	数字贸易涉外法治人才培养模式探索与实践	曾丽洁	湖北大学
608	2021110065	民族院校“一专多能”的国际化复合型外语人才培养创新与实践	易立新	中南民族大学
609	2021110066	综合性大学高素质复合型涉外商科人才培养创新与实践	杨　智	湖南大学
610	2021110067	新文科背景下复合型外语创新人才培养探索与实践	蒋洪新	湖南师范大学
611	2021110068	经济学国际化复合型人才培养创新与实践	冯帅章	暨南大学
612	2021110069	“内港澳·台·侨”融合型涉外法治人才培养体系创新研究	朱义坤	暨南大学
613	2021110070	理工科院校全球治理人才培养的探索与实践	钟书能	华南理工大学
614	2021110071	高素质涉外法治人才培养创新与实践	陈云良	广东外语外贸大学
615	2021110072	依托国家一流专业建设群，培养适应新时代需求的欧语人才	杨　可	广东外语外贸大学
616	2021110073	高素质经贸国际组织人才培养模式创新与实践	何传添	广东外语外贸大学
617	2021110074	高素质涉东盟金融人才培养创新与实践	范祚军	广西大学
618	2021110075	高素质涉东盟法律人才培养创新与实践	聂资鲁	广西大学
619	2021110076	“一带一路”双复型“1+1+1”国际化人才培养创新与实践	罗选民	广西大学
620	2021110077	新文科背景下东盟国际化管理类应用型人才培养探索与实践	夏国恩	广西财经学院
621	2021110078	海南自贸港涉外法治人才培养创新与实践	邓和军	海南大学
622	2021110079	服务海南自贸港建设的国际会计人才培养创新与实践	许能锐	海南大学
623	2021110080	新文科背景下地方师范院校外语专业培养模式改革研究	陈义华	海南师范大学
624	2021110081	海南自贸港背景下语言安全与外语复合型人才培养的创新和实践研究	李发元	三亚学院

续表

序号	项目编号	项目名称	负责人	单位
625	2021110082	精准服务国家战略需求的信息化外语教育模式探索	胡杰辉	电子科技大学
626	2021110083	“全人”教育理念下的西部高校英语专业人才培养创新与实践	宁　梅	贵州大学
627	2021110084	“一国一策”精准化传播策略下的国际传播人才培养创新与实践	许丽华	云南民族大学
628	2021110085	涉藏外宣人才培养创新与实践	刘玉皑	西藏民族大学
629	2021110086	高素质涉外法治人才培养创新与实践——以“中澳丝路班”为例	单文华	西安交通大学
630	2021110087	西部民族高校外语专业人才培养模式创新改革与研究	马和斌	西北民族大学
631	2021110088	“丝绸之路经济带”背景下复合型涉外法治人才培养模式创新与实践	李玉基	甘肃政法大学
632	2021110089	新文科背景下“俄语+”人才培养创新与实践	哈斯也提·哈孜	新疆大学
633	2021110090	丝绸之路经济带背景下“专业+外语”国际化人才培养模式创新与实践	马　远	新疆财经大学
新文科创新创业教育与实践				
634	2021120001	工科优势高校新文科创新创业人才培养体系构建与实践	刘志新	北京航空航天大学
635	2021120002	新文科背景下经管类专业创新创业基地建设研究	陶晓波	北方工业大学
636	2021120003	聚焦专创融合，构建经济类专业创新创业教育体系与生态	吕素香	北京工商大学
637	2021120004	基于仿真实验的新文科创新创业教育体系构建与实践探索	薛永基	北京林业大学
638	2021120005	地方师范大学师范生师德养成立体化实践育人体系研究	孙士聪	首都师范大学
639	2021120006	新文科理念的创新工程实验室建设	李茂国	对外经济贸易大学
640	2021120007	“从 idea 到实现”创新创业教育体系构建与实践	傅德印	中国劳动关系学院
641	2021120008	新文科创新创业四螺旋教育模式探索与实践	王　梅	天津大学
642	2021120009	工科优势高校文工交叉的新文科创新创业教育生态体系建设	吴文清	天津大学

续表

序号	项目编号	项目名称	负责人	单位
643	2021120010	大工程文化引领下的工程类院校新文科专业创新创业教育体系构建	顾　瑶	河北工程大学
644	2021120011	弘扬中华美育精神构建新文科背景下传统中国画专业教育教学新模式	冯朝辉	鲁迅美术学院
645	2021120012	乡村振兴战略视角下新文科创新创业基地建设与实践	庞玉红	东北农业大学
646	2021120013	基于学科交叉融合的新文科创新创业人才培养探索与实践	许　涛	同济大学
647	2021120014	行动学习驱动的理工科院校新文科创新创业教育改革与实践	阎海峰	华东理工大学
648	2021120015	面向新文科大学生的“双创”教育与实践体系研究	王金凤	上海海事大学
649	2021120016	新文科创新创业人才决策能力培养模式的创建与实践	张科静	东华大学
650	2021120017	文创师大，大师创文——以“能力素质提升”为中心的文科学生创新创业教育实践探索	阮平章	华东师范大学
651	2021120018	数智时代新文科创新创业教育体系与平台建设	刘志阳	上海财经大学
652	2021120019	非遗传承背景下新文科大学生创新创业教育研究与实践	孙亚云	中国矿业大学
653	2021120020	数智·融合·重塑：新文科创新创业教育体系研究与实践	武　戈	江南大学
654	2021120021	生物医药产业高质量发展背景下医药新文科人才创新创业教育模式研究	陈永法	中国药科大学
655	2021120022	新文科背景下人文社科类学生竞赛治理优化和发展路径研究	陆国栋	浙江大学
656	2021120023	新文科创新创业人才培养体系、实践模式和教师能力提升策略研究	梁昌勇	合肥工业大学
657	2021120024	基于“五维进阶”的新文科创新创业协同培养生态体系建设	屈广清	泉州师范学院
658	2021120025	设计类人才创新创业教育的新实践与新探索	邱国鹏	三明学院
659	2021120026	新文科创新创业教育课程体系建设与实践	温和瑞	江西理工大学
660	2021120027	新文科背景下师范院校“创新创业+”教育生态体系的构建与实践	汪　洋	江西师范大学

续表

序号	项目编号	项目名称	负责人	单位
661	2021120028	新财经背景下创新创业仿真实验课程的开发与实践	陶　虎	山东财经大学
662	2021120029	农林高校新文科服务乡村振兴人才培养模式创新与实践	尹新明	河南农业大学
663	2021120030	“新需求牵引-文理工融通-双循环驱动”的理工科高校新文科创新创业教育探索与实践	肖　静	武汉理工大学
664	2021120031	新文科视域下基于“双螺旋”模型的经管类大学生创新创业能力培养探索与实践	许和连	湖南大学
665	2021120032	数字经济下新商科创新创业教育研究与实践	李大元	中南大学
666	2021120033	新文科创新创业教育与实践	杨　芳	中南大学
667	2021120034	“专创融合·文工交叉·校地协同”地方高校新文科创新创业教育探索与实践	易　兵	湖南工程学院
668	2021120035	新文科背景下创新创业教育课程体系与师资队伍建设	许　治	华南理工大学
669	2021120036	新文科创新创业协同教育体系构建研究与实践	徐向龙	华南师范大学
670	2021120037	基于多元融合的财经类高校创新创业教育平台构建与应用	韦春北	广西财经学院
671	2021120038	新创化、新创式、新“业”观的新文科双创育人体系建构与实践	周宗凯	四川美术学院
672	2021120039	基于跨文化传播人才培养的新文科创新创业教育研究与实践	李成坚	西南交通大学
673	2021120040	新文科背景下新建本科高校特殊教育专业创新创业教育与实践	伍蛟蛟	贵州工程应用技术学院
674	2021120041	新文科背景下地方财经院校创新创业教育与实践	肖小虹	贵州财经大学
675	2021120042	新建本科院校双创教育融入新文科建设的改革与实践——以云南大学滇池学院为例	马　杰	云南大学滇池学院
676	2021120043	多元主体交互下新文科创新创业教育新模式与新实践研究	顾　颖	西北大学
677	2021120044	基于“三创赛”的新文科创新创业人才培养研究与实践	李　琪	西安交通大学
678	2021120045	行业特色型高校新文科创新创业教育与实践	柴　建	西安电子科技大学
679	2021120046	“三促进建设、四结合推进、四层级培养”——艺术类大学生特色创新创业教育课程体系建设与改革	詹秦川	陕西科技大学

续表

序号	项目编号	项目名称	负责人	单位
680	2021120047	行业特色型高校文科专业创新创业教育与实践	侯长生	长安大学
681	2021120048	思创融合视角下的“I2E”创新创业教育生态系统探索与实践	党建宁	兰州财经大学
文史哲领域新文科建设实践				
682	2021130001	建设交叉平台、打造一流专业、培养拔尖人才——北京大学中文系新文科建设实践	杜晓勤	北京大学
683	2021130002	文史哲领域新文科建设实践	韩立新	清华大学
684	2021130003	中国传统文化中的科学精神研究	孙小淳	中国科学院大学
685	2021130004	“世界史—外语”新文科人才培养创新模式研究与实践	侯建新	天津师范大学
686	2021130005	新文科视阈下钱币学学科建设探索与实践	戴建兵	河北师范大学
687	2021130006	中文学科主导文史哲融合的新文科人才培养体系建构	高玉秋	东北师范大学
688	2021130007	世界古代文明课程建设与人才培养体系探索	黄　洋	复旦大学
689	2021130008	以“哲学+”为核心的跨学科人才培养方案	孙向晨	复旦大学
690	2021130009	以“文科平台”为依托的新文科人才培养模式探索	王　宁	上海交通大学
691	2021130010	基于新文科建设的文史哲人才培养体系的重构和路径探索	钱旭红	华东师范大学
692	2021130011	“五理”一体：一流人文社科人才知识—素质—人格体系的新文科建构研究	樊和平	东南大学
693	2021130012	国学视阈下“书院制”教育的文史哲新文科建设实践探索	李圣华	浙江师范大学
694	2021130013	“新文科”背景下历史学人才培养的创新与实践	夏卫东	杭州师范大学
695	2021130014	新文科背景下的考古学科体系建设	方　辉	山东大学
696	2021130015	新文科战略背景下科学精神与哲学素养相融合的创新型一流哲学本科人才培养体系研究与实践	董尚文	华中科技大学
697	2021130016	基于书院优秀教育传统的历史学人才培养模式创新与实践	肖永明	湖南大学
698	2021130017	新文科建设实践中哲学拔尖人才培养的创新模式研究	张　伟	中山大学

续表

序号	项目编号	项目名称	负责人	单位
699	2021130018	国家通用语言文字推广背景下，民族高校中国语言文学新文科跨学科课程与实验班建设实践	王启涛	西南民族大学
700	2021130019	南亚东南亚华文文学研究与国际化人才培养	王卫东	云南大学
701	2021130020	丝绸之路文明拔尖人才培养模式研究	田　澍	西北师范大学
702	2021130021	基于新文科理念的“国学与华夏文明”学科建设与人才培养	马世年	西北师范大学
经管法领域新文科建设实践				
703	2021140001	数字政府方向建设	燕继荣	北京大学
704	2021140002	基于法学与计算科学交叉的计算法学学科创新建设	申卫星	清华大学
705	2021140003	“数智+”管理科学与工程专业建设与实践	陈　剑	清华大学
706	2021140004	档案学专业新文科建设实践	刘越男	中国人民大学
707	2021140005	行业特色高校经管专业新文科建设的探索和实践	张　力	北京交通大学
708	2021140006	工科优势高校面向科技融合的法管交叉新文科人才培养理论与实践	龙卫球	北京航空航天大学
709	2021140007	大数据时代下经管类专业课程体系改革研究	李　想	北京化工大学
710	2021140008	经管类新文科专业建设实践探索	黄先开	北京工商大学
711	2021140009	基于艺商融合的交叉学科人才培养创新——以时尚管理专业方向为例	席　阳	北京服装学院
712	2021140010	经管法领域新文科建设实践	戚聿东	北京师范大学
713	2021140011	数字经济时代财经法治人才培养的实践与探索	尹　飞	中央财经大学
714	2021140012	基于“赛学融通与多堂联动”的公共管理新文科建设与数智化转型实验研究	姜　玲	中央财经大学
715	2021140013	基于信息技术视角的经管法领域新文科建设实践与探索	蒋先玲	对外经济贸易大学
716	2021140014	数字经济时代电子商务专业人才培养改革创新实践	华　迎	对外经济贸易大学
717	2021140015	“文理、文工”交融的物流信息管理类专业人才培养模式改革与实践	周　丽	北京物资学院
718	2021140016	多学科交叉、多主体协同“数据侦查”人才培养模式探索与实践	戴　蓬	中国人民公安大学

续表

序号	项目编号	项目名称	负责人	单位
719	2021140017	新文科背景下基于“问题链教学”的经管类创新人才培养模式研究与实践	李彦斌	华北电力大学
720	2021140018	新文科背景下工商管理类应用型人才培养改革	曲　立	北京信息科技大学
721	2021140019	国际经济贸易法律人才多学科协同培养模式研究	李遐桢	中国矿业大学（北京）
722	2021140020	新时代风险与应急管理人才跨学科、多主体协同培养模式研究	范中启	中国矿业大学（北京）
723	2021140021	能源经济专业的新文科模式探索与实践	冯连勇	中国石油大学（北京）
724	2021140022	生态文明与数字化背景下新经管创新型人才培养研究与实践	赵晓丽	中国石油大学（北京）
725	2021140023	数智化时代会计本科应用型人才融合培养体系探索与实践	王　琳	中国石油大学（北京）
726	2021140024	新文科背景下地矿类高校经管创新人才培养体系探索与实践	吴三忙	中国地质大学（北京）
727	2021140025	新时代金融与财务管理人才跨学科培养路径研究	谢　琦	中国劳动关系学院
728	2021140026	数字经济与数字管理新文科建设实践	汪寿阳	中国科学院大学
729	2021140027	“计算社会科学与国家治理”课程	林　维	中国社会科学院大学
730	2021140028	工科优势院校管工融合的新商科人才培养模式研究与实践	杨宝臣	天津大学
731	2021140029	以本科人才培养为中心的天津大学新法科建设	孙佑海	天津大学
732	2021140030	“智能+”视角下基于产业引领型创新的管工交叉型专业升级改造研究	刘伟华	天津大学
733	2021140031	民航院校财会类专业“新文科”建设探索与实践	田利军	中国民航大学
734	2021140032	立德树人引领下新财经人才核心素养实践教育体系改革研究与探索	孟　昊	天津财经大学
735	2021140033	工商管理国家一流专业数智化提质创新建设研究	耿立校	河北工业大学
736	2021140034	新文科背景下新金融人才培养模式创新与实践研究	王重润	河北经贸大学
737	2021140035	新文科视域下新财经实践教学与文化体验融通育人模式研究	程瑞芳	河北经贸大学
738	2021140036	新文科建设框架下的监狱学专业升级改造	章恩友	中央司法警官学院

续表

序号	项目编号	项目名称	负责人	单位
739	2021140037	西部地方高校面向区域产业需求的工商管理场景化教学模式研究与实践	长　青	内蒙古工业大学
740	2021140038	“新文科”背景下高等农林院校会计学本科专业改革与建设研究	张心灵	内蒙古农业大学
741	2021140039	“石榴籽工程”铸魂民族财经人才培养——新文科背景下培养模式重构	侯淑霞	内蒙古财经大学
742	2021140040	“以学生成长为中心"的经管专业个性化进阶人才培养体系研究与改革实践	朱方伟	大连理工大学
743	2021140041	新文科视角下工科高校“跨界融合”的新经管法类人才培养体系研究与实践	袁晓光	沈阳工业大学
744	2021140042	“工商管理+大数据”专业建设研究与实践	孙新波	东北大学
745	2021140043	面向数字航运的经管类本科专业人才培养创新实践	曾庆成	大连海事大学
746	2021140044	新文科背景下转型高校经管法领域交叉融合人才培养体系建设与实践研究	张守波	渤海大学
747	2021140045	新文科背景下经管类专业数智化升级改造的研究与实践	王维国	东北财经大学
748	2021140046	理工科高校数智化经管类专业人才培养生态系统研究与实践	张　肃	长春理工大学
749	2021140047	新文科背景下治国理政人才培养创新与实践	王　博	哈尔滨工业大学
750	2021140048	数字化转型背景下军民两用管理人才培养模式探索与实践	尹　航	哈尔滨工程大学
751	2021140049	数字化赋能现代流通管理新文科人才培养模式创新与实践	白世贞	哈尔滨商业大学
752	2021140050	新文科背景下“法学+工程”复合型人才培养模式创新与实践	蒋惠岭	同济大学
753	2021140051	面向数字化转型的社会学类专业新文科建设推进与实践研究	何雪松	华东理工大学
754	2021140052	新文科背景下基于“强基—融新”的管理类专业升级与改造	潘　煜	上海外国语大学
755	2021140053	“五新五融”全面育人的新法科人才培养体系的构建与实践	叶　青	华东政法大学
756	2021140054	体育管理领域新文科专业建设探索与实践	李　海	上海体育学院
757	2021140055	数字技术赋能经贸类专业建设改革与实践	唐海燕	上海商学院

续表

序号	项目编号	项目名称	负责人	单位
758	2021140056	新科技革命下工商管理类专业“TB+X”人才培养模式研究与实践	赵曙明	南京大学
759	2021140057	大数据背景下理工院校信息管理与信息系统专业建设探索与实践	李　莉	南京理工大学
760	2021140058	新经济背景下理工院校智能会计专业建设探索与实践	韩晓梅	南京理工大学
761	2021140059	新文科建设背景下营销人才跨界培养模式创新与实践研究	丁志华	中国矿业大学
762	2021140060	习近平法治思想指导下“法学+C”交叉融合人才培养模式研究	陈广华	河海大学
763	2021140061	基于学科融合的金融科技人才培养模式改革与实践	王翌秋	南京农业大学
764	2021140062	面向乡村振兴的农林经济管理人才培养改革研究与实践	林光华	南京农业大学
765	2021140063	国家健康战略下新文科应用型人才培养模式探索——基于药事管理国家一流专业建设实践	丁锦希	中国药科大学
766	2021140064	面向数字化发展的地方高校经管法专业群人才培养模式改革与实践	潘　镇	南京师范大学
767	2021140065	科技·法治·数字：金融工程一流专业融合创新建设实践	华桂宏	江苏师范大学
768	2021140066	思政铸魂、科技赋能、跨界协同：金融学类专业的系统化改革与实践	张　成	南京财经大学
769	2021140067	以经济监督人才培养为特色的经管法领域新文科建设实践	刘旺洪	南京审计大学
770	2021140068	数字法治人才培养模式构想与实践	郑春燕	浙江大学
771	2021140069	面向智能时代的卓越拔尖会计人才培养模式和体系构建	肖作平	杭州电子科技大学
772	2021140070	农林经济管理推进新文科建设研究与实践	沈月琴	浙江农林大学
773	2021140071	面向新文科的会计专业群协同创新与改革研究	邓　川	浙江财经大学
774	2021140072	数字时代地方高校法学新文科建设的探索与实践	程雁雷	安徽大学
775	2021140073	管理类专业学生大数据处理与利用能力培养的研究与改革实践	李勇军	中国科学技术大学
776	2021140074	新文科视域下“智慧会计”专业改革与实践	唐运舒	合肥工业大学

续表

序号	项目编号	项目名称	负责人	单位
777	2021140075	地方财经高校新文科建设路径创新研究——基于安徽财经大学“新经管”的探索	丁忠明	安徽财经大学
778	2021140076	人工智能+实践型法治人才培养研究	郭春镇	厦门大学
779	2021140077	基于大数据+人工智能的工商管理新文科建设实践	王益文	福州大学
780	2021140078	技术强能·外语强基：地方本科高校涉外新商科领域新文科建设探索与实践	许　明	福州外语外贸学院
781	2021140079	面向国家战略和区域需求的经济学类新文科多元协同育人模式探索与实践	刘耀彬	南昌大学
782	2021140080	大数据驱动下会计专业“一心四型一化”人才培养探索与实践	胡俊南	华东交通大学
783	2021140081	新文科背景下地方行业特色高校经管类专业升级路径研究与实践	熊国保	东华理工大学
784	2021140082	数字时代数据法律人才培养的探索与实践	邓　辉	江西财经大学
785	2021140083	新时代财政学教育三圈层体系的建构与实践	樊丽明	山东大学
786	2021140084	卫星遥感金融课程及创新教育平台建设	吕英波	山东大学
787	2021140085	数字化时代智能工程与管理人才培养探索与实践	武常岐	山东大学
788	2021140086	新文科背景下复合型涉外法律人才培养创新与实践研究	孙法柏	山东科技大学
789	2021140087	新文科背景下本研贯通的能源法治人才培养的研究与实践	王学栋	中国石油大学(华东)
790	2021140088	市场营销专业“两数一全”能力提升创新实践	张可成	山东女子学院
791	2021140089	行业特色高校国家一流本科专业建设实践——以治安学专业为例	王占军	铁道警察学院
792	2021140090	数智化时代经济学人才培养改革与专业建设实践	张建华	华中科技大学
793	2021140091	新文科背景下珠宝特色市场营销专业实践育人建设	郭　锐	中国地质大学(武汉)
794	2021140092	全向交叉融合创新经济类专业建设，打造“依工强文”理工模式	杜伟岸	武汉理工大学
795	2021140093	新文科背景下工商管理类复合型卓越人才培养改革与实践	陈晓芳	武汉理工大学

续表

序号	项目编号	项目名称	负责人	单位
796	2021140094	地方工科院校经管类专业大数据应用能力培养与实践	孙　浩	湖北工业大学
797	2021140095	农林经济管理专业新文科建设实践	李谷成	华中农业大学
798	2021140096	融通与创新：经济学专业新文科建设探索与实践	李小平	中南财经政法大学
799	2021140097	经管法领域新文科建设实践——以社会治理法学“三大体系”建设为例	徐汉明	中南财经政法大学
800	2021140098	新文科背景下民族院校工商管理类专业人才培养创新与实践	张劲松	中南民族大学
801	2021140099	新文科背景下跨学科培养公共管理人才的探索与实践	盛明科	湘潭大学
802	2021140100	以信息技术与法律融合为抓手的“新法科”改革与实践	屈茂辉	湖南大学
803	2021140101	新文科背景下法律实务技能课程体系与标准的研究与实践	蒋新苗	湖南师范大学
804	2021140102	“工管交叉、深度实践”的工程管理专业人才培养模式研究与改革	汤　勇	湖南城市学院
805	2021140103	新时代背景下的会计学专业建设实践	郑国坚	中山大学
806	2021140104	基于中华文化传播的新商科人才培养体系研究	宋献中	暨南大学
807	2021140105	基于大数据管理与应用的电子商务专业建设实践研究	左文明	华南理工大学
808	2021140106	基于“四维机制”联动与“四个能力”提升的农林经济管理专业人才培养模式改革与实践	米运生	华南农业大学
809	2021140107	新文科背景下“财会审”专业智能化改革与实践	丁友刚	广东财经大学
810	2021140108	粤港澳大湾区跨境数字法治人才培养模式研究与实践	张泽涛	广州大学
811	2021140109	基于“三制多维”协同育人的自贸港复合型人才培养创新机制与实践探索	李世杰	海南大学
812	2021140110	科教创新和交叉融合为导向的经管新文科建设——以信息管理与信息系统专业为例	黄　河	重庆大学
813	2021140111	数字经济时代信息类高校经管法领域新文科建设实践	李　林	重庆邮电大学

续表

序号	项目编号	项目名称	负责人	单位
814	2021140112	“大智移云”时代应用型本科会计学专业的新文科建设实践	胡际莲	重庆三峡学院
815	2021140113	数字时代商、法交叉融合的新商科专业建设探索与实践	韩　炜	西南政法大学
816	2021140114	面向新型智慧城市的SEM式公共管理人才培养模式构建与实践	王永杰	西南交通大学
817	2021140115	信息技术背景下公共管理人才培养改革与教学体系创新	杨　菁	电子科技大学
818	2021140116	书院制视野下科技型高校人工智能法学专业的探索与革新	徐　文	西南科技大学
819	2021140117	新财经光华实验班探索与实践	汤火箭	西南财经大学
820	2021140118	新技术背景下会计类专业人才培养转型探索与实践	马永强	西南财经大学
821	2021140119	智能时代“法治+数字”复合型人才培养模式创新	冷传莉	贵州大学
822	2021140120	基于“五人同育”的物流工程专业“文工管”融合建设实践	戢晓峰	昆明理工大学
823	2021140121	新文科背景下商科“交互平台式”人才培养模式构建与实施路径研究	钟昌标	云南财经大学
824	2021140122	数字经济时代经济学科与工科交叉融合目标及路径研究	孙　早	西安交通大学
825	2021140123	工商管理新文科育人模式创新与平台建设实践	田　军	西安交通大学
826	2021140124	法治学教学体系创新实践研究	杨宗科	西北政法大学
827	2021140125	管理类新文科建设实践	何文盛	兰州大学
828	2021140126	新文科建设背景下会计人才培养模式改革研究与实践	张永丽	西北师范大学
829	2021140127	西部应用型数智化新商科专业建设改革与实践	房彦兵	宁夏大学
830	2021140128	新文科背景下民族高校商科专业融合创新人才培养模式研究	杨保军	北方民族大学
831	2021140129	数智时代下财务管理专业建设实践变革	柯小霞	宁夏理工学院
832	2021140130	数智时代卓越经管人才培养创新实践：理念革新、体系重塑与路径突破	杨兴全	石河子大学
833	2021140131	新疆应用型高校经管领域新文科建设研究与实践	姜锡明	新疆科技学院

续表

序号	项目编号	项目名称	负责人	单位
834	2021140132	面向未来战场的融合式管理专业人才培养体系构建与探索实践	杨克巍	国防科技大学
教育学领域新文科建设实践				
835	2021150001	构建智能时代高质量教师教育体系的实践研究	孟繁华	首都师范大学
836	2021150002	新文科理念下教育学“双循环”人才培养模式改革与实践	苏　德 毕力格	中央民族大学
837	2021150003	劳动教育新文科建设的实践与探索	李　珂	中国劳动关系学院
838	2021150004	新时代综合性大学教育学专业人才培养模式探索	闫广芬	天津大学
839	2021150005	指向教师能力素质达成的课程、师资、资源多维融合的新师范专业建设方案	王光明	天津师范大学
840	2021150006	指向教育工程师类人才培养的“应用教育学”本科专业构建	刘庆昌	山西大学
841	2021150007	深度融合信息技术的教育学本科人才培养体系重构与探索	杜岩岩	辽宁师范大学
842	2021150008	卓越教师2.0：学前教育“新师范”专业人才培养改革与创新	但　菲	沈阳师范大学
843	2021150009	迈向新文科的中国教育学人才培养体系创新与实践	于　伟	东北师范大学
844	2021150010	职业技术师范院校教育学专业“教科校企”协同育人机制创新研究	于志晶	吉林工程技术师范学院
845	2021150011	融合·反思·关怀：面向基础教育未来发展的师范生培养体系研究与实践	杨　勇	长春师范大学
846	2021150012	新师范背景下教师教育课程体系构建研究	辛宝忠	哈尔滨师范大学
847	2021150013	中国特色教育理论体系的构建及其育人价值实现机制探索	柯　政	华东师范大学
848	2021150014	新时代国际一流上海教师教育体系建设	李　晔	上海师范大学
849	2021150015	新文科视域下综合性大学教师教育改革与实践	田良臣	江南大学
850	2021150016	面向区域高质量发展的师范专业人才培养模式改革探索	浦玉忠	南通大学
851	2021150017	有中国气象的乡村师范生培养的理论与实践	高　伟	江苏师范大学
852	2021150018	融合教育视域下普通师范专业人才培养模式改革与创新实践	张根华	常熟理工学院

续表

序号	项目编号	项目名称	负责人	单位
853	2021150019	跨界融合：教师教育 U-G-S 协同育人共生体的探索与实践	朱家存	安徽师范大学
854	2021150020	乡村振兴背景下地方高师院校教师教育协同育人改革研究与实践	徐继存	山东师范大学
855	2021150021	教育学专业“一课一本”教学计划改革与实践	唐爱民	曲阜师范大学
856	2021150022	教育学专业新文科建设实践研究	刘志军	河南大学
857	2021150023	融合教育专业人才培养模式实践研究	雷江华	华中师范大学
858	2021150024	基于卓越教师培养的“四维度·一体化”教师教育课程开发与实践	唐芳贵	衡阳师范学院
859	2021150025	教育学领域新文科建设实践	朱德全	西南大学
860	2021150026	教育学领域新文科建设—儿童启蒙师资创新性培养的探究与实践	江净帆	重庆第二师范学院
861	2021150027	心理健康人工智能教育平台	宁维卫	西南交通大学
862	2021150028	地方高师院校教师教育领域新文科建设实践	杜　伟	成都师范学院
863	2021150029	“师范院校-地方政府-中小学”协同育人的教育学新文科建设实践	李长吉	云南师范大学
864	2021150030	面向“三化”的教育学一流专业建设	龙宝新	陕西师范大学
865	2021150031	导向高质量发展的我国普通高校大学生竞赛质量评价研究	吴英策	中国高等教育学会
艺术学领域新文科建设实践				
866	2021160001	艺术史论本科课程体系建设	彭　锋	北京大学
867	2021160002	艺术科技融合的设计类专业新文科建设实践	张　野	北京交通大学
868	2021160003	新文科背景下设计学本科专业新时代创新人才培养路径与课程体系的建构	邹　锋	北京工业大学
869	2021160004	“科艺融合”背景下艺术设计拔尖人才培养的理论与实践	沈旭昆	北京航空航天大学
870	2021160005	新文科背景下产品设计专业建设的探索与实践——以复合型国防装备设计人才培养为例	杨建明	北京理工大学
871	2021160006	“艺工融合”下的数字艺术人才培养体系研究	贾云鹏	北京邮电大学
872	2021160007	生态文明视域下基于新发展理念的艺术设计教育新文科改革探索	张继晓	北京林业大学
873	2021160008	艺术学领域新文科建设实践	周　星	北京师范大学
874	2021160009	戏剧与影视学新文科建设实践	关　玲	中国传媒大学

续表

序号	项目编号	项目名称	负责人	单位
875	2021160010	基于“艺术与科学相融”理念下大数据赋能型舞蹈科学人才培养研究	李小芬	北京体育大学
876	2021160011	新文科语境下的科技艺术学科建设	邱志杰	中央美术学院
877	2021160012	新文科背景下艺术学学科课程体系建设研究——以中央戏剧学院为例	徐永胜	中央戏剧学院
878	2021160013	面向未来的电影关键人才培养模式创新研究	胡智锋	北京电影学院
879	2021160014	动画拔尖创新人才培养体系的构建与实践	孙立军	北京电影学院
880	2021160015	新时代艺术与科学美育课程体系研究	石自东	中国科学院大学
881	2021160016	理工特色设计学类专业新文科建设的研究与实践	钟　蕾	天津理工大学
882	2021160017	城建特色地方高校艺术类专业的“艺工融合”新文科建设实践研究	张小开	天津城建大学
883	2021160018	新文科建设背景下应用型影视类专业人才培养创新与实践研究	魏晓军	山西传媒学院
884	2021160019	理工类大学艺术类专业“数智艺术”教学模式改革与实践	于　辉	大连理工大学
885	2021160020	新文科背景下，艺术类专业“252”应用型人才培养模式的探索与实践	任文东	大连工业大学
886	2021160021	新文科背景下综合大学艺术类跨学科交叉课程体系建设研究	赵彦志	沈阳大学
887	2021160022	新文科背景下戏剧与影视学科专业集群构建与实践	安立国	哈尔滨师范大学
888	2021160023	文化遗产保护再生新文科建设与实践	常　青	同济大学
889	2021160024	科艺融合背景下的艺术与设计核心专业课程群建设	韩　挺	上海交通大学
890	2021160025	可持续时尚创新研究与教学改革	李　峻	东华大学
891	2021160026	时尚与科技创新设计人才培养模式研究	王朝晖	东华大学
892	2021160027	“中国戏剧故事工厂”创新实践与探索	陆　军	上海戏剧学院
893	2021160028	新文科视野下的综合性大学美育教学体系探索与实践	金江波	上海大学
894	2021160029	艺术与科技结合的雕塑教学拓展	曾成钢	上海大学
895	2021160030	深化艺教协同拓展多维融合建设综合性大学一流环境设计专业	程雪松	上海大学

续表

序号	项目编号	项目名称	负责人	单位
896	2021160031	基于“做中学”的“艺术与设计”文理工融通通识课程的开发与运用	顾大庆	东南大学
897	2021160032	工科优势高校构建“艺工融合”人才培养模式的创新与实践	板俊荣	南京航空航天大学
898	2021160033	设计专业“开源跨界、融合升维”人才培养模式研究与实践	唐　艺	南京理工大学
899	2021160034	多维重构的创新设计型人才通识基础课程体系探索与实践	张凌浩	江南大学
900	2021160035	基于新时代发展的服装艺术设计人才培养体系建设与实践	崔荣荣	江南大学
901	2021160036	新文科艺术学类专业课程体系与新形态教材建设	詹和平	南京艺术学院
902	2021160037	艺术设计类新文科专业“德艺传创”跨界人才培养改革研究与实践	薛　娟	苏州科技大学
903	2021160038	新文科背景下学科交叉融合的产品设计专业课程体系建设研究	王　增	南昌大学
904	2021160039	面向新文科建设的数字陶瓷雕塑实践教学研究与实践	黄　胜	景德镇陶瓷大学
905	2021160040	基于艺术治疗专业方向的协同育人机制创新与实践	安　宁	山东大学
906	2021160041	新文科背景下设计与工艺美术课程体系与通识教材建设	潘鲁生	山东工艺美术学院
907	2021160042	“多元融通、全域保障”卓越设计人才培养新范式建构与实践	李万军	武汉纺织大学
908	2021160043	基于设计赋能的跨学科创新创业实践教学体系建设	饶　鉴	湖北工业大学
909	2021160044	新文科视域下创新型视觉艺术人才培养机制研究	许　奋	湖北美术学院
910	2021160045	“新文科”视角下设计学类本科专业基础课重构研究	李　娇	武汉华夏理工学院
911	2021160046	面向文化科技融合的设计学类教材体系与课程资源平台建设	季　铁	湖南大学
912	2021160047	基于“三理一体”的新文科艺术类人才培养模式研究与实践	王　伟	中南大学

续表

序号	项目编号	项目名称	负责人	单位
913	2021160048	工艺融合的产品设计专业综合性创新人才培养模式与实践	吴志军	湖南科技大学
914	2021160049	艺科融合——新时期美术学类人才培养模式创新研究与实践	范　勃	广州美术学院
915	2021160050	融合地方汽车制造业的设计学新文科建设与创新实践	王华琳	广西艺术学院
916	2021160051	虚拟仿真技术与当代雕塑艺术专业教育教学的跨界与融合实践研究	石向东	广西艺术学院
917	2021160052	“艺工融合、价值重塑”理念下复合型艺术设计人才培养模式研究与实践	夏进军	重庆大学
918	2021160053	“乡村营建大课堂”数字艺术设计实践课程群开发	董莉莉	重庆交通大学
919	2021160054	艺术创新社会实验室：新艺科建设的路径与模式研究	焦兴涛	四川美术学院
920	2021160055	学科交叉视阈下中国特质创新性艺术人才培养模式探索及实践	黄宗贤	四川大学
921	2021160056	基于艺术与科技融合的艺术类专业课程体系建设研究	刘　翼	成都理工大学
922	2021160057	设计领域非遗融创拔尖人才培养模式改革	蔡光洁	四川师范大学
923	2021160058	新文科背景下“融合—融通—融汇—融智”的艺术创新人才培养	罗　徕	成都大学
924	2021160059	基于文化自信的农林高校美育教育体系建设	闫祖书	西北农林科技大学
925	2021160060	音乐与科技协同创新体系建设与实践	李宝杰	西安音乐学院
926	2021160061	“立足西北，服务国家”新时代高等美术教育人才培养体系建设与实践创新	朱尽晖	西安美术学院
927	2021160062	以美术类非遗资源为特色构建宁夏高校公共美术教育教学新模式	冯　巢	宁夏师范学院
928	2021160063	中华传统文化推广背景下新疆地方高校美育课程体系改革与实践	李　勇	新疆师范大学
929	2021160064	多民族地区中华优秀传统音乐实践教学体系构建	杨　帆	新疆艺术学院
新文科教师专业发展探索与实践				
930	2021170001	跨界学习机制下的新文科教师专业发展探索与实践	庞海芍	北京理工大学

续表

序号	项目编号	项目名称	负责人	单位
931	2021170002	融合现代信息技术的教师教学方法创新与实践	薛　霄	天津大学
932	2021170003	新文科教师专业发展能力培养路线图的研究与实践	齐恩平	天津商业大学
933	2021170004	“双新结合”背景下工科院校构建文科教师特色发展体系研究与实践	高　波	石家庄铁道大学
934	2021170005	行业特色高校文科教师参与跨学科研究的机制创新与实践	浦徐进	江南大学
935	2021170006	新文科 ESP 教师专业发展能力标准体系探索与构建	孔繁霞	南京农业大学
936	2021170007	文科类院校教师教学发展态势与推进机制研究——基于全国教师教学发展指数的挖掘	费少梅	浙江大学
937	2021170008	新文科建设中课程思政融入教学设计的学理逻辑培养与培训	于宝证	合肥工业大学
938	2021170009	“新文科”与“双师型”相融合的职教教师专业发展研究与实践	左和平	江西科技师范大学
939	2021170010	新文科财会教师专业发展探索与实践	王竹泉	中国海洋大学
940	2021170011	行业特色型大学文科教师教学素养培养体系的研究与实践	刘华东	中国石油大学(华东)
941	2021170012	新文科建设语境下艺术学缘背景教师科技素养养成研究	曹　阳	郑州轻工业大学
942	2021170013	“新文科+智慧教育”双轮驱动下高校教师教学胜任力模型构建与提升策略研究	郝兆杰	河南大学
943	2021170014	以健康为导向深化卓越体育教师培养模式改革创新	舒为平	成都体育学院
944	2021170015	“文化润疆”与新文科汉语言文学教师专业发展的探索与实践	李世忠	喀什大学
融合现代信息技术的教师教学方法创新与实践				
945	2021180001	基于智能信息技术的外语教学改革与实践	耿纪永	北京交通大学
946	2021180002	基于智能信息技术的 IAMOK 跨学科融合教学模式创新与实践	蔡劲松	北京航空航天大学
947	2021180003	新文科理念下智慧教育赋能管理类课程教学模式改革探索与实践	肖　嵩	北京电子科技学院
948	2021180004	融合虚拟仿真技术的涉农高校“大思政课”教学创新研究	张　晖	中国农业大学

续表

序号	项目编号	项目名称	负责人	单位
949	2021180005	智慧环境下的混合式大学英语教学实践与效果评估	李莉文	北京外国语大学
950	2021180006	基于智慧在线实训平台的文科数据可视化教学模式研究与实践	李吉梅	北京语言大学
951	2021180007	基于数据素养培养的文科数据库课程混合式教学设计与实践	宗　薇	外交学院
952	2021180008	融合 VR 技术的消防指挥专业教师教学方法创新与实践	汤华清	中国人民警察大学
953	2021180009	以云经济实验平台为载体的新文科实验教学“新基建”建设与实践	李淑云	辽宁大学
954	2021180010	以人为中心的人工智能深度融合新文科教学模式创新与实践	徐　昊	吉林大学
955	2021180011	新文科背景下经管类课程数字化融合创新教学模式的研究与实践	魏　玲	哈尔滨理工大学
956	2021180012	融合现代金融工程技术的“以学为中心”教学方法创新与实践	陈荣华	复旦大学
957	2021180013	面向拔尖财经人才培养的“数智驱动文理融合”数学课程体系优化与实践	徐　飞	上海财经大学
958	2021180014	融合人工智能技术的高校思政课教师教学方法创新与实践研究	李　江	上海工程技术大学
959	2021180015	融合艺术类虚拟仿真实验的美育课程体系改革实践	赵天为	东南大学
960	2021180016	智慧环境下新文科课堂教学模式构建与评价——基于神经教育学视角	居胜红	东南大学
961	2021180017	多学科交叉赋能课堂教学的理论研究、模式创新与实践	黄昌勤	浙江师范大学
962	2021180018	基于虚拟现实技术的党史教育教学模式研究与实践	贾智平	山东大学
963	2021180019	融合现代信息技术的历史学教师教学模式创新与实践	成积春	曲阜师范大学
964	2021180020	基于 TPR 融合现代信息技术的教师教学方法创新与实践	魏雷东	河南师范大学
965	2021180021	面向新文科融合现代信息技术的教师教学方法创新与实践——从专业具体知识学习走向思维能力构建	潘　勇	河南财经政法大学

续表

序号	项目编号	项目名称	负责人	单位
966	2021180022	基于虚拟仿真技术的新文科教学模式创新与实践	郝伟斌	郑州航空工业管理学院
967	2021180023	“人工智能+教育”背景下卓越中学教师培养的教学模式创新与实践——以《现代教育技术应用》为例	杨九民	华中师范大学
968	2021180024	新文科建设背景下融合现代信息技术的教师教学方法创新与实践研究	李　擘	华南理工大学
969	2021180025	智慧环境下教育技术学专业的混合式教学改革研究	胡小勇	华南师范大学
970	2021180026	基于虚拟仿真技术的思想政治理论课“2+3”教学模式创新与实践	徐秦法	广西大学
971	2021180027	融合先进信息技术的新文科有效教学模式实践研究	彭　静	重庆大学
972	2021180028	融合现代信息技术的新文科教师教学方法创新与实践研究	吴满意	电子科技大学
973	2021180029	智慧环境下法学五维教学方式的改革研究	李婉琳	昆明理工大学
974	2021180030	智慧教育背景下边疆民族地区“五化五融合”文科教学模式创新与实践	甘健侯	云南师范大学
975	2021180031	基于 VR+AI 智慧媒体技术的文史类专业课堂教学模式改革研究与实践	李刚存	红河学院
976	2021180032	大数据时代下西藏高校课外体育锻炼智能管理研究	李喜艳	西藏大学
977	2021180033	基于人工智能的大学英语教学改革	马　刚	西安电子科技大学
978	2021180034	深度融合新一代信息技术的历史学教师教学方法创新与实践	郭艳利	陕西师范大学
979	2021180035	新文科背景下统计学专业线上课堂教学有效模式改革与实践	李　萍	西安财经大学
980	2021180036	虚拟现实技术在新疆高校思想政治理论课程中的应用与创新研究	曹建萍	新疆大学
981	2021180037	融合现代信息技术的新疆卓越教师培养的教学方法创新与实践研究	王　炜	新疆师范大学
982	2021180038	跨学科思维案例库建设与综合素养生成模式研究	张　明	国防科技大学

续表

序号	项目编号	项目名称	负责人	单位
教师教学发展示范中心建设				
983	2021190001	新文科视角下地质行业特色高校教师教学发展中心建设	邓雁希	中国地质大学(北京)
984	2021190002	地方高校基于专业发展课程地图的文科教师培训资源开发研究	李克军	河北民族师范学院
985	2021190003	新文科教师教学发展示范中心建设	张海峰	内蒙古师范大学
986	2021190004	面向新文科“1248”体系的国家级教师教学发展示范中心建设	冯　林	大连理工大学
987	2021190005	“新文科”背景下公安院校教师教学发展示范中心建设研究与实践	张丽云	中国刑事警察学院
988	2021190006	新文科视域下高校教师教学发展示范中心建设研究	李　广	东北师范大学
989	2021190007	新文科背景下综合性大学文科教育教师教学发展中心建设的研究与实践	王守仁	南京大学
990	2021190008	新文科教师教学发展示范中心建设	邬大光	厦门大学
991	2021190009	新文科视角下地方高校教师教学发展示范中心建设研究	吴　磊	赣南师范大学
992	2021190010	“人工智能+教育”文科教师教学发展示范中心建设	夏立新	华中师范大学
993	2021190011	高校教师教学创新实验室的探索与实践	金一粟	中南大学
994	2021190012	“五位一体多维协同”文科教育教师教学发展示范中心建设	林春逸	广西师范大学
995	2021190013	把握时势　涵德培能　教学相长　交流分享——新疆农业大学教师教学发展示范中心建设	綦群高	新疆农业大学
996	2021190014	新文科背景下高校教师教学发展的机制研究与实践	王小梅	中国高等教育学会
以质量提升为核心的管理体制机制建设				
997	2021200001	以新文科质量提升为核心的高校管理体制机制改革研究	龙献忠	湖南文理学院
998	2021200002	高等教育规范性与艺术教育特殊性研究——艺术院校教学管理机制的创新与实践	张　杰	四川美术学院

续表

序号	项目编号	项目名称	负责人	单位
999	2021200003	以质量提升为核心聚焦“需求导向、交叉融合、支撑引领”的新文科管理机制研究	陈　新	云南师范大学
高校内部教育质量保障体系建设				
1000	2021210001	以“立德树人”为根本的高校内部教学质量保障体系构建与实践	刘崇茹	华北电力大学
1001	2021210002	新文科建设背景下法学本科专业教学质量监控体系的重构与实践	郝秀辉	中国民航大学
1002	2021210003	新文科背景下公安院校本科教育质量保障体系研究	田明刚	中国人民警察大学
1003	2021210004	国际认证标准引领下的行业高校新文科内部质量保障体系构建研究	郑少南	大连海事大学
1004	2021210005	长三角新文科教育专业认证联盟的建设与探索	姚卫新	东华大学
1005	2021210006	艺术学科内部教育质量保障体系研究	曹晓阳	中国美术学院
1006	2021210007	地方师范院校新文科“三位一体”教学质量保障体系的构建与实践	陈永红	淮南师范学院
1007	2021210008	循证理念下新文科课堂教学质量评估系统的研究与实践	胡海青	江西师范大学
1008	2021210009	高等学校新文科教学质量评价方法及监测体系研究与实践	姜晓萍	四川大学
面向新文科的文科专业三级认证体系构建				
1009	2021220001	基于专业认证实践和新文科视野的汉语言文学专业改革研究	王立军	北京师范大学
1010	2021220002	面向新文科的文科专业三级认证体系构建	刘坤轮	中国政法大学
1011	2021220003	新文科背景下工商类本科专业三级认证	徐晓莉	新疆大学

附录二　大事记

▶ 4 月 19 日，习近平总书记在清华大学考察时发表重要讲话

要用好学科交叉融合的“催化剂”，加强基础学科培养能力，打破学科专业壁垒，对现有学科专业体系进行调整升级，瞄准科技前沿和关键领域，推进新工科、新医科、新农科、新文科建设，加快培养紧缺人才。

▶ 5 月 9 日，习近平总书记给《文史哲》编辑部全体编辑人员回信

增强做中国人的骨气和底气，让世界更好认识中国、了解中国，需要深入理解中华文明，从历史和现实、理论和实践相结合的角度深入阐释如何更好坚持中国道路、弘扬中国精神、凝聚中国力量。回答好这一重大课题，需要广大哲学社会科学工作者共同努力，在新的时代条件下推动中华优秀传统文化创造性转化、创新性发展。

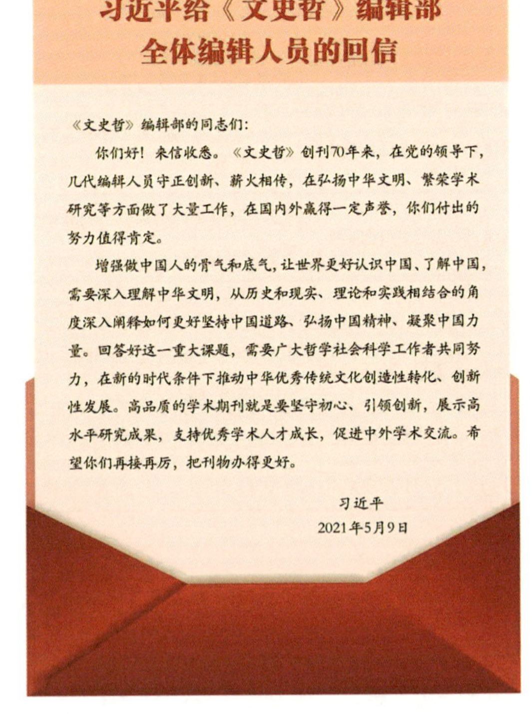

习近平给《文史哲》编辑部全体编辑人员的回信

《文史哲》编辑部的同志们：

你们好！来信收悉。《文史哲》创刊70年来，在党的领导下，几代编辑人员守正创新、薪火相传，在弘扬中华文明、繁荣学术研究等方面做了大量工作，在国内外赢得一定声誉，你们付出的努力值得肯定。

增强做中国人的骨气和底气，让世界更好认识中国、了解中国，需要深入理解中华文明，从历史和现实、理论和实践相结合的角度深入阐释如何更好坚持中国道路、弘扬中国精神、凝聚中国力量。回答好这一重大课题，需要广大哲学社会科学工作者共同努力，在新的时代条件下推动中华优秀传统文化创造性转化、创新性发展。高品质的学术期刊就是要坚守初心、引领创新，展示高水平研究成果，支持优秀学术人才成长，促进中外学术交流。希望你们再接再厉，把刊物办得更好。

习近平

2021年5月9日

▶ 1 月 9 日，江西师范大学召开新文科背景下的叙事学研究学术研讨会

会议聚焦“新人文精神”“中国话语”“跨学科路径”，以“新文科背景下的叙事学研究”为主题，围绕物与地理叙事、符号与图像叙事、跨学科与诗歌叙事、中国叙事传统、叙事的隐性进程、空间与叙事等前沿问题展开讨论，有力地促进了叙事学的发展，推动新文科建设。（资料来源：江西师范大学、江西省社会科学院新闻中心）

▶ 1 月 15 日，上海市高等院校海外交流联谊会新文科专业委员会主办新文科与大数据专题研讨会

会议围绕“新文科与数字人文”“新文科数据基础设施”“新时期的学科交融”三个主题深入研讨，探索文科领域的技术革新，实现科技与人文社会科学的深度融合和协同创新，促进数字人文时代新文科建设创新发展。（资料来源：中国日报网）

▶ 2 月 1 日，中国科学院大学经济与管理学院和高等教育出版社联合举办“新文科 · 数字经济”与“新文科 · 数字管理”系列教材研讨会

中国科学院大学经济与管理学院和高等教育出版社联合发起“新文科 · 数字经济”与“新文科 · 数字管理”系列教材编著工作，教材编委会筹备组由汪寿阳院士和洪永淼院士共同担任负责人，邀请各高校和科研机构在数字经济与管理领域的知名学者共同参与。（资料来源：中国科学院大学）

▶ 3 月 2 日，教育部启动首批新文科研究与改革实践项目立项工作

教育部办公厅印发《教育部办公厅关于推荐新文科研究与改革实践项目的通知》（教高厅函〔2021〕10 号），发布《新文科研究与改革实践项目指南》，引导高校围绕新文科建设发展理念、专业优化、人才培养改革、分类推进重点领域、教师队伍建设、特色质量文化建设 6 个选题领域、22 个选题方向探索文科教育改革的新路径、新范式。（资料来源：教育部）

教 育 部 办 公 厅

教高厅函〔2021〕10 号

教育部办公厅关于推荐新文科研究与改革实践项目的通知

各省、自治区、直辖市教育厅（教委），新疆生产建设兵团教育局，有关部门（单位）教育司（局），部属各高等学校、部省合建各高等学校，2018—2022 年教育部高等学校教学指导委员会，中国高等教育学会：

为深入学习贯彻习近平新时代中国特色社会主义思想，贯彻落实全国教育大会精神，落实新文科建设工作会议要求，全面推进新文科建设，构建世界水平、中国特色的文科人才培养体系，经研究，我部决定开展新文科研究与改革实践项目立项工作。现就有关事项通知如下。

一、项目内容

新文科研究与改革实践项目面向全国普通本科高校开展。根据新文科建设的目标任务，我部在广泛征求意见的基础上形成了《新文科研究与改革实践项目指南》（详见附件 1，以下简称《项目

▶ 3 月 5 日，物流管理专业新文科建设研讨会在上海海事大学青岛研究院召开

会议由教育部高等学校物流管理与工程类专业教学指导委员会、青岛市教育局联合主办，与会专家就物流管理专业如何开展新文科建设展开充分讨论，并分享了各高校物流专业新文科建设的思路和举措。（资料来源：中物联教育培训）

▶ 3 月 25 日，上海立信会计金融学院举办“新文科建设为引领，产教融合推进实践育人”研讨会

会议邀请数十家金融机构、企业、协会专家学者，探讨在新文科建设背景下的产教融合，就高校如何加强校企合作、深化产教融合，服务上海地方经济发展等问题展开讨论交流，进一步推进产教协同育人。（资料来源：上海立信会计金融学院、上海市浦东新区融媒体中心）

▶ 4 月 9 日，“新文科建设高峰论坛 2021：迈入新阶段”在山东济南召开

会议由山东省教育厅、山东大学共同主办，以“新文科建设迈入新阶段”为主题，全国新文科领域的知名专家、业界专家围绕不同领域的新文科建设分享理论研究与实践探索成果，进一步明确了新文科建设实施路径。会议还发布了《新文科建设年度发展报告（2020）》。（资料来源：山大视点）

▶ 4 月 9—11 日，上海外国语大学召开新文科背景下高等院校外语课程思政与通识教育论坛

论坛由中国高校外语学科发展联盟课程与教材建设委员会主办，深入贯彻习近平总书记关于课程思政建设的精神，深化了一线教师对新文科背景下外语课程思政与通识教育的认识和理解，为进一步落实立德树人根本任务、探索外语学科发展路径提供了思路与启示。（资料来源：上海外国语大学）

▶ **4 月 10 日，中南财经政法大学举办《新文科教育研究》首发式暨新文科建设高端论坛**

《新文科教育研究》期刊由教育部主管、中南财经政法大学主办，是国内首家定位于新文科研究的专业性学术期刊。会上，聘任教育部新文科建设工作组组长、山东大学校长樊丽明为《新文科教育研究》编委会主任。（资料来源：中南财经政法大学、中国社会科学网）

▶ **4 月 10 日，新文科背景下电子商务专业教材建设研讨会暨“新文科 · 普通高等教育电子商务专业系列”教材编写讨论会召开**

会议由西安交通大学出版社、陕西省电子商务与电子政务重点实验室联合举办。会议结合新文科背景下电子商务人才培养及课程设置，就电子商务专业系列教材的定位、特色、大纲以及课程思政、以赛促教、立体化数字化教材建设等进行深入探讨，助力高校“双一流”建设，培养新型电商人才。（资料来源：西安交通大学出版社）

▶ 4 月 24 日，合肥工业大学召开教育部高等学校电子商务类专业教学指导委员会 2021 年第一次全体委员工作会议

会议由教育部高等学校电子商务类专业教学指导委员会主办，以“新文科与电子商务类专业建设”为主题，聚焦新文科背景下电子商务专业建设目标，重点以“提升质量”为核心，夯实人才培养“新基建”，推动电子商务专业进一步发展。（资料来源：工大要闻）

▶ 4 月 25 日，中国政法大学召开“新文科 · 新法学”系列研讨会之法律实践教学的中国经验

会议深入贯彻全国新文科建设工作会议精神，以法律实践教学为切入点，聚焦医学与法律、财经与法律等学科交叉融合方向，探寻法律实践教学以及“新法学”的定位和发展路径，进一步推动“新法学”人才培养模式改革。（资料来源：法制网、法大新闻）

▶ 4 月 27 日，河南工业大学召开全国新文科背景下的翻译技术教育创新研讨会暨第六届河南省高校翻译技术联盟协同创新研讨会

会议围绕新文科背景下翻译技术教育创新的翻译人才培养、翻译学科与专业建设、人工智能时代翻译技术与研究、AI时代口译技术、翻译技术软件应用、语料库研制等主题展开研讨，探讨新文科背景下翻译技术研究与人才培养模式创新，培养新时代国际化翻译人才，助力中国翻译事业发展。（资料来源：河南工业大学）

▶ 4 月 28 日，第十二届中国高等财经教育校长论坛在山西太原召开

论坛由中国高等教育学会高等财经教育分会和山西财经大学联合主办，以“中国财经教育高质量发展：新阶段　新理念　新格局”为主题，围绕“十四五”规划和 2035 年远景目标下“新财经”建设、智能财经教育与拔尖创新人才培养等主题深入研讨，推动高等财经教育新发展。（资料来源：黄河新闻网、中国高等教育学会）

▶ 5 月 8 日，北方民族大学举办新文科建设与专业发展高层论坛

论坛围绕“新文科建设背景下中国语言文学学科和汉语言文学专业建设与发展”等主题展开讨论，进一步凝聚新文科建设共识，推动文科专业交叉融合、转型升级，全面深化教育教学改革，提升人才培养质量。此次论坛是宁夏高校贯彻落实教育部新文科建设要求的充分体现，对宁夏高校新文科建设进程起到了积极的推动作用。（资料来源：北方民族大学）

▶ 5 月 9 日，东华大学举行新文科建设背景下“大设计·泛时尚”高峰论坛

论坛以“时尚再定义”为主题，聚焦设计学学科建设的新机遇和新挑战，围绕“文化自信与时代需求”“科技文明与社会转型”“生态文明与人类未来”等主题展开交流，探索构建具有中国特色的设计学科格局与教育发展路径。（资料来源：东华大学）

▶ 5 月 14—16 日，四川外国语大学召开新文科建设与外语学科学术创新研讨会

会议以“新文科建设与外语学科学术创新”为主题，深入探讨外语学科建设方向，探索构建中国特色的外语人才培养范式和路径。会议还设置了青年语言学家专题论坛和期刊主编论坛，分别围绕“守正创新 铸教铸人”“大数据如何引领外语学刊”等主题展开讨论，推动外语学科创新发展。（资料来源：川外新闻）

▶ 5 月 15—17 日，全国音乐教育专业建设论坛在北京会议中心召开

论坛由教育部高等学校音乐与舞蹈学类专业教学指导委员会、中国音乐学院共同主办。论坛旨在深入贯彻全国教育大会精神，聚焦“音乐教育”本科专业增设面临的挑战与机遇，围绕“音乐学是什么、教育学是什么、音乐教育是什么”等问题深入研讨，推进美育教育发展，助力新文科建设。（资料来源：中国音乐学院）

► 5 月 16 日，山东大学召开新文科背景下高校档案学专业课程思政建设研讨会

会议由教育部高等学校档案学专业教学指导委员会主办，会议发布了《全国高校档案学专业课程思政建设宣言》，成立全国高校档案学专业课程思政联盟，共同探讨新文科背景下档案学专业课程思政建设的新理念、新方法和新路径。（资料来源：山大视点）

► 5 月 21 日，西安交通大学出版社召开新文科背景下美学教育暨“新时代高等院校美育系列”教材编写研讨会

为深入贯彻落实《关于全面加强和改进新时代学校美育工作的意见》，推动高校通识类美育教材体制机制建设和模式创新，与会专家围绕新文科背景下美育教育实施要求、一流专业课程建设和教材体系建设进行交流，全力推动构建美育教育新格局。（资料来源：西安交通大学）

▶ 5月22日，西北大学召开新文科背景下经济学管理学实验教学创新发展论坛暨陕西省经济管理实验教学示范中心主任联席会

会议聚焦新文科背景下经济学管理学实验教学建设，围绕“新文科背景下经管学科实验教学发展要义”“虚拟仿真实验一流课程建设”“培养创新意识的实践实验教学体系建设”等主题交流研讨，以实验教学信息化建设为抓手，改革传统实验教学模式，推动经济学管理学实践教学高质量发展。（资料来源：西北大学）

▶ 5月28日，教育部在京启动“习近平法治思想大讲堂”

为提高法学专业教育教学水平，教育部指导高校法学类专业教学指导委员会整合全国优质师资力量，利用全国高校教师网络培训平台，面向全国法学专业教师推出“习近平法治思想大讲堂”。“习近平法治思想大讲堂”已陆续推出13讲，覆盖全国1563所高校，参训学员累计2万余人。（资料来源：《中国青年报》）

▶ 5月29日，中国人民大学召开历史学实践教学与新文科建设研讨会

会议围绕“新时代历史学实践教学”和“新文科背景下历史学人才培养”等主题，深入探讨历史学实践教学与新文科建设、实践基地建设、教学水平提升、校地协同育人机制建设、人才培养模式创新等重要问题，推动历史学科实践教学工作开创新局面。（资料来源：人大新闻网）

▶ 5月29日，山东青年政治学院召开2021年国别与区域研究学科专业建设研讨会

会议旨在搭建国别与区域研究的学术交流平台，凝聚共识、深化研究。与会专家围绕“新文科背景下的国别与区域研究”“外语专业国别与区域人才培养”“国别与区域研究前沿热点问题”“国别与区域研究发展趋势展望”等主题展开研讨，探索新时代外语人才培养的新模式新路径。（资料来源：山东青年政治学院、山东教育新闻网）

▶ 5 月 30 日，山东大学召开深入学习贯彻习近平总书记给《文史哲》编辑部重要回信精神研讨会

会议围绕深入学习贯彻习近平总书记给《文史哲》编辑部重要回信精神，指出要加快构建中国特色哲学社会科学，全面推进新文科建设走深走实。与会专家表示，要聚焦回信提出的重大课题，勇担时代使命，推动构建中国特色哲学社会科学和中华优秀传统文化创造性转化、创新性发展。（资料来源：山大视点）

▶ 5 月 31 日，黑龙江省教育厅全面启动“龙江艺术大讲堂”活动

会议发布了《“龙江艺术大讲堂”工作方案》，以“红绿蓝金银”五色教育为主题，通过多种表现形式推进红色基因传承教育、绿色生态文明教育、蓝色高新科技教育、金色现代农业教育、银色冰雪文化教育，提升艺术教育的感召力、塑造力和影响力，开创黑龙江省高等艺术教育新局面。（资料来源：人民网）

▶ 6月5—6日，教育部高等学校戏剧与影视学类专业教学指导委员会第十三次会议在桂林、贺州两地召开

会议由教育部高等学校戏剧与影视学类专业教学指导委员会、广西高等学校戏剧与影视学类专业教学指导委员会、贺州学院联合主办。会议以“守正创新：新文科视野下戏剧影视学与专业拓展思路与路径探讨”为主题，共同探讨新文科视野下戏剧影视学科面临的机遇与挑战、发展策略与思路。（资料来源：贺州学院文传要闻）

▶ 6月6日，中国传媒大学举办百集视频微党课“红色文物青年说”启动仪式

“红色文物青年说”由教育部高等教育司、中宣部《党建》杂志社、央视网、中国传媒大学联合举办。以“红色文物，青春讲述”为主题，通过百所高校大学生讲述百个红色文物故事，用融媒体方式将“党课”推向全国，实现了党史教育方式的重要转变，有效推动党史教育进课堂、进头脑。（资料来源：央广网）

▶ 6月6—8日，湖南工商大学召开供应链管理专业新文科建设研讨会

会议由教育部高等学校物流管理与工程类专业教学指导委员会主办，邀请全国二十多所高校代表，围绕《供应链管理本科专业培养标准》，深入研讨新时代供应链管理专业的培养标准，共同商议供应链管理专业新文科建设策略。（资料来源：中物联教育培训）

▶ 6月9日，江西省新文科建设启动大会在江西师范大学召开

会议由江西省教育厅主办，发布了《江西省普通高校新文科建设实施方案》，揭牌成立了江西省新文科教育研究中心。《江西省普通高校新文科建设实施方案》从思政、专业、课程、模式、机制等五个方面提出新文科建设“五大计划”，推动构建国内一流、江西特色的新文科人才培养体系，打造新文科建设“江西品牌”。（资料来源：江西教育厅、江西教育网）

▶ 6 月 18 日，中国美术学院举办“中国艺术大讲堂”启动仪式

大讲堂由教育部高等教育司指导，教育部高等学校艺术学理论类，音乐与舞蹈学类，戏剧与影视学类，美术学类，设计学类，动画，数字媒体专业教学指导委员会联合主办。“中国艺术大讲堂”是推动新文科建设的有力抓手，是全面加强和改进高校艺术教育教学工作的重要举措。（资料来源：中国美术学院新闻中心、凤凰网浙江教育）

▶ 6 月 19 日，浙江省新文科建设推进会在中国美术学院召开

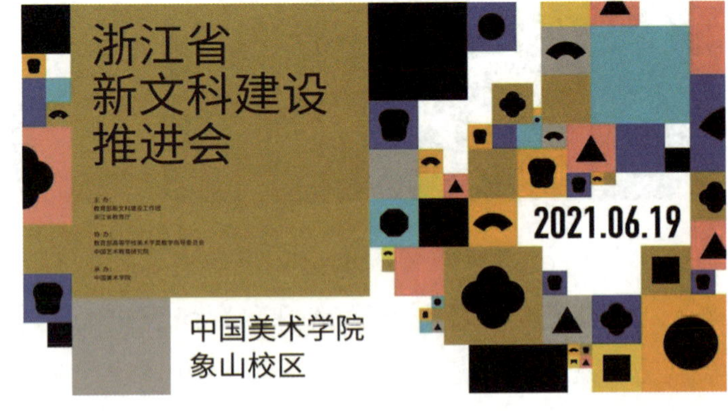

会议发布了《浙江新文科建设“南山共识”》，“南山共识”立足人的发展，倡导以宽广的大视野思考新文科教育的价值理念，探索构建中国文科教育发展的自主之路。省内近四十所本科高校近百位代表齐聚一堂，分享新文科建设的经验和思考，探讨新文科建设的路径、举措和发展大计。（资料来源：中国美术学院）

▶ 6 月 19—20 日，浙江工商大学召开 2021 年新商科发展与专业建设研讨会

会议由浙江工商大学、教育部高等学校工商管理类教学指导委员会、中国人民大学商学院和国际丝路创业教育联盟联合主办。会议以“面向新发展　构建新格局”为主题，围绕数字经济时代商科发展与专业建设面临的挑战与机遇，探索新文科背景下新商科的理论内涵、基本模式与建设路径。（资料来源：兰州大学、中国网）

▶ 6 月 26 日，江西师范大学召开苏区学与马克思主义中国化研讨会暨“苏区学”新文科建设启动仪式

会议由江西师范大学、江西省社会科学界联合会《苏区研究》编辑部、江西省苏区精神研究会联合主办，发布了《“苏区学”新文科建设宣言》。“苏区学”新文科立足江西红色文化资源，全面推进学科发展，力争建设成为国内一流的江西特色学科。（资料来源：江西师范大学、凤凰网）

▶ 6 月 26—27 日，浙江外国语学院召开教育部高校旅游管理类专业教指委 2021 年第二次全体会议暨旅游管理类国家一流本科专业建设点负责人会议

会议由教育部高校旅游管理类专业教学指导委员会主办，以“旅游管理类国家一流专业建设”为主题，通过主旨演讲、圆桌论坛和分组讨论等形式，交流分享各高校旅游管理类专业建设的经验和举措，探讨旅游管理类专业建设与发展，共同推动旅游教育事业高质量发展。（资料来源：中国教育在线、凤凰网浙江教育）

▶ 6 月 29 日，福建省新文科建设论坛暨推进大会在福建师范大学召开

会议由福建省教育厅主办，发布了《福建省新文科建设宣言》，成立了福建省新文科教育研究中心。会议分享了福建省新文科建设经验，开展了新文科项目交流研讨，进一步厘清新文科建设思路，推动构建新文科建设和人才培养新理念新模式，全面推进福建省新文科教育高质量发展。（资料来源：中共福建省委教育工委、福建省教育厅）

▶ 7 月 24 日，2021 年教育部高等学校档案学专业教学指导委员会年会暨第三十届档案学专业系主任联席会议在拉萨召开

会议由教育部高等学校档案学专业教学指导委员会主办，以“构建档案学高等教育高质量发展体系”为主题，立足高校优势和档案学发展现状，围绕西藏历史档案对边疆建设的重要意义、档案学专业建设、高校与档案局（馆）合作等方面展开讨论，推动构建档案学高等教育高质量发展体系。（资料来源：《西藏日报》）

▶ 7 月 30—31 日，第二十届全国高校物流专业教学研讨会在桂林召开

会议由教育部高等学校物流管理与工程类专业教学指导委员会指导，中国物流与采购联合会主办。会议发布了《物流管理与工程类专业新文科建设行动纲领》，明确了物流新文科建设的行动目标、行动原则和行动要点，为物流新文科建设指引了新方向，全面开启了物流类新文科建设新征程。（资料来源：中物联教育培训）

▶ 8 月 1 日，2021 年教育部高等学校历史学类专业教学指导委员会年会暨全国高校历史系主任联席会议在长春召开

会议由教育部高等学校历史学类专业教学指导委员会主办，围绕“新文科背景下的史学研究与人才培养”“历史学一流专业与一流课程建设”“历史学专业实习及教材资源建设”“历史学专业跨学科创新人才培养模式”等主题进行研讨，探索历史学类专业建设的新模式和新机制。（资料来源：东北师范大学）

▶ 9 月 24—26 日，华东师范大学召开新文科视野下中国语言文学学科建设高峰论坛

论坛以新文科视野下中国语言文学学科建设为主题，围绕“新文科视野下中国语言文学学科的现状与未来”“新文科建设与中国语言文学专业拔尖创新人才培养”“新文科背景下中国语言文学学科的学术跨域与国际视野”“面向新文科的汉语言文学一流本科专业点及课程建设”等深入探讨，推动中国语言文学学科建设和人才培养质量提升。（资料来源：华东师范大学）

▶ 10 月 14 日，苏州大学举办 2021 年教育部高等学校社会学类专业教学指导委员会全体会议暨全国社会学类专业教学单位负责人联席会议

会议探讨了社会学学科发展面临的新机遇、新挑战，分享了各高校社会学学科建设的经验和思路。会议还设置了六个分论坛，围绕“新文科与社会学一流专业建设”“课程思政建设”“一流课程建设”“实践教学改革”“学生就业能力”“学生专业认同”等主题展开交流和探讨，推动社会学学科建设和人才培养质量提升。(资料来源：苏州大学新闻网)

▶ 10 月 23 日，第六届全国高校法语专业院长/系主任高级论坛在山东大学召开

论坛由教育部高等学校外国语言文学类专业教学指导委员会法语专业教学指导分委员会、中国法语教学研究会、上海外国语大学、山东大学和上海外语教育出版社联合举办。论坛以“守正固本，提质创新——‘十四五’时期法语专业的新发展”为主题，共谋新文科背景下法语专业学科建设的新路径。(资料来源：山大视点)

▶ 10 月 27 日，2021 年“中国新闻传播大讲堂”启动仪式在中国传媒大学举行

2021 年“中国新闻传播大讲堂”以“践行四力，与时代同行”为主题，邀请了 18 家媒体单位 32 名优秀新闻工作者担任主讲人，录制了 32 集课程视频，面向全国新闻传播院校推出。“中国新闻传播大讲堂”创设于 2020 年，每年邀请优秀新闻工作者讲述一线采编工作心得体会，以案例教学的方式创新马克思主义新闻观教学实践。各高校新闻传播院系将其作为新闻传播学类专业必修课，目前已覆盖全国 719 所新闻传播院系。（资料来源：中传要闻）

▶ 11 月 2 日，北京师范大学召开艺术 · 科技：新文科背景下的实验教学与人才培养研讨会

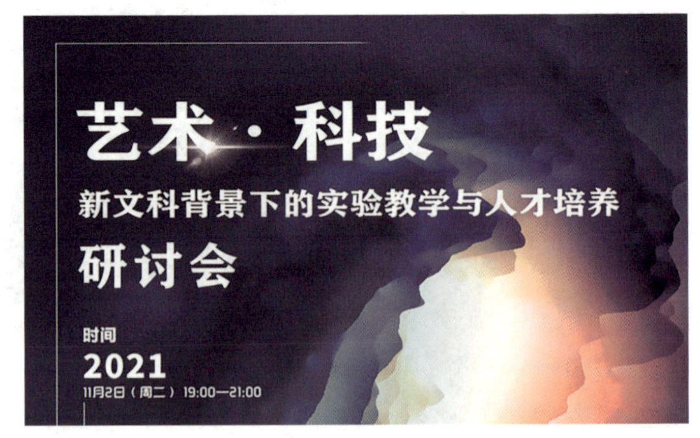

会议围绕新文科背景下实验教学如何贯彻艺术与科技融合的新特征，如何开拓艺术学科领域虚拟仿真实验新领域等问题进行深入研讨，全面探索新文科背景下实验教学新模式，探索人才培养新路径，开创实验教学创新发展新局面。（资料来源：新浪网）

▶ 11 月 12 日，首届新文科背景下一流专业建设——2021 长三角环境设计专业教学改革研讨会召开

会议由上海大学和上海美术学院联合主办，聚焦新文科背景下环境设计专业教学的基础和前沿问题，探讨设计学科专业发展路径。会上宣读了长三角环境设计专业新文科改革教学联盟的倡议，大力推动长三角高校环境设计专业之间的交流互鉴，探索设计学科协同育人的新路径。（资料来源：《新民晚报》）

▶ 11 月 13 日，西南财经大学线上举办 2021 全国电子商务数字教育发展研讨会

会议由教育部高等学校电子商务类专业教学指导委员会和全国电子商务数字教育发展联盟联合主办。会议以“数字经济背景下电商教育高质量发展”为主题，深入探讨“十四五”期间电子商务发展战略及方向，探索数字经济时代电子商务的新业态、新模式、新发展。（资料来源：西南财经大学）

▶ **11 月 19 日，山东大学成功创办《新文科理论与实践》期刊**

国家新闻出版署

国新出审〔2021〕1869 号

国家新闻出版署关于创办
《新文科理论与实践》期刊的批复

《新文科理论与实践》期刊是由教育部主管，山东大学主办的学术性期刊。期刊聚焦哲学社会科学创新发展，围绕“为什么建设新文科，建设什么样的新文科，怎样建设新文科”这一时代命题，刊载文科教育研究理论创新与实践成果，打造新文科建设的权威学术阵地，服务国家高等文科教育高质量发展，服务中国特色哲学社会科学体系建设。（资料来源：山大视点）

▶ **11 月 22 日，北京师范大学召开第七届中国影像史学研讨会**

会议以“影像史学与‘新文科’”为主题，围绕“影像史料与传统史学”“影像史学与历史记忆”“影像史学与文博考古”“影像史学与‘新文科’应用”展开深入讨论，此次会议是影像史学科回应新时代新文科建设需求、寻求新方法创新历史教学的新探索。（资料来源：中国青年网）

▶ 11 月 28 日，第六届中国动画学年会暨 2021 年中国高等院校影视学会动画与数字媒体艺术专业委员会年会在线上举行

会议以“新时代·新文科·新动画——中国动画艺术创新研究和动画人才培养”为主题，围绕“中国动画的民族精神与时代精神”“动画的新媒介、新文化与新知识体系”“动画电影工业美学及经济产业模式”“新文科视阈下的动画学术框架与理论生成”“传统文化与地域文化题材的动画创作探微”五个方面展开讨论，为当前动画创作与研究提供新思想、新理论、新技术。（资料来源：中新网四川新闻）

▶ 12 月 12 日，兰州大学举办新文科视域下公共管理创新人才培养与专业建设院长论坛

会议围绕“新文科的内涵与发展”“新文科背景下公共管理学科的发展方向”“新文科背景下公管类相关专业建设重点”“新文科背景下公管学院人才培养探索”等主题展开讨论，探索构建以服务国家重大战略为目标的公共管理学科专业体系和课程体系，构建新文科背景下的育人新模式。（资料来源：兰州大学）